André Elsing

Der Grundstückskaufvertrag in der notariellen Praxis

ARBEITSHILFEN NOTARIAT

Der Grundstückskaufvertrag in der notariellen Praxis

Leitfaden mit Mustern, Beispielen und Checklisten

---

4. Auflage 2025

von

André Elsing, Ahrensburg

DeutscherNotarVerlag

Benutzer-Hinweis für Muster
Für den Download der Mustertexte gehen Sie auf
https://www.notarverlag.de/grundstueckskaufvertrag
Dort erhalten Sie Zugriff auf das zip-Archiv: nv_6309_musterdownload.zip

Hinweis
Die Ausführungen in diesem Werk wurden mit Sorgfalt und nach bestem Wissen erstellt. Sie stellen jedoch lediglich Arbeitshilfen und Anregungen für die Lösung typischer Fallgestaltungen dar. Die Eigenverantwortung für die Formulierung von Verträgen, Verfügungen und Schriftsätzen trägt der Benutzer. Herausgeber, Autoren und Verlag übernehmen keinerlei Haftung für die Richtigkeit und Vollständigkeit der in diesem Buch enthaltenen Ausführungen.

Anregungen und Kritik zu diesem Werk senden Sie bitte an
info@notarverlag.de
Autor und Verlag freuen sich auf Ihre Rückmeldung.

Umschlaggestaltung: gentura, Holger Neumann, Bochum
Satz: PMGi – Agentur für intelligente Medien GmbH, Hamm
Druck: Hans Soldan Druck GmbH, Essen
ISBN 978-3-95646-309-9

Bibliografische Information der Deutschen Bibliothek
Die Deutsche Bibliothek verzeichnet diese Publikation in der Deutschen Nationalbibliografie; detaillierte bibliografische Daten sind im Internet über
http://dnb.d-nb.de abrufbar.

Vorwort

Zahlreiche Änderungen in den vergangenen Jahren machen eine Neuauflage dieses Werkes erforderlich.

So enthält diese aktualisierte, 4. Auflage Ausführungen und hilfreiche Muster zum Bauträgervertrag, zu schädlichen Bodenveränderungen sowie zur Vor- und Nacherbschaft (Verkauf durch Vorerben und Löschung des Nacherbenvermerks).

Der **Entwurf des Gesetzes zur Einführung der elektronischen Präsenzbeurkundung** findet Berücksichtigung und Formulierungsvorschläge für veränderte Verweisungen nach § 13c BeurkG-E sowie § 14 BeurkG-E sind eingearbeitet.

Berücksichtigt werden ebenfalls Veränderungen bei der **Geldwäscheprävention**, unter anderem das Barzahlungsverbot des § 16a GwG und Änderungen bei den Risikostaaten mit Auswirkung auf die GwGMeldV-Immobilien.

Des Weiteren sind die **Auswirkungen des modernisierten Personengesellschaftsrechts** eingearbeitet: Die Ausführungen zur neuen rechtsfähigen Gesellschaft bürgerlichen Rechts mit neuen Mustern für Anmeldungen der eGbR sowie eines GbR-Gesellschaftsvertrags und für die identitätswahrenden Grundbuchrichtigstellungen sind angepasst. Darüber hinaus sind ausgewählte Notargebühren zur eGbR aufgenommen sowie Erläuterungen hinsichtlich des WEG-Verwalters, zum zertifizierten Verwalter und zur neuen Verwaltereigenschaft der rechtsfähigen eGbR ergänzt worden.

Änderungen des **Gebäudeenergiegesetzes** zum 1.1.2024 sind ebenfalls eingearbeitet.

Sämtliche Muster sind unter Beachtung der Änderungen in Gesetzgebung und Rechtsprechung aktualisiert.

Dieses Werk richtet sich an Notare, Notarassessoren, Rechtsanwälte, Steuerberater, Insolvenzverwalter und insbesondere an die mit Immobilienangelegenheiten beschäftigten Mitarbeiter des Notars.

Über Anregungen zum Inhalt sowie zu den Mustern freue ich mich und bin für Hinweise dankbar (*Andre.Elsing@web.de*).

Ihr

André Elsing

Inhaltsverzeichnis

Musterverzeichnis

§ 11 Kaufpreisverwahrung

§ 12 Wohnungseigentum

§ 16 Bauträgervertrag

Abkürzungsverzeichnis

a.A.	anderer Auffassung
a.a.O.	am angegebenen Ort
abl.	ablehnend
Abs.	Absatz
Abschn.	Abschnitt
Abt.	Abteilung
abw.	abweichend
a.E.	am Ende
a.F.	alte Fassung
AfA	Absetzung bzw. Abschreibung für Abnutzung
AG	Aktiengesellschaft; Amtsgericht; Arbeitgeber; Auftraggeber; Ausführungsgesetz
AGB	Allgemeine Geschäftsbedingungen
AktG	Aktiengesetz
allg.	allgemein
allg.M.	allgemeine Meinung
Alt.	Alternative
a.M.	anderer Meinung
Anh.	Anhang
Anm.	Anmerkung
AO	Abgabenordnung
Art.	Artikel
AT	Allgemeiner Teil
Aufl.	Auflage
Az.	Aktenzeichen
BayObLG	Bayerisches Oberstes Landesgericht
BBodSchG	Gesetz zum Schutz vor schädlichen Bodenveränderungen und zur Sanierung von Altlasten
Bd.	Band
Beschl.	Beschluss
bestr.	bestritten
BeurkG	Beurkundungsgesetz
BFH	Bundesfinanzhof
BGB	Bürgerliches Gesetzbuch
BGH	Bundesgerichtshof
Bl	Blatt
BMJ	Bundesministerium der Justiz und für Verbraucherschutz
BNotK	Bundesnotarkammer

BNotO	Bundesnotarordnung
BR	Bundesrat
BReg	Bundesregierung
bspw.	beispielsweise
BT	Besonderer Teil, Bundestag
BV	Bestandsverzeichnis
BVerfG	Bundesverfassungsgericht
BW	Baden-Württemberg
bzgl.	bezüglich
bzw.	beziehungsweise
ca.	circa
ders.	derselbe
d.h.	das heißt
DIN	Deutsches Institut für Normung
DIS	Deutsche Institution für Schiedsgerichtsbarkeit e.V.
DNotI	Deutsches Notarinstitut
DNotZ	Deutsche Notarzeitschrift
DONot	Dienstordnung für Notarinnen und Notare
Drucks	Drucksache
e.G.	eingetragene Genossenschaft
eGbR	eingetragene Gesellschaft bürgerlichen Rechts
Einf.	Einführung
eingetr.	eingetragen
Einl.	Einleitung
einschl.	einschließlich
eLP	eingetragene Lebenspartnerschaft
entspr.	entsprechend
Entw.	Entwurf
ErbbauRG	Erbbaurechtsgesetz
Erkl.	Erklärung
Erl.	Erlass, Erläuterung
ERVGBG	Gesetz zur Einführung des elektronischen Rechtsverkehrs und der elektronischen Akte im Grundbuchverfahren sowie zur Änderung weiterer grundbuch-, register- und kostenrechtlicher Vorschriften
EStG	Einkommensteuergesetz
etc.	et cetera
EuGH	Europäischer Gerichtshof
EUR	Euro

e.V.	eingetragener Verein
evtl.	eventuell
f.	folgende
Fa.	Firma
FA	Finanzamt
FamFG	Gesetz über das Verfahren in Familiensachen und in den Angelegenheiten der freiwilligen Gerichtsbarkeit
FATF	Financial Action Task Force
ff.	fortfolgende
FG	Finanzgericht, Freiwillige Gerichtsbarkeit
FIU	Financial Intelligence Unit (Zentralstelle für Finanztransaktionsuntersuchungen)
Fn	Fußnote
GBA	Grundbuchamt
GBO	Grundbuchordnung
GBl	Gesetzblatt
GbR	Gesellschaft des bürgerlichen Rechts
geänd.	geändert
GEG	Gebäudeenergiegesetz
gem.	gemäß
ggf.	gegebenenfalls
GmbH	Gesellschaft mit beschränkter Haftung
GmbH i. Gr.	GmbH in Gründung
GmbHG	Gesetz betreffend die Gesellschaften mit beschränkter Haftung
GNotKG	Gerichts- und Notarkostengesetz
grds.	grundsätzlich
GrESt	Grunderwerbsteuer
GrEStG	Grunderwerbsteuergesetz
GVBl	Gesetz- und Verordnungsblatt
GwG	Geldwäschegesetz
GwGMeldV-Immobilien	Verordnung zu den nach dem Geldwäschegesetz meldepflichtigen Sachverhalten im Immobilienbereich
Hinw.	Hinweis(e)
h.L.	herrschende Lehre
h.M.	herrschende Meinung
Hrsg.	Herausgeber
hrsg.	herausgegeben
Hs.	Halbsatz

i.A.	im Auftrag
i.d.F.	in der Fassung
i.d.R.	in der Regel
i.d.S.	in diesem Sinne
IHK	Industrie- und Handelskammer
i.H.v.	in Höhe von
i.L.	in Liquidation
inkl.	inklusive
insb.	insbesondere
insg.	insgesamt
InsO	Insolvenzordnung
IPR	Internationales Privatrecht
i.S.d.	im Sinne des
i.S.v.	im Sinne von
i.Ü.	im Übrigen
i.V.	in Vertretung
i.V.m.	in Verbindung mit
i.W.	in Worten
Kap.	Kapitel
Kfz	Kraftfahrzeug
KG	Kommanditgesellschaft; Kammergericht
KGaA	Kommanditgesellschaft auf Aktien
KonsG	Konsulargesetz
krit.	kritisch
KV	Kostenverzeichnis
lfd.	laufend
LG	Landgericht
lit.	litera (Buchstabe)
Lit.	Literatur
LPartG	Gesetz zur Beendigung der Diskriminierung gleichgeschlechtlicher Gemeinschaften: Lebenspartnerschaften
LS	Leitsatz
LWG	Landwirtschaftsgericht
MaBV	Verordnung über die Pflichten der Immobilienmakler, Darlehensvermittler, Bauträger, Baubetreuer und Wohnimmobilienverwalter
m.E.	meines Erachtens
MEA	Miteigentumsanteil
mind.	mindestens
Mio.	Million

Mitt.	Mitteilungen
MittBayNot	Mitteilungen des Bayerischen Notarvereins, der Notarkasse und der Landesnotarkammer Bayern (Zeitschrift)
MoPeG	Modernisierung des Personengesellschaftsrechts
m.w.N.	mit weiteren Nachweisen
MwSt	Mehrwertsteuer
n.F.	neue Fassung
NJW	Neue Juristische Wochenzeitschrift
NotAktVV	Verordnung über die Führung notarieller Akten und Verzeichnisse
notar	Zeitschrift für die gesamte notarielle Praxis
notarbüro	Informationsdienst für Notariatsmitarbeiter
NotBZ	Zeitschrift für die notarielle Beratungs- und Beurkundungspraxis
Nr.	Nummer
o.a.	oben angegeben/angeführt
OFD	Oberfinanzdirektion
o.g.	oben genannt
OHG	Offene Handelsgesellschaft
OLG	Oberlandesgericht
OWi	Ordnungswidrigkeit
p.a.	pro anno
Pkw	Personenkraftwagen
RdErl	Runderlass
Rdn	Randnummer, intern
RdSchr	Rundschreiben
Reg.	Regierung, Register
RegEntw	Regierungsentwurf
Rn	Randnummer, auf externe Werke bezogen
RNotZ.	Rheinische Notarzeitschrift
S.	Satz; Seite
s.	siehe
s.a.	siehe auch
s.o.	siehe oben
sog.	sogenannte/r/s
str.	streitig
TraFinG Gw	Transparenzregister- und Finanzinformationsgesetz
TÜV	Technischer Überwachungsverein

u.a.	unter anderem
UG	Unternehmergesellschaft (haftungsbeschränkt)
umstr.	umstritten
Univ.	Universität
unstr.	unstreitig
UR.	Urkundenrolle
urspr.	ursprünglich
Urt.	Urteil
usw.	und so weiter
u.U.	unter Umständen
UVZ	Urkundenverzeichnis
UVZ-Nr.	Urkundenverzeichnisnummer
Veröff.	Veröffentlichung
Verz.	Verzeichnis
Vfg.	Verfügung
vgl.	vergleiche
v.H.	vom Hundert
VO	Verordnung
VOBl	Verordnungsblatt
vorl.	vorläufig
VormG	Vormundschaftsgericht
VVaG	Versicherungsverein auf Gegenseitigkeit
WB	wirtschaftlich Berechtigter
WEG	Wohnungseigentumsgesetz
WEMoG	Wohnungseigentumsmodernisierungsgesetz
WHG	Wasserhaushaltsgesetz
z.B.	zum Beispiel
Ziff.	Ziffer
zit.	zitiert
ZNotP	Zeitschrift für die Notarpraxis
zust.	zustimmend
zzgl.	zuzüglich
zzt.	zurzeit

Literaturverzeichnis

Bücher, Lehrbücher, Kommentare, Formularbücher:

Abramenko, Das neue Wohnungseigentumsrecht, WEG-Reform, 2020

Armbrüster/Preuß, BeurkG mit NotAktVV und DONot, Kommentar, 9. Aufl. 2022

Arndt/Lerch/Sandkühler, Bundesnotarordnung, 8. Aufl. 2016

Basty, Der Bauträgervertrag, 11. Aufl. 2023

Bärmann, WEG, 20. Aufl. 2020

Blaeschke, Praxishandbuch Notarprüfung, 3. Aufl. 2021

David/Dombek/Friedrichsen, Gesellschaftsrecht, 2009

Eckhardt/Hermanns, Kölner Handbuch Gesellschaftsrecht, 5. Aufl. 2024

Elsing, Das Geldwäschegesetz in der notariellen Praxis, 3. Aufl. 2024

Elsing, Fälle und Lösungen zum GNotKG, 3. Aufl. 2020

Elsing, Handels- und Gesellschaftsrecht in der notariellen Praxis, 5. Aufl. 2022

Elsing, notarbüro, Informationsdienst für Notare und Mitarbeiter

Elsing, Notargebühren von A–Z, 5. Aufl. 2024

Eylmann/Vaasen, Bundesnotarordnung, Beurkundungsgesetz, Kommentar, 4. Aufl. 2016

Fuhrmann/Wälzholz, Formularbuch Gesellschaftsrecht, 4. Aufl. 2023

Giehl, Beck'sche Online-Formulare: Vertrag, 63. Edition 2023

Grüneberg (vormals *Palandt*), Bürgerliches Gesetzbuch, Kommentar, 83. Aufl. 2024

Grunewald/Müller, Gesellschaftsrecht, 12. Aufl. 2023

Grziwotz/Heinemann, Beurkundungsgesetz, Kommentar, 4. Aufl. 2022

Grziwotz/Koeble, Handbuch Bauträgerrecht, 2. Aufl. 2022

Gustavus, Handelsregisteranmeldungen, 12. Aufl. 2024

Heckschen/Herrler/Münch/Brambring/Jerschke, Beck'sches Notarhandbuch, 7. Aufl. 2019

Heckschen/Freier, Das MoPeG in der Notar- und Gestaltungspraxis, 1. Aufl. 2024

Heinemann, Kölner Formularbuch Grundstücksrecht, 3. Aufl. 2020

Hügel/Elzer, Wohnungseigentumsgesetz: WEG, 3. Aufl. 2021

KEHE, Grundbuchrecht, Kommentar, 9. Aufl. 2023

Kilian/Sandkühler/vom Stein, Praxishandbuch Notarrecht, 3. Aufl. 2018

Krauß, Immobilienkaufverträge in der Praxis, 10. Aufl. 2023

Krüger/Hertel, Der Grundstückskauf, 12. Aufl. 2020

Ländernotarkasse, Leipziger Kostenspiegel, 4. Aufl. 2023
Lehmann-Richter/Wobst, WEG-Reform 2020, 1. Aufl. 2021
Lemke, Immobilienrecht, Kommentar, 2. Aufl. 2016
Lerch, Beurkundungsgesetz, Kommentar, 5. Aufl. 2016
Limmer, Gestaltungspraxis und Inhaltskontrolle, Tagungsband 13 (Tagungsbände der Deutschen Notarrechtlichen Vereinigung), 2013
Limmer/Hertel/Frenz/Mayer, Würzburger Notarhandbuch, 5. Aufl. 2018
Notarkasse München, Streifzug durch das GNotKG, 13. Aufl. 2021
Prütting/Helms, FamFG – Kommentar, 6. Aufl. 2023
Prütting/Wegen/Weinreich, Bürgerliches Gesetzbuch, Kommentar, 19. Aufl. 2024
Reithmann/Martiny, Internationales Vertragsrecht, 9. Aufl. 2021
Renner/Otto/Heinze, Leipziger Gerichts- und Notarkosten-Kommentar, 4. Aufl. 2024
Reul/Heckschen/Wienberg, Insolvenzrecht in der Gestaltungspraxis, 3. Aufl. 2022
Schippel/Eschwey, BNotO, Kommentar, 11. Aufl. 2023
Schöner/Stöber, Grundbuchrecht, 16. Aufl. 2020
Schulz, Notarformulare Bauträgerrecht, 4. Aufl. 2022
Schulze/Grziwotz/Lauda, BGB, Kommentiertes Vertrags- und Prozessformularbuch, 5. Aufl. 2024
Staudinger/Herrler, BeurkG, 2023
Verbraucherzentrale NRW, Die Muster-Baubeschreibung, 4. Aufl. 2016
Verbraucherzentrale NRW, Kauf eines gebrauchten Hauses, 5. Aufl. 2020
Waldner, Immobilienkaufverträge, 3. Aufl. 2020
Weingärtner, Dienstordnung für Notare, 15. Aufl. 2024
Weingärtner/Ulrich/Löffler, Vermeidbare Fehler im Notariat, 12. Aufl. 2024
Weirich/Ivo, Grundstücksrecht, 4. Aufl. 2015
Winkler, Beurkundungsgesetz, Kommentar, 21. Aufl. 2023
Ziba-Ali, Urkundenabwicklung von A–Z, 5. Aufl. 2022

Aufsätze:

Die Zitierung der Aufsätze erfolgt durch Angabe der Zeitschrift, des Erscheinungsjahres und der Seite.

§ 1 Grundstückskaufvertrag und seine Vorbereitung

A. Grundstückskauf in der Vorbereitung

I. Basis des Notars

Der Notar wird eingeschaltet, wenn ein Beteiligter die **Vorbereitung, Beurkundung und Abwicklung eines Immobilienkaufvertrags** will. Die Vorbereitung und insbesondere das Kaufvertragsbeurkundungsverfahren gehören zum wesentlichen Kern der notariellen Aufgaben. Dasselbe gilt für die Abwicklung (den Vollzug) des Kaufvertrags mit den vielen Betreuungsleistungen, die der Notar hierzu erbringt. Grundstückskaufverträge sind **eine Basis** des Notars. 1

II. Beurkundungsbedürfnis, Neutralität des Notars, Präzision

Ein Kaufvertrag über den Erwerb eines Grundstücks oder grundstücksgleichen Rechts (Erbbaurecht, Wohnungseigentum, Teileigentum) ist für jede Vertragspartei ein Rechtsgeschäft von **besonderer wirtschaftlicher Bedeutung**. Sowohl die Immobilie als auch der Kaufpreis dafür sind **Hauptleistungen** mit einem hohen Wert, die ausgetauscht werden. 2

Käufer benötigen häufig eine **Finanzierung** des wesentlichen Kaufpreisteils, um die hohe Kaufpreisschuld begleichen zu können. Für diese Finanzierung soll dann der **Verkäufer mitwirken**, in dem er seine Immobilie für diese Belastung mit einem Grundpfandrecht für die Gläubigerin des Käufers zur Verfügung stellt. Eine persönliche Schuld soll der Verkäufer dabei nicht übernehmen, sodass **eingeschränkte Sicherungsabreden** erforderlich sind. 3

Soweit noch Kredite des Verkäufers bedient werden und auf der vertragsgegenständlichen Immobilie durch Grundpfandrechte gesichert sind, ist es oft nötig, die zugrundeliegenden **Darlehen abzulösen oder umzuschulden**, sodass die benötigten Löschungspapiere verwendet werden dürfen. Hier wird der Notar **treuhänderisch** tätig. Anlässlich der Ablösung kann zudem eine Vorfälligkeitsentschädigung von der Gläubigerin verlangt werden, die dann zu berücksichtigen ist. 4

Der Notar klärt ab, ob es sich beim Kaufvertrag um einen **Verbrauchervertrag** handelt, also ob auf der einen Seite der Vereinbarung ein Verbraucher (§ 13 BGB) beteiligt ist, der auf der anderen Seite auf einen Unternehmer (§ 14 Abs. 1 BGB) trifft. Möglicherweise muss vor einer Beurkundung **zwei Wochen abgewartet werden** (§ 17a Abs. 2 BeurkG). Darüber hinaus können dann Regelungen des Vertrags einer **AGB-Kontrolle** unterliegen, sodass sich diese Regelungen als **unwirksam** erweisen könnten, z.B. ein freies Rücktrittsrecht für den Unternehmer gegenüber dem Verbraucher. 5

6 Auch besonders schwierige Rechtsfragen können aufgeworfen werden, etwa der Wunsch einer **vorzeitigen Übergabe**, die ein gefährliches Unterfangen für den Verkäufer wäre, sodass der Notar vor den Gefahren warnen wird, z.B. dass große Beschädigungen am Gebäude entstehen könnten, bevor der Kaufpreis bezahlt ist.

7 Bereits vorvertraglich gilt es für den Verkäufer, auf Besonderheiten hinzuweisen, etwa auf **vorhandene gravierende Mängel** wie Hausschwamm. Ein Verschweigen eines solchen Mangels kann zur Unwirksamkeit des vereinbarten Haftungsausschlusses führen.

8 Der Käufer aber ebenso der Verkäufer benötigen einen Schutz **vor übereilten Handlungen**. Durch einen formfreien Vertrag kann dieser Schutz kaum erreicht werden.

Das Gesetz schreibt deshalb die **notarielle Beurkundung** des Kaufvertrags vor, § 311b BGB. Das Beurkundungsverfahren bietet den Beteiligten einen Schutz, den der sachkundige und neutral agierende Notar durch sein Wirken erbringt. Er weist z.B. auf mögliche Anfälle von Steuern hin (Grunderwerbsteuer, Spekulationssteuer ggf. Schenkungsteuer), allerdings **ohne steuerrechtlich zu beraten**, sodass sich die Beteiligten noch rechtzeitig bei einem Steuerberater aufklären lassen können.

9 Wichtige Aufgaben des Notars im Rahmen des Beurkundungsverfahrens sind die **Identifizierung der Vertragsparteien**, Hinweise auf das seit dem 1.4.2023 bestehende **Barzahlungsverbot**, § 16a GwG, dass der Notar überwacht, bevor er die Eigentumsumschreibung veranlassen darf. Die Antragsberechtigung gegenüber dem Grundbuchamt hat nur der Vollzugsnotar.

10 Im Rahmen des Beurkundungsverfahrens hat der Notar gesetzliche Anzeigepflichten gegenüber **Finanzämtern** und **Gutachterausschüssen** zu erfüllen; zudem sind für die Abwicklung oft verschiedene behördliche Genehmigungen und/oder gesetzliche Vorkaufsrechte zu bedenken.

11 Kompliziert kann die Gestaltung des Beurkundungsverfahrens sein, wenn ein Verkäufer eine hoch belastete Immobilie mit **Beschlagnahme** veräußern soll und eine Insolvenz droht (zur Insolvenz siehe § 14).

12 Um die Käufer und Verkäufer von Immobilien vor Schäden zu bewahren, die aus übereilt getroffenen Entscheidungen herrühren können, sieht § 311b BGB zweckmäßig vor, dass Verpflichtungen zum Erwerb oder zur Veräußerung von Grundeigentum oder grundstücksähnlichen Rechten der **notariellen Beurkundung** bedürfen. Das notarielle Beurkundungsverfahren kommt den Parteien zugute. Käufer wie Verkäufer können von den Hinweisen des Notars zur Bedeutung der Transaktion und den Warnungen bei erkennbar riskanten Erklärungen der Beteiligten profitieren. Der Notar zeigt die Alternativen einer sichereren Umsetzung auf. Er erfragt und erforscht den Willen der Beteiligten und erklärt die verschiedenen Sachverhalte. Bei der Aufklärung zu den Regelungen und ihrer Tragweite achtet der Notar besonders darauf, dass unerfahrene Personen nicht benachteiligt werden.

Der Notar protokolliert die Erklärungen der Beteiligten und seine Hinweise **klar und unzweideutig** in der notariellen Niederschrift. Dadurch erfüllt der Notar eine unbedingte Amtspflicht, die sich aus § 17 Abs. 1 BeurkG ergibt.

Der Notar ist damit bereits ein Verbraucherschützer. Der den Vertragsparteien zugutekommende Beurkundungszweck ist noch **stärker**, wenn ein Verbrauchervertrag nach §310 Abs. 3 BGB vorliegt, also auf **einer Seite** des Kaufvertrages ein **Verbraucher** (§ 13 BGB) und auf der anderen Seite ein **Unternehmer** (§ 14 Abs. 1 BGB) steht. Der Verbraucher wird durch § 17 Abs. 2a S. 2 Nr. 2 Hs. 2 BeurkG geschützt, weil der Notar missbräuchlichen Gestaltungen entgegenwirkt. Verbraucher sind Unternehmern gegenüber oft unterlegen, sodass ein Bremsen übereilter Handlungen den Verbraucher vor schädlichen Wirkungen bewahren kann. Die Beurkundung soll der Notar nach einem Abwarten von **zwei Wochen** durchführen, gerechnet von dem Tag an, an dem der Verbraucher den Kaufvertragsentwurf zuvor vom Notar erhalten und wahrgenommen hat. 13

Der Verbraucher hat den Text des beabsichtigten Rechtsgeschäfts **unmittelbar aus der Sphäre des Notars** zu erhalten.[1] Die Übermittlung des Vertragsentwurfs nimmt also der Notar selbst, sein Sozius, Notarvertreter oder Notariatsmitarbeiter vor. Sobald der Verbraucher den Text auf **diese Weise erhalten** hat, läuft das Abwarten bzw. die Zweiwochenfrist des § 17 Abs. 2a S. 2 Nr. 2 BeurkG an. 14

Soweit der Verbraucher den **Entwurf** von seinem Vertragspartner, z.B. von einem Bauträger, erhält oder wenn gar ein Makler die Übermittlung an den Verbraucher vornimmt, ist das **ungenügend** und die einzuhaltende Wartefrist des § 17 Abs. 2a S. 2 Nr. 2 BeurkG kommt dadurch **nicht** einmal **in Gang**. 15

Gehören zur Vereinbarung **Verweisungsurkunden** (Grundlagen-, Bezugs- oder Teilungserklärungen), auf deren Inhalte im Rahmen der Beurkundung verwiesen werden soll, gehören diese selbstverständlich zum Text des Rechtsgeschäfts. Auch diese Urkunden müssen daher dem Verbraucher **unmittelbar aus der Sphäre des Notarbüros** übermittelt werden, auch um die Zweiwochenfrist des § 17 Abs. 2a S. 2 Nr. 2 BeurkG in Lauf zu setzen (zur Verweisungsurkunde und den anstehenden gesetzlichen Änderungen siehe § 8). 16

Eine **Bauleistungsbeschreibung** ist zu beurkunden. Für jeden Verbraucher ist sie von **besonderer Bedeutung**. Rechtzeitig **vor** der Beurkundung soll der Verbraucher tiefergehend überlegen können, mit welchen Baustoffen, in welcher Qualität und mit welcher Ausstattung die Werkleistung erfolgen soll, die mit der Verpflichtung zum Immobilienerwerb zusammenhängt. Wenn ein Verbraucher die Baubeschreibung erst zu der Beurkundung erhält, kann er die Inhalte nicht gut genug werten, z.B. wenn die Bauleistungsbeschreibung unvollständig ist oder wenn Formulierungen schwammig, unklar oder zweideutig sind. So etwas kann sich für den 17

1 BR-Drucks 619/12, Anl. S. 9; Rundschreiben BNotK Nr. 13/2013, S. 3.

Verbraucher als schädlich erweisen. Stellt er erst nach der Beurkundung fest, dass er mit einer Frist von zwei Wochen vor der Beurkundung durch ein Prüfen der Bauleistungsbeschreibung Fehler hätte vermeiden können, so kann nötig werdendes Nachverhandeln über Werkleistungen oder Werkstoffe **teuer** werden. Beim Nachverhandeln wird der Unternehmer regelmäßig **keinen Wettbewerb** mehr um die Preise fürchten müssen; durch Inflation können zudem höhere Preise entstehen.

18 Zur Beweissicherung sollte der Notar **in der Niederschrift festhalten**,[2] dass die **vollständigen Unterlagen** über das gewollte Rechtsgeschäft dem Verbraucher vom Notar rechtzeitig übermittelt wurden, auch auf welchem Wege (Post oder E-Mail)[3] und wann der Verbraucher den Erhalt festgestellt hat. Dateien, die der Verbraucher erhält, muss er öffnen können. Es genügt nicht, wenn die Unterlagen dem Verbraucher zwar übermittelt sind, er aufgrund einer Abwesenheit diese aber nicht wahrnehmen konnte. Mit der **Wahrnehmung durch den Verbraucher** beginnt die Frist des zweiwöchigen Abwartens (§ 130 Abs. 1 BGB). Der Verbraucher ist ab dann in die Lage versetzt, alle Unterlagen und die aus ihnen resultierende Tragweite zu prüfen oder auch durch dritte Sachverständige überprüfen zu lassen.

19 Betrifft der Vertrag ein Bauvorhaben, kann der Rat, sich als Verbraucher vorab an die **Verbraucherzentrale** zu wenden, nützen. Dort kann der Verbraucher für geringe Kosten das Buch „Die Muster-Baubeschreibung“ erwerben.[4] Mit dieser Unterlage kann er werten und besser erkennen, welche exakten Leistungen er von seinem Vertragspartner braucht und welche Kosten noch anfallen könnten. Durch eine rechtzeitige Planung kann er somit Geld einsparen und nachträglichen Ärger vermeiden. Ärger könnte sich z.B. dadurch ergeben, dass die getroffene Entscheidung für bestimmte Fensterelemente sich als die falsche herausstellt, später bei Gebrauch, wenn der Verbraucher feststellt, dass die von ihm teuer bezahlten Fenster einen doch nur ungenügenden Lärmschutz bieten. Durch ein vorausschauendes Bewusstsein, worauf es ihm, dem Verbraucher ankommt, kann er Fehler vermeiden. Die Unterlage der Verbraucherzentrale ist äußerst übersichtlich und so gut formuliert, dass ein Verbraucher viel verstehen und anstehende Fragen klären kann. Daraus folgen dann für ihn richtige Entscheidungen.

20 Der Notar wird aber nicht nur regelmäßig die Zweiwochenfrist bedenken – zur Berechnung der Frist siehe § 3 Rdn 39. Er wird zudem beim jedem Verbrauchervertrag darauf hinwirken, dass der **Verbraucher das Rechtsgeschäft persönlich abschließt**. Eine Beurkundung durch einen vollmachtlosen Vertreter wird er vermeiden, es sei denn, eine Vertrauensperson aus der Sphäre des Verbrauchers handelt (z.B. eine Mutter, Tochter, ein Vater oder Sohn). Diese Vertrauensperson kann den

2 Ratsam, nicht verpflichtend, vgl. *Krauß*, Immobilienkaufverträge in der Praxis, Rn 54.

3 *Winkler*, BeurkG, § 17 Rn 200; *Lerch*, NotBZ 2014, 37, 38.

4 Verbraucherzentrale NRW, *Uta Maria Schmidt*, Die Muster-Baubeschreibung, 5. Aufl. 2021, ISBN 978-3-86336–109–9.

Verbraucher entweder mit Vollmacht oder vollmachtlos vertreten. Im Widerspruch zu der Vorgabe des § 17 Abs. 2a S. 2 Nr. 1 BeurkG steht das **nicht**. Der Notar wird darauf achten, dass er den Text des Rechtsgeschäfts der Vertrauensperson rechtzeitig zur Verfügung stellt.

Ein **Mitarbeiter des Notars** soll **nicht** für den Verbraucher auftreten. Trotz seiner grundsätzlichen Vertrauenswürdigkeit steht dieser in einem **Dienstleistungsverhältnis zu seinem Notar** und muss sich, wie der Notar auch, neutral verhalten. Deshalb scheidet er als Vertreter für einen Verbraucher zum Vertragsschluss aus. Er kann **nicht** als Vertrauensperson gelten und gleichzeitig für einen Beteiligten, ggf. gegen den anderen Beteiligten, handeln und anschließend als Mitarbeiter den Notar wiederum beim Vollzug und bei der Betreuung der abgeschlossenen Vereinbarung unterstützen (vgl. zur Verbraucherschutzvorschrift § 17 Abs. 2a S. 2 Nr. 2 Hs. 2 BeurkG, siehe § 3 Rdn 2 ff.). 21

Das notarielle Beurkundungsverfahren läuft oft reibungslos ab, da der Notar **stets neutral** tätig ist. Jeder Vertragspartei kann damit die zusätzliche mit Kosten verbundene Einschaltung eines Rechtsanwalts erspart bleiben. Der Notar bevorzugt nämlich weder den Käufer noch den Verkäufer. Er vermeidet, den Eindruck zu erwecken, er stünde dem vermittelnden Makler, der ihm den Beurkundungsauftrag übermittelte, näher als einem Vertragsbeteiligten. Allein die Neutralität des Notars ist der Garant für das ordentliche Beurkundungsverfahren und derart **wichtig**, dass ihre Wahrung durch ausdrückliche **Mitwirkungsverbote** in §§ 3, 6 und 7 BeurkG untermauert ist (Mitwirkungsverbote siehe § 3 Rdn 116 ff.). Von dem Zweck des notariellen Beurkundungsverfahrens profitieren gezielt also die Vertragsbeteiligten und auch die Justiz. Die Gerichte werden durch die kompetenten Tätigkeiten des Notars **erheblich entlastet**. Eine Entlastung erfolgt auch durch die Vorprüfpflicht des Notars gem. § 15 Abs. 3 GBO. Damit prüft er auch Eintragungsbewilligungen und Anträge **vorab für das Grundbuchamt** auf ihre Eintragungsfähigkeit, gebührenfrei. Das erledigt der Notar selbst dann, wenn es sich bei dem zu prüfenden Text um einen handelt, den der Mandant verfasst hat und der lediglich vor dem Notar unterzeichnet wird mit anschließender Identifizierung und Unterschriftsbeglaubigung. 22

Bei dem viel strengeren Beurkundungsverfahren gewährleistet der Notar darüber hinaus viel mehr. Er achtet insbesondere darauf, dass **klare und präzise Vertragsinhalte** vereinbart und **urkundlich dokumentiert** werden. Folglich haben die Vertragsparteien wenig Anlass und wenig Möglichkeit, sich anschließend zu streiten oder vor Gericht zu klagen. Ein notariell beurkundeter Kaufvertrag sorgt also dafür, dass die Vertragspartner einen Anlass haben, sich **zu vertragen** (vgl. hierzu das Muster des transparenten Kaufvertrags in § 2 Rdn 3). 23

III. Anwendungsbereich für Geldwäschepflichten

24 Bestimmte notarielle Verfahren und Geschäfte des Notars fallen in den Anwendungsbereich des **Gesetzes über das Aufspüren von Gewinnen aus schweren Straftaten** (Geldwäschegesetz – GwG) mit der Folge, dass die Stellung des Notars als **Verpflichteter** nach § 2 Abs. 1 Nr. 10 GwG greift. Dies ist besonders beim Immobilienkaufvertrag bedeutsam und der Fall.

25 Für den Anwaltsnotar ist es wichtig, bereits **zu Beginn** einer Geschäftsanbahnung im Zweifel **abzugrenzen**, ob sein Auftraggeber sich an ihn als Amtsträger „**Notar**" oder an ihn als „**Rechtsanwalt**" wendet. Dadurch wird eindeutig, ob die GwG-Pflichten des Notars oder die des Rechtsanwalts einschlägig sind.[5] Die Einsichtsrechte in das Grundbuch sind für Notare teilweise weiterreichender als bei Rechtsanwälten.

26 Die **Verpflichteten-Stellung** nach § 2 Abs. 1 Nr. 10 GwG **greift** für den Notar insbesondere, wenn er an der **Planung oder Durchführung** bestimmter Geschäfte mitwirkt, und zwar an/bei:

- Vereinbarungen über den Kauf, Verkauf von Immobilien oder Gewerbebetrieben, auch wenn Sondereigentum, Wohnungs- und/oder Teileigentum oder ein Erbbaurecht betroffen ist;
- Bauträgerverträgen;
- Tauschverträgen, weil für diese die Vorschriften des Kaufs entsprechend gelten (§ 480 BGB);[6]
- der **Bestellung eines Erbbaurechts** dann, wenn sie gegen **Zahlung eines Erbbauzinses** geschieht oder gegen Zahlung einer Abfindungssumme, denn dann ist die Erbbaurechtsbestellung mit einem Immobilienkauf vergleichbar;[7]
- einfachen **Anwachsungsmodellen** (= ggf. Entwerfen eines privatschriftlichen Gesellschafterbeschlusses, ggf. ohne oder mit privatschriftlichem Vertrag über Anteilsabtretungen der Gesellschafter, durch deren Umsetzung Gesellschafter ausscheiden und einem verbleibenden Gesellschafter das Vermögen der Gesellschaft anwächst). Gleichzeitig wird die Gesellschaft beendet. Die überbleibende Person ist Eigentümer des gesamten Gesellschaftsvermögens geworden, zu dem auch Immobilieneigentum gehört. Nach Vollzug der Handelsregisteranmeldung genügt es, wenn der neue Eigentümer dem Grundbuchamt einen beglaubigten Handelsregisterauszug über die gelöschte Gesellschaft als Nachweis überreicht und die Grundbuchberichtigung beantragt. In der notariellen Praxis kommen Anwachsungen vor, bei denen der Notar lediglich eine entsprechende Register-

5 Vgl. *Elsing*, notarbüro 2020, 2 ff.

6 Siehe auch BNotK, Geldwäschegesetz – Häufig gestellte Fragen und Antworten (FAQs), S. 2 Nr. 7 (Stand: 28.1.2020) zu Tauschverträgen.

7 BNotK, Geldwäschegesetz – Häufig gestellte Fragen und Antworten (FAQs), S. 2 Nr. 6 (Stand: 28.1.2020).

anmeldung entwirft und die Unterschriften der Beteiligten beglaubigt. Der Beurkundung einer Auflassung bedarf es nicht. Eine schuldrechtliche Vereinbarung der Beteiligten hinsichtlich des Ausscheidens findet regelmäßig nicht unter Mitwirkung des Notars statt.

Die notarielle Mitwirkung an der Durchführung bzw. Planung der Transaktion liegt dann nur darin, dass der Notar die Registeranmeldung entwirft, beglaubigt und dem Registergericht übermittelt. Wird der Notar aber noch gebeten, auch den erforderlichen Grundbuchberichtigungsantrag im Vorfeld zu entwerfen, bedeutet dies, dass allein hierdurch bereits für den Notar die Pflichten nach GwG eröffnet sind, sodass der Notar mehr als nur die reine Identifizierung der Beteiligten erledigen muss;

- **eGbR-Anmeldungen, KG-Anmeldungen, OHG-Anmeldungen sowie Partnerschaftsregisteranmeldungen** (Errichtungen): Der Notar sollte die Pflichten nach GwG als eröffnet sehen, weil ihm häufig anlässlich einer Anmeldung der KG oder OHG der Gesellschaftsvertrag nicht vorliegt. Sowohl der Gesellschaftsvertrag der OHG,[8] als auch der der KG[9] können formfrei zustande kommen. Der Partnerschaftsgesellschaftsvertrag muss nach § 3 Abs. 1 PartGG mindestens schriftlich geschlossen werden. Bei all diesen Gesellschaften fehlt eine notarielle Beurkundung oder Beglaubigung unter dem Vertrag. Mit der Modernisierung des Personengesellschaftsrechts wird für die GbR die Möglichkeit geschaffen, sich in ein GbR-Register eintragen zu lassen.[10] Für eine registrierte eGbR gilt das Gleiche, wenn Errichtungen oder Anwachsungen erfolgen;
- **Verwahrung** von Geld, Wertpapieren oder sonstigen Vermögenswerten;
- im Grundsatz alle **gesellschaftsrechtlichen Vorgänge**;
- **Spezialvollmachten** für gesellschaftsrechtliche Vorgänge und für die vorgenannten Transaktionen, m.E. auch, wenn der Notar die Spezialvollmacht lediglich nach seinem Entwerfen beglaubigt, allerdings nur hinsichtlich des Identifizierens des erschienenen Vollmachtgebers;
- **Erbteilkaufvertrag**, soweit jemand außerhalb des Erbenkreises Erwerber ist;
- Handelsregisteranmeldungen, Genossenschaftsregisteranmeldungen, Vereinsregisteranmeldungen, Partnerschaftsregisteranmeldungen und seit Inkrafttreten des MoPeG auch GbR-Gesellschaftsregisteranmeldungen). Beurkundet der Notar die Anmeldeerklärung als Willenserklärung der Beteiligten unterliegen die Beurkundung ohnehin den GwG-Pflichten.

  Soweit, wie meistens, der Notar jedoch ausschließlich
  - die Unterschriften unter der Registeranmeldung beglaubigt oder
  - den Entwurf fertigt und sodann die Unterschriften beglaubigt,

8 Vgl. *Elsing*, Handels- und Gesellschaftsrecht in der notariellen Praxis, § 4 Rn 5.

9 Vgl. *Elsing*, Handels- und Gesellschaftsrecht in der notariellen Praxis, § 5 Rn 13.

10 BT-Drucks Nr. 19/27635 vom 17.3.2021.

unterliegen die Anmeldungen zwar den Pflichten des GwG, allerdings eingeschränkt darauf, dass der Notar die Pflichten der **Identifizierung** der vor ihm zur Beglaubigung Erschienenen erledigt. Anders verhält es sich bei Registeranmeldungen nach Umwandlungsgesetz und bei den zuvor genannten sog. einfachen Anwachsungsmodellen.[11]

27 Das GwG findet bei reinen Unterschriftsbeglaubigungen nur **eingeschränkt Anwendung**. Die Anwendung ist darauf beschränkt, dass der beglaubigende Notar den Erschienenen **sorgfältig identifiziert**.

28 *Beispiel*

Ein Notar beglaubigt die Unterschrift unter einer Genehmigungserklärung; ein Beteiligter genehmigt die in einem Immobilienkaufvertrag vollmachtlos für ihn abgegebenen Erklärungen.

Der Notar muss bei der Beglaubigung der Unterschrift nur die Identifizierung des Beteiligten anhand seines **gültigen Ausweises** erledigen.

Der Notar, der den Kaufvertrag beurkundet, muss ebenfalls den vollmachtlos Vertretenen identifizieren, allerdings ohne Ausweisvorlage des nicht Erschienenen. Sollte es sich bei der **vollmachtlos vertretenen** Person um eine Gesellschaft handeln, muss der Notar eine **schlüssige Dokumentation der Eigentums- und Kontrollstruktur** von der Gesellschaft bzw. dem Beteiligten einholen.

29 Lediglich einer eingeschränkten Anwendung unterliegen **Spezialvollmachten**, die Geschäfte betreffen, die in dem GwG aufgeführt sind, also im Wesentlichen Vollmachten für Immobilienkäufe oder -verkäufe sowie gesellschaftsrechtliche Vorgänge und Verwahrungstätigkeiten.

Die wesentlichen geldwäscherechtlichen Pflichten müssen ohnehin im Rahmen des mit der **Vollmacht abzuschließenden Geschäfts** beachtet werden, sodass der Notar, der die Vollmacht beurkundet, sich auf die geldwäscherechtliche Identifizierung des vor ihm Erschienenen beschränken kann.

30 Dies gilt nach überzeugender Auffassung der BNotK auch, wenn die Spezialvollmacht nicht lediglich beglaubigt wird, sondern auch, wenn die Vollmacht nach den Vorschriften über die Beurkundung von Willenserklärungen errichtet wird.[12]

31 Wenn der Notar unter einer **Handels-, Genossenschafts-, Vereins-, Gesellschafts-** oder auch **Partnerschaftsregisteranmeldung** lediglich

11 So auch zu Handelsregisteranmeldungen: BNotK, Geldwäschegesetz – Häufig gestellte Fragen und Antworten (FAQs), S. 2 (Stand: 28.1.2020); vgl. *Elsing*, Geldwäschegesetz in der notariellen Praxis, § 3 Rn 7.

12 BNotK, Geldwäschegesetz – Häufig gestellte Fragen und Antworten (FAQs), S. 2 (Stand: 28.1.2020); BNotK, Anwendungsempfehlungen 2017, S. 7 f.

- die Unterschriften der Beteiligten beglaubigt oder
- den Entwurf fertigt und sodann die Unterschriften beglaubigt,

unterliegt die jeweilige Anmeldung **eingeschränkt** den Pflichten des Geldwäschegesetzes; der Notar hat regelmäßig nur die **Identifizierung** der vor ihm zur Beglaubigung erschienenen Personen vorzunehmen.[13]

Der betroffenen Gesellschaft/Vereinigung obliegt es selbst, dafür zu sorgen, dass die **wirtschaftlich Berechtigten** erfasst, aufgezeichnet und dem Transparenzregister mitgeteilt werden.

Die eingeschränkte Anwendung der GwG-Notarpflicht kann bei einer Register- 32
anmeldung, die ein einfaches Anwachsungsmodell enthält, kritisch sein, auch wenn der Notar lediglich die Unterschriften unter der Registeranmeldung beglaubigt.

> *Hinweis*
>
> Durch das tatsächliche Ausscheiden von Gesellschaftern wächst dem einzig verbleibenden Gesellschafter das Vermögen an und die Gesellschaft kann liquidationslos erloschen sein. Soweit die Gesellschaft Eigentümerin von **Immobilien** war, ist fortan der einzig verbleibende Gesellschafter der Eigentümer. Die betroffenen **Grundbücher** sind unrichtig geworden.
>
> Die Mandanten können eine Berichtigung der Grundbücher **privatschriftlich** erledigen. Im Zweifel sollte der Notar bei Kenntnis die weitreichenderen Pflichten des GwG wahrnehmen, jedenfalls dann, wenn er anlässlich einer Unterschriftsbeglaubigung zu dem vorliegenden Entwurf berät oder wenn er den Grundbuchberichtigungsantrag im Anschluss für die Betroffenen entwirft oder bei der Behebung einer Beanstandung des Grundbuchamts hilft.

Erledigt der Notar **ausschließlich** die Unterschriftsbeglaubigung, ist er nicht für den Inhalt des davorstehenden Textes verantwortlich. Dann wirkt er nicht an einer Planung der Transaktion mit. Seine Pflicht reduziert sich dann auf die Identifizierung der Beteiligten, die unterschreiben.

Nicht angewendet werden die Pflichten des GwG bei bestimmten Transaktionen. 33
Die Pflichten des GwG **wirken nicht**, wenn die Transaktion eine/ein

- Generalvollmacht,[14]
- Betreuungsvollmacht,

13 So auch BNotK, Geldwäschegesetz – Häufig gestellte Fragen und Antworten (FAQs), S. 2 (Stand: 28.1.2020).

14 Es sei denn, bei Beurkundung der Generalvollmacht erkennt der Notar bereits, dass die Vollmacht auch konkret für eine bestimmte Transaktion verwendet werden soll, z.B. für den Abschluss eines Kaufvertrags; vgl. *Viefhues*, ZNotP 2018, 205, 208.

- Vorsorgevollmacht,[15]
- Patientenverfügung,
- Schenkungsvereinbarung,
- Übergabevertrag,
- erbrechtliche Angelegenheit (soweit vorstehend nicht anders ausgeführt),
- Eidesstattliche Versicherung zur Erlangung eines Erbscheins, eines Europäischen Nachlasszeugnisses oder eines Testamentsvollstreckerzeugnisses,
- Bestellung eines Rechts an einer Immobilie, z.B. einer Grunddienstbarkeit, beschränkt persönlichen Dienstbarkeit, Wohnrecht, Grundpfandrechtsbestellung

ist.

> *Hinweis*
>
> **Aber Vorsicht**! Die Überschrift einer Vereinbarung macht nicht deren Inhalt aus, sodass z.B. ein Kaufvertrag, der unter der Überschrift „Schenkungsvertrag" geschlossen wurde, selbstverständlich in den Anwendungsbereich des Geldwäschegesetzes fällt.

34 Die **Bestellung eines Erbbaurechts** – **unentgeltlich** und **ohne Erbbauzins** – eröffnet den Anwendungsbereich des GwG **nicht**, da dieser Vorgang mit einer Schenkungsvereinbarung vergleichbar ist. Geschieht die Erbbaurechtsbestellung dagegen **mit Vereinbarung eines Entgelts und/oder eines Erbbauzinses**, liegt keine Schenkung, sondern eine **kaufähnliche** Vereinbarung vor, durch die der Anwendungsbereich des GwG eröffnet ist.

35 Bei den Formulierungen eines Beurkundungsverfahren ist stets **Präzision** geboten. Liegt z.B. eine reine **Schenkungsvereinbarung** vor, fällt sie **nicht** in den **Anwendungsbereich des GwG**. Insoweit könnte die Beurkundung einer Vereinbarung zum Kaufpreis von nur 1 EUR, möglicherweise einen Schenkungstatbestand auslösen; dies geschieht jedoch nicht, wenn der Kaufpreis an einen Insolvenzverwalter fließt. Muss der Notar einen Schenkungsvorgang annehmen, wird er dies präzise in der Urkunde dokumentieren, sodass der Teil, der geschenkt wird, ausgewiesen und dokumentiert ist. Der Notar wird sodann den Vertrag mit der gemischten Schenkung dem Finanzamt anzeigen wird. Für die Beurteilung, ob der Notar die GwG-Pflichten zu beachten hat, ist dies zudem von Relevanz, ob der Notar die kaufähnliche Vereinbarung so **werten** wird, dass der Anwendungsbereich des GwG eröffnet ist.

15 Es sei denn, bei Beurkundung der Generalvollmacht erkennt der Notar bereits, dass die Vollmacht auch konkret für eine bestimmte Transaktion verwendet werden soll, z.B. für den Abschluss eines Kaufvertrags; vgl. *Viefhues*, ZNotP 2018, 205, 208.

Beispiel 36

Wenn ein Vater seiner Tochter ein Grundstück übereignet, das einen Wert von 800.000 EUR hat, und er im Rahmen des steuerrechtlichen Schenkungsfreibetrags der Tochter die Immobilie zu einer Gegenleistung von 400.000 EUR überlässt, liegt eine Kaufvereinbarung über 400.000 EUR vor und zugleich eine Schenkungsvereinbarung über weitere 400.000 EUR. Damit schlagen die GwG-Pflichten für den Notar ein.

Beispiel 37

Soweit ein Elternteil seinem Kind Bargeld mittels Überweisung zur Verfügung stellt, damit das Kind eine bestimmte Immobilie kaufen kann, kann der Notar zwei getrennte Urkunden gestalten. Die erste Urkunde wäre eine zu beurkundende Schenkungsvereinbarung über den Geldbetrag, der zweckgebunden für den Erwerb der Immobilie überwiesen wird. Die zweite Urkunde wäre der Kaufvertrag, den das Kind mit dem Dritten, der der Verkäufer ist, schließt.

Die Schenkungsvereinbarung fällt hier ausnahmsweise in den GwG-Anwendungsbereich, weil die beurkundungspflichtige Schenkungsvereinbarung mit der Kaufvereinbarung eine rechtliche Einheit i.S.v. § 139 BGB darstellt; die Verträge stehen und fallen miteinander. Ist ein Vertrag unwirksam, fällt auch der andere.

Bei einer **Aufspaltung eines Immobilienvertrags** in ein Angebot und eine Annahme gilt: 38

- **Angebotsbeurkundung**
  Der Notar, der das Immobilienkaufvertragsangebot beurkundet, hat die geldwäscherechtlichen Pflichten hinsichtlich des Erschienenen (des formell Beteiligten) zu erledigen und auch den wirtschaftlich Berechtigten aufzuzeichnen. Er muss allerdings nicht die GwG-Pflichten des Annahmenotars erledigen, auch dann nicht, wenn dieser den Vollzug des Kaufvertrags erledigt.
  Nur, soweit in der Urkunde mit den Angebotserklärungen auch Erklärungen des Annehmenden bereits enthalten sind, erstrecken sich die GwG-Pflichten des Notars auch auf den Annehmenden und den wirtschaftlich Berechtigten der Annahmeseite, weil **ein Vertrag und ein Angebot** gegeben sind.
- **Annahmebeurkundung**
  Der Notar, der die Annahme zu einem Immobilienkaufvertragsangebot beurkundet, hat die geldwäscherechtlichen Pflichten für den Erschienenen (formell Beteiligten) zu erledigen und insoweit auch den wirtschaftlich Berechtigten aufzuzeichnen.
  Er muss **nicht** die GwG-Pflichten des Anbietenden erledigen.
  Der Annahmenotar muss dann die GwG-Pflichten auch hinsichtlich des Anbietenden miterledigen, wenn in der Urkunde auch die Erklärungen des Anbietenden und die des Annehmenden für die Auflassung enthalten sind.

IV. Geldwäschemeldepflichtverordnung-Immobilien

39 Eine Übersicht der nach der **GwGMeldV-Immobilien** auf Meldungen zu sondierenden Sachverhalte verschafft das **Muster eines Verfügungs- und Organisationsbogens** (siehe Rdn 49). Darüber hinaus gibt es einen Vorschlag für eine Arbeitsanweisung des Notars (siehe Rdn 53). Zudem sind in der Tabellenübersicht (siehe Rdn 48) die einzelnen Tatbestände mit Hinweisen aufgelistet.

1. Gelistete Risikoländer

40 Die EU listet **Drittländer** mit einem **hohen Risiko** für Geldwäsche und andere Straftaten auf. Stellt der Notar fest, dass ein

- am Erwerbsvorgang **Beteiligter** oder
- **wirtschaftlich Berechtigter**

in einem dort aufgelisteten Drittland **ansässig ist** oder einen **gleichermaßen engen Bezug** zu dem Drittland aufweist, kann die Abgabe einer **Verdachtsmeldung** nach § 43 GwG in Betracht kommen. Ein bloßer Verdacht des Notars genügt jedoch nicht, die Meldung zu erstatten. Nur wenn der Notar **weiß**, dass sein Amt **missbräuchlich** für Zwecke der Geldwäsche, Terrorismusfinanzierung oder eine andere Straftat genutzt werden soll, darf er die Meldung vornehmen. Durch dieses Wissen tritt die Verschwiegenheitspflicht, § 18 BNotO, in den Hintergrund. Insoweit handelt es sich bei der Verdachtsmeldung nach § 43 GwG um eine **Wissensmeldung**.

41 Hat also ein Beteiligter oder wirtschaftlich Berechtigter, für den ein hohes Risiko gesehen wird, seinen gewöhnlichen Aufenthalt in Deutschland und besitzt die Staatsangehörigkeit eines Drittstaates, ist eine Meldung an die FIU nicht allein deshalb vorzunehmen.

Bei Hinzutreten eines **weiteren Aspekts** zur Annahme eines höheren Risikos ist die Meldung aber vorzunehmen oder wenn der Notar weiß, dass Geldwäsche oder eine andere Straftat stattfindet oder geplant ist.

42 Der Notar muss im Ergebnis **unverzüglich sondieren**, ob er den nach § 3 Abs. 1 Nr. 1 GwGMeldV-Immobilien **einschlägigen Sachverhalt** der FIU meldet oder ob er gem. § 7 GwGMeldV-Immobilien von der Meldung absieht. Die Gründe, die zur Entscheidung des Notars geführt haben, hat der Notar aufzuzeichnen.

43 Die gleiche Verfahrensweise gilt für den Notar, wenn ein Beteiligter oder wirtschaftlich Berechtigter in einem Land, das die **FATF** (Financial Action Task Force) als ein **Land mit strategischen Mängeln** auflistet, ansässig ist oder einen gleichermaßen engen Bezug zu diesem Land hat.

44 Bei den Ländern, die nach **nationaler Risikoanalyse** als ein Land mit einem hohen Risiko eingeschätzt werden, ergibt sich nicht die Pflicht zur Meldung nach § 3 Abs. 1 Nr. 1 GwGMeldV-Immobilien. Zu prüfen ist hier aber, ob für die Transaktion dadurch verstärkte Sorgfaltspflichten greifen und ein höheres Risiko für die Transaktion anzunehmen ist.

Hinweis zur nachfolgenden Tabelle (Rdn 46): 45
- In der ersten Spalte sind die derzeitigen Drittländer mit einem hohen Risiko aufgelistet,
- in der zweiten Spalte werden die Länder, die die FATF derzeit als Länder mit strategischen Mängeln listet, genannt und
- in der dritten Tabellenspalte sind die Länder, die nach nationaler Risikoanalyse ein hohes Risko haben, zu finden.

2. Tabellenübersicht

46

Drittland mit hohem Risiko (§ 3 Abs. 1 Nr. 1 GwG beachten)	**Land nach FATF mit strategischen Mängeln** (§ 3 Abs. 1 Nr. 1 GwG beachten)	**Land nach nationaler Risikoanalyse mit hohem Risiko** (Keine Meldepflicht § 3 Abs. 1 Nr. 1 GwG)
Afghanistan	Burkina Faso	Bulgarien
Barbados	DR Kongo	China
Burkina Faso	Haiti	DVR Korea
DR Kongo		Iran
Gibraltar	Jemen	Kanalinseln Guernsey, Jersey, Isle of Man
Haiti	Kamerun	Karibische Inseln Cayman Islands, Britisch Virgin Island, Bermuda
Jamaika	Mali	Kenia
Jemen	Monaco	Kroatien
Kamerun	Mosambik	Malta
Mali	Myanmar	Russland
Mosambik	Nigeria	Türkei
Myanmar	Philippinen	Zypern
Nigeria	Senegal	
Panama	Südafrika	
Philippinen	Syrien	
Senegal	Tansania	
Südafrika	Venezuela	
Syrien	Vietnam	
Tansania		
Trinidad und Tobago		
Uganda		
Vanuatu		
Vereinigte Arabische Emirate		
Vietnam		

3. GwG-Übersichtstabelle

47 Zur raschen Durchdringung der Materie und zum Auffinden des erforderlichen Textbausteins dient nachfolgende GwG-Übersichtstabelle, die der Sachbearbeiter am Arbeitsplatz haben kann:[16]

16 *Elsing*, Das Geldwäschegesetz in der notariellen Praxis, § 10 Rn 15, 16 mit Hinweis auf *Krauß*, Update Grundstücksrecht 2023 v. 1.7.2023, S. 108.

Betroffen ist (…)	GwG-Sachverhalt (allgemein)	Was ist nötig?	Bausteine/Muster	Konsequenz bei Fehlen
jede natürliche Person	Beteiligter bei einem Immobilien-Kaufvertrag; Beteiligter bei einer Vereinbarung über eine Anteilsabtretung bei einer Kapitalgesellschaft mit Grundbesitz; Beteiligter bei einer Anteilsabtretung bei einer Personengesellschaft mit Grundbesitz; Notaranderkonten; gesellschaftsrechtliche Treuhandvereinbarung; Gründung einer Kapitalgesellschaft; Gründung einer Personengesellschaft (auch GbR, Stiftung).	In die Urkunde eine Erklärung aufnehmen, dass natürliche Person im eigenen Namen auf eigene Rechnung handelt und nicht für Dritte, und dass die natürliche Person keine politisch exponierte Person (peP) ist und auch keine ihr nahestehende Person.	Siehe Baustein bzw. Muster **Nr. 1** unter dieser Tabelle.	Ist eine politisch exponierte Person i.S.v. § 1 Abs. 12 oder 13 GwG beteiligt oder wirtschaftlich Berechtigter, dann ist zu kontrollieren, woher die Mittel für den Kaufpreis stammen; ggf. ist ein höheres GwG-Risiko festzustellen und die Gründe dafür entsprechend aufzuzeichnen. Beispiel einer Formulierung: „*Der Käufer ist Ehegatte einer peP, (Politiker, BGH-Richter). Die daraufhin gem. § 15 GwG erfolgte Überprüfung der Mittelherkunft ergab:* *Der Kaufpreis wird zu 70 % finanziert und 30 % werden aus Eigenmitteln (erspartes Bausparguthaben oder Sparguthaben) aufgebracht.*

Betroffen ist (…)	GwG-Sachverhalt (allgemein)	Was ist nötig?	Bausteine/Muster	Konsequenz bei Fehlen
				Die Vertragsgestaltung ist eine übliche. Es sind keine besonderen Risiken oder Verbindungen zu einem Risikostaat erkennbar. Somit verbleibt es beim Standardrisiko (mittel).“
Kapitalgesellschaft (GmbH, AG, SE, UG) sowie Personengesellschaft (OHG, KG, eGbR ab 2024, GbR, auch Stiftung § 12 Abs. 4 GwG)	Verkäufer und/oder Käufer bei einer Vereinbarung eines Immobilienkaufvertrags, einer Anteilsabtretung bei Kapitalgesellschaft, einer Anteilsabtretung bei Personengesellschaft	Mandant muss dem Notar vorlegen: Eigentums- und Kontrollstruktur (später vor jeder Beurkundung diese bestätigen lassen)	Siehe Baustein bzw. Muster **Nr. 2** unter dieser Tabelle. Die Erklärung ist aufzeichnen und abzuspeichern.	**Beurkundungsverbot gem. § 10 Abs. 9 S. 4 Hs. 1 GwG beachten!** Nicht beurkunden ohne Vorlage Eigentums- und Kontrollstruktur; nicht beurkunden ohne Vorliegen eines Transparenzregisterauszuges (BRD oder ein EU-Land mit vergleichbarem Transparenzregister).
Ausländische Gesellschaften (Kapitalgesellschaft oder Personenge-	Käufer bei einem Immobilienkaufvertrag oder bei einem Geschäfts-	Mandant muss dem Notar den Nachweis über die Eintragung im deutschen	Siehe Baustein bzw. Muster **Nr. 3** unter dieser Tabelle.	Nicht beurkunden, bevor die Transparenzregistereinsicht vorliegt (sonst

Betroffen ist (…)	GwG-Sachverhalt (allgemein)	Was ist nötig?	Bausteine/Muster	Konsequenz bei Fehlen
sellschaft, GbR – wenn diese rechtsfähig und eingetragen ist –, § 20 Abs. 1 S. 2 GwG)	anteilserwerb. Seit dem 1.7.2023 auch Verkäufer bei einem asset deal oder share deal, Geschäftsanteilserwerb.	Transparenzregister oder im EU-Transparenzregister vorlegen.	Die Erklärung ist aufzeichnen und abzuspeichern.	liegt ein berufsrechtlicher Verstoß vor, der disziplinarrechtlich geahndet werden kann).
Neuer Mandant als Kapital- oder Personengesellschaft (nicht GbR, § 12 Abs. 3 S. 2 GwG)	Beteiligter bei einem Immobilienkaufvertrags, Anteilsabtretung bei einer Kapitalgesellschaft mit Grundbesitz, Anteilsabtretung bei einer Personengesellschaft mit Grundbesitz, Notaranderkonten, gesellschaftsvertragliche Treuhandvereinbarungen, Gründung Kapitalgesellschaft, Gründung Personengesellschaft.	Durch den Notar erfolgt die Einsicht in das Transparenzregister Erledigung des ersten Auftrags.	Siehe Baustein bzw. Muster **Nr. 4** unter dieser Tabelle.	Nicht beurkunden, bevor die Transparenzregistereinsicht vorliegt (sonst liegt ein berufsrechtlicher Verstoß vor, der disziplinarrechtlich geahndet werden kann).

Baustein-Muster Nr. 1

Jeder der Erschienenen erklärte:

- Ich handele im eigenen Namen auf eigene Rechnung und nicht für einen Dritten, der wirtschaftlich Berechtigter ist.
- Ich bin und war in den letzten zwölf Monaten keine politisch exponierte Person i.S.v. § 1 Abs. 12 GwG Geldwäschegesetz. Dasselbe gilt für meine Familienangehörigen.

Baustein-Muster Nr. 2

Die als Käufer oder die als Verkäufer beteiligte Gesellschaft hat vor der Beurkundung in Textform die Eigentums- und Kontrollstruktur vorgelegt (§ 12 Abs. 4 GwG). Diese verwahrt der Notar. Der Notar hat zuvor die Angaben zu den wirtschaftlich Berechtigten durch Abgleich

- (bei GmbH) mit der im Handelsregister aufgenommenen Gesellschafterliste, ebenso bei der Vor-GmbH (GmbH i.Gr.),
- (bei AG/bei Stiftung) mit den Eintragungen im Transparenzregister,
- (bei OHG/KG) mit den Eintragungen im Handelsregister und im Transparenzregister,
- (bei eGbR seit dem 1.1.2024) mit den Eintragungen im Gesellschaftsregister und im Transparenzregister

auf Schlüssigkeit geprüft.

Baustein-Muster Nr. 3

Anschreiben zur Anforderung des Transparenzregisterauszugs bei ausländischer Gesellschaft

„*Als im Ausland ansässige Gesellschaft wollen Sie mittelbar oder unmittelbar Anteile an einer Gesellschaft in Deutschland erwerben oder veräußern, die über Grundbesitz in Deutschland verfügt. Gem. § 20 Abs. 2 GwG müssen die Angaben zu den wirtschaftlich Berechtigten sich aus dem deutschen Transparenzregister oder aber aus einem vergleichbaren Transparenzregister der EU ergeben (vorher darf ich nicht beurkunden, § 10 Abs. 9 S. 4 Halbs. 1, 2. Alt. GwG). Für eine rasche Hergabe des Transparenzregisterauszuges wäre ich daher dankbar.*“[17]

Baustein-Muster Nr. 4

Dokumentation vor Erledigung des Auftrags: Nach § 12 Abs. 3 S. 2 GwG hat der Notar vor Beurkundung das Transparenzregister der Kapitalgesellschaft (bzw. das Transparenzregister und das Gesellschaftsregister der eingetragenen

17 Tabelle und Formulierungsvorschlag von *Krauß*, Update Grundstücksrecht 2023, S. 108, S. 101.

Personengesellschaft) eingesehen und bei einer GmbH/UG zudem die aufgenommene Gesellschafterliste und den Inhalt mit der Geschäftsführung der Gesellschaft erörtert. Die Richtigkeit der Angaben wurde bestätigt und auch, dass keine Treuhandverhältnisse oder abweichende Stimmrechtsvereinbarungen bestehen. Die scheint nach Prüfung des Notars schlüssig.

4. Tabellenübersicht der meldepflichtigen Sachverhalte

Ob eine elektronische Meldung eines Sachverhalts an die FIU durch den Notar in einem Verfahren zu erfolgen hat oder nicht, ist vom Notar stets persönlich zu überprüfen. Ist eine Meldung erforderlich, muss sie unverzüglich stattfinden. Geschulte Mitarbeiter des Notars sollten in der Lage sein, Auffälligkeiten und Sachverhalte zu erkennen, die meldepflichtig sind. Der Mitarbeiter kann bemerkte Auffälligkeiten dem Notar berichten, sodass dieser unverzüglich die Meldung bzw. das weitere Vorgehen prüft. 48

Übersicht **über** die Meldepflichten:

Meldetatsache	**Bemerkungen**	**Meldung nach GwGMeldV-Immobilien**
Beteiligter und/oder ein **wirtschaftlich Berechtigter** ist ansässig/hat den gewöhnlichen Aufenthalt oder hält sich oft (enger Bezug) in einem **Risikostaat** auf.	Die **Staatsangehörigkeit** zu einem Risikoland **ist ein Anknüpfungspunkt**. Für eine Meldung reicht dies nicht. Erst wenn ein weiterer Anknüpfungspunkt hinzukommt, etwa ein **häufiger Aufenthalt** des Beteiligten oder wirtschaftlich Berechtigten in dem Risikostaat oder wenn die Person dort ihren **gewöhnlichen Aufenthal**t hat, ist die Meldung vorzunehmen. **Beispiel**: Ein Beteiligter hat seinen gewöhnlichen Aufenthalt in Deutschland, lebt und arbeitet hier. Er ist ein **Venezolane**r. Diese Tatsache reicht noch nicht für eine Meldung.	**§ 3 Abs. 1**

Meldetatsache	**Bemerkungen**	**Meldung nach GwGMeldV-Immobilien**
Erwerbsvorgang (§ 1 GrEStG): Ein **Grundstück**/ein **Gesellschaftsanteil** oder ein **Bankkonto** weist einen engen Bezug zu einem gelisteten Risikostaat auf.	Kommt der **Kaufpreis** oder ein Teilkaufpreis **von einem Konto aus einem Risikostaat** oder wird ein Betrag ganz oder teilweise auf ein Konto in einem Risikostaat gezahlt oder ist so etwas erkennbar vorgesehen = Meldung nötig. **Hinweis**: Bei Notaranderkonto organisieren, dass der Notar als und der Sachbearbeiter Kenntnis erhält, wenn Geld erkennbar aus dem Ausland von einem Konto in einem Risikostaat fließt. Bei Direktzahlung und Regeln der Bankverbindung kann dies ggf. im Entwurf ersichtlich sein oder spätestens bei Beurkundung = melden. **Asset Deal**: kein enger Bezug, wenn die übertragenen Gegenstände in Deutschland sind. **Share Deal**: Bei Anteilsübertragungen kann ein enger Bezug der Anteile zum Risikostaat z.B. angenommen werden, wenn die Geschäftsführung im Risikostaat ansässig ist.	**§ 3 Abs. 2**
Ein am Erwerbsvorgang **Beteiligter** oder **wirtschaftlich Berechtigter** ist in der **European Union Consolidated Financial Sanctions List** aufgeführt (auch **Island** und **Albanien**).		**§ 3 Abs. 3**

Meldetatsache	Bemerkungen	Meldung nach GwGMeldV-Immobilien
Ein Vertragspartner kommt **nicht seiner Pflicht** nach § 11 Abs. 6 S. 1 GwG (**seine Identifizierung**) nach.	**Beispiel**: Ein Beteiligter bringt nicht die erforderlichen Informationen und/oder Unterlagen zur Identifizierung bei. Der Notar muss die Weigerung und Umstände hierzu aufzeichnen und die Aufzeichnung für mind. fünf Jahre, max. zehn Jahre aufbewahren.	**§ 4 Abs. 1**
Ein Beteiligter macht wissentlich **nicht richtige** oder **nicht vollständige Angaben** zu wirtschaftlich Berechtigten.	Eine unzutreffende oder unvollständige Angabe zur Identität des am Erwerbsvorgang Beteiligten, die der Notar als Tatsache feststellen kann, muss vorliegen. Vermutungen genügen nicht für eine Meldung. Anhaltspunkt für eine Verschleierung könnte sein: Ein Bevollmächtigter handelt aufgrund einer weitgehend unbeschränkten Vollmacht, älter als zehn Jahre, die allgemein zu Immobilientransaktionen genügt, die nicht in der EU ausgestellt wurde, oder aber die vertretene Person hat nicht ihren Wohnsitz, Sitz oder gewöhnlichen Aufenthalt in der EU. Wird eine Treuhandschaft, die nicht offengelegt wurde, dem Notar erst später bekannt, kann eine unvollständige Angabe anzunehmen sein. Wird eine Treuhandschaft dem Notar z.B. erst aus dem Transparenzregister ersichtlich und erkennt er, dass unrichtige Angaben gemacht wurden, deutet dies auf unvollständige Angaben des Beteiligten hin; folglich muss er melden.	**§ 4 Abs. 2**

Meldetatsache	Bemerkungen	Meldung nach GwGMeldV-Immobilien
Der Geschäftsgegenstand wird **treuhänderisch gehalten** oder soll treuhänderisch gehalten werden.	Meldepflicht besteht nur, wenn das Treuhandverhältnis keinen offensichtlichen wirtschaftlichen Zweck oder keinen sonstigen rechtmäßigen Zweck hat. Meldung ist z.B. nötig, wenn eine Treuhandschaft ohne schlüssige Begründung vereinbart werden soll.	**§ 4 Abs. 3 Nr. 1**
Anlässlich des Rechtsgeschäfts wird das Treuhandverhältnis beendet oder soll beendet werden.		**§ 4 Abs. 3 Nr. 2**
Gegen einen am Erwerbsvorgang Beteiligten oder wirtschaftlich Berechtigen wird wegen **möglicher Beteiligung einer Tat nach § 261 StGB** oder einer **Vortat der Geldwäsche** nach § 261 Abs. 1 S. 2 StGB **strafrechtlich ermittelt** oder ein **Strafverfahren ist rechtsanhängig** oder ein Beteiligter wurde entsprechend in den **letzten fünf Jahren verurteilt**.	Meldung nicht nötig, falls ein Zusammenhang zwischen der Tat oder dem Tatprodukt der Tat und dem Erwerbsvorgang ausgeschlossen werden kann. Sollte der GwG-Verpflichtete den am Erwerbsvorgang Beteiligten oder den wirtschaftlich Berechtigten im Rahmen des Ermittlungs- oder Strafverfahrens vertreten und hierbei mitgewirkt haben (i.S.v. § 203 StGB), entfällt für ihn die Meldepflicht.	**§ 4 Abs. 4**

Meldetatsache	**Bemerkungen**	**Meldung nach GwGMeldV-Immobilien**
Tatsache, die darauf hindeutet, dass **Erwerbsvorgang im** groben **Missverhältnis zum** legalen **Einkommen/Vermögen** eines **Veräußerers/Erwerbers/wirtschaftlich Berechtigten** steht.	**Nichtverdiener**, **Geringverdiener** oder **Sozialhilfeempfänger**, die beteiligt oder wirtschaftlich Berechtigte sind, können auf eine nötige Meldung hindeuten,[18] also z.B. ein beteiligter Schüler, Student oder Sozialhilfeempfänger. Ein geringfügiges Missverhältnis ist nicht zu melden. Stammt Vermögen erkennbar nicht aus eigener beruflicher/geschäftlicher Tätigkeit, Erbschaft oder Finanzierung, ist ein grobes Missverhältnis ggf. anzunehmen,[19] ggf. also erkennbar, wenn der Notar bei hohem Risiko Informationen einholt.	**§ 4 Abs. 5**
Die Stellung als **wirtschaftlich Berechtigter** wird über eine Gesellschaft vermittelt oder soll über eine Gesellschaft vermittelt werden, die in einem **Drittstaat** (§ 1 Abs. 17 GwG) ihren Sitz hat, der wirtschaftlich Berechtigte ist nicht in diesem Drittstaat ansässig und die Zwischenschaltung der Gesellschaft hat keinen offensichtlichen oder rechtmäßigen Zweck.	Bei mehreren Gesellschaften reicht es aus, wenn eine Gesellschaft ihren Sitz in einem Drittstaat hat; Meldepflicht dann insbesondere nach § 3 GwGMeldV-Immobilien prüfen – siehe S. 8 der Begründung GwGMeldV-Immobilien.	**§ 4 Abs. 6**

18 BNotK Geldwäschegesetz – Häufig gestellte Fragen und Antworten (FAQs), S. 24, Frage 95; *Elsing*, notarbüro 2020, S. 109.

19 BNotK Geldwäschegesetz – Häufig gestellte Fragen und Antworten (FAQs), Fragen 97 und 15.

Meldetatsache	Bemerkungen	Meldung nach GwGMeldV-Immobilien
Ein **Erwerbsvorgang nach § 1 GrEStG** hängt mit **grenzüberschreitender Steuergestaltung** (§ 138d Abs. 2 AO) zusammen, die ein Kennzeichen (§ 138e Abs. 2 Nr. 2f oder Nr. 3 AO) aufweist.	Vgl. S. 9 der Begründung GwGMeldV-Immobilien.	**§ 4 Abs. 7**
Ein Beteiligter handelt aufgrund einer **Vollmacht, die nicht der Schriftform genügt** und diese wird nicht **innerhalb von zwei Monaten nach Aufforderung** dem Notar vorgelegt.	Wiedervorlage notieren, zwei Monate, gerechnet **ab Anforderung** der schriftlichen (ggf. wg. § 29 GBO auch beglaubigten) Vollmacht/Vollmachtbestätigung. Bei Nichteintreffen der Vollmachtbestätigung muss gemeldet werden.	**§ 5 Nr. 1**
Gefälschte/Verfälschte **Vollmachtsurkunden**.	Meldepflicht besteht auch, wenn die unechte oder verfälschte Vollmacht, die der Notar zurückgewiesen hat, durch eine echte, nicht verfälschte Vollmachtsurkunde ersetzt wird.	**§ 5 Nr. 2**
Ein Beteiligter handelt aufgrund einer Vollmacht und der Notar als GwG-Verpflichteter kennt das **Grundverhältnis**, das der Vollmacht zugrunde liegt, **nicht**.	Oft wird aus den Begleitumständen ersichtlich sein, aufgrund welchen Grundverhältnisses die Vollmacht erteilt wurde (z.B. Mandatierung, Dienstvertrag, familiäres Gefälligkeitsverhältnis), sodass dann eine Meldung nicht erforderlich ist.	**§ 5 Nr. 3**
Ein am Erwerbsvorgang Beteiligter handelt aufgrund einer **Vollmacht**, die **beglaubigt** wurde **durch** einen Mitarbeiter der **konsularischen Vertretung** der BRD in einem **Drittstaat** nach § 3 Abs. 1 GwGMeldV-Immobilien.		**§ 5 Nr. 4**

Meldetatsache	Bemerkungen	Meldung nach GwGMeldV-Immobilien
Kaufpreis/Kaufpreisteil wird in **bar (Nr. 1a)** oder **Kryptowerten (Nr. 1b)** gezahlt, oder die Zahlung erfolgt über ein im Ausland geführtes Konto und beträgt **mehr als 10.000 EUR**.	Nicht zu melden ist eine Zahlung über das Auslandskonto, wenn der Beteiligte, der das Bankkonto verwendet, sich in diesem Drittstaat befindet.	**§ 6 Abs. 1 Nr. 1a–1c**
Geschäftsgegenstand soll oder wird binnen **drei Jahren nach vorangegangenem Erwerb weiterveräußert (werden)** zu einem Preis, der deutlich **vom vorherigen Preis abweicht**, ohne ersichtliche nachvollziehbare Gründe.	Eine erhebliche Abweichung (mehr als 25 % vom vorherigen Kaufpreis für die Immobilie) liegt vor. Bei der Veräußerung eines Gesellschaftsanteils innerhalb von zwei Jahren genügt eine Abweichung von 10–20 %, um ein Missverhältnis anzunehmen. Nicht gemeldet werden muss, wenn der Beteiligte die Abweichung plausibel mit schlüssiger Markt-Preisentwicklung oder einer tlw. mitbeurkundeten unentgeltlichen Zuwendung erklären kann. Der Notar muss nicht eigenständig nachforschen und darf sich auf schlüssige Aussagen der Beteiligten verlassen. Bestimmung der Drei-Jahresfrist: Dinglicher Rechtserwerb (Eigentumseintragung im Grundbuch) und Zeitpunkt für die Veräußerung = Zeitpunkt des Vertragsabschlusses.	**§ 6 Abs. 2 Nr. 1**
Mehr als 10.000 EUR sollen **vor Abschluss** des Rechtsgeschäfts gezahlt werden oder wurden gezahlt und der Veräußerer ist keine juristische Person des öffentlichen Rechts.		**§ 6 Abs. 2**

Meldetatsache	Bemerkungen	Meldung nach GwGMeldV-Immobilien
Zahlung soll über ein **Anderkonto** (z.B. RA-Anderkonto) erfolgen, **ohne** Vorliegen eines **berechtigten Sicherungsinteresses**.	Meldepflicht besteht nicht bei Notar-Anderkonten, weil ohne Vorliegen eines berechtigten Sicherungsinteresses der Notar kein Notaranderkonto verwenden darf.	**§ 6 Abs. 3**
Ausnahmen von der Meldepflicht der vorgenannten Sachverhalte nach §§ 3–6 GwGMeldV-Immobilien können entkräftende Anzeichen sein.	Der Notar muss, wenn er durch entkräftende Anzeichen keine Meldung erledigt, dies im Rahmen der **Aufzeichnungspflichten** (§ 8 Abs. 1 Nr. 4 GwG) **dokumentieren** und für fünf bis längstens zehn Jahre aufbewahren.	**§ 7 S. 1 bis 3**

5. Arbeitsanweisung zwischen Mitarbeiter und Notar zur Geldwäschemeldepflichtverordnung-Immobilien

a) Arbeitsanweisung per E-Mail

49 Eine Arbeitsanweisung zwischen Mitarbeiter und Notar zur GwGMeldV-Immobilien kann wie folgt lauten:

▼

Muster 1.1: E-Mail-Arbeitsanweisung des Notars an seine Mitarbeiter

1.1 Liebe Mitarbeiterinnen und Mitarbeiter,

jeder Notar **muss** bei Vorliegen meldepflichtiger Sachverhalte[20] **unverzüglich** gegenüber der FIU[21] eine **Verdachtsmeldung** absenden,[22] ohne Rücksicht darauf, ob tatsächlich ein Verdacht der Geldwäsche- oder Terrorismusfinanzierung[23] vorliegt.

Geprüft und ggf. gemeldet werden muss nach der GwGMeldV-Immobilien **immer nur dann**, wenn der **Erwerbsvorgang einer nach § 1 GrEStG** ist, mithin bei Immobilienverkäufen oder Verkäufen, sofern die Immobilien in Deutschland sind aber **auch gesellschaftsrechtliche Vorgänge**, soweit die Gesellschaften **Immobilien** haben, die in Deutschland liegen und eine Grundstücksübereignung grunderwerb-

20 Die Sachverhalte sind in §§ 3–6 GwGMeldV-Immobilien vorgegeben.

21 Empfänger der Verdachtsmeldung ist die Zentralstelle für Finanztransaktionsuntersuchungen (Financial Intelligence Unit).

22 Über das elektronische Portal der FIU (goAML), wo der Notar registriert sein muss.

23 I.S.d. § 43 Abs. 1 GwG.

steuerlich fingiert wird (z.B. bei Geschäftsanteilsübertragungen, wenn die Gesellschaft deutsche Immobilien hat.[24] Sobald Ihnen die geldwäscherechtlichen Angaben der Beteiligten und wirtschaftlich Berechtigten vorliegen, ist von Ihnen als **Mitarbeiter** in einem **ersten Schritt das GwG-Prüftool der BNotK zu nutzen**. Die vorgegebenen Fragen sind zu beantworten. Bei Unsicherheiten können Sie die im GwG-Prüftool gegebenen dortigen Hinweise anklicken.

Das **Ergebnis**, ob ein meldepflichtiger Sachverhalt gegeben ist oder nicht, bitte notieren/**ausdrucken**. Die Notiz/Den **Ausdruck** zu den GwG-Aufzeichnungs- und Identifizierungsunterlagen nehmen.

Soweit das GwG-Prüftool-Ergebnis **keine erforderliche Meldung** ergibt, ist **kein** weiterer (zweiter) Schritt nötig.

Soweit jedoch das GwG-Prüftool-Ergebnis das **Erfordernis einer Meldung** anzeigt, bitte folgenden weiteren **zweiten Schritt** erledigen: Auf dem dieser Mail angefügten **Verfügungs- und Organisationsbogen** (auf der Vorderseite) bitte **ankreuzen, welche Meldung** erforderlich ist.

Sodann bitte den Bogen mit den Aufzeichnungen samt der Akte **unverzüglich dem zuständigen Notar** vorlegen, der alles Weitere zu veranlassen hat.

Der **Notar erledigt** dann den **dritten Schritt**: Er sondiert, ob er die Verdachtsmeldung abzugeben hat oder nicht. Der Notar ist verpflichtet, zu **begründen und aufzuzeichnen, weshalb er gemeldet** hat oder **warum er ggf. von einer Meldung abgesehen** hat.[25] Dies erledigt der Notar auf dem Bogen.

Im Anschluss gibt der Notar Ihnen die Akte samt Bogen mit Begründung und Unterschrift wieder zurück.

Sollte der Notar eine Meldung erledigt haben, gilt: Für **drei Werktage** darf nichts weiter unternommen werden (keine Beurkundung, keine weitere Vorbereitung, keine weitere Abwicklung). Samstag und Sonntag gelten hier nicht als Werktage. Die FIU darf nicht die weitere Abwicklung auf unbestimmte Zeit untersagt haben.

Die Mandanten/Beteiligten **dürfen keinesfalls** über die Meldung informiert werden. Sie dürfen keine Abschriften/Ausfertigungen erhalten.

Beste Grüße

(Ihr Notar/Ihre Notarin)

▲

24 § 2 Nr. 6 GwGMeldV-Immobilien.

25 § 7 S. 2 und 3 GwGMeldV-Immobilien.

50 Schlägt in einem Entwurfs- und Beurkundungsverfahren ein solcher Sachverhalt ein, der in der Geldwäschemeldepflichtverordnung gelistet ist, muss unverzüglich geprüft werden, ob eine Sachverhaltsmeldung an die FIU vorzunehmen ist.

Das Ergebnis, ob der Notar gemeldet hat oder auch nicht gemeldet hat, ist aufzuzeichnen und für mind. fünf Jahre, längstens zehn Jahre aufzubewahren.

Zur Unterstützung kann der nachstehende Verfügungs- und Organisationsbogen verwendet werden.[26]

b) Muster: Verfügungs- und Organisationsbogen

aa) Vorderseite

51 Zur Erleichterung der Arbeitsabläufe zwischen Notar und Mitarbeiter hat der Autor einen Verfügungs- und Organisationsbogen entwickelt. Auf lediglich einer DIN A4-Seite kann er nützlich sein, weil die Meldetatbestände prägnant und übersichtlich erkennbar sind und der Bogen zur Dokumentation von Meldungen oder Nichtmeldungen dient.

52 ▼

Muster 1.2: Verfügungs- und Organisationsbogen (Vorderseite)

1.2

Az:		UVZ-Nr. (…)/(…)
Sachbearbeiter:		Vorlage an Notar (…) am (…)
Sondierung: Sachverhaltsmeldungen an FIU nach GwGMeldV–Immobilien		
Grundvoraussetzung = Erwerb, **§ 1 GrEStG**		Sondieren/Melden bei **Einschlägigkeit**
1.	**Hochrisikoland** = Drittland mit hohem Risiko vgl. aktuelle Listen: *https//www.zoll.de/FIU-Informationen/Drittlaender/drittlaender_note.html* (ansässig oder Bezug zum Hochrisikoland des Veräußerers/Erwerbers/wirtschaftlich Berechtigten)	☐ Ja
2.	**Störung/Nichtmitwirken** eines Beteiligten bei Identifizierung Veräußerer/Erwerber/wirtschaftlich Berechtigten	☐ Ja
3.	Anhaltspunkte für bestehendes **Treuhandverhältnis**, für unklaren oder nicht rechtmäßigen Treuhandvertrag oder Wunsch, Treuhandvertrag aufzulösen	☐ Ja
4.	Anhaltspunkte für **grobes Missverhältnis** der Transaktion zum Einkommen/legalen Vermögen Veräußerer/Erwerber (z.B. Kauf teurer Immo durch Nicht- oder Geringverdiener)	☐ Ja

26 Vgl. *Elsing*, Das Geldwäschegesetz in der notariellen Praxis, § 9, Muster 9.7.

5.	Stellung des WB wird vermittelt über **Gesellschaft mit Sitz im Drittstaat**. Dort ist der WB nicht ansässig. Zwischenschaltung Drittstaat hat offenbar keinen rechtmäßigen Zweck.	☐ Ja
6.	**Vollmacht**: ■ aus konsularischer Vertretung der BRD in Hochrisikostaat; ■ unklares Grundverhältnis (nicht familiär/dienstlich); ■ nach Anfordern erhält Notar nicht binnen zwei Monaten die mind. schriftliche Vollmacht/Vollmachtsbestätigung.	☐ Ja
7.	Zahlung über **Bankkonto in Drittstaat** (z.B. Island, Liechtenstein, Norwegen, Großbritannien, Schweiz)	☐ Ja
8.	**Barzahlen** von mehr als 10.000 EUR oder Zahlung von mehr als 10.000 EUR vor Beurkundung	☐ Ja
9.	A. Gegenleistung weicht um **mehr als 25 %** vom Verkehrswert (außer Abweichung erklärbar (z.B. mitbeurkundeter Schenkung) ab. B. Gegenleistung weicht bei Weiterveräußerung um mehr als 25 % vom vorherigen Kaufpreis binnen drei Jahren (außer Wertänderung nachvollziehbar ab.	☐ Ja
10.	Zahlung des Kaufpreises (oder Teil-Kaufpreises) durch/an Dritte (nicht Beteiligte oder wirtschaftlich Berechtigte), außer: ■ abzulösende Gläubiger oder Partei kraft Amtes, ■ Ehegatte/Lebenspartner (auch frühere), ■ Verwandter 1. o. 2. Grades dessen Ehegatte etc./Verbundene Unternehmen § 15 AktG.	☐ Ja
11.	**Rückübertragung** an Voreigentümer ohne nachvollziehbare Gründe (wie Vorkauf, Andienung, Anfechtung)	☐ Ja

▲

bb) Rückseite

▼ 53

Muster 1.3: Verfügungs- und Organisationsbogen (Rückseite)

1. Sachbearbeiter hat über das GwG-Prüfungstool der BNotK sondiert, ob eine Sachverhaltsmeldung ggf. erforderlich ist und die Treffer auf der Vorderseite des Bogens angekreuzt. 1.3
2. Vorlage des Verfügungsbogens und der Akte an den Notar am .
3. Prüfung des Notars/des amtlich bestellten Vertreters, ob gemeldet wird, .
4. **Ergebnis-Feststellung** durch den Notar:
   a) **Keine Meldung geboten**. Gründe:
   b) **Meldung an die FIU** geboten und unverzüglich am erledigt. Gründe:

5. Tag der Abgabe der Meldung: .
6. Mandant darf und wurde nicht über die Meldung informiert.
7. Anhaltepflicht wurde beachtet = nicht beurkunden/nicht weiter vorbereiten/Abwicklung vorerst eingestellt (Weitermachen erst, wenn FIU/Staatsanwaltschaft zustimmt oder der dritte Werktag nach Meldeabgabe verstrichen ist – Samstag/Sonntag/Feiertag sind keine Werktage i.S.d. GwG).

▲

6. Ermittlung eines wirtschaftlich Berechtigten i.S.d. GwG

54 Wirtschaftlich Berechtigte (§ 3 GwG) sind immer natürliche Personen, in deren Eigentum oder Kontrolle der Vertragspartner letztlich steht oder die natürliche Person, auf deren Veranlassung letztlich die Vereinbarung durchgeführt oder eine Geschäftsbeziehung begründet wird.

55 Wirtschaftlich Berechtigte bei juristischen Personen sowie rechtsfähigen Stiftungen und bei sonstigen Gesellschaften sind die natürlichen Personen, die mittelbar oder unmittelbar mit mehr als 25 % an der Transaktion eigentumsrechtlich beteiligt sind, mit 25 % plus beteiligt sind, die entsprechende Stimmrechtsmacht an Entscheidungen zur Transaktion haben oder die auf vergleichbare Weise Kontrolle ausüben.

56 Soweit im Grundsatz kein wirtschaftlich Berechtigter feststellbar ist, obwohl der Notar umfangreiche Prüfungen durchgeführt und keine strafrechtlichen Tatsachen nach § 43 Abs. 1 GwG erkannt hat, kommt eine **Fiktion des wirtschaftlich Berechtigten** zum Tragen. Nach § 3 Abs. 2 S. 5 GwG gilt dann

- der gesetzliche Vertreter,
- der geschäftsführende Gesellschafter oder
- der Partner des Vertragspartners

fiktiv als wirtschaftlich Berechtigter.[27]

57 Bestehende Treuhandverhältnisse können sich auf die Beurteilung darüber, wer wirtschaftlich Berechtigter ist, auswirken. Auch Kombinationen aus Eigenbesitz und Stimmrechtsmacht nach Treuhandvertrag, die im Ergebnis zu einer Stimmrechtsmacht von mehr als 25 % führen, können im Ergebnis einen wirtschaftlich Berechtigten ausmachen.

58 Güterstände wie z.B. die Errungenschaftsgemeinschaft führen ggf. dazu, dass als wirtschaftlich Berechtigter der Ehepartner eines Handelnden geldwäscherechtlich mit aufzuzeichnen ist. Dasselbe gilt, wenn § 1365 BGB einschlägig ist, also z.B. ein Verkäufer mit der Transaktion über sein wesentliches Vermögen verfügt und der Ehegatte am Erlös beteiligt sein will.

Beispiele zur Ermittlung wirtschaftlich Berechtigter siehe bei *Elsing*.[28]

27 Vgl. *Elsing*, Das Geldwäschegesetz in der notariellen Praxis, 1. Aufl. 2020, § 5 Rn 49.

28 Vgl. *Elsing*, Das Geldwäschegesetz in der notariellen Praxis, § 6 Rn 5–9.

Aufzuzeichnen sind die
- Namen,
- Vornamen,
- Geburtsdaten,
- Wohnanschriften der wirtschaftlich Berechtigten und
- Staatsangehörigkeiten.

Zu den GwG-Beurkundungsverboten siehe nachstehend § 3. 59

B. Begriff des Grundstückskaufvertrags

Der Grundstückskaufvertrag ist als eine **schuldrechtliche Vereinbarung** zu begreifen. Zum Inhalt der schuldrechtlichen Vereinbarung gehören insbesondere die 60
- **Verpflichtung des Verkäufers,** dem Käufer das vertragsgegenständliche Grundstück **zu übereignen**, frei von Sach- und Rechtsmängeln – § 433 Abs. 1 BGB,
- **Verkäuferverpflichtung,** dem Käufer den **Besitz zu übergeben,** frei von Sach- und Rechtsmängeln – § 433 Abs. 1 BGB,
- **Verpflichtung des Käufers,** dem Verkäufer im Gegenzug den vereinbarten **Kaufpreis zu zahlen** – § 433 Abs. 2 BGB,
- **Käuferverpflichtung,** das Grundstück dem Verkäufer abzunehmen – § 433 Abs. 2 BGB.

C. Haupt- und Nebenleistungspflichten

I. Hauptleistungspflichten

Die Hauptleistungspflichten sind die vertraglichen Verpflichtungen, die der Grund dafür sind, dass die Vertragsparteien den Kaufvertrag abschließen. 61

Die Hauptleistungspflichten betreffen die nach dem Willen von Käufer und Verkäufer **wesentlichen Vertragsleistungen.**

Wesentliche Vertragsleistungen können sein:
- **Leistungspflichten** (§ 241 Abs. 1 BGB) oder auch
- **Verhaltenspflichten** (§ 241 Abs. 2 BGB).

Hauptleistungspflichten sind damit insbesondere die
- **Verkäuferverpflichtung**, dem Käufer das Grundstück **zu übereignen,** frei von Sach- und Rechtsmängeln (§ 433 Abs. 1 BGB),
- **Kaufpreiszahlungspflicht des Käufers** (§ 433 Abs. 2 BGB).

Die Hauptleistungspflichten stehen naturgemäß in einem **Austauschverhältnis**. So wird der Verkäufer seine Hauptleistungspflicht zur Übereignung der Immobilie in der Erwartung vereinbaren, dass er vom Käufer dafür die entsprechende Gegenleistung erhält. Umgekehrt erwartet der Käufer für die Zahlung seines Kaufpreises auch den Erhalt der Ware (Immobilie). 62

II. Nebenleistungspflichten

63 Pflichten, die der Vorbereitung, Abwicklung oder Absicherung einer Hauptleistungspflicht dienen, sind **Nebenleistungspflichten**.

Zu den Nebenleistungspflichten gehören:

- die Pflicht des Verkäufers zur **Besitzübergabe** des Grundstücks,
- die Pflicht des Käufers zur **Abnahme** des Grundstücks,
- **Aufklärungspflichten** und **Auskunftspflichten** sowie **Rücksichtnahme-** und **Verhaltenspflichten** der Vertragsparteien, wodurch die jeweils andere Partei geschützt wird.

64 Ist ein Verkäufer verpflichtet, sein Grundstück dem Käufer frei von Miet- und Pachtverhältnissen zu übereignen, darf er **keine Handlungen mehr vornehmen**, die seiner Verpflichtung zuwiderlaufen. Der Verkäufer muss sich so verhalten, dass seine übernommene Pflicht auch erfüllt werden kann.

65 *Beispiel*

Der Verkäufer hat sich im Kaufvertrag verpflichtet, seine Immobilie innerhalb von zwei Monaten dem Käufer zu liefern, frei von Miet- und Pachtverhältnissen sowie sonstigen Nutzungsverhältnissen Dritter.

Aufgrund dieser bestehenden Verpflichtung darf der Verkäufer seine Immobilie nicht mehr unbefristet neu vermieten. Er darf auch keinen Mietvertrag mehr mit einem Dritten abschließen, der eine Laufzeit von mehr als zwei Monaten hat. Würde er dennoch derartige Mietverhältnisse begründen, würde er seine bestehende Pflicht gegenüber dem Käufer derart negativ und absehbar so beeinträchtigen, dass die rechtzeitige freie Lieferung des Vertragsgegenstandes trotz der entgegenstehenden Vereinbarung nicht gelingen kann. Der Verkäufer würde sich gegenüber dem Käufer schadenersatzpflichtig machen, wenn die lastenfreie Lieferung durch sein nachträglich unangemessenes Handeln nicht mehr gelingt.

66 Hängt die Fälligkeit des Kaufpreises davon ab, dass sämtliche Löschungsbewilligungen zur **Lastenfreistellung** dem Notar vorliegen müssen, und enthält der Kaufvertrag die Verpflichtung des Verkäufers, dem Käufer die Immobilie lastenfrei zu liefern, so kann ein nicht rechtzeitiges Beibringen der Löschungsunterlagen Probleme verursachen. Ist der Verkäufer mit der Lieferung der Löschungsunterlagen in Verzug, so stellt sich die Frage, ob der Käufer nach angemessen gesetzter Frist vom Kaufvertrag zurücktreten kann. Überraschend war eine gerichtliche Entscheidung hierzu.[29] Ein Privatgläubiger verhielt sich nicht so, wie ein Gläubiger sich beim Verkauf einer Immobilie zu verhalten hat. Der Privatgläubiger blockierte die Liefe-

29 OLG Düsseldorf, Urt. v. 5.7.2016 – I-21 U 126/15, DNotZ 2017, 600 Rn 31–44; *Böttcher*, RNotZ 2016, 519, 520; *Pflieger*, MittBayNot 2017, 485, 486.

rung seiner Löschungsunterlagen. Das OLG Düsseldorf beschränkte die Pflicht des Verkäufers darauf, sich um die Lastenfreistellung **zu bemühen** und sich entsprechend zu verhalten. Die Entscheidung bringt zum Ausdruck, dass dann, wenn das Bemühen nicht zum Erfolg führt, ein Rücktritt des Käufers ausscheidet.

Die Entscheidung ist beachtlich, aber erscheint unrichtig. Wenn der Verkäufer die Lastenfreistellung schuldet, **muss er sie im Ergebnis auch herbeiführen.**[30] Der Verkäufer muss nach hier vertretener Auffassung den Gläubiger zur Abgabe der Löschungsbewilligung verklagen und kann ggf. im Anschluss Schadenersatz geltend machen. Ist bei der Vorbereitung des Kaufvertrags absehbar, dass ein privater Gläubiger sich streiten will oder sich ggf. irrational verhalten wird, kann es für den Käufer sinnvoll sein, wenn in die Kaufvertragsurkunde eine ausdrückliche Verpflichtung des Verkäufers aufgenommen wird, **bis wann die Löschungsunterlagen vorliegen müssen**. Die Möglichkeiten eines Rücktrittsrechts für den Käufer nach angemessener Fristsetzung kann **ausdrücklich vertraglich vereinbart** werden. Damit lassen sich ungewollte rechtliche Folgen der Rechtsprechung in den Griff bekommen.

D. Auflassung

I. Begriff

Der lediglich beurkundete – **schuldrechtliche** – Grundstückskaufvertrag genügt noch nicht, um den Wechsel des Eigentums an der Immobilie vom Verkäufer auf den Käufer zu bewirken. Vielmehr bedarf es zusätzlich noch der Vornahme des **dinglichen Erfüllungsgeschäfts** nach § 873 BGB. Somit bedarf es der Beurkundung der **Einigung** zwischen dem Verkäufer und dem Käufer darüber, dass der Eintritt der Rechtsänderung und die Eintragung dieser Rechtsänderung in das Grundbuch stattfinden sollen. Diese Einigung ist die **Auflassung**. 67

II. Gleichzeitige Anwesenheit

Nach § 925 BGB muss die **Auflassung bei gleichzeitiger Anwesenheit** von Käufer und Verkäufer erklärt/beurkundet werden. Dennoch ist es zulässig, wenn bei der Beurkundung der Auflassung eine Vertragspartei **vertreten** wird. So kann ein Verkäufer, der durch eine anwesende Vertrauensperson seinerseits vertreten wird, persönlich der Beurkundung fernbleiben. Dasselbe gilt für den Käufer. In derartigen Fällen ist zwar ein Käufer oder ein Verkäufer nicht persönlich zur Beurkundung anwesend, aber durch eine geeignete Vertrauensperson seinerseits präsent. Damit ist die gleichzeitige Anwesenheit beider Vertragsparteien gewahrt. Die gleichzeitige Anwesenheit muss vor einer **zuständigen Stelle** stattfinden. Zuständige Stelle 68

30 Vgl. *Kesseler*, DNotZ 2017, 606, 607 f.; BGH, Urt. v. 12.10.2001 – V ZR 220/00, NJW 2002, 976.

ist der Konsularbeamte (§§ 10, 12 KonsG) im Ausland und ansonsten **ausschließlich der** deutsche Notar, nicht dagegen ein ausländischer Notar. Die Beurkundung der Auflassung vor einem ausländischen Notar ist unwirksam.[31] Dasselbe gilt auch für die Beurkundung eines Miteigentumsanteils an der Immobilie.[32]

69 § 925 Abs. 1 S. 1 BGB verlangt für die Auflassung **nicht** die vollständige Anwesenheit **mehrerer auf der gleichen Seite beteiligter Personen**. Das heißt: Wenn auf der Käuferseite mehrere Personen beteiligt sind, reicht es, wenn mindestens einer der Käufer persönlich da ist und für die anderen Mitkäufer mithandelt. Dasselbe gilt für die Verkäuferseite; bei mehreren beteiligten Verkäufern kann einer für sich selbst und zugleich für die anderen Mitverkäufer auftreten.[33]

Wird die Beurkundung des Kaufvertrags **aufgespalten** in ein Angebot und eine Annahmeerklärung, fehlt regelmäßig die Anwesenheit des Angebotsempfängers bei der Beurkundung des Angebots. Dann ist es **unzulässig**, innerhalb der **Angebotsurkunde die Auflassung** bereits zu erklären. Zum Zeitpunkt der Auflassungsbeurkundung ist der Angebotsempfänger weder anwesend noch vertreten, sodass diese Auflassung nicht wirksam wäre. Eine Annahme dieses Angebots mit der Auflassung würde nicht zu einer wirksamen Auflassung führen. Es bedarf dann vielmehr einer korrekten, neu erklärten Auflassung in einer Urkunde, die in Anwesenheit beider Parteien erklärt wird.

70 Es kommt vor, dass die Auflassung zugleich in der Urkunde über die Annahme mit vereinbart wird. Der Annehmende handelt dabei für sich persönlich und zudem aufgrund der ihm in der Angebotsurkunde bereits erteilten Vollmacht für den anderen Vertragspartner. Diese Gestaltung ist möglich und führt zu einer wirksamen Auflassung, weil diese bei gleichzeitiger Anwesenheit beurkundet wurde.

III. Änderungen vor der Beurkundung der Auflassung

71 Soll ein beurkundeter Kaufvertrag abgeändert werden und ist zum Zeitpunkt der Änderung die Auflassung noch nicht erklärt, bedürfen die Erklärungen über die Änderungen zu ihrer Wirksamkeit der Beurkundung. Dies gilt jedenfalls für wesentliche Änderungen. Als wesentliche Änderungen gelten z.B. Veränderungen des Vertragsgegenstandes[34] oder der Gegenleistung.[35]

Andere Änderungen könnten ggf. **formfrei** sein, wenn sie ausschließlich dazu dienen, nachträgliche Schwierigkeiten in der Abwicklung zu beheben und wenn durch

31 BGH, Urt. v. 13.2.2020 – V ZB 3/16; *Elsing*, notarbüro 2020, 64.

32 BGH, Urt. v. 20.7.2017 – IX ZB 69/16, WM 2017, 1618 Rn 19; vgl. *Elsing*, notarbüro 2020, 64.

33 OLG Celle, Beschl. v. 15.10.2012 – 4 W 161/12, NotBZ 2013, 38, 39.

34 BGH NJW 1986, 2759, 2760.

35 BGH DNotZ 1980, 222, 224.

sie die beiderseitigen Verpflichtungen der Parteien nicht wesentlich geändert werden.[36] Eine Abgrenzung zwischen wesentlicher und nicht wesentlicher Änderung ist jedoch nicht immer einfach. Deshalb sollte der vorsichtige Notar im Zweifel den **sicheren Weg** wählen und die **Beurkundung** der Änderungsvereinbarung vorsehen.

IV. Änderungen nach Beurkundung der Auflassung

Wenn der Kaufvertrag verändert werden soll und zum Zeitpunkt der Vornahme der 72
Änderung **die Auflassung bereits beurkundet** ist, können die Änderungen grundsätzlich **formfrei** vereinbart werden,[37] so auch Kaufpreisänderungen.[38] Wesentliche Veränderungen bedürfen jedoch wiederum der Beurkundung. Als eine wesentliche Änderung gilt bspw. die nachträgliche Bestellung eines Wiederkaufrechts. Wird eine derartig gewichtige Änderung bzw. Neubegründung ohne Beurkundung vereinbart, führt der Formmangel, das Fehlen der Beurkundung, zur Unwirksamkeit des Vertrags. Die Unwirksamkeit wird **nicht** durch die Eintragung in das Grundbuch geheilt.[39]

V. Beurkundung der Auflassung im Ausland

Grundsätzlich ist der deutsche Notar zuständig, die Beurkundung der Auflassung 73
über eine in Deutschland gelegene Immobilie vorzunehmen. Der Notar achtet darauf, dass das schuldrechtliche Rechtsgeschäft, der Kaufvertrag, zuvor wirksam nach den Bestimmungen **des Beurkundungsgesetzes**, vorliegt, damit einerseits der Schutzweck des notariellen Beurkundungsverfahrens nicht unterlaufen wird und andererseits die Gebühren nach dem Gerichts- und Notarkostengesetz nicht ausgehebelt werden. Der Notar achtet auf die Vorprüfpflicht, die ihm nach § 15 Abs. 3 GBO obliegt, wonach die Eintragungsfähigkeit der einzelnen Anträge und Bewilligungen im schuldrechtlichen Teil des Vertrags für das Grundbuchamt von ihm geprüft sind.

36 Vgl. Lemke/*Czub*, Immobilienrecht, § 311b BGB Rn 49 und Rn 48; BGH NJW 1973, 38, 38; NJW 1982, 434, 435, BGHZ 140, 218, 221.

37 BGH DNotZ 1971, 541, 542; NJW 1985, 266; BGHZ 104, 276, 277.

38 BGH WM 1973, 576; OLG Bamberg MDR 1999, 151, 152.

39 *Czub*, in: Lemke, Immobilienrecht, § 311b BGB Rn 48 m.w.N.

Für die **Beurkundung im Ausland** kommt ausschließlich der **Konsularbeamte**[40] in Frage, **nicht** jedoch der **ausländische Notar**.[41] Wird dem deutschen Notar jedoch ein Immobilienkaufvertrag vorgelegt, der durch einen ausländischen Notar beurkundet ist und soll der deutsche Notar ausschließlich die Auflassung beurkunden, hat er **die Vornahme der Beurkundung abzulehnen**. Sie wäre eine **unrichtige Sachbehandlung**. Die Auslandsbeurkundung genügt nicht den Anforderungen, die der Notar nach den Regeln des Beurkundungsgesetzes befolgen muss und die Verbraucherschutzvorschriften werden mit der Auslandsbeurkundung ggf. nicht gewahrt. Die Schutzmechanismen, die der Gesetzgeber in § 311b BGB und in § 17 BeurkG vorsieht, und auch die Bestimmungen des Geldwäschegesetzes könnten mit lediglich einer Auslandsbeurkundung unterlaufen werden, z.B. die Prüfung der Einhaltung des Barzahlungsverbots durch den Notar, § 16a GwG. Daran ändert die Beurkundung nur des dinglichen Erfüllungsgeschäfts nichts. Zudem unterliegt ein ausländischer Notar **keinen Mitteilungs- und Anzeigepflichten** gegenüber den inländischen Finanzämtern und Behörden.

74 Der um die Beurkundung der Auflassung ersuchte Notar kann zur Lösung vorschlagen, die Auflassung zwar zu beurkunden, jedoch zugleich auch den schuldrechtlichen Teil nach den Regeln des Beurkundungsgesetzes. Lehnen die Beteiligten dies ab, sollte der Notar bei seiner Haltung, die Beurkundung zu verweigern, bleiben. Beurkundet der Notar dennoch, kann er wegen der unrichtigen beurkundungsrechtlichen Sachbehandlung[42] in die Haftung geraten.

VI. Vorlagensperre

75 Üblicherweise enthält die **Urkunde der Kaufvertragsvereinbarung** bereits die Auflassung in einem gesonderten Abschnitt. Dem Grundbuchamt genügt es, zur Erledigung der Eigentumsumschreibung lediglich eine beglaubigte Ablichtung der Auflassung zu erhalten. Der Antrag muss vom **Vollzugsnotar** gestellt werden. Die Beteiligten haben kein eigenes Antragsrecht mehr (siehe Rdn 76). Trotzdem ist es üblich, dass der Notar angewiesen wird, die Auflassung erst **nach ordnungsgemäßer Kaufpreiszahlung** dem Grundbuchamt vorzulegen.

40 § 12 i.V.m. §§ 19, 24 KonsG.

41 BGH, Beschl. v. 13.2.2020 – V ZB 3/16, der die h.M. bestätigte: KG DNotZ 1987, 44, 45 ff.; OLG Köln OLGZ 1972, 321, 322; LG Ellwangen BWNotZ, 45, 46; vgl. Grüneberg/*Herrler*, § 925 Rn 2; Grüneberg/*Thorn*, BGB, Art. 11 EGBGB Rn 10; *Schöner/Stöber*, Grundbuchrecht, Rn 3337; Staudinger/*Hertel*, BGB, BeurkG, Rn 855; Ländernotarkammer Bayern, DNotZ 1964, 451; *Blumenwitz*, DNotZ 1968, 712, 736; *Döbereiner*, ZNotP 2001, 465, 466 ff.; *Kanzleiter*, 2007, 222, 224 f.; *Kroholler*, ZHR 140 (1976), 394, 410; *Riedel*, DNotZ 1955, 521; *Rothoeft*, FS Esser (1975), S. 113 ff., 127, *Saage*, DNotZ 1953, 584, 587; *Schäuble*, BWNotZ 2018, 60, 65; BeckOGK/*Weber*, Rn 59 ähnlich: Lemke/*Czub*, Immobilienrecht, § 925 BGB Rn 16.

42 Vgl. *Elsing*, Notargebühren von A–Z, A Rn 71.

Für beurkundete Kaufverträge greift seit dem 1.4.2023 das **Barzahlungsverbot**, § 16a GwG, welches der Notar überwacht, bevor er die Eigentumsumschreibung veranlassen darf. Der Käufer und der Verkäufer der Immobilie sind nach § 16a Abs. 2 S. 1 GwG verpflichtet, dem Vollzugsnotar **nachzuweisen**, dass die Gegenleistung 76

- nicht mit Bargeld und
- nicht mit Kryptowerten,[43]
- nicht mit Gold,[44] Platin[45] oder Edelsteinen,[46]
- sondern ordnungsgemäß durch eine oder mehrere **Überweisungen** auf die Kaufpreisschuld getilgt wurde.

Die **Nachweispflicht** besteht nur bei dem Erwerb von Immobilien, § 16a Abs. 1 GwG.[47]

Das Grundbuchamt erledigt die Eintragung eines beantragten Eigentumswechsels ggf. dann, wenn der Notar, der die beurkundete Auflassung vollzieht, sie beantragt, §§ 13 Abs. 1 GBO, 20 GBO. Die Beteiligten selbst haben kein eigenes Antragsrecht mehr.

E. Auflassungsvormerkung/Eigentumsübertragungsvormerkung

I. Definition der Vormerkung

Der Begriff der **Auflassungsvormerkungsbewilligung** (Vormerkung zur Sicherung des Anspruchs auf Auflassung) kann verwendet werden, **wenn die Auflassung** zum Zeitpunkt der Bewilligung der Vormerkung noch nicht erklärt wurde. Um eine **Eigentumsübertragungsvormerkung** (Vormerkung zur Sicherung des Anspruchs auf Übertragung des Eigentums) handelt es sich, **wenn die Auflassung** zum Zeitpunkt der Bewilligung der Vormerkung bereits **beurkundet ist**.[48] 77

43 Der Begriff „Kryptowert" ist legaldefiniert in § 1 Abs. 29 GwG, der auf § 1 Abs. 11 S. 1 Nr. 10 i.V.m. S 4 und 5 KWG verweist.

44 Gold ist gesetzlich nicht definiert. Nach der Gesetzesbegründung muss es sich um Münzen mit einem Goldgehalt von mind. 90 % oder um ungemünztes Gold in Form von Barren, Nuggets oder Klumpen mit einem Goldgehalt von mind. 99,5 % handeln, BT-Drucks 20/4727, S. 120.

45 Platin ist als Gegenleistung ab einem Feingehalt von mind. 95 % ausgeschlossen, BT-Drucks 20/4727, S. 120.

46 Edelsteine sind Minerale von großer Härte, die sich durch Seltenheit, Farbe und Lichteinwirkung besonders auszeichnen, wie z.B. Diamanten, Rubine und Saphire, BT-Drucks 20/4727, S. 120.

47 Vgl. *Elsing*, Das Geldwäschegesetz in der notariellen Praxis, § 1 Rn 6.

48 *Ziba-Ali*, Urkundenabwicklung von A-Z, S. 224.

II. Schutzwirkung der Vormerkung

78 Die Vormerkung zur Sicherung der Auflassung bzw. zur Verschaffung des Eigentumsübertragungsanspruchs schützt den schuldrechtlichen Anspruch auf dingliche Rechtsänderung, indem sie ihn gefährdende Verfügungen über das betroffene Recht dem Vormerkungsberechtigten gegenüber unwirksam sein lässt, § 883 Abs. 2 BGB. Die Vormerkung wahrt zudem den Rang des geschuldeten Rechts, § 883 Abs. 3 BGB.

79 Wird über das Vermögen des Verkäufers das **Insolvenzverfahren** eröffnet, sichert die **eingetragene Vormerkung** (Auflassungsvormerkung/Eigentumsübertragungsvormerkung) den Käufer, § 883 BGB (zur Insolvenz siehe § 14 Rdn 1 ff.). Ist die rechtsgeschäftlich bewilligte Vormerkung **noch nicht eingetragen**, jedoch dadurch bindend geworden, dass der **Eintragungsantrag** beim Grundbuchamt auch durch den Käufer mit **gestellt worden ist**, wird die Vormerkung verbindlich. Die Vormerkung wird dann nicht dadurch unwirksam, dass **nach ihrer Beantragung** über das Vermögen des Verkäufers die Insolvenz eröffnet worden ist, § 878 BGB.

III. Zeitpunkt der Antragstellung/Vorlagensperre/ Antragsverzicht/Vorratslöschung

80 Regelt der Grundstückskaufvertrag die Bewilligung der **Auflassungs- bzw. Eigentumsübertragungsvormerkung** mit einer schützenden Bestimmung zur Vorlage, damit eine Vorleistung vermieden wird, muss diese Schutzbestimmung beachtet werden. Die **Vorlagensperre** und Anweisung an den Notar, die Eintragungsbewilligung der Vormerkung erst nach Eintritt einer künftigen Bedingung, bspw. Zahlung eines Kaufpreisteils, dem Grundbuchamt vorzulegen, muss der Notar in seiner Kontrolle behalten. Sobald die Bedingung eingetreten ist, hat er die Bewilligung dem Grundbuchamt **unverzüglich vorzulegen**. Soweit keine Vorlagensperre geregelt ist, muss der Notar den Antrag auf Eintragung der Vormerkung nach Beurkundung sofort – **unverzüglich** – stellen. Anträge auf Eintragungen von Vormerkungen sind **stets eilig**, weil sich die beabsichtigte Schutzwirkung der Vormerkung für den Käufer, aber auch für den Verkäufer, frühestens nach erfolgter Antragstellung beim Grundbuchamt entfalten kann.

81 Ist eine Vorlagensperre zur **Auflassung** geregelt, dürfen weder der Käufer noch der Verkäufer beglaubigte Ablichtungen oder Ausfertigungen des Kaufvertrags erhalten, in denen die erklärte Auflassung enthalten ist. Erst nachdem die Bedingung zur Aushändigung und Vorlage beim Grundbuchamt vorliegt, also regelmäßig nach geleisteter Zahlung des Kaufpreises an den Käufer (oder nach vertragsgemäßer Zahlung des Kaufpreises zur Verwahrung auf ein Notaranderkonto), darf der Notar Ausfertigungen und beglaubigte Ablichtungen des Kaufvertrags mit der Auflassung herausgeben und dem Grundbuchamt ein Exemplar mit der Auflassungserklärung vorlegen. Die Vertragsparteien erhalten bis dahin nur einfache Abschriften.

Gegebenenfalls können sie auf Wunsch zuvor auch auszugsweise Ausfertigungen oder auszugsweise beglaubigte Ablichtungen – jeweils ohne die Auflassung – erhalten. Fordert ein Mandant vom Notar nachträglich eine beglaubigte Ablichtung des Kaufvertrags, muss immer geprüft werden, ob eine Sperre der Auflassung noch notwendig ist.

Selten arbeiten Notare mit einer **Vorratslöschungsbewilligung**. Der Käufer erteilt **82**
im Kaufvertrag bereits seine Löschungsbewilligung der Vormerkung und weist den Notar bei der Beurkundung an, von dieser Löschungsbewilligung nur Gebrauch zu machen, wenn der Käufer die vollständige Erfüllung seiner Leistungspflicht nicht binnen einer gesetzten Frist nachgewiesen haben sollte, nachdem der Verkäufer dem Notar den Rücktritt vom Vertrag angezeigt hat. Hierzu ist gerichtlich entschieden worden,[49] dass

- die Eintragungsbewilligung wirksam wird und nicht widerruflich ist, wenn der begünstigte Verkäufer oder ein begünstigter Dritter einen Anspruch auf eine Ausfertigung der Urkunde mit der Vorratslöschungsbewilligungserklärung hat,
- der Notar nicht verpflichtet ist, die Wirksamkeit eines Rücktritts vom Grundstückskaufvertrag im Einzelnen zu prüfen, wenn im notariellen Kaufvertrag vorab die Voraussetzungen für den Löschungsantrag des Notars im Einzelnen bereits näher festgelegt sind,
- das Bestehen oder Nichtbestehen sekundärer Schadenersatzansprüche seitens des Käufers sowie die Frage eines etwaigen Zurückbehaltungsanspruchs gegenüber dem Verkäufer rechtlich nur in einem etwaigen zivilprozessualen Erkenntnisverfahren zu klären ist.

Soweit ein Notar mit der Vorratslöschungsbewilligung seinen Vertrag gestaltet, ist es wichtig, die Voraussetzungen, unter denen er von der Löschungsbewilligung Gebrauch zu machen hat, **exakt** zu formulieren. Nur eindeutig klare Formulierungen führen dazu, dass der Notar die an ihn gerichteten Weisungen der Beteiligten streng befolgen und den ihm auferlegten Wortlaut beachten kann, ohne dass es auf Umstände außerhalb der exakten Weisungen oder auf Auslegungen ankommt.

Manche Notare nehmen als Lösung auch eine Vollmacht auf ihre Mitarbeiter auf. **83**
Die bevollmächtigten Mitarbeiter sollen dann im Falle des Scheiterns des Kaufvertrags die Löschung der Vormerkung bewilligen und beantragen. Dieser Lösungsweg ist jedoch **nicht insolvenzfest**. Mit einer Eröffnung der Insolvenz über das Vermögen des Käufers erlischt die Vollmacht auf die Mitarbeiter des Notars, § 117 InsO.[50] Zudem ist fraglich, ob ein bevollmächtigter Mitarbeiter die erteilte Vollmacht nutzten wird, wenn er von den Beteiligten **widersprüchliche Anweisungen** zur Ausübung erhält. Der Mitarbeiter müsste auch damit rechnen, persönlich ggf. in die Haftung zu geraten, falls der Notar ihn davon nicht freihalten kann.

49 LG Köln, Beschl. v. 11.1.2013 – 11 T 120/12, RNotZ 2013, 229 ff.

50 *Elsing*, Neun tückische Haftungsfallen im Notariat, Rn 26 f.

84 Eine andere Lösung ist deshalb zu bevorzugen. Sie besteht darin, die **Vormerkung auflösend bedingt zu vereinbaren.**[51] Sie ist im Gegensatz zur Mitarbeitervollmacht, die im Insolvenzfall erlischt, insolvenzfest. Zudem hängt nichts davon ab, ob ein Mitarbeiter die ihm erteilte Vollmacht auch ausübt.

Die auflösend bedingte Vormerkung wird im Kaufvertrag so vereinbart, dass die auflösende Bedingung im **Außenverhältnis eintritt, wenn der Notar die Löschung der Vormerkung durch Eigenurkunde beantragt**, wobei der Notar angewiesen ist, den Antrag im Innenverhältnis unverzüglich zu stellen, wenn der Verkäufer ihn wegen Rücktritts oder aus anderen Gründen darum ersucht und der Käufer entweder die Kaufpreiszahlung nicht nachweist oder auch nicht die Anhängigkeit eines gerichtlichen Verfahrens.

Für den Notar ist bei dieser Lösung von Vorteil, dass die Kaufpreiszahlung und die Anhängigkeit eines Rechtstreits vergleichsweise einfach geprüft werden kann. Der Käufer wird ein Interesse haben, aktiv zu werden, sodass er Klage erhebt. Somit wird zügige Klarheit für den Verkäufer erreicht.[52] Die Insolvenzfestigkeit dieses Weges ergibt sich daraus, dass keine § 117 InsO unterliegende Vollmacht an den Notar zur Abgabe einer Löschungsbewilligung vorliegt, sondern ein **fortbestehendes öffentlich-rechtliches Ersuchen** an den Notar zum Tätigwerden unter Interessenwahrung der Beteiligten.[53]

85 Bislang bestätigten drei Oberlandesgerichte die Praxis der Notare, sodass bedenkenlos mit einer auflösend bedingten Auflassungsvormerkung/Eigentumsvormerkung gearbeitet werden kann.[54] Dennoch wird der Notar im Zweifel einen notariellen Vorbescheid erlassen, als Königsweg um sich gegen spätere Amtshaftungsansprüche zur Wehr setzen zu können.[55] Hinsichtlich der Rechtsmittel gegen Handeln oder Untätigkeit des Notars und zum notariellen Vorbescheid siehe *Elsing*.[56]

51 *Krauß*, notar 2014, 287 ff.

52 *Krauß*, notar 2014, 289, 297.

53 *Krauß*, notar 2014, 287, 289, 294.

54 OLG Schleswig, Beschl. v. 27.7.2016 – 2 Wx 55/16 und KG, Beschl. v. 11.10.2016 – 1 W 337/16; OLG Oldenburg, Beschl. v. 4.5.2017 – 12 W 57/17 (GB), mitgeteilt von Notar *Varelmann*; siehe *Elsing*, notarbüro 2017, 42.

55 Armbrüster/Preuß/Renner/*Renner*, § 55c BeurkG Rn 56–58; hinsichtlich der Rechtsmittel gegen Handeln oder Untätigkeit des Notars und zum notariellen Vorbescheid siehe *Elsing*, in: Kilian/Sandkühler/vom Stein, § 14 Rn 1–39.

56 In: *Kilian/Sandkühler/vom Stein*, § 14.

Folgender Formulierungsvorschlag[57] zur Löschungserleichterung bietet sich an: 86

▼

Muster 1.4: Löschungserleichterung mit auflösend bedingter Eigentumsvormerkung 1.4

Der Verkäufer bewilligt und der Käufer beantragt die Eintragung einer den Eigentumsverschaffungsanspruch des Käufers sichernden Vormerkung im angegebenen Anteilsverhältnis.

Die Vormerkung ist auflösend bedingt. Die Bedingung tritt ein, wenn der beurkundende Notar, sein Vertreter oder sein Nachfolger im Amt, durch notarielle Eigenurkunde beim Grundbuchamt die Löschung der Vormerkung beantragt.

Der Notar wird in einseitig nicht widerrufbarer Weise angewiesen, den vorgenannten Löschungsantrag beim Grundbuchamt zu stellen, wenn

a) der Notar dem Käufer die Mitteilung über die Fälligkeit des Kaufpreises an dessen im Urkundeneingang aufgeführte Anschrift übersandt hat, und
b) der Verkäufer dem Notar gegenüber originalschriftlich erklärt hat, wirksam vom Vertrag zurückgetreten zu sein, und
c) der Notar dem Käufer an dessen im Urkundeneingang aufgeführte Anschrift per Einwurf-Einschreiben – unter Übersendung einer Kopie der unter b) genannten Verkäufererklärung und mit Hinweis auf die unter d) genannten Widerspruchsmöglichkeiten des Käufers – mitgeteilt hat, dass er nach Ablauf einer Frist von sechs Wochen ab dem Datum der hier genannten Mitteilung gegenüber dem Grundbuchamt den Löschungsantrag stellen werde, und
d) der Käufer binnen sechs Wochen nach Absendung der unter c) genannten Erklärungen dem Notar weder durch Bestätigung eines Kreditinstituts den Nachweis der Kaufpreiszahlung erbracht noch Gründe dargelegt hat, wonach der Kaufpreis nicht fällig ist oder ein Zurückbehaltungsrecht besteht. Weist der Käufer nach, dass ein Teil des Kaufpreises gezahlt ist, darf die Löschung der Vormerkung nur Zug-um-Zug gegen Erstattung des bereits gezahlten Betrages erfolgen.

Der Notar wies darauf hin, nicht nachprüfen zu können, ob ein Rücktritt des Verkäufers berechtigt ist. Er erläuterte dem Käufer eingehend die mit einer Löschung der Eigentumsvormerkung verbundenen Gefahren. Er verdeutlichte dem Käufer, dass dieser im eigenen Interesse jeden Wechsel seiner Anschrift dem Notar unverzüglich mitteilen solle und ihm, dem Notar, insoweit keine Nachforschungspflichten obliegen.

57 *Grüner*, notar 2016, 427, 430.

Die Abtretung des Anspruchs auf Übereignung wird ausgeschlossen.

Der Notar wies darauf hin, dass er befugt ist, sein Handeln oder sein Nichthandeln mit einem notariellen Vorbescheid anzukündigen.

▲

IV. Zur Vertragsgestaltung bei ausländischer Gesellschaft als Käuferin

87 Ist als Käuferin eine im Ausland ansässige Gesellschaft beteiligt, **muss der Notar prüfen**, ob die Gesellschaft **existiert** und ob sie **ordnungsgemäß vertreten wird**.

Ist die Prüfung zum Zeitpunkt der Beurkundung dem Notar nicht möglich, liegt ein besonderer Umstand vor, der ein **späteres Scheitern des Vertrags** nahelegen kann. Wird z.B. eine Vormerkung zur Sicherung des Anspruchs auf Übertragung des Eigentums für die ausländische Gesellschaft in das Grundbuch eingetragen, **hat das Grundbuchamt die Existenz und Vertretung der ausländischen Gesellschaft nicht überprüft**; es prüft nur die Vertretungsverhältnisse der Verkäuferseite, deren Rechte durch die Bewilligung beeinträchtigt werden. Eine Überprüfung der Existenz- und Vertretungsbefugnisse der Käuferin findet dann aber im Zuge der Stellung des Eigentumsumschreibungsantrages statt.

Somit könnte sich nach Eintragung der Vormerkung später noch herausstellen, dass die Löschung der Vormerkung nicht wie erwartet vollzogen wird, wenn sich ergeben sollte, dass die ausländische Gesellschaft nicht (oder nicht mehr) existiert; dann wird zudem auch kein Eigentumswechsel eingetragen. Der Notar muss im Rahmen seiner allgemeinen Betreuungspflicht den Verkäufer **darauf hinweisen**, dass für den Fall des Scheiterns des Kaufvertrags eine spätere anderweitige Veräußerung der Immobilie durch diese Eigentumsvormerkung behindert werden kann. Unterbleibt die Belehrung des Notars, kann die Amtspflichtverletzung zu einem **Schadenersatzanspruch** des Verkäufers führen.[58]

88 Zur Vermeidung von Schäden kann ein Notaranderkonto eingerichtet werden, auf das der Kaufpreis zur Verwahrung eingezahlt wird. Die Kaufpreisauszahlungsanweisung beider Vertragsparteien an den Notar kann so geregelt werden, dass der Notar erst **nach der erfolgten Eigentumsumschreibung** auf die existierende **Käufergesellschaft** den Kaufpreis auszukehren hat. Die Einschaltung des Notaranderkontos kommt in Betracht, weil unbestritten ein **berechtigtes Sicherungsinteresse** des Verkäufers vorliegt, der naturgemäß die gefährliche Vorleistung seinerseits vermeiden will. Der Verkäufer vermeidet damit die mögliche Blockierung seines Grundbuchs mit einer Vormerkung zugunsten einer nicht existierenden Gesellschaft.

58 BGH, Urt. v. 27.5.1993 – IX ZR 66/92, NJW 1993, 2744 ff.; *Elsing*, notarbüro 2011, 13.

Über die **ausländische Rechtsordnung** muss der Notar allerdings **nicht belehren**. Er hat aber darauf hinzuweisen, dass möglicherweise ausländisches Recht zur Anwendung kommen kann. Dies ergibt sich aus § 17 Abs. 3 S. 1 und 2 BeurkG.

Ist die Gesellschaft eine, die nicht in einem EU-Mitgliedstaat ansässig ist, muss der Notar beachten, dass die ausländische Gesellschaft, die Immobilien in Deutschland erwerben will, auch im Transparenzregister Deutschlands eingetragen ist. Bis dahin besteht ein Beurkundungsverbot nach § 10 Abs. 9 i.V.m. § 20 Abs. 1 GwG. Ist die ausländische Gesellschaft dagegen in der EU ansässig und hat sich in dem zuständigen Transparenzregister des eigenen Landes registrieren lassen, gilt diese Pflicht nicht. **89**

V. Muster: Belehrungsvermerk des Notars bei Auslandsgesellschaft als Käuferin

Kauft eine im Ausland ansässige Gesellschaft eine im Inland gelegene Immobilie, kann der **Belehrungsvermerk** des Notars, der in die Urkunde aufzunehmen ist, wie folgt abgefasst werden: **90**

▼

Muster 1.5: Belehrungsvermerk

Wir haben von dem beurkundenden Notar einen Hinweis erhalten, dass für den wirksamen Abschluss der heutigen Vereinbarung, der Auflassung sowie zur Abwicklung bzw. zum Vollzug ein grundbuchtauglicher Nachweis vorzulegen ist. Aus den öffentlich beglaubigten und mit Apostille versehenen Unterlagen muss sich die Existenz/das Bestehen der Käuferin und der Vertretungsbefugnisse ergeben. 1.5

Der Notar hat uns erklärt, dass aufgrund der Beteiligung der Käuferin, die eine ausländische Gesellschaft ist, möglicherweise ausländisches Recht zur Anwendung kommen kann.

Der Notar wies uns darauf hin, dass eine verbindliche Auskunft zu diesen Fragen von einem ausländischen Juristen des betreffenden ausländischen Rechts eingeholt werden könnte oder dass ein Universitätsgutachten beigebracht werden kann.

Wir, die Erschienenen, wollen diese Verzögerungen nicht und verlangen trotz der damit verbundenen Gefahren die sofortige Beurkundung. Der Verkäufer wünscht jedoch nicht, dass der Notar den Antrag auf Eintragung einer Vormerkung zugunsten des Käufers dem Grundbuchamt vorlegt, bevor die Vertretungs- und Existenznachweise dem Notar vorliegen; er will diese Vorleistung vermeiden. Die Käuferin erklärt sich damit einverstanden, trotz der Gefahr, dass die schützende Wirkung der Vormerkung sich erst entfalten kann, nachdem der Antrag zu ihrer Eintragung dem Grundbuchamt vorliegt.

▲

VI. Vormerkung hinsichtlich eines Miteigentumsanteils

91 Gefährlich kann es sein, eine Vormerkungsbewilligung ungenau zu regeln, insbesondere wenn die Vormerkung einen Anspruch auf Verschaffung eines Miteigentumsanteils an einem im Alleineigentum stehenden Grundstück sichern soll und der Miteigentumsanteil noch nicht existiert. Möglich ist eine derartige Vormerkungsbewilligung. Sie ist so abzufassen, dass die Vormerkung **auf dem Grundstück lastet**. Auf dem erst noch zu schaffenden Miteigentumsanteil kann sie nicht lasten.[59]

F. Form des Grundstückskaufvertrags und Form der Auflassung

I. Form des Grundstückskaufvertrags

92 Der **Grundstückskaufvertrag** ist eine schuldrechtliche Vereinbarung; sie bedarf zu ihrer Wirksamkeit der **Beurkundung** nach § 311b BGB.

II. Form der Auflassung

93 Die **Auflassung** ist das dingliche Erfüllungsgeschäft. Die Auflassung bedarf zu ihrer Wirksamkeit der **Beurkundung** nach § 925 BGB.

III. Formfehler

94 Wird ein Kaufvertrag abgeschlossen, ohne die vorgeschriebene Form zu wahren, z.B. durch eine nicht genügende mündliche oder schriftliche Kaufvertragsvereinbarung, führt der Formmangel zur **Nichtigkeit** des Kaufvertrags, § 125 BGB.

Möglich ist **die Heilung** des **formnichtigen** Kaufvertrags dadurch, dass eine Auflassung beurkundet und in das Grundbuch eingetragen wird, § 311b Abs. 1 S. 2 BGB. Etwaige nicht beurkundete Nebenabreden können grundsätzlich durch die Beurkundung einer Auflassung und Eintragung derselben in das Grundbuch **geheilt** werden.

Eine Heilung ist aber ausgeschlossen, wenn der Formmangel bzw. die Nichtigkeitsgründe auf Verstößen gegen die **guten Sitten oder Wucher** beruhen.

59 BGH, Beschl. v. 15.11.2012 – V ZB 99/10 = NotBZ 2013, 179, 180 m. Anm. *Krause*.

Handelt es sich um einen Verbrauchervertrag, so ist der schuldrechtliche Vertrag noch einmal zu beurkunden, der dann die formnichtige Vereinbarung ersetzt. Dabei wird der Notar zusätzlich die nötigen Belehrungen gem. § 17 BeurkG vornehmen und das AGB-Recht beachten. Eine Heilung nur durch die Beurkundung einer Auflassung ist nicht zu empfehlen, weil dies dem Verbraucherschutz zuwiderliefe.

Die Beurkundung der Auflassung erfolgt üblicherweise bereits in derselben Urkunde mit dem schuldrechtlichen Kaufvertrag zusammen. Regelmäßig ist die Auflassung abstrakt in einem gesonderten Abschnitt der Urkunde enthalten. Zu der Auflassung wird meistens eine Vorlagensperre geregelt, die der Notar überwacht. Der Notar legt somit die Ausfertigung oder die beglaubigte Abschrift der Auflassungsurkunde dem Grundbuchamt erst vor, wenn die Bedingungen zur Vorlage eingetreten sind. 95

Alle Abreden der Vertragsparteien, die **vor der Beurkundung der Auflassung** erfolgen, müssen nach § 311b BGB beurkundet werden, um wirksam zu sein. **Nach der** Beurkundung der **Auflassung** sind die Übereignungspflichten der Vertragsparteien erledigt. Später nachfolgende, unwesentliche Änderungen des Grundstückskaufvertrags können grundsätzlich formfrei vorgenommen werden (siehe hierzu Rdn 72).

IV. Zweck der Beurkundung

Das vorgeschriebene Beurkundungsverfahren bezweckt: 96

- den Schutz der Vertragsparteien und insbesondere den Schutz von Verbrauchern, übereilig zu handeln, sodass Fehler und Schäden von vornherein vermieden werden können,
- die Erforschung der Vorstellungen der Vertragsparteien,
- die Aufklärung der Sachverhalte, z.B. durch eine rechtzeitige Grundbucheinsicht und durch Prüfung der Vertretungsbefugnisse und durch Prüfung der Vollmachten der Beteiligten,
- die Schaffung eines Vertrags, in dem präzise und eindeutig das Gewollte und die Bedingungen der Vereinbarungen wiedergegeben werden,
- die Beweissicherung durch die Urkunde, §§ 8, 9 BeurkG,
- das Festhalten der vom Notar festgestellten Identitäten der Beteiligten und ggf. deren Geschäftsfähigkeit sowie der Erledigung geldwäscherechtlicher Pflichten durch den Notar, wie das Überwachen des Einhaltens der Geldwäschemeldepflichtverordnung-Immobilien,
- die Gewährleistung des Verbraucherschutzes durch Aufklärungen und Hinweise an die Beteiligten nach § 17 Abs. 1 BeurkG und bei Vorliegen eines Verbrauchervertrags gem. § 310 Abs. 3 BGB, die Beachtung der Zweiwochenfrist vor der Beurkundung gem. § 17 Abs. 2a BeurkG. Ein Verbrauchervertrag liegt vor, wenn ein Unternehmer – § 14 Abs. 1 BGB – auf einen Verbraucher – § 13 BGB – trifft. Der Notar wirkt dann zusätzlich darauf hin, dass der Verbraucher per-

sönlich zur Beurkundung erscheint, dass er möglichst nicht vertreten wird und wenn doch, nur durch eine geeignete Vertrauensperson des Verbrauchers und nicht durch z.B. einen Notariatsmitarbeiter. Der Mitarbeiter des Notars gilt nicht als Vertrauensperson, weil er nicht einseitig für den Verbraucher auftreten kann und gleichzeitig für die andere Vertragspartei. Der Mitarbeiter muss neutral sein. Er muss, wie der Notar, für den er unterstützend tätig ist, bereits den Eindruck vermeiden, dass er einer Partei näherstünde, als der anderen. Zudem steht der Mitarbeiter im Dienstverhältnis des Notars und unterliegt seinen Weisungen.

G. Mietervorkaufsrecht

I. Mietervorkaufsrecht – allgemein

97 Will ein Eigentümer seine vermietete **Eigentumswohnung** verkaufen, so ist bei der Vorbereitung des notariellen Kaufvertrags zu überprüfen, ob **dem Mieter** das gesetzliche **Vorkaufsrecht** nach § 577 BGB zusteht. Bestand der Mietvertrag bereits **vor der Aufteilung** des Grundstücks in Wohnungseigentum, steht dem Mieter sein gesetzliches **Mietervorkaufsrecht** zu. War jedoch das Grundstück zum Zeitpunkt des Mietvertragsabschlusses bereits in Wohnungseigentum aufgeteilt, steht dem Mieter das gesetzliche Mietervorkaufsrecht nach § 577 BGB nicht zu.

Der BGH entschied zum Vorkaufsrecht des Mieters bei dem Verkauf eines ungeteilten Mietshauses,[60] dass das Vorkaufsrecht des Mieters gem. § 577 Abs. 1 BGB dann grundsätzlich nicht entsteht, wenn ein mit einem Mehrfamilienhaus bebautes Grundstück verkauft wird und erst die Erwerber durch Teilungsvereinbarung gem. § 3 WEG Wohnungseigentum begründen. Dies gilt in der Regel auch dann, wenn die Erwerber beabsichtigen, die neu geschaffenen Einheiten jeweils selbst zu nutzen.

98 Das gesetzliche Vorkaufsrecht des Mieters nach § 577 BGB ist lediglich ein **schuldrechtliches Vorkaufsrecht**. Das Grundbuchamt verlangt daher zur Erledigung des Eigentumsumschreibungsantrages keine Nachweise darüber, wer Mieter der Wohnung ist. Ebenso wenig verlangt des Grundbuchamt Nachweise über einen etwa vom Mieter erklärten Verzicht auf die Ausübung seines Vorkaufsrechts oder darüber, dass die zweimonatige Frist nach Zugang der Mitteilung des wirksamen Vertrags beim Mieter mit der Anfrage zur Ausübung des Vorkaufsrechts in Gang gesetzt und verstrichen ist. **Das Mietervorkaufsrecht sperrt das Grundbuch also nicht**. Missachtet der Verkäufer jedoch das Mietervorkaufsrecht, macht er sich gegenüber dem Mieter schadenersatzpflichtig.

60 BGH, Urt. v. 22.11.2013, V ZR 96/12, abrufbar beim BGH, Mitteilung der Pressestelle Nr. 192/2013 sowie abrufbar beim DNotI.

Verkauft der Verkäufer seine Eigentumswohnung an eine Person, die nicht Mieter der vertragsgegenständlichen Eigentumswohnung ist, wirkt das Mietervorkaufsrecht dem Käufer gegenüber **nicht** wie ein dingliches Vorkaufsrecht. Ein dingliches Vorkaufsrecht wirkt Dritten gegenüber wie eine Vormerkung zur Sicherung des durch die Ausübung des Rechts entstehenden Anspruchs auf Übertragung des Eigentums, § 1098 Abs. 2 BGB. **99**

Wenn der Notar zur Einholung der Mietervorkaufsrechtsverzichtserklärung erfolgreich tätig werden soll, genügt es nicht, wenn die Vertragsparteien ihn im Kaufvertrag nur allgemein mit einer Vollmacht zur Durchführung des Vertrags beauftragen.[61] Der Notar muss vielmehr durch eine **Spezialvollmacht** ausdrücklich bevollmächtigt werden.[62] Die Spezialvollmacht kann im Kaufvertrag mit beurkundet werden, sodass die Vollmacht auf den Notar dem Mieter durch eine **Ausfertigung** (§ 47 BeurkG) nachzuweisen ist.[63] Nur die Ausfertigung, nicht die beglaubigte Abschrift beweist den Bestand der Vollmacht. **100**

Sollte der Mieter sein **Vorkaufsrecht** ausüben, bleibt der Anspruch des Käufers auf Verschaffung des Eigentums gegen den Verkäufer bestehen. Dem Verkäufer ist es aber **unmöglich**, die Eigentumswohnung an den Käufer zu übereignen und zugleich auch dieselbe Eigentumswohnung dem das Vorkaufsrecht ausübenden Mieter zu übereignen. Deshalb wird in der notariellen Praxis entweder ein **Rücktrittsrecht** der Parteien vereinbart. Auch ein **automatisches Erlöschen** der gegenseitigen Leistungspflichten für den Fall der wirksamen Ausübung des Vorkaufsrechts kommt in Betracht sowie eine Kombination von Rücktrittsrecht und automatischem Erlöschen. **101**

II. Muster: Erlöschen der gegenseitigen Leistungspflichten

▼ **102**

Muster 1.6: Erlöschen der gegenseitigen Leistungspflichten

Sollte der vorkaufsberechtigte Mieter wirksam sein Vorkaufsrecht ausgeübt haben, erlöschen die gegenseitigen Leistungspflichten des Kaufvertrags hinsichtlich des Kaufgegenstandes zu § ___ (auflösende Bedingung). 1.6

Der Käufer ist vom Notar darüber informiert worden, dass dies keinen Einfluss auf den mit dem Vorkaufsberechtigten dann zustande kommenden Vertrag hat.

61 LG Frankfurt/O., Urt. v. 4.11.2003 – 12 O 404/03, MittBayNot 2004, 358.
62 *Krauß*, Immobilienkaufverträge in der Praxis, Rn 1427.
63 *Frensch*, in: Prütting/Wegen/Weinreich, § 172 BGB Rn 4.

Für den Fall, dass die auflösende Bedingung eingetreten ist, tritt der Verkäufer in Höhe der vom Käufer an ihn geleisteten Zahlungen seinen Kaufpreisanspruch gegen den vorkaufsberechtigten Mieter an den Käufer ab, der diese Abtretung hierdurch annimmt.

▲

103 Der ausdrücklich durch Spezialvollmacht beauftragte Notar muss den vorkaufsberechtigten Mieter über den Inhalt des vollständigen und **wirksamen** Kaufvertrags unterrichten.

Hängt die Wirksamkeit des Kaufvertrags noch von einer Verwaltergenehmigung ab, muss darauf geachtet werden, dass **erst dann, wenn die Wirksamkeit** des Kaufvertrags **eingetreten ist**, die Anfrage an den Mieter gestartet wird. Der Mieter ist nicht von einem schwebend unwirksamen Vertrag zu unterrichten, sondern von einem wirksamen Vertrag und zu dem gehört ggf. die Erteilung der Verwaltergenehmigung. Wird die benötigte Verwaltergenehmigung nicht abgewartet, wird die Frist von zwei Monaten zur Ausübung des Mietervorkaufsrechts nicht in Gang gesetzt, mangels Unterrichtung des Mieters von einem wirksamen Vertrag! Zudem würde der Mieter zu Lasten der Vertragsparteien zu früh von dem anstehenden Vertrag unterrichtet und hat mehr Zeit als die vorgegebenen zwei Monate sich darauf vorzubereiten, in den Vertrag einzurichten. Der Notar würde die Vertragsparteien damit benachteiligen.

104 Das Anschreiben an den Mieter mit den Anlagen sollte durch den **Gerichtsvollzieher zugestellt** werden. **Nicht ausreichend** sind ein Einschreiben mit Rückschein oder ein Einwurf-Einschreiben. Die durchgeführte Zustellung durch den Gerichtsvollzieher dagegen beweist, dass der Mieter die Mitteilung über die Aufforderung zur Ausübung des Mietervorkaufsrechts mit den relevanten Unterlagen erhalten hat.

Die Zustellung durch den Gerichtsvollzieher ist somit bedeutsam. Sie ist zu empfehlen, damit der **Fristbeginn** und der **Fristablauf** im Streitfall bewiesen ist. Wird auf die Gerichtsvollzieherzustellung verzichtet und reagiert der Mieter nicht auf das Anschreiben des Notars, muss nachgebessert werden und eine unnötige Verzögerung ist eingetreten. Ohne sichere Beurteilung einer ordnungsgemäßen Zustellung könnte ein Mieter ggf. mangels Fristablauf nach Jahren noch sein Recht wahrnehmen wollen. Das spricht für die Gerichtsvollzieherzustellung.

III. Musteranschreiben an den Mieter – Einholung eines Mietervorkaufsrechtsverzichts

▼ 105

Muster 1.7: Anschreiben an den Mieter – Einholung eines Mietervorkaufsrechtsverzichts

Notar (*Anschrift*) , den

Frau (*Anschrift*)

Eigentumswohnung in , Wohnung Nr.

Kaufvertrag zwischen und

Sehr geehrte Frau ,

mit diesem Schreiben füge ich eine **Teilausfertigung** des **wirksamen** Kaufvertrags vom (UVZ-Nr. /) bei, die in Abschnitt die **Spezialvollmacht** der Vertragsparteien auf meinen Namen enthält sowie in Abschnitt die relevanten Angaben über den **Inhalt des Kaufvertrags**. Ich bin ausdrücklich bevollmächtigt, Sie als den einzigen Mieter wie folgt zu unterrichten:

Ihnen steht das gesetzliche Vorkaufsrecht nach §577 BGB zu. Sie haben das Recht, innerhalb von zwei Monaten nach Erhalt dieser Mitteilung durch schriftliche Erklärung, die nicht der notariellen Beurkundung bedarf, Ihr Vorkaufsrecht auszuüben. Zur Entgegennahme der Mietervorkaufsrechtsverzichtserklärung bin ich durch den Verkäufer ausdrücklich ermächtigt. Sollten Sie Ihr Vorkaufsrecht wirksam ausgeübt haben, kommt zwischen dem Verkäufer und Ihnen ein Kaufvertrag zu den Bedingungen des mit diesem Schreiben übersandten vorgenannten Kaufvertrags zustande.

Sollten Sie Ihr Vorkaufsrecht nicht ausüben wollen, sind Ihnen die Vertragsparteien dankbar, wenn Sie ihnen zu meinen Händen kurz schriftlich mitteilen, dass Sie Ihr Vorkaufsrecht nicht ausüben.

Für Rückfragen stehe ich Ihnen jederzeit gern zur Verfügung.

Mit freundlichen Grüßen

(*Notar*)

▲

IV. Mietervorkaufsrecht beim Grundstückskaufvertrag

106 Die Rechtsprechung erfand ein weiteres Mietervorkaufsrecht außerhalb des Wohnungseigentums. So hatte der BGH[64] bereits 2008 entschieden, analog zur Aufteilung von Wohnungseigentum ein Mietervorkaufsrecht als gegeben anzusehen, wenn ein nicht in Wohnungseigentum aufgeteiltes, mit einer Mehrhausanlage bebautes **Grundstück in einzelne Hausgrundstücke real geteilt wird**.

107 Diese Rechtsprechung hat der BGH noch verschärft.[65] Die Aufteilung in Wohnungseigentum einerseits ist mit der Realteilung eines Grundstücks in Einfamilienhäuser andererseits **gleichgestellt** worden, sodass das Mietervorkaufsrecht auch auf Grundstücke außerhalb des Wohnungseigentumsrechts angewendet werden muss, wenn das Grundstück mit einem Zweifamilienhaus bebaut ist. Das Mietervorkaufsrecht (§ 577 BGB) und die Kündigungsbeschränkung (§ 577a BGB) gelten somit auch, wenn eine Reihenhausanlage auf einem Grundstück in mehrere Einzelhäuser real geteilt worden ist, und zwar auch dann, wenn auf den gebildeten Flurstücken jeweils ein Haus mit zwei Wohnungen stehen.

108 Für den Notar und seine Mitarbeiter, die den Entwurf eines Grundstückskaufvertrags vorbereiten, ist es schwierig, durch eine Grundbucheinsicht zu erkennen, ob das Grundstück durch die Teilung eines Doppelhauses oder einer Reihenhauskette entstand oder ob deren Parzellierung bereits zu Beginn des Bauens erfolgte. Dies liegt daran, dass nach einer Grundstücksteilung häufig neue Grundbuchblätter angelegt wurden und nur aus dem aktuellen Grundbuch die Teilung ggf. nicht mehr nachzuvollziehen ist. Dann ist nicht ersichtlich, wann die Vermessung/Teilung erfolgte.

109 Weder der Verkäufer noch der Käufer kennen das Problem eines Mietervorkaufsrechts beim Grundstückskaufvertrag und selbst die Notare, die das Problem im Auge haben, können das Bestehen eines Mietervorkaufsrechts nur schwer erkennen.

Der Notar kann eine Möglichkeit wahrnehmen und bei einem Grundstückskaufvertrag grundsätzlich genauso verfahren, wie er es bei der Beurkundung eines Wohnungseigentumskaufvertrags zu tun pflegt. Er kann also seine Bausteine über das Mietervorkaufsrecht analog verwenden und entsprechend abwickeln.

64 BGH, Urt. v. 28.5.2008 – VIII ZR 126/07, DNotZ 2008, 771 = notar 2008, 176.

65 BGH, Beschl. v. 23.6.2010 – VII ZR 325/09, MittBayNot 2010, 465 = ZNotP 2010, 342.

V. Muster: Erklärungen des Verkäufers/Hinweise des Notars im Kaufvertrag

Die Erklärungen des Verkäufers und die Hinweise des Notars im Grundstückskaufvertrag **können generell** wie folgt lauten: 110

▼

Muster 1.8: Erklärungen des Verkäufers/Hinweise des Notars im Kaufvertrag I

Der Notar hat uns darauf hingewiesen, dass dem Mieter des Vertragsgegenstandes aufgrund der Rechtsprechung des BGH das gesetzliche Vorkaufsrecht nach §577 BGB zustehen könnte und dass der Kündigungsschutz nach §577a BGB greifen kann. 1.8

Der Verkäufer erklärte hierzu Folgendes: Nach Abschluss des Mietvertrags mit dem Mieter des verkauften Vertragsgegenstandes erfolgte keine reale Teilung des Hausgrundstücks und eine solche war und ist auch derzeit nicht geplant. Ein Mietervorkaufsrecht nach §577 BGB kommt somit nicht in Betracht.

▲

Beim Verkauf eines Grundstücks, bebaut mit einem **vermieteten Reihenhaus oder Doppelhaus** kann der Vermerk lauten: 111

▼

Muster 1.9: Erklärungen des Verkäufers/Hinweise des Notars im Kaufvertrag II

Der Notar hat uns darauf hingewiesen, dass dem Mieter des Vertragsgegenstandes aufgrund der Rechtsprechung des BGH das gesetzliche Vorkaufsrecht nach §577 BGB zustehen und dass der Kündigungsschutz nach §577a BGB greifen kann. 1.9

Der Verkäufer erklärte hierzu Folgendes: Nachdem der Mietvertrag mit den Mietern des verkauften Vertragsgegenstandes abgeschlossen wurde, erfolgte keine reale Teilung des Grundstücks, und eine solche war und ist auch nicht geplant, sodass ein Mietervorkaufsrecht nach §577 BGB nicht in Betracht kommt.

▲

Soweit ein Mietervorkaufsrecht nach vorstehenden Grundsätzen in Betracht kommt, sollte der Notar auf die Rechtsprechung hinweisen und seinen beurkundeten Kaufvertrag diesbezüglich so abwickeln, wie er einen Wohnungseigentumskaufvertrag abgewickelt, bei dem das Mietervorkaufsrechts eingeholt werden muss. 112

H. Mietkaution: Risikoarme Überleitung von Mietverhältnissen

I. Aufklärungspflichten des Notars

113 Nach Ansicht des BGH[66] ist der Notar, der einen Kaufvertrag über eine vermietete Immobilie beurkundet, dazu verpflichtet, abzuklären, ob die Vertragsparteien noch Regelungen zu treffen haben, die im Zusammenhang mit dem Übergang der Rechte und Pflichten aus dem bestehenden Mietvertrag stehen. Der Anlass zur Klärung kann beispielsweise die notwendige Regelung des Zeitpunktes sein, zu dem die Mietzinsansprüche im Innenverhältnis der Vertragsparteien übertragen werden, sowie die Übergabe bestehender Mietsicherheiten.

114 „*Kauf bricht nicht Miete*". Das Gesetz sieht in § 566 Abs. 1 BGB vor, dass der Käufer der vermieten Immobilie anstelle des Vermieters in alle Rechte und Pflichten aus dem bestehenden Mietverhältnis eintritt. Dieser Eintritt wirkt, sobald der Erwerbertatbestand beendet ist, regelmäßig mit Wirkung des Zeitpunktes der Eigentumseintragung des Käufers in das Grundbuch.[67]

115 Strebt der Käufer der vermieteten Eigentumswohnung eine ordentliche Kündigung wegen Eigenbedarfs an, kann er diese nur als Vermieter (§ 573 BGB) wirksam aussprechen, also erst nachdem er durch seine Eigentümereintragung in das Grundbuch der Vermieter geworden ist. Der Eigenbedarfsgrund muss in der Kündigung angegeben werden und in der Person des Vermieters oder seiner Angehörigen liegen.[68]

116 Damit der Käufer weiß, welche konkreten Vereinbarungen mit dem Eigentumswechsel auf ihn übergeleitet werden, bedarf er der Kenntnis aller relevanten Mietvereinbarungen und der wirtschaftlich hiermit im Zusammenhang stehenden, bedeutenden Nachteile. Der Käufer benötigt somit insbesondere die Kenntnis aller:

- **Nachträge zu den Mietverhältnissen**, die für den Vermieter nachteilig außerhalb des vorgelegten Mietvertrags abgeschlossen wurden. Nachteilig kann z.B. der Kündigungsausschluss auf bestimmte Zeit sein,[69]
- **Mietrückstände**,
- Vorausverfügungen des Verkäufers über die Miete, soweit § 566c BGB den Käufer davor nicht schützt, weil er davon noch vor dem Eigentumswechsel Kenntnis erlangt,
- gerichtliche oder außergerichtliche **Mietstreitigkeiten**,
- **Mietminderungen** oder **Einbehalte**, die Mieter geltend machen.

66 BGH, Urt. v. 4.9.2008 – III ZR 33/07, DNotZ 2009, 173, 183.

67 *Riecke*, in: Prütting/Wegen/Weinrich, § 566 BGB Rn 1.

68 Siehe DNotI-Report 1998, 93.

69 BGH, Urt. v. 4.4.2007 – VIII ZR 223/06, DNotZ 2007, 932 = NJW 2007, 1742.

II. Mietkaution

In Kaufverträgen kommen Regelungen vor, wonach die vom Mieter geleistete Kaution samt Erträgen daraus vom Verkäufer – nach Kaufpreiszahlung – auf den Käufer zu übertragen ist samt Belehrung des Notars darüber, dass der Verkäufer für die Rückzahlung der Kaution haftbar bleibt, bis der Mieter ihrer Übertragung an den Käufer zugestimmt hat. Diese Regelung schützt den Verkäufer nicht genügend, weil es ihm passieren kann, dass er für die Kaution dennoch einstehen muss, wenn der Käufer als späterer Vermieter finanziell ausfällt. Der BGH[70] leitet aus der Zustimmung des Käufers **keinen Verzicht des Mieters** auf seine Rechte der Mietsicherheiten gegen den ursprünglichen Eigentümer her. Anderslautende Urteile[71] betrafen andere Gestaltungen und bezogen sich auf die Rechtslage vor der Mietrechtsreform. Dies hat zur Folge, dass der **Verkäufer nicht von seiner Haftung für die Rückgewähr der Kaution durch die Zustimmung des Mieters** zu deren Übertragung auf den Käufer befreit wird. Die Haftungsbefreiung des Verkäufers kann nur dadurch geschehen, dass entweder der Verkäufer und der Käufer (im Kaufvertrag) eine befreiende Schuldübernahme nach § 415 BGB vereinbaren, die erst mit **Genehmigung des Mieters** wirksam wird. Besser ist es, wenn der Verkäufer den Mieter dazu bewegt, ihn **ausdrücklich aus der Haftung zu entlassen**. Zur Genehmigung einer befreienden Schuldübernahme gem. § 415 BGB müsste der Kaufvertrag (zumindest auszugsweise) dem Mieter vorgelegt werden. Dies wünschen die Beteiligten regelmäßig allerdings nicht, sodass dem Notar auch nicht zu empfehlen ist, eine derartige Aufgabe für den Verkäufer zu übernehmen. Der Käufer selbst wird selten dazu bereit und in der Lage sein, mit dem Mieter eine Haftentlassung des Verkäufers gem. § 414 BGB zu vereinbaren. Zudem hindert die Vorschrift des § 551 Abs. 3 BGB den Käufer daran, die Kaution dadurch auf sich „überzuleiten", dass er mittels Aufrechnung in Kautionshöhe den Kaufpreis kürzt. 117

Das Erlöschen der Verkäuferhaftung kann **nicht** dadurch erreicht werden, dass der Verkäufer nach Übergang des Besitzes an den Käufer, im Einvernehmen mit diesem, die Kaution an den Mieter zurückzahlt, wobei der Käufer, nachdem er Vermieter geworden ist, vom Mieter die Kaution erneut anfordert und sich auf den mit ihm bestehenden Mietvertrag und die darin verankerte Pflicht zur Leistung der Kaution sowie auf Treu und Glauben beruft. Der BGH hat in seinem Urteil vom 7.12.2011[72] eine Pflicht des Mieters aus § 242 BGB, die vom Verkäufer zurückgegebene Kaution dem Käufer zur Verfügung zu stellen zwar bejaht; der Grund für diese Entscheidung lag jedoch in besonderen Umständen des Einzelfalls. Der BGH stellte darauf ab, **wie** die **Rückgewähr** der Kaution an den Mieter aus dessen Sicht **zu verstehen** 118

70 BGH, Urt. v. 7.12.2011 – VIII ZR 206/10, NotBZ 2012, 92 = NJW 2012, 214.

71 BGH, Urt. v. 24.3.1999 – XII ZR 124/97, BGHZ 141, 160, 163 m.w.N.

72 BGH, Urt. v. 7.12.2011 – VIII ZR 206/10, NotBZ 2012, 92 = NJW 2012, 214.

war[73] und nur, wenn der Mieter die Rückgewähr als **Erfüllung** des **Rückgewähranspruchs** und damit als Verzicht auf die Kaution für die Zukunft hätte verstehen können, wäre der Anspruch auf Entrichtung der Kaution gem. § 362 BGB durch Erfüllung erloschen[74] und der Verkäufer von seiner Haftung freigeworden. Der Käufer hat **keinen Anspruch auf erneute Leistung** der Kaution.

War die Rückgewähr der Kaution aus der Sicht des Mieters nicht als Erfüllung des Rückgewähranspruchs zu verstehen, sondern als eine Art **treuhänderische Übergabe** mit der Auflage, die zurückgegebene Kaution nach Übergang des Mietverhältnisses auf den Käufer an den Käufer **weiterzuleiten**, so ist der Anspruch des Mieters auf Rückgewähr der Kaution nicht erloschen. Dessen Fortbestand hat aber auch den Fortbestand der Haftung des Verkäufers gem. § 566a S. 2 BGB zur Folge. Im Ergebnis beseitigt zwar die Rückgabe der Kaution durch den Verkäufer an den Mieter ohne besonderen Hinweis dessen Haftung, begründet aber keinen Anspruch des Käufers auf erneute Stellung der Kaution. Die Rückgabe der Kaution zur Weiterleitung an den Käufer beseitigt grundsätzlich nicht die fortbestehende Haftung des Verkäufers. Deshalb bietet sich als Lösung die nachstehend beschriebene an.

III. Muster einer Bausteinformulierung für den Kaufvertrag

119 ▼

Muster 1.10: Bausteinformulierung für den Kaufvertrag

1.10

1. Der Vertragsgegenstand ist vermietet. Der Käufer übernimmt das Mietverhältnis. Der Verkäufer hat dem Käufer eine Kopie der schriftlichen Mietvereinbarungen übergeben.

   Der Verkäufer garantiert, dass

   a) außerhalb dieser Mietvereinbarungen keine für den Vermieter nachteiligen Vereinbarungen getroffen sind,

   b) bei Abschluss dieses Vertrags keine Mietrückstände und keine gerichtlichen oder außergerichtlichen Mietstreitigkeiten bestehen sowie der Mieter keine Mietminderung und keinen Einbehalt der Miete geltend gemacht hat,

   c) er keine Vorausverfügungen über die Miete getroffen hat.

2. Die Miete für die Zeit ab Besitzübergang gebührt dem Käufer. Mit Wirkung ab Gutschrift des Kaufpreises wird hiermit der Anspruch auf die Miete an den Käufer abgetreten und der Käufer bevollmächtigt, alle Rechte im Zusammenhang mit dem Mietverhältnis auszuüben. Eine vom Mieter geleistete Kaution samt etwaiger Erträge daraus wird der Verkäufer dann auf den Käufer übertragen.

73 BGH, NotBZ 2012, 92 = NJW 2012, 214, Rn 19.

74 BGH, NotBZ 2012, 92 = NJW 2012, 214, Rn 12.

3. Der Notar hat die Beteiligten insbesondere über Folgendes belehrt:
   a) Der Verkäufer muss nach dem Gesetz weiterhin wie ein Bürge für die Erfüllung der Vermieterpflichten einstehen. Er kann diese Haftung nur beenden, indem er dem Mieter nach Umschreibung des Eigentums im Grundbuch den Eigentumswechsel mitteilt.
   b) Falls der Mieter bei Beendigung des Mietverhältnisses die Kaution vom Käufer nicht erlangen kann, ist der Verkäufer dem Mieter gegenüber weiterhin zu deren Rückgewähr verpflichtet. Der Verkäufer kann diese Haftung nur beenden, indem er mit dem Mieter ausdrücklich und nachweisbar vereinbart, dass seine Haftung für die Rückgewähr der Kaution erlischt.
   c) Die im vorstehenden Abs. 2 dem Käufer erteilte Vollmacht berechtigt nach h.M. nicht zu einer Eigenbedarfskündigung, bevor das Eigentum auf den Käufer umgeschrieben ist.
   d) Wenn aus den vermieteten Wohnräumen Eigentumswohnungen gebildet werden sollen, dann kann dem Mieter bereits zu diesem Kaufvertrag ein Vorkaufsrecht zustehen.
4. Verkäufer und Käufer haben keine Urkunden errichtet, um vermietete Wohnräume in Eigentumswohnungen aufzuteilen. Eine Vorkaufsrechtsanfrage beim Mieter soll daher unterbleiben.

Der Verkäufer wird im eigenen Interesse dem Mieter den im Grundbuch eingetragenen Eigentumswechsel mitteilen und sich um eine Vereinbarung mit dem Mieter bemühen, wonach die Haftung des Verkäufers für die Rückgewähr der Kaution erlischt.

▲

Bei Neuabschlüssen von Mietverträgen sind die Vermieter gut beraten, sich nicht Kautionen von Mietern aushändigen zu lassen. Stattdessen können von vornherein Sparbuchverpfändungen vorgenommen werden. 120

I. Aufhebung eines Grundstückskaufvertrags

Die Aufhebung eines Immobilienkaufvertrags kann unter bestimmten Voraussetzungen formfrei erfolgen. Formfrei ist sie zum Beispiel möglich, wenn 121

- die Auflassung noch nicht erklärt wurde,
- die Eintragung der Vormerkung zur Sicherung des Anspruchs auf Übertragung des Eigentums im Grundbuch noch nicht eingetragen ist und auch die Bewilligung nebst Antrag dem Grundbuchamt noch nicht vorgelegt wurde,
- der Käufer noch keine Zahlung auf den Kaufpreis geleistet hat und
- der Verkäufer auch noch keine Vorleistungen erbracht hat.

Formfrei erfolgen die Vertragsaufhebungen in der notariellen Praxis dennoch selten, schon weil zur Wahrung der Beweissicherung regelmäßig die **Schriftform** einzuhalten ist. 122

123 Der Notar kann die Empfehlung, den Vertrag schriftlich aufzuheben, nur bedenkenlos aussprechen, wenn weder der Verkäufer noch der Käufer Leistungen zur Vertragserfüllung erbracht haben. Soweit jedoch für den Käufer ein Anwartschaftsrecht besteht, zu seinen Gunsten also z.B. eine Eigentumsvormerkung eingetragen oder beantragt ist und ohne Mitwirkung des Käufers der Antrag nicht zurückgenommen werden kann, ist die Vertragsaufhebung **notariell zu beurkunden**. Ebenfalls sollte die Beurkundung gewählt werden, wenn der Käufer eine Anzahlung geleistet hat oder wenn der Verkäufer Vorleistungen erbracht hat. Diese Vorleistungen bedürfen einer Rückabwicklung.

124 Enthält der Notar von den Parteien eine schriftliche (wirksame) Vertragsaufhebung oder auch übereinstimmende schriftliche Briefe der Vertragsparteien mit der Bitte, den Vertrag nicht weiter abzuwickeln, wird der Notar die Aufhebungsvereinbarung in Kopie an das Finanzamt reichen oder sie dem Finanzamt mitteilen und bitten, die Grunderwerbsteuer nicht zu veranlagen. Wurde die Grunderwerbsteuer bereits gezahlt, wird der Notar bitten, den Steuerbetrag zu erstatten.[75]

125 Wird der Notar ersucht, die Aufhebung eines Kaufvertrags zu entwerfen und zu beurkunden und betrifft die Aufhebung eine Kaufvertragsurkunde eines anderen Notarkollegen, sollte der um die Aufhebung ersuchte Notar seine Tätigkeit verweigern, weil er nur schwer oder gar nicht beurteilt werden kann, welche Maßnahmen zur Rückabwicklung des bei dem Kollegen beurkundeten und in Abwicklung befindlichen Kaufvertrags zu ergreifen sind. Es ist ein nahezu ungeschriebenes Gesetz, **nie die Urkunde eines Notarkollegen aufzuheben**. Beurkundet der Notar dennoch eine entsprechende Aufhebungsurkunde, könnten dadurch Schäden entstehen, weil Rückabwicklungsschritte aufgrund von ggf. vorliegenden Treuhandaufträgen falsch eingeschätzt oder gar nicht bedacht werden. Der Notar kann über die wirtschaftlichen Gefahren aufklären und warnen und seine Hinweise in der Aufhebungsurkunde festhalten. Er kann ebenso anregen, dass der Notar, der den Kaufvertrag beurkundet hatte, die Aufhebung seines Vertrags selbst beurkunden sollte.

Im Einzelfall kann der Notar in Absprache mit dem anderen Notar die Aufhebung und Rückabwicklung abstimmen.

J. Widerruf einer Veräußerungszustimmung des WEG-Verwalters

126 Ist eine erteilte Verwaltergenehmigung dem Notar, der zum Empfang durch die Vertragsparteien bevollmächtigt ist, zugegangen, so wird dadurch der Zustand der schwebenden Unwirksamkeit des Kaufvertrags und der Auflassung beendet, sodass

75 Vgl. *Elsing*, notarbüro 7/2011, S. 50.

die Zustimmung **unwiderruflich** geworden ist. Ein wirksamer Widerruf durch den Verwalter ist dann **nicht** mehr möglich.[76] Zuvor hatte der BGH für eine Unwiderruflichkeit einer Eigentümerzustimmung zur Veräußerung eines Erbbaurechts ebenso entschieden, sodass die Entscheidung für das Wohnungseigentum nicht anders zu erwarten war, weil das Wohnungseigentumsgesetz damals dem Erbbaurechtsgesetz nachgebildet war.[77]

Wichtige Gründe, die zu einer Versagung einer Verwaltergenehmigung berechtigen, **127** müssen in der Person des Käufers liegen. Hat der Käufer bspw. bislang zur Miete gewohnt und über einen längeren Zeitraum **keine Miete** entrichtet oder die Miete nachhaltig **unpünktlich gezahlt**, wäre das ein Versagungsgrund.

Verfügt ein Erwerber über **kein Einkommen und hat kaum nennenswertes Vermögen**, kann auch hierin ein wichtiger Versagungsgrund begründet sein. **128**

Ist die Käuferin eine **unterkapitalisierte** Gesellschaft ist, kann auch dies einen Grund zur Versagung der Verwaltergenehmigung darstellen.

Ist der Käufer bereits ein Bewohner der Wohnungseigentumsanlage und dafür bekannt, mit anderen Bewohnern **nachhaltig zu streiten** oder ist der Käufer als Mitbewohner negativ aufgefallen, z.B. durch **unzulässige bauliche Veränderungen**, die er am Objekt vorgenommen hat, ist das ein weiterer genügender Grund zur Versagung.

Es gibt noch viele weitere gewichtige Gründe, etwa die Zweckentfremdung der Wohnung für andere als Wohnzwecke, z.B. wenn die Wohnung gewerblich als Bordell genutzt wird.

Es wird deutlich, dass die Möglichkeit des Verwalters, seine Genehmigung zu versagen nicht nur theoretischer Natur ist. Siehe vorstehende Rdn 126.

Die Bestellung – wie auch die Abberufung – des Verwalters obliegt nach § 26 **129** Abs. 1 WEG der Beschlussfassung der Gemeinschaft der Wohnungseigentümer. Die Bestellung kann auf höchsten fünf Jahre erfolgen, im Falle der ersten Bestellung nach Begründung von Wohnungseigentum aber maximal auf drei Jahre (§ 26 Abs. 1 S. 2 WEG). Wie vor der WEG-Reform gilt weiterhin, dass der Beschluss mit Stimmenmehrheit genügt. Dies ergibt sich aus § 25 Abs. 1 WEG (Mehrheitsprinzip im Allgemeinen).

Die Abberufung des Verwalters ist jederzeit durch Mehrheitsbeschluss möglich (§ 26 Abs. 3 S. 1 WEG). Ein wichtiger Grund kann nicht als Hürde bestimmt werden; die Bestimmung wäre unwirksam (§ 26 Abs. 5 WEG). Ein **Verwaltervertrag endet** spätestens **sechs Monate nach der Abberufung** (§ 26 Abs. 3 S. 3 WEG).

76 BGH, Beschl. v. 6.12.2018 – V ZB 134/17, DNotZ 2019, 844 m. Anm. *Kössinger* = notar 2019, 308 m. Anm. *Türckheim*.

77 BGH, Beschl. v. 29.6.2017 – V ZB 144/16.

130 Der Nachweis der Verwaltereigenschaft erfolgt durch öffentlich beglaubigte Urkunde zur Wahrung des § 29 GBO. Dem Grundbuchamt genügt die Vorlage einer Niederschrift über den Bestellungsbeschluss (§ 26 Abs. 4 WEG), bei der die Unterschriften von dem Vorsitzenden und einem Wohnungseigentümer und, falls ein Verwaltungsbeirat bestellt ist, auch von dessen Vorsitzendem oder seinem Vertreter zu unterschreiben ist (§ 24 Abs. 6 WEG).

Voraussetzung für die Unterzeichnung ist, dass die beteiligte Person auch an der Wohnungseigentümerversammlung **teilgenommen** hat. Sinn- und Zweck der Unterschriften ist, die **Richtigkeit** der protokollierten Inhalte des WEG-Protokolls zu bestätigen.

131 Unterzeichnet eine der erforderlichen Personen das WEG-Protokoll, muss bei Unterschriftsleistung der Unterzeichnende seine **Funktion**, die des Vorsitzenden, des Wohnungseigentümers, des Verwaltungsbeiratsvorsitzenden oder seines Stellvertreters noch innehaben. Dies gibt der Unterzeichnende dadurch zum Ausdruck, dass er seine Funktion im Protokoll bei seiner Unterschrift mit angibt, wobei ein noch Bestehen der Eigenschaft nicht anders dokumentiert werden muss.[78]

132 Die Veräußerungsbeschränkung (§ 12 WEG) ist zwingend in das Bestandsverzeichnis des Grundbuchs einzutragen; dies bestimmt § 7 Abs. 3 S. 2 WEG. Ein Durchsehen der Teilungserklärung auf das Erfordernis einer Zustimmung ist deshalb nicht erforderlich; der Notar darf auf die Grundbucheintragung oder Nichteintragung des Zustimmungserfordernisses vertrauen.

133 Nach § 26a WEG gibt es den zertifizierten Verwalter. So darf sich ein Verwalter bezeichnen, wenn er vor einer IHK eine Prüfung bestanden hat, dass er über die für die Verwaltertätigkeit notwendigen kaufmännischen und auch technischen Kenntnisse verfügt. Aber auch andere Personen, die aufgrund anderweitiger Qualifikationen von der Prüfung befreit sein können (z.B. Personen mit Befähigung zum Richteramt, Personen mit Hochschulabschluss mit immobilienwirtschaftlichem Schwerpunkt oder einem vergleichbaren Berufsabschluss) dürfen sich gem. §§ 7, 8 der Verordnung über die Prüfung zum zertifizierten Verwalter nach dem Wohnungseigentumsgesetz (Zertifizierter-Verwalter-Prüfungsverordnung) als **zertifizierter Verwalter** bezeichnen. Nach § 8 dieser Verordnung dürfen sich juristische Personen und auch Personengesellschaften dann als zertifizierte Verwalter bezeichnen, wenn die bei ihnen Beschäftigten, die unmittelbar mit Aufgaben der WEG-Verwaltung betraut sind, die Prüfung zum zertifizierten Verwalter **bestanden** haben.

134 Eine im Gesellschaftsregister eingetragene **eGbR** hat **Registerpublizität** und kann als rechtsfähige GbR eigenes Vermögen tragen und Verbindlichkeiten haben. Damit kann – anders als noch vor der Reform des Personengesellschaftsrechts (MoPeG) –

78 OLG München BeckRS 2016, 9998; *Bartholome*, in: BeckOGK, 40 Edition v. 1.2.2020, § 24 WEG Rn 145 m.w.N.

nun auch eine eGbR **als Verwalterin in Betracht kommen**. Auch eine OHG kann bekanntlich WEG-Verwalterin sein. Die Rechtsprechung des BGH ist damit zur Verwaltereigenschaft der GbR ist damit überholt.[79]

Ein Verwaltungsbeirat ist künftig das Kontrollorgan der Gemeinschaft der Woh- **135**
nungseigentümer (§ 29 Abs. 2 WEG). Er unterstützt und überwacht den Verwalter bei der Durchführung seiner Aufgaben. Der Verwaltungsbeirat haftet, wenn er unentgeltlich tätig ist, nur für Vorsatz und grobe Fahrlässigkeit. Ein Aufwendungsersatz ist kein Entgelt und steht der Haftungsprivilegierung nicht im Weg.[80]

Der Verwaltungsbeirat kontrolliert den Verwalter hinsichtlich der Prüfung der Jah- **136**
resabrechnung und des Wirtschaftsplans (§ 29 Abs. 2 S. 2 WEG).

Ist ein Verwalter untätig, so ist der Verwaltungsbeirat durch seinen Vorsitzenden **137**
oder dessen Vertreter verpflichtet, die WEG-Versammlung einberufen (§ 24 Abs. 3 WEG).

Die Zahl der Beiratsmitglieder ist nicht gesetzlich festgelegt. Ein Verwaltungsbeirat **138**
kann jetzt also aus einer Person oder aus mehreren Personen bestehen (§ 29 Abs. 1 WEG).

Bei Verträgen zwischen der Gemeinschaft der Wohnungseigentümer und dem Ver- **139**
walter vertritt die Gemeinschaft der Wohnungseigentümer allerdings nicht der Verwalter, sondern der Vorsitzende des Beirats (§ 9b Abs. 2 WEG).

Zum Mitglied des Verwaltungsbeirats können nach § 29 Abs. 1 WEG nur Woh- **140**
nungseigentümer bestellt werden, ein abweichender Beschluss wäre nichtig.[81] Soweit der Beirat aus mehreren Mitgliedern besteht, ist ein Vorsitzender und ein Stellvertreter zu bestimmen (§ 29 Abs. 1 S. 2 WEG).

Stimmt der Verwalter der Veräußerung zu, wird der schwebend unwirksame Kauf- **141**
vertrag mit dem Zugang der Genehmigung beim Notar wirksam. Versagt der Verwalter dagegen seine Zustimmung und geht diese Zustimmung dem empfangsberechtigten Notar zu, so wird der Kaufvertrag damit endgültig unwirksam.

▼ **142**

Muster 1.11: Verwalterzustimmung

stimmt als Verwalter gem. § 12 WEG der Veräußerung des Wohnungs- 1.11
und/oder Teileigentums,

Objekt

Veräußerung vom

79 BGH, Beschl. v. 18.5.1989 – V ZB 4/89 = NJW 1989, 2059.

80 *Lehmann-Richter/Wobst*, WEG-Reform 2020, Rn 596.

81 LG Dortmund, Urt. v. 19.11.2013 – 1 S 296/12, ZMR 2014, 387; *Merle/Becker*, in: Bärmann, WEG, § 29 Rn 11; *Lehmann-Richter/Wobst*, WEG-Reform 2020, Rn 573.

UVZ-Nr. /

Notar

Veräußerer:

geb. am
wohnhaft

Erwerber: ,

geb. am
wohnhaft

zu.

Die Verwaltereigenschaft ergibt sich:

- aus dem öffentlich beglaubigten Verwalternachweis, der sich bei den Grundakten des Grundbuchamts Grundbuch von Blatt befindet.
- (alternativ): aus der Niederschrift über die Verwalterbestellung samt Beglaubigung der Unterschriften des Versammlungsleiters, eines Wohnungseigentümers und falls vorhanden des Verwaltungsbeirats, durch seinen Vorsitzenden oder Stellvertreter, welche dieser Zustimmung beigefügt ist.

Der Geschäftswert der Zustimmung beträgt EUR.

, den

▲

K. Besonderheit: Altlasten beim Kaufvertrag

143 Hat der Verkäufer seiner Immobilie Kenntnis oder Verdacht, dass die vertragsgegenständliche Immobilie mit **Altlasten** kontaminiert ist und der Boden schädliche **Bodenveränderungen** aufweist (§ 2 BBodSchG), muss er dies seinem Käufer rechtzeitig offenbaren, z.B. wenn das Grundstück derzeit oder früher als Mülldeponie genutzt wurde oder wenn Asbest vorhanden ist. **Vorvertraglich** hat dies zu geschehen, damit der Käufer die Umstände gebührend für sich werten kann, ggf. unter Hinzuziehung eines **Gutachters**, der ein Bodengutachten anfertigen kann. Die negativen Umstände werden die Beteiligten regelmäßig bei der **Kaufpreisfindung** berücksichtigen.

Verschweigt der Verkäufer eine „schädliche Nutzung“, haftet er ggf. wegen **Arglist** trotz eines ggf. vereinbarten Haftungsausschlusses.

▼ 144

Muster 1.12: Offenbarung schädlicher Bodenveränderungen/Altlasten mit Beseitigungspflicht 1.12

Der Verkäufer erklärt, dass das vertragsgegenständliche Grundstück von seinem Eigentums-Vorgänger als Tankstelle/Mülldeponie genutzt worden ist und dass das Grundstück schädliche Bodenveränderungen bzw. Altlasten aufweist. Hierzu hat der Verkäufer ein Bodengutachten erstellen lassen. Dieses wird in Kopie zur Beweissicherung als Anlage, die mitverlesen wird, diesem Kaufvertrag beigefügt.

Der Verkäufer verpflichtet sich, die gutachterlich festgestellten schädlichen Bodenveränderungen und Altlasten auf seine Kosten fachgerecht in Abstimmung mit den Behörden beseitigen zu lassen und die voraussichtlichen Kosten i.H.v. ______ EUR zu tragen und den Käufer von Kosten, die darüber hinausgehen freizuhalten. Auf die Gefahren dieser Vereinbarung hat der Notar die Beteiligten hingewiesen, z.B. auf das Insolvenzrisiko des Verkäufers und die Inanspruchnahme des Käufers.

Für den Fall, dass die Sanierungsmaßnahmen des Verkäufers nicht bis zum ______ abgeschlossen und bis zum ______ bezahlt sind, behält sich der Käufer den Rücktritt von dem Kaufvertrag vor, der gegenüber dem Verkäufer z.Hd. des Notars schriftlich bis spätestens zum ______ auszuüben ist.

▲

▼ 145

Muster 1.13: Offenbarung schädlicher Bodenveränderungen/Altlasten mit Ausschluss der Sachmängelhaftung des Verkäufers 1.13

Der Verkäufer erklärt, dass er das vertragsgegenständliche Grundstück als Tankstelle/Mülldeponie genutzt hat und dass das Grundstück schädliche Bodenveränderungen bzw. Altlasten aufweist. Hierzu hat der Verkäufer ein Bodengutachten erstellen lassen. Dieses wird in Kopie zur Beweissicherung als Anlage, die mitverlesen wird, diesem Kaufvertrag beigefügt.

Der Käufer übernimmt die Verpflichtung, die gutachterlich festgestellten schädlichen Bodenveränderungen und Altlasten auf seine Kosten fachgerecht in Abstimmung mit den Behörden beseitigen zu lassen und die voraussichtlichen Kosten i.H.v. ______ EUR zu tragen und den Verkäufer von Kosten, die darüber hinausgehen, freizuhalten. Der Käufer ist anwaltlich beraten. Er wurde auch auf die Gefahren dieser Vereinbarung hingewiesen und der Verkäufer darauf, dass er in Anspruch genommen werden kann, falls der Käufer ausfällt (ewige Haftung nach BBodSchG).

▲

§ 2 Der transparente Grundstückskaufvertrag

A. Allgemeines

Damit eine Immobilie aus dem Eigentum des Verkäufers in das rechtliche Eigentum des Käufers wechseln kann, hat zuvor zum Schutz der Vertragsparteien die notarielle Beurkundung des **Kaufvertrages** und zwingend die der **Auflassung** zu erfolgen. Für die Beteiligten eines Kaufvertrages ist es von Bedeutung, dass sie die Inhalte ihres notariellen Vertrages nicht ausschließlich während des Beurkundungsaktes gut verstehen und nachvollziehen können, sondern bereits davor und auch danach. Hierzu dienen insbesondere die **Erläuterungen des beurkundenden Notars**. Die Beteiligten sind besonders darauf angewiesen, bereits im Vorfeld der Beurkundung sich auf diese vorzubereiten, um ein Bewusstsein für die beabsichtigte Transaktion zu entwickeln. Zudem hilft es den Beteiligten und dem Rechtsverkehr, wenn die Beteiligten auch nach der Beurkundung ihre vereinbarten Inhalte problemlos nachvollziehen können. Damit wird oft einem nachgelagerten Streit der Beteiligten vorgebeugt. Um dies zu gewährleisten, sind **Formulierungen nötig**, die **präzise**, unzweideutig und für den Bürger möglichst einfach und gut zu verstehen sind. 1

B. Muster: Transparenter Grundstückskaufvertrag

In dem nachfolgenden Muster eines transparenten Grundstückskaufvertrages liegt der Fokus auf **Klarheit** und **Verständlichkeit** der Formulierungen. Die den Vertrag abschließenden Beteiligten sollen ihre Vereinbarung verstehen und nachvollziehen können: Auch der sachkundige Notarmitarbeiter sollte den **Inhalt der Vereinbarung gut verstehen**. Jeder der vertragsschließenden Beteiligten und jeder Ehegatte, der ggf. zustimmend mitwirkt, ist damit in die Lage versetzt, den Inhalt des Vertrages richtig zu werten. Die Formulierungen sind für **Verbraucher und für Nichtjuristen geeignet**. Mit dieser Transparenz wird erreicht, dass die vertraglichen Regelungen rechtlich im Ernstfall besser standhalten. 2

Intransparente, also undeutliche oder schwammige Formulierungen, werden vermieden. Diese können sogar zur Unwirksamkeit vertraglicher Regelungen und ggf. zu Schadenersatz führen. Die Bedeutung von Transparenz im Bereich des Immobilienkaufvertrages nimmt zu.

▼ 3

Muster 2.1: Transparenter Grundstückskaufvertrag

UVZ-Nr. /

Verhandelt am in den notariellen Amtsräumen in .

Zu dem vor mir, Notar , Amtssitz: , anberaumten Termin, Beginn Uhr, waren anwesend:

1. Herr , geboren am in , wohnhaft: , deutscher Staatsangehöriger, ausgewiesen durch gültigen Bundespersonalausweis,
2. Frau , geborene , geboren am in , wohnhaft: , deutsche und kanadische Staatsangehörige, ausgewiesen durch gültigen Bundespersonalausweis,
3. Herr , geboren am in , wohnhaft: , deutscher Staatsangehöriger, mir persönlich bekannt und wegen einer Adressänderung **erneut legitimiert**[1] durch Vorlage des gültigen Bundespersonalausweises.

Verkäufer ist .

Käufer ist .

Zustimmungsberechtigte Ehefrau des Verkäufers ist .

Verkäufer, Käufer und zustimmungsberechtigte Ehefrau des Verkäufers verhandelten den **Grundstückskaufvertrag**.

Zu Protokoll wurde festgestellt, dass außerhalb des Notaramtes weder ich, der Notar, noch eine mit mir beruflich verbundene Person in einer Angelegenheit tätig wurde, die Gegenstand der heutigen Beurkundung ist (§ 3 BeurkG).

Ein Beurkundungsverbot nach § 10 GwG besteht nicht.

I. Übereinstimmend erklären die zu 1.–3. Genannten folgende Vereinbarung über den Immobilienkauf nebst der Auflassung:

§ 1 Verbraucher/Unternehmer, Verbrauchervertrag, Entwurfsverfahren

1. Verkäufer

Der Verkäufer handelt:

- ausschließlich für sich auf eigene Rechnung und nicht für Dritte,
- gänzlich oder zumindest überwiegend als **Verbraucher** (§ 13 BGB),
- als Selbstständiger oder gewerblich Handelnder (**Unternehmer**, § 14 Abs. 1 BGB).

2. Käufer

Als Käufer handelt:

- ausschließlich für sich auf eigene Rechnung und nicht für Dritte,
- gänzlich oder zumindest überwiegend als **Verbraucher** (§ 13 BGB),
- als Selbstständiger oder gewerblich Handelnder (**Unternehmer**, § 14 Abs. 1 BGB).

1 Eine erneute Legitimierung kann erforderlich sein, z.B. wenn sich nach einer früheren Identifizierung durch den Notar die Anschrift oder der Name des Beteiligten verändert hat, die Pflicht der erneuten Legitimierung folgt aus § 11 Abs. 3 GwG.

3. Verbrauchervertrag, Entwurfsverfahren

- **Alt. 1**: Bei diesem Vertrag handeln ausschließlich Verbraucher.
- **Alt. 2**: Bei diesem Vertrag handeln ausschließlich Unternehmer.
- **Alt. 3**: Bei diesem Vertrag handeln Verbraucher und Unternehmer.

[*Bei Alt. 1 oder bei Alt. 2 folgende Sätze aufnehmen*]:

Bei diesem Vertragsabschluss trifft kein Verbraucher auf einen Unternehmer. Somit liegt **kein Verbrauchervertrag** vor, der ein Abwarten von zwei Wochen vor Beurkundung seit Zugang des Entwurfs gesetzlich erfordert.

[*Bei Alt. 3 den folgenden Satz aufnehmen*]:

Bei diesem Vertragsabschluss trifft ein Beteiligter als Verbraucher auf einen Beteiligten mit der Unternehmereigenschaft. Deshalb liegt **ein Verbrauchervertrag** vor und zwei Wochen vor Beurkundung seit Entwurfszugang sollen abgewartet werden, vor der Beurkundung, § 17 Abs. 2a BeurkG.

Jeder Erschienene gab an, das genügend Zeit war, sich mit dem Entwurfsinhalt vor der Beurkundung auseinanderzusetzen.

Der Käufer konnte eine Kaufpreisfinanzierung klären.

Der Verkäufer konnte Auswirkungen der Ablösung der Grundpfandrechte und den Anfall etwaiger Vorfälligkeitsentgelte erkunden und steuerliche Auswirkungen prüfen lassen.

Der zustimmungsberechtigte Ehegatte des Verkäufers konnte gründlich überlegen, ob er seine Zustimmung zur Veräußerung erteilen oder versagen will.

Mit der Einspeicherung ihrer Daten waren die Erschienenen einverstanden.

4. Auftrag, Entwurfserhalt

Den Auftrag für das Beurkundungsverfahren erteilte der **Verkäufer**/der **Käufer**. Der auftragsgemäß erstellte Entwurf über die Vereinbarung wurde den Beteiligten durch den Notar übermittelt am   .

Seit Erhalt des Entwurfs sind mehr als zwei Wochen verstrichen.

Jedem Erschienenen lag zur Beurkundung ein aktuelles Entwurfsexemplar vor, ggf. zum Mitlesen.[2]

2 Das Vorliegen von Leseexemplaren kann das Beurkundungsverfahren optimieren und in bestimmten Fällen kann das Vorhandensein von Leseexemplaren sogar als ein Beitrag zur Vermeidung einer unwirksamen Urkunde geboten sein; vgl. *Elsing*, notarbüro 2017, 49, 50; BGH, Beschl. v. 15.3.2017 – XII ZB 109/2017 zu einer unwirksam gewerteten Ehescheidungsfolgenvereinbarung.

5. Makler und Hinweise des Notars

Alt. 1: [*Kein Makler hat vermittelt*]

Der Notar erläuterte, dass ein Überwälzen einer Maklerprovision beurkundungsbedürftig sein könne, wenn ein Verkäufer einem Makler eine Provision schuldet und die Beteiligten sich darauf verständigt haben, dass der Käufer in Anrechnung auf den Kaufpreis eine Hälfte der Provision für den Verkäufer auszugleichen hat.

Die Beteiligten erklärten, dass keine solche Abwälzung vereinbart ist.

Alt. 2: [*Keine Maklerklausel aufnehmen*]

Die Vertragsparteien baten den Notar, dem Makler ___ in ihrem Auftrage eine Ablichtung dieser Vereinbarung nach der Beurkundung zu übermitteln.

Der Notar wies darauf hin, dass eine Aufnahme einer nicht beurkundungspflichtigen Maklervereinbarung nur in Ausnahmefällen zulässig ist, z.B. wenn eine hohe Wahrscheinlichkeit besteht, dass ein Vorkaufsrecht ausgeübt wird. Regelmäßig soll daher keine Provisionsklausel aufgenommen werden, auch um nicht versehentlich schädliche Wirkungen gegen einen Verbraucher zu erzeugen und Rechte für einen Makler unbeabsichtigt zu schaffen.[3]

Alt. 3: [*Aufnahme einer Maklerklausel ist wegen des drohenden Vorkaufsrechts eines Privaten ausnahmsweise geboten, sodann die folgende Klausel aufnehmen, wenn ein Verbraucher eine Wohnung oder ein Einfamilienhaus kauft*]

Hinweis: Eine notariell protokollierte Maklervereinbarung kann schädlich wirken, wenn ein Makler nicht über das gesetzlich bestehende Widerrufsrecht belehrt haben sollte. Bei Fehlen der Widerrufsbelehrung ist nach der Rechtsprechung weder eine Provision noch ein Wertersatz geschuldet. Eine Aufnahme einer Maklerregelung in die notarielle Urkunde kann dazu führen, dass keine Widerrufsrechte mehr ausgeübt werden können und eine Zahlungspflicht der Provision aus der notariellen Urkunde sich ergibt.

Der Verkäufer trägt eine Hälfte der Maklerprovision, somit ___ EUR inkl. 19 % USt, die er bekennt, dem Makler ___ im Wege des Vertrags zugunsten Dritter zu schulden. Der Käufer trägt die andere Hälfte der Maklerprovision, die er bekennt, dem Makler ___ im Wege des Vertrags zugunsten Dritter zu schulden,

3 Eine notarielle Protokollierung kann schädlich wirken, wenn ein Makler nicht über das gesetzlich bestehende Widerrufsrecht belehrt haben sollte. Ohne korrekte Widerrufsbelehrung würde weder eine Provision noch ein Wertersatz geschuldet, BGH, Beschl. v. 7.7.2016 – I ZR 30/15; *Elsing*, notarbüro Blitzausgabe 3/2016, 23 ff. allerdings könnte die notarielle Protokollierung zu einer Provisionsschuld führen; eine Übersicht zu Maklerklauseln findet sich im Beiblatt zum Rundschreiben Nr. 05/2020 der BNotK.

jedoch nur, nachdem ihm der Verkäufer oder Makler nachgewiesen hat, dass der Verkäufer seine Provisionshälfte tatsächlich gezahlt hat.

Durch die Beurkundung dieser Klausel entfallen ggf. noch bestehende gesetzliche Widerrufsrechte (§ 312 BGB) gegenüber dem Makler.

Alt. 4: [*Alternativ nur bei beurkundungsbedürftiger Abwälzung der Provision*]

Der Verkäufer erklärt, dass er gegenüber dem Makler für die Vermittlung dieses Vertrages eine Provision in Höhe eines Betrages von EUR einschließlich 19 % Umsatzsteuer schuldet und er vom Makler über das gesetzliche Widerrufsrecht vor Abschluss des Maklervertrages belehrt und informiert wurde.

Der Käufer verpflichtet sich gegenüber dem Verkäufer die vom Verkäufer geschuldete und mit Abschluss dieses Vertrages fällige Maklerprovision in Höhe einer Hälfte (50 %), somit EUR in Anrechnung auf den Kaufpreis zu zahlen. Die Zahlung erfolgt **gleichzeitig** mit der Zahlung des restlichen Kaufpreises und nur und unverzüglich, nachdem der Verkäufer die Zahlung seiner Provisionshälfte gezahlt und nachgewiesen hat. Der Teil der Gegenleistung, die an den Makler zu zahlen ist, ist auf dessen Konto bei der , IBAN zu überweisen.

Mit unserer Abwälzungs- und Übernahmeregelung erweitern wir **nicht** die Verpflichtungen aus dem Maklervertrag und hierin liegt auch kein Verzicht auf Einreden. Deshalb erhält der Makler durch diese Vereinbarung auch keinen eigenen zweiten Forderungsanspruch gegen mich, den Käufer. Der Notar erörterte, dass die Abwälzung der Maklerprovision Teil des Kaufpreises ist, die der Käufer dem Verkäufer gegenüber zu erbringen hat. Der abgewälzte Provisionsbetrag unterliegt somit als Teil des Kaufpreises der Grunderwerbsteuer und wird bei der Bewertung der Notar- und Gerichtskosten berücksichtigt.

Wir wurden vom Notar darüber belehrt (§ 312 Abs. 2 Nr. 1 lit. b BGB), dass durch Beurkundung der vorstehenden Regelung etwa bestehende Informationspflichten und Widerrufsrechte nach § 312 Abs. 1 BGB nicht bestehen. Hierzu erklärte der Verkäufer, dass das Widerrufsrecht gegenüber dem Makler ohnehin erloschen ist, weil dieser ihn vor dem Maklerauftrag entsprechend informiert und belehrt hat.

§2 Güterrechtliche Verhältnisse der Parteien, eherechtliche Zustimmung/ eherechtliche Mitwirkung

1. Verkäufer

Alt. 1: [*Verkäufer ist nicht verheiratet*]

Der Verkäufer erklärte, nicht verheiratet zu sein und ohne Zustimmung eines Ehegatten diese Vereinbarung wirksam abschließen zu können.

Alt. 2: [*Verkäufer ist verheiratet und hat Gütertrennung*]

Der Verkäufer erklärte, dass er verheiratet ist; für seine Ehe besteht Gütertrennung, sodass er diese Vereinbarung ohne seinen Ehegatten wirksam abschließen kann.

Alt. 3: [*Verkäufer ist verheiratet, deutsches Recht, ohne Ehevertrag, Zustimmung nicht nötig*]

Der Verkäufer erklärt, verheiratet zu sein, nach deutschem Recht ohne Ehevertrag (Gesetzlicher Güterstand der Zugewinngemeinschaft) und mit dieser Veräußerung nicht über sein wesentliches Vermögen zu verfügen, sodass die Vereinbarung ohne seinen Ehegatten wirksam abgeschlossen werden kann. Der Notar hat erläutert, dass dem Verkäufer noch wesentlich anderes Vermögen von mindestens 15 % verbleiben muss.[4]

Alt. 4: [*Verkäufer ist verheiratet, deutsches Recht, ohne Ehevertrag, Zustimmung nötig*]

Der Verkäufer, der ggf. nahezu über sein wesentliches Vermögen verfügt, ist nach deutschem Recht ohne Ehevertrag im gesetzlichen Güterstand der Zugewinngemeinschaft verheiratet mit der anwesenden zustimmungsberechtigten Ehefrau.

Die zustimmungsberechtigte Ehefrau ist mit dem Verkauf der vertragsgegenständlichen Immobilie ihres Ehemannes und mit der Zahlung des Kaufpreises wie nachstehend aufgeführt, einverstanden. Sie ist sich bewusst, dass dieser Kaufvertrag nur wirksam wird, wenn sie als Ehefrau ihre Einwilligung/Zustimmung zum Verkauf der Immobilie erteilt (§ 1365 BGB) und sie weiß, dass sie ihre eherechtliche Zustimmung auch verweigern darf.

Der Notar hat uns über die Bedeutung der gesetzlichen Zugewinngemeinschaft und die Wirkungen der eherechtlichen Zustimmung nach § 1365 BGB aufgeklärt.

Ich, die zustimmungsberechtigte Ehefrau, willige **ausdrücklich ein** und bin einverstanden, dass mein Ehemann, der Verkäufer, seine bzw. die vertragsgegenständliche Immobilie an den Käufer verkauft und erkläre hiermit meine eherechtliche Zustimmung nach § 1365 BGB.

Alt. 5: [*Verkäufer ist verheiratet, ausländisches Eherecht mit Zustimmungserfordernis*]

Der Verkäufer ist verheiratet im gesetzlichen Güterstand der Errungenschaftsgemeinschaft des Staates   mit Frau   . Beide Eheleute sind damit Ei-

4 Bei kleineren Vermögen muss dem Käufer noch mindestens 15 % anderes Vermögen verbleiben, dann ist keine Zustimmung des Ehegatten erforderlich, BGH, NJW 1991, 1740. Bei größeren Vermögen genügen auch nur 10 % anderes Vermögen, BGH, NJW 1991, 1740; anders jedoch bei Veräußerung im Wege eines Gesamtplans in mehreren Akten; OLG Köln, Urt. v. 8.2.2012 – 5 U 181/11, NotBZ 2012, 461–464.

gentümer und können nur gemeinsam wirksam veräußern. [Ggf., soweit nur ein Verkäufer unrichtig im Grundbuch als Eigentümer eingetragen steht]: Der Verkäufer und seine Ehefrau beantragen hiermit die Berichtigung des Grundbuches in Abt. I dahingehend, dass Eigentümer sind: a) Herr   und b) Frau   , verheiratet im Güterstand der Errungenschaftsgemeinschaft des Staates   . Eine beglaubigte Ablichtung der Heiratsurkunde ist diesem Protokoll als **Anlage** beigefügt.

2. Käufer

Alt. 1: [*Käufer ist nicht verheiratet*]

Der Käufer erklärt nicht verheiratet zu sein und ohne Zustimmung eines Ehegatten diese Vereinbarung wirksam abschließen zu können.

Alt. 2: [*Käufer ist verheiratet und hat Gütertrennung vereinbart*]

Der Käufer erklärt, dass er verheiratet ist und für seine Ehe Gütertrennung/modifizierte Gütertrennung besteht, sodass er allein ohne seinen Ehegatten erwerben und diese Vereinbarung wirksam abschließen kann.

Alt. 3: [*Käufer ist verheiratet, deutsches Recht, ohne Ehevertrag*]

Der Käufer erklärt nach deutschem Recht verheiratet zu sein, ohne Ehevertrag im gesetzlichen Güterstand der Zugewinngemeinschaft und dass er allein ohne Zustimmung seines Ehegatten diese Immobilie erwerben kann.

Alt. 4: [*Käufer ist verheiratet, ausländische Errungenschaftsgemeinschaft*]

Die Käufer sind miteinander verheiratet im gesetzlichen Güterstand der Errungenschaftsgemeinschaft des Staates   , so dass sie ohne Ehevertrag und Änderung des Güterstandes nur gemeinsam die Immobilie kaufen, belasten oder veräußern können.

§3 Grundbuchinhalt und Einsicht

[*Grundbucheinsicht erfolgte durch den Notar*]

Der Notar hat den Inhalt des Grundbuchs und der Markentabelle der vertragsgegenständlichen Immobilie festgestellt, durch Einsicht am   . Unerledigte Anträge waren aus der Markentabelle nicht ersichtlich. Das Grundbuch hatte zum Inhalt:

Grundbuch (Amtsgerichts   ) von   Blatt Nr.   ; lfd. Nr.   des Bestandsverzeichnisses; Flurstück Nr.   , Flur Nr.   , Gemarkung   (Gebäude- und Freifläche), Größe   qm.

- **Erste Abteilung**: Als alleiniger Eigentümer ist   eingetragen.

- **Zweite Abteilung**: lfd. Nr. 1 Grunddienstbarkeit (Geh- und Fahrtrecht) für den jeweiligen Eigentümer des Flurstücks Nr. .
- **Dritte Abteilung**: lfd. Nr. 1 Grundschuld mit Brief über EUR für .

[Ausnahme: Grundbucheinsicht konnte nicht aktuell vorgenommen werden]

Die Erschienenen konnten nicht über den aktuellen Grundbuchinhalt unterrichtet werden. Die Gefahren der sofortigen Beurkundung ohne vorherige Grundbucheinsicht hat der Notar aufgezeigt, z.B. dass ein anderer Eigentümer oder eine nicht ersichtliche Belastung für einen Dritten zwischenzeitlich eingetragen sein könnte, mit der Folge einer Gefährdung der Durchführung dieses Kaufvertrages.

Der wahrscheinliche Grundbuchinhalt konnte anhand eines älteren Grundbuchabdrucks vom festgestellt werden. Die Erschienenen bestanden dennoch auf sofortige Beurkundung und gehen von folgendem Grundbuchinhalt aus:

Grundbuch (Amtsgerichts) von Blatt Nr. – lfd. Nr. des Bestandsverzeichnisses Flurstück Nr. , Flur Nr. , Gemarkung (Gebäude- und Freifläche), Größe qm.

- **Erste Abteilung**: Als alleiniger Eigentümer ist eingetragen.
- **Zweite Abteilung**: lfd. Nr. 1 Grunddienstbarkeit (Geh- und Fahrtrecht) für den jeweiligen Eigentümer des Flurstücks Nr. .
- **Dritte Abteilung**: lfd. Nr. 1 Grundschuld mit Brief über EUR für .

§ 4 Kaufgegenstand

Der Verkäufer verpflichtet sich, dem Käufer das Eigentum an dem Kaufgegenstand, d.h. an dem in § 3 beschriebenen Grundeigentum mit den wesentlichen Bestandteilen und dem gesamten Zubehör, zu verschaffen und zu übergeben.

Zu den wesentlichen Bestandteilen gehören die mit dem Boden fest verbundenen Gebäude, d.h.:

1. das Einfamilienhaus samt der für den Küchenraum angefertigten festeingebauten Einbauküche, bestehend aus drei fest eingebauten Ober- und Unterschränken,
2. die Garage mit Fundament,
3. der Wintergarten mit Fundament sowie
4. der im Keller des Einfamilienhauses stehende Öltank/Gastank, der am eingebaut worden ist.

Nicht mitverkauft sind die beweglichen Gegenstände des Verkäufers, insbesondere seine Möbel, Elektrogeräte und Bilder des Verkäufers, die dieser bis zum Übergabetag aus den Baulichkeiten entfernt haben wird.

[*Ggf.*] Der Notar wies den Käufer darauf hin, dass nach § 72 GEG (2020) für 30 Jahre alte Ölheizungen oder Heizkessel ein Betriebsverbot bestehen kann, soweit nicht eine Ausnahme im Gebäudeenergiegesetz greift (z.B. für Niedertemperaturkessel und Brennwertkessel mit einem besonders hohen Wirkungsgrad, für Heizungen mit einer Nennleistung unter 4 kW oder über 400 kW oder auch dann, soweit der Verkäufer als Eigentümer die Wohnung bzw. das Ein- oder Zweifamilienhaus selbst genutzt hat; im letzteren Fall ist die Pflicht des Austauschens vom neuen Eigentümer zu erfüllen, innerhalb von zwei Jahren).

Der Verkäufer erklärt:

1. Das Einfamilienhaus und die Garage sind baugenehmigt im Jahre errichtet. Meine Kenntnis zur Baugenehmigung und zum Baujahr stammt aus der Erklärung, die mir mein Verkäufer seinerzeit in meiner Ankaufsverhandlung gegeben hatte.
2. Den Wintergarten habe ich im Jahre mit Baugenehmigung errichten lassen.
3. Eine Kopie des Energieausweises gem. Gebäudeenergiegesetz habe ich dem Käufer vor/anlässlich der heutigen Beurkundung ausgehändigt. Die darin enthaltenen Angaben des Austellers des Energieausweises dienen dem Käufer nur zur Information; sie sind von mir nicht garantiert und stellen keine vereinbarte Beschaffenheit der Gebäude dar.

Der Notar hat uns darauf hingewiesen, dass die Angaben im Energieausweis zum Verbrauch häufig erheblich von den realen Werten abweichen können.

Als Beschaffenheit der Baulichkeiten und des Grundstücks ist der Zustand geschuldet, wie er heute zum Zeitpunkt der Beurkundung ist. Hierzu erklärt der Verkäufer, dass dieser Zustand noch immer dem Zustand entspricht, wie er war, als der Käufer am das Grundstück und die Gebäude besichtigt hatte. Seitdem sind keine Verschlechterungen eingetreten.

§ 5 Kaufpreis/Gegenleistung, Unterwerfung

Der Kaufpreis, den der Käufer für den Kaufgegenstand ausschließlich durch Überweisung/en zu zahlen sich verpflichtet, beträgt EUR (in Worten EUR).

Der Kaufpreis wird fällig innerhalb von zehn Kalendertagen nachdem der Notar dem Käufer in Textform mitgeteilt hat, dass:

a) die Vormerkung zur Sicherung des Erwerbsanspruchs zugunsten des Käufers unmittelbar im Rang nach der Grunddienstbarkeit in Abt. II unter Nr. 1 und nach dem Grundpfandrecht Abt. III Nr. 1 eingetragen wurde,
b) die Stadt (ggf. Gemeinde) bescheinigt hat, dass sie kein Vorkaufsrecht nach BauGB hat oder ausübt,
c) die Stadt (ggf. Gemeinde) bescheinigt hat, dass kein Vorkaufsrecht nach dem Naturschutzgesetz besteht oder ausgeübt wird,
d) die Stadt (ggf. Gemeinde) bescheinigt hat, dass kein Vorkaufsrecht nach § 99a WHG besteht oder ausgeübt wird,
e) die Löschungsbewilligung der Gläubigerin des Rechts Abt. III lfd. Nr. 1 in grundbuchmäßiger Form und der Deutsche Grundschuldbrief dem Notar vorliegen,

entweder auflagenfrei oder mit einer Auflage, die eine Ablösung aus dem Kaufpreis ermöglicht,

f) somit alle zur Wirksamkeit und Eigentumsumschreibung notwendigen Unterlagen in grundbuchmäßiger Form vorliegen; ausgenommen jedoch die steuerliche Unbedenklichkeitsbescheinigung des Finanzamts, die zu diesem Zeitpunkt vorliegen kann, aber nicht muss.

Ich, der Käufer, verpflichte mich, bei Fälligkeit den Kaufpreis wie folgt zu zahlen:

1. Zahlung des Betrages auf das Konto, das die Gläubigerbank Abt. III lfd. Nr. 1 mit ihrem Treuhandauftrag zur Ablösung des Grundpfandrechts benennt, wobei die Zahlung des Ablösebetrages inkl. ggf. zu zahlender Tageszinsen nicht höher als der Kaufpreis sein darf,
2. zeitgleich die Zahlung des verbleibenden Restkaufpreisbetrages (Differenzbetrag zwischen dem Ablösebetrag und dem vereinbarten Kaufpreis) an den Verkäufer auf sein Konto der Bank, IBAN .

Ich, der Käufer, unterwerfe **mich gegenüber dem Verkäufer** wegen der Kaufpreiszahlung i.H.v. EUR ohne weiteres der sofortigen Zwangsvollstreckung aus dieser Urkunde in mein gesamtes Vermögen. Ohne dass der Notar die Tatsachen zu überprüfen hat, ist er auf erste Anforderung durch den Verkäufer berechtigt, die Vollstreckbare Ausfertigung dem Verkäufer aushändigen, nicht jedoch, bevor die Fälligkeit des Kaufpreises eingetreten ist und sodann zwei Wochen verstrichen sind.

§ 6 Finanzierungsvollmacht

Als Verkäufer erteile ich dem Käufer Vollmacht zur Bestellung gegen den jeweiligen Eigentümer vollstreckbarer Grundpfandrechte zugunsten von Kreditinstituten mit Sitz in der Europäischen Union, max. bis zur Höhe eines Betrages von EUR zzgl. % dinglicher Zinsen p.a. und einmaliger Nebenleistung bis zu % vom Betrag des Grundpfandrechts. Für die Sicherungsabrede ist vorzusehen, dass dies mit der Einschränkung gilt, dass das Kreditinstitut das Grundpfandrecht bis zur Eigentumsumschreibung nur insoweit als Sicherheit verwenden darf, als es den Kaufpreis (*ggf.*: und die abgewälzte Maklerprovisionsschuld) bezahlt hat.

Die Vollmacht ist dahin eingeschränkt, dass ich, der Verkäufer, keine persönliche Haftung gegenüber einem Gläubiger übernehme.

Die Finanzierungsvollmacht kann nur vor dem beurkundeten Notar, dessen amtlich bestelltem Vertreter oder Sozius genutzt werden. Das Grundpfandrecht soll der Vormerkung zugunsten des Käufers im Range vorgehen; rangbereite Eintragung ist gestattet.

§7 Besitzübergabe, Erschließung, Gefahrenübergang

Der Kaufgegenstand ist vom Verkäufer dem Käufer am dem Kalendertag zu übergeben, der auf die Zahlung des gesamten Kaufpreises folgt (Besitzübergabe).

Verkäufer und Käufer sind darüber einig, dass im Innenverhältnis zwischen ihnen nach Kaufpreiszahlung und erfolgter Besitzübergabe die Gefahren, Rechte und Nutzungen am Kaufgegenstand sowie die öffentlichen und privaten Lasten des Kaufgegenstands, die Haftung und Verkehrssicherungspflichten auf den Käufer übergehen. Bis zur Eigentumsumschreibung bleibt der Verkäufer im Außenverhältnis verpflichtet.

Die laufenden Lasten für das Jahr werden Verkäufer und Käufer untereinander zeitanteilig abrechnen.

Der Verkäufer erklärt, dass eine Gebäudeversicherung (Brand, Leitungswasser, Sturm, Hagel) ggf. mit Elementarversicherung bei der besteht, er dem Käufer eine Kopie der Police zu Informationszwecken ausgehändigt hat und, dass keine Beitragsrückstände bestehen. Kraft Gesetzes geht die Gebäude- und Elementarversicherung auf den Käufer über. Der Käufer kann die Versicherung nach erfolgter Eigentumsumschreibung innerhalb eines Monats kündigen. Die künftigen Prämien ab dem Tag der Besitzübergabe trägt der Käufer. Aufschiebend bedingt auf die vollständige Zahlung des Kaufpreises werden alle Ansprüche, die der Verkäufer gegen Dritte wegen eines Mangels oder Schadens am Vertragsobjekt ggf. zustehen, abgetreten. Der Käufer nimmt die Abtretung an.

Der Verkäufer garantiert dem Käufer, dass die derzeit vorhandene öffentlich-rechtliche Erschließung des Kaufgegenstandes gemäß Baugesetzbuch, Kommunalabgabengesetz mit Straßenausbau und Entwässerung endabgerechnet und bezahlt ist. Gleiches gilt für die Anbindung an die öffentliche Wasserversorgung.

Erschließungsbeiträge und Abgaben, die hinsichtlich künftiger Bebauungen oder Veränderungen der Erschließungsanlagen anfallen, treffen allein den Käufer.

Für die bestehende vorhandene privatrechtliche Versorgung des Kaufgegenstandes mit Elektrizität, Gas, Öl wird der Käufer mit Wirkung ab Besitzübergabe neue Vertragsverhältnisse selbst begründen.

Der Verkäufer garantiert, dass der Kaufgegenstand keinen Beschränkungen nach dem Wohnungsbindungsgesetz oder aufgrund Verwaltungsaktes nach dem Wohnraumförderungsgesetz unterliegt.

Stimmt eine Garantie nicht und entsteht dem Käufer daraus ein Schaden, hat der Verkäufer den Schaden wirtschaftlich so zu regulieren, als hätte die Garantie gestimmt.

§ 8 Sachmängel, Vorkaufsrechte

Die Käuferrechte wegen Sachmängel des Grund und Bodens, der Gebäude und der mitverkauften beweglichen Gegenstände werden ausgeschlossen. Der Ausschluss gilt nur nicht für:

a) die Beschaffenheitsvereinbarungen und Garantien in diesem Protokoll,

b) vorsätzlich oder arglistig verschwiegene Mängel,

c) Schäden aufgrund grob fahrlässiger Pflichtverletzung des Verkäufers; der Verkäufer erklärt, dass ihm keine Mängel, schädlichen Bodenveränderungen oder Altlasten bekannt sind,

d) Ansprüche auf Schadenersatz aus Verletzung des Lebens, Körpers oder Gesundheit, wenn der Verkäufer die Pflichtverletzung zu vertreten hat und auf Ersatz sonstiger Schäden, die auf vorsätzlicher oder grob fahrlässiger Pflichtverletzung des Verkäufers beruhen. Einer Pflichtverletzung des Verkäufers steht die eines gesetzlichen Vertreters oder Erfüllungsgehilfen gleich.

Über die Bedeutung gesetzlicher Vorkaufsrechte sind wir alle vom Notar informiert worden. Sowohl der Verkäufer, **mit Einwilligung seiner zustimmungsberechtigten Ehefrau**, als auch der Käufer haben jeweils ein Rücktrittsrecht auf eigene Kosten und können innerhalb eines Monats von diesem Vertrag zurückzutreten, nachdem ein Vorkaufsberechtigter sein Vorkaufsrecht ausgeübt hat. Für diesen Fall tritt der Verkäufer dem Käufer – sicherungshalber – seine Ansprüche aus dem Vertrag mit dem Berechtigten insoweit ab, als dieser bereits Zahlungen an den Verkäufer geleistet hat. Der Rücktritt kann auch schriftlich gegenüber dem jeweils anderen Vertragspartner zu Händen des Notars erklärt werden. Weitere Rechte zwischen den Vertragspartnern werden ausgeschlossen.

§ 9 Vollzugauftrag; Mitarbeitervollmacht, Notarvollmacht

Käufer und Verkäufer beauftragen und bevollmächtigen unwiderruflich den Notar mit der Durchführung dieses Vertrages sowie der Einholung der zur Durchführung benötigten Unterlagen. Der Notar darf den Grunderwerbsteuerbescheid, die Genehmigungen und behördlichen Erklärungen für uns entgegennehmen.

Der Notar darf mittels Eigenurkunde die Vereinbarung ergänzen, Anträge getrennt stellen und zurücknehmen.

Käufer und Verkäufer bevollmächtigten unwiderruflich a) Notariatsmitarbeiter ____, b) Notariatsmitarbeiterin ____ einzeln und befreit von dem Verbot des Mehrfachvertretens (§ 181 Alt. 2 BGB), diese Vereinbarung abzuändern und ggf. die Auflassung neu zu erklären.

§ 10 Kosten und Abgaben

Wir vereinbaren unberührt von der gesetzlichen gesamtschuldnerischen Haftung, dass von den gesetzlich vorgeschriebenen Kosten und Abgaben dieser Urkunde und ihrer Durchführung **der Käufer übernimmt**:

a) die Notargebühren:
   - des Beurkundungsverfahrens,
   - der Betreuungstätigkeit für Fälligkeit- und Umschreibungsüberwachung,
   - ggf. des elektronischen Grundbuchverkehrs (XML-Daten-Gebühr),
   - des Vollzuges dieser Urkunde in voller Höhe/i.H.v. 50 %/in Höhe nur der anteiligen Gebühr für die Einholung des gemeindlichen Vorkaufsrechts,
   - der tatsächlichen Auslagen und Entgelte für Post- und Telekommunikation sowie Dokumentenpauschale,

b) von den anfallenden Gerichtsgebühren, die Gebühren für die Eintragung und Löschung der Eigentumsvormerkung und die Gebühr für den Eigentumswechsel,

c) die Grunderwerbsteuer.

Der Verkäufer übernimmt:

a) die Treuhandgebühren des Notars, die berechnet werden müssen, falls Gläubiger dem Notar Löschungsunterlagen mit Treuhandauflagen übermitteln,

b) ggf. die Notargebühren des Vollzuges dieser Urkunde in voller Höhe/i.H.v. 50 %/in voller Höhe abzüglich der anteiligen Gebühr für die Einholung des gemeindlichen Vorkaufsrechts,

c) die Gerichtsgebühren und die Bank- und Beglaubigungsgebühren für die Löschung von Belastungen zur Lastenfreistellung.[5]

§ 11 Hinweise des Notars

Käufer und Verkäufer und auch die zustimmungsberechtigte Ehefrau des Verkäufers sind vom Notar über die rechtliche Bedeutung ihrer Erklärungen informiert und auch darauf hingewiesen worden, dass:

1. der Käufer rechtlich erst mit der Eintragung in Abt. I des Grundbuchs des Kaufgegenstandes Eigentümer wird,
2. der Stadt/Gemeinde oder einer sonstigen Gebietskörperschaft ein gesetzliches Vorkaufsrecht zustehen kann,
3. der Notar das Baulastenverzeichnis des Kaufgegenstandes am   eingesehen hat; es waren keine Eintragungen von Lasten ersichtlich,

5 Der Notar verhält sich bei der Frage, welcher der Beteiligten welche Gebühren trägt, neutral und sorgt mit der besonders deutlich formulierten Kostenvereinbarung für Klarheit; es gibt damit weniger unerfreuliche Rückfragen der Mandanten im Nachhinein.

4. kraft Gesetzes der jeweilige Eigentümer für rückständige öffentliche Lasten, z.B. Erschließungskosten, Grundsteuer und für Ausgleichsbeträge nach Bundesbodenschutzgesetz haftet,
5. für Notarkosten, Gerichtskosten und die Grunderwerbsteuer die Vertragsparteien gesamtschuldnerisch haften,
6. alle Vereinbarungen, insbesondere auch zur Kaufpreishöhe, vollständig und richtig beurkundet sein müssen, da andernfalls dieser Vertrag nichtig sein kann,
7. der Notar nicht steuerlich beraten hat, aber auf den Anfall der Grunderwerbsteuer hingewiesen hat,
8. der Notar den Verkäufer auf den möglichen Anfall einer Steuer, ausgelöst durch eine Veräußerung aus privaten Veräußerungsgeschäften gem. § 23 EStG und aus dem Betriebsvermögen, hingewiesen hat, insbesondere wenn zwischen Anschaffung und Veräußerung weniger als zehn Jahre liegen; auch insoweit kann für den Verkäufer eine steuerrechtliche Beratung sinnvoll sein.
9. Außerdem hat uns der Notar besonders auf das Barzahlungsverbot des § 16a GwG hingewiesen. Die Kaufpreisschuld ist ausschließlich durch Überweisungen zu bewirken, damit die Schuld des Käufers trotz einer Zahlung offenbleibt.
10. Käufer und Verkäufer verpflichten sich unverzüglich zur Vermeidung von Verzögerungen Kopien der Kontoauszüge zur Verfügung dem Notar zur Verfügung zu stellen, damit dieser die Einhaltung des Barzahlungsverbots auf Schlüssigkeit prüfen und anschließend die Eigentumsumschreibung veranlassen kann.

§ 12 Grundbuchanträge

1. Löschungsanträge im Zuge der Lastenfreimachung

Verkäufer und Käufer bewilligen und beantragen die Löschung des im Grundbuch in Abt. III unter lfd. Nr. 1 eingetragenen Grundpfandrechts.[6]

6 Der Löschungsantrag ist im notariellen Protokoll gem. §§ 8 ff. BeurkG enthalten. Die notarielle Vorprüfpflicht ergibt sich dann bereits erkennbar für das Gericht aus diesem Protokoll und ist damit dem Gericht nachgewiesen (BR-Drucks 602/16 (B), S. 15 zu § 378 Abs. 3 FamFG auf S. 17 mit Verweis für § 15 Abs. 3 GBO auf § 378 Abs. 3 FamFG; siehe auch OLG Schleswig, Beschl. v. 28.7.2017 – 2 Wx 50/17); OLG Celle, Beschl. v. 6.11.2017 – 18 W 57/17. Die beizulegende Löschungsunterlage muss allerdings vom einreichenden Notar vorgeprüft werden, es sei denn, ein anderer Notar hat die Vorprüfung erkennbar bereits erledigt oder die Löschungsbewilligung wurde von einer Körperschaft gesiegelt und bewilligt.

2. Vormerkung

Der Verkäufer bewilligt und der Käufer beantragt die Eintragung einer den Eigentumsverschaffungsanspruch des Käufers sichernden Vormerkung im angegebenen Anteilsverhältnis.[7] Diese Vormerkung ist auflösend bedingt. Die Bedingung tritt ein, wenn der amtierende Notar, sein Vertreter oder Nachfolger im Amt durch notarielle Eigenurkunde beim Grundbuchamt die Löschung der Vormerkung beantragt.

Der Notar wird in einseitig nicht widerrufbarer Weise angewiesen, den vorgenannten Löschungsantrag beim Grundbuchamt zu stellen, wenn die vertragsgemäße Eigentumsumschreibung beantragt wurde und keine widersprechenden Eintragungshindernisse vorliegen oder

a) der Notar dem Käufer die Mitteilung über die Fälligkeit des Kaufpreises an dessen im Urkundeneingang aufgeführte Anschrift übersandt hat und
b) der Verkäufer dem Notar gegenüber originalschriftlich erklärt hat, wirksam vom Vertrag zurückgetreten zu sein, und
c) der Notar dem Käufer an dessen im Urkundeneingang aufgeführte Anschrift per Einwurf-Einschreiben – unter Übersendung einer Kopie der unter b) genannten Verkäufererklärung und mit Hinweis auf die unter d) genannten Widerspruchsmöglichkeiten des Käufers – mitgeteilt hat, dass er nach Ablauf einer Frist von sechs Wochen ab dem Datum der hier genannten Mitteilung gegenüber dem Grundbuchamt den Löschungsantrag stellen werde, und
d) der Käufer binnen sechs Wochen nach Absendung der unter c) genannten Erklärungen dem Notar weder durch Bankbestätigung den Nachweis der Kaufpreiszahlung erbracht noch Gründe dargelegt hat, wonach der Kaufpreis nicht fällig ist oder ein Zurückbehaltungsrecht besteht. Weist der Käufer nach, dass ein Teil des Kaufpreises gezahlt ist, darf die Löschung der Vormerkung nur Zug-um-Zug gegen Erstattung des bereits gezahlten Betrages erfolgen.

Der Notar erläuterte, dass er nicht nachprüfen könne, ob der Rücktritt des Verkäufers berechtigt erfolgt. Der Notar wies den Käufer auf die mit einer Löschung der Eigentumsvormerkung verbundenen Gefahren hin und verdeutlichte dem Käufer, dass dieser **im eigenen Interesse jeden Wechsel seiner Anschrift** dem Notar unverzüglich mitzuteilen hat, da dem Notar insoweit keine Nachforschungspflichten obliegen.

Die Abtretung des Anspruchs auf Übereignung wird ausgeschlossen.

7 Die Vorprüfung des Notars hinsichtlich des Vormerkungsantrages ist für das Grundbuchamt erkennbar bereits erledigt, weil der Notar ein von ihm notariell beurkundetes Protokoll vorlegt; siehe BR-Drucks 602/16 (B), S. 15 zu § 378 Abs. 3 FamFG auf S. 17 mit Verweis für § 15 Abs. 3 GBO auf § 378 Abs. 3 FamFG; siehe auch OLG Schleswig, Beschl. v. 28.7.2017 – 2 Wx 50/17) sowie OLG Celle, Beschl. v. 6.11.2017 – 18 W 57/17.

II. Auflassung

Verkäufer und Käufer sind sich darüber einig, dass der in Abschnitt I. §§ 3, 4 beschriebene Kaufgegenstand vom Verkäufer auf den Käufer zu Alleineigentum übergeht; sie bewilligen und beantragen die Eintragung dieser Eigentumsänderung in das Grundbuch des Kaufgegenstandes. Antragsberechtigt gegenüber dem Grundbuchamt ist **allein der Notar**, der den Vollzug betreibt.

Sobald ihm die nötigen Unterlagen zur Eigentumsumschreibung vorliegen und der Verkäufer und/oder der Käufer die ordnungsgemäße Kaufpreisüberweisung durch Kopien der Kontoauszüge nachgewiesen haben, wird der Notar die Eigentumsveränderung unverzüglich beantragen.

Das Protokoll wurde den Erschienenen vorgelesen, von ihnen genehmigt und eigenhändig wie folgt unterschrieben, auch von mir, dem Notar unterschrieben und besiegelt.

▲

4 Die Anträge für das Grundbuchamt befinden sich am Ende des Vertrages und die Auflassung folgt sofort im nachfolgenden gesonderten Abschnitt. Damit sind alle Anträge beieinander. Sowohl der Sachbearbeiter des Notars wie auch der Rechtspfleger des Grundbuchamtes können so zügiger Übersicht gewinnen, sodass Beanstandungen vorgebeugt ist und Eintragungen nicht verzögert werden.

5 Ein **eigenes Antragsrecht der Beteiligten** die Auflassung in das Grundbuch einzutragen ist durch § 13 Abs. 3 GBO **ausgeschlossen** (Fälle des § 20 GBO). Der Antrag ist durch den Notar zu erledigen, der den Vollzug erledigt.

6 Zuvor ist der Nachweis der Einhaltung des **Barzahlungsverbots** (die Erledigung der Tilgung der Kaufpreisschuld durch **Überweisungen**) nachzuweisen. Soweit die Beteiligten dem Notar nicht die erbetenen Nachweise (Kontoauszüge) nach der Fälligkeit des Kaufpreises vorgelegt haben, obwohl der Notar die Beteiligten zur Vorlage der Nachweise in angemessener **Frist** aufgefordert hat (§ 13a Abs. 3 1 b) GwG), darf der mit dem Vollzug beauftragte Notar den Eigentumsumschreibungsantrag nur unter bestimmten Voraussetzungen stellen, und zwar:

- wenn er nach § 43 Abs. 1 GwG die Verdachtsmeldung erstatten muss und er diese Meldung abgegeben hat,
- wenn der Notar bei einer abgegebenen Meldung an die FIU die **Pflicht des Anhaltens** beachtet hat, sodass nach der abgegebenen Meldung **frühestens fünf Werktage** verstrichen sind, wobei nach § 46 GwG der Samstag nicht als Werktag gilt (Sonntage und gesetzliche Feiertage gelten ebenso nicht als Werktag).

§ 3 Vorbereitung eines Grundstückskaufvertrags

A. Grundstückskaufvertrag: Abfragebogen für die Datenerfassung

Für das erste Telefonat mit dem Mandanten kann es hilfreich sein, sich eines Abfragebogens zu bedienen. 1

▼

Muster 3.1: Abfragebogen

3.1

Personalien der Parteien

– *Verkäufer*

Familienname: ______________________

Vorname/n: ______________________

Ggf. Geburtsname: ______________________

Geburtsdatum: ______________________

Wohnanschrift: ______________________

Ledig/Verheiratet/Geschieden: ______________________

Wenn verheiratet, Güterstand? ______________________

Telefon-Nummer: ______________________

E-Mail: ______________________

Bankverbindung für Kaufpreis, IBAN: ______________________

Staatsangehörigkeit/en: ______________________

Falls nicht nur deutsch: ______________________

a) Datum Eheschließung: ______________________

b) Ehelicher Wohnsitz: ______________________

Verbraucher/Unternehmer: ______________________

Steuerliche ID-Nummer: ______________________

– *ggf. weiterer Verkäufer oder Mitwirkender § 1365 BGB*

Familienname: ______________________

Vorname/n: ______________________

Ggf. Geburtsname: ______________________

Geburtsdatum: ______________________

Wohnanschrift: ______________________

Ledig/Verheiratet/Geschieden: ______________________

Wenn verheiratet, Güterstand? __________
Telefon-Nummer: __________
E-Mail: __________
Bankverbindung für Kaufpreis: __________
Staatsangehörigkeit/en: __________
Falls nicht nur deutsch: __________
a) Datum Eheschließung: __________
b) Ehelicher Wohnsitz: __________
Verbraucher/Unternehmer: __________
Steuerliche ID-Nummer: __________

– Käufer

Familienname: __________
Vorname/n: __________
Ggf. Geburtsname: __________
Geburtsdatum: __________
Wohnanschrift: __________
Ledig/Verheiratet/Geschieden: __________
Wenn verheiratet, Güterstand? __________
Telefon-Nummer: __________
E-Mail: __________
Staatsangehörigkeit/en: __________
Falls nicht nur deutsch: __________
a) Datum Eheschließung: __________
b) Ehelicher Wohnsitz: __________
Verbraucher/Unternehmer: __________
Steuerliche ID-Nummer: __________

– ggf. weiterer Käufer

Familienname: __________
Vorname/n: __________
Ggf. Geburtsname: __________
Geburtsdatum: __________
Wohnanschrift: __________

Ledig/Verheiratet/Geschieden:

Wenn verheiratet, Güterstand?

Telefon-Nummer:

E-Mail:

Staatsangehörigkeit/en:

Falls nicht nur deutsch:

a) Datum Eheschließung:

b) Ehelicher Wohnsitz:

Verbraucher/Unternehmer:

Steuerliche ID-Nummer:

Kaufgegenstand

Grundbuch Amtsgericht von Blatt

Grundstücksadresse:

Unbebaut/Bebaut mit

Baujahr

Kenntnis Baujahr beruht auf bzw. auf der Angabe des Veräußerers, von dem der Verkäufer erworben hat.

Verkäufer im Grundbuch als Eigentümer eingetragen?

Mitverkauf beweglicher Gegenstände: Ja/Nein

Falls ja, welche Gegenstände

(*Ggf. Liste anfordern*)

Wann wurden die Gegenstände angeschafft und wie hoch war der Neupreis?

Wie ist der Zeitwert der Gegenstände?

Lastenfreie Lieferung? Ja/Nein

Bei Ablösung von Grundpfandrechten: Darum bitten, zur Beurkundung die Darlehensnummern/Bausparnummern und Anschriften der Gläubiger mitzuteilen oder mitzubringen. Sollten Darlehen bereits getilgt sein und die Grundpfandrechte im Grundbuch noch nicht gelöscht sein, darauf hinweisen, dass möglichst die beglaubigte Löschungsbewilligung und ggf. der Grundschuldbrief vorzulegen sind. Findet ein Verkäufer den Grundschuldbrief nicht, ist in der Praxis der Hinweis auf ein sorgfältiges Durchsuchen der Unterlagen zum Auffinden des Grundschuldbriefes unter Aufzeigen der erheblichen Probleme des Verlustes eines Briefes sinnvoll (etwa die Hälfte der angesprochenen Verkäufer findet dann doch noch den Grundschuldbrief in den Unterlagen).

Soll eine Direktzahlung erfolgen? (in der Regel: ja)

Oder bei berechtigtem Sicherungsinteresse zur Vermeidung von Vorleistungen: Soll eine Kaufpreisverwahrung über Notaranderkonto erfolgen? .

Kaufpreis

a) Höhe:
b) Zahlung (Überweisung) in einer Summe oder Zahlung wie folgt:
   Anzahlung (Überweisung) und Restzahlung (Überweisung)
c) Zahlungstermin/e:
d) Kaufpreisfinanzierung/Vorwegbeleihung?

Besonderheiten/Makler/Courtage

Gibt es eine beurkundungsbedürftige Maklerklausel (Käufer befreit den Verkäufer von einer bestehenden Maklerschuld)? Wenn ja: Die Überwälzung der Schuld ist als Gegenleistung beurkundungsbedürftig. Ggf. kann, wenn der Käufer ein Verbraucher ist, max. ein Betrag in der Höhe einer Hälfte der Provision abgewälzt werden (hierzu gleich). Andere Maklerklauseln möglichst nicht in den notariellen Kaufvertrag aufnehmen, da Widerrufsrechte des Verbrauchers ausgehebelt werden könnten mit schädlicher Wirkung.

Ist der Käufer, auf den ein Courtagebetrag abgewälzt werden soll, ein Verbraucher, so ist hinsichtlich der abzuwälzenden Vereinbarung die **14-Tagesfrist** (§ 17 Abs. 2a S. 2 Nr. 2 BeurkG) zu beachten.

Abwälzungen bei Verkäufen über Eigentumswohnungen und Einfamilienhäuser dürfen dabei seit dem 23.12.2020[1] nur bis maximal zur Hälfte der Provision erfolgen (§ 656d Abs. 1 BGB).[2]

Die in §§ 656a BGB verwendeten Begriffe „Wohnung“ und „Einfamilienhaus“ sind untechnisch zu verstehen. Unter einer Wohnung im engeren Sinne ist ein Raum

1 Verkündet wurde das Gesetz über die Verteilung der Maklerkosten bei der Vermittlung von Kaufverträgen über Wohnungen und Einfamilienhäuser im BGBl I 2020 (Nr. 28) S. 1245. In Kraft getreten ist das Gesetz am 23.12.2020; vgl. *Elsing*, notarbüro 2020, 95–97.

2 Vgl. Bundesnotarkammer, Beiblatt zum Rundschreiben Nr. 05/2020, Übersicht Maklerklauseln mit Formulierungsvorschlägen.

oder sind mehrere Räume zu verstehen, die in ihrer Gesamtheit so beschaffen sind, dass sie zu Wohnzwecken benutzt werden, wobei die in sich abgeschlossene Wohnung einen selbstständigen Zugang hat und von anderen Wohnungen des Gebäudes baulich getrennt ist. Unter dem Begriff des Einfamilienhauses wird ein Gebäude verstanden, dass Wohnzwecken für einen Haushalt dienen kann.[3]

▲

B. Verbraucher und Unternehmer: Erhöhter Schutz des Verbrauchers nach § 17 Abs. 2a S. 2 Nr. 2 BeurkG

I. Verbrauchervertrag

Damit der Kaufvertrag korrekt vorbereitet werden kann, ist zu sondieren, ob die Vereinbarung ein Verbrauchervertrag i.S.v. § 310 Abs. 3 BGB sein wird. Das ist der Fall, wenn auf einer Seite des Kaufvertrags ein Verbraucher (§ 13 BGB) und auf der anderen Seite ein Unternehmer (§ 14 Abs. 1 BGB) beteiligt ist. Eine Person, die Verbraucher und Unternehmer zugleich ist, wird nach ihrer Eigenschaft, die überwiegt beurteilt. Überwiegt das unternehmerische oder gewerbliche Handeln, ist die Person Unternehmer. 2

Ist der **Käufer ein Verbraucher**, gilt seit dem 23.12.2020 zwingend, dass die 14-Tagesfrist einzuhalten ist, soweit der Verkäufer allein mit dem Makler einen Maklervertrag zur Vermittlung der Immobilie abgeschlossen hat; dann ist die beurkundungsbedürftige Abwälzung der Provision auf den Käufer nur **bis max. zur Hälfte des Provisionsbetrages** (§ 656d Abs. 1 BGB) gewünscht, wenn die Immobilie eine „Wohnung“ oder ein „Einfamilienhaus“ ist. 3

> *Formulierungsvorschlag der BNotK*[4]
>
> Dieser Vertrag ist nach Angabe auf Vermittlung durch den Makler (…) zustande gekommen. Aus dem mit dem Verkäufer abgeschlossenen Maklervertrag ergibt sich eine Provisionshöhe von insgesamt 5.000 EUR. Der Käufer verpflichtet sich gegenüber dem Verkäufer insoweit zur Erfüllungsübernahme i.H.v. 2.500 EUR. Dies bedeutet, dass der Käufer den Verkäufer in dieser Höhe von den Ansprüchen des Maklers freizustellen bzw. ihm Aufwendungsersatz zu leisten hat. Eine eigenständige Forderung des Maklers wird hierdurch nicht begründet. Der Notar hat darauf hingewiesen, dass nach § 656d Abs. 1 BGB die Über-

3 Interessant ist die Entscheidung des LG Kiel, Urt. v. 2.3.2023, 6 O 249/22 = *Elsing*, notarbüro 2023, 116 f. zur Auslegung des Begriffs Einfamilienhaus i.S.d. §§ 656a BGB. Danach liegt eine Wohnung i.S.d. Vorschrift auch dann vor, wenn ein **Zweifamilienhaus** in zwei Wohnungseigentume nach WEG geteilt wird, jedenfalls, wenn die Teilung zwar erst nach Abschluss der Maklerverträge vorgenommen wurde, aber die danach erklärte Aufteilung bereits wirksam wurde, bevor der notarielle Kaufvertrag Wirksamkeit erlangt hat.

4 BNotK, Beiblatt zum Rundschreiben Nr. 05/2020, Übersicht Maklerklauseln.

nahme der Maklerkosten nur bis zur Hälfte der geschuldeten Maklerprovision erfolgen darf und dass der Anspruch daraus erst fällig wird, wenn der Verkäufer die ihm verbleibende Maklerprovision gezahlt hat und dies nachgewiesen wird. Die Fälligkeit wird vom Notar insoweit nicht überprüft.

4 Eine unrichtige Einschätzung der Unternehmer- und/oder Verbrauchereigenschaft einer Vertragspartei kann negativ wirken, denn dadurch könnte eine Partei unberechtigt benachteiligt werden, wodurch wiederum die andere Partei unberechtigt bevorzugt würde. Die Vorschriften §§ 305 ff. BGB bieten dem Verbraucher zusätzlich Schutz vor dem ihm regelmäßig überlegenen Unternehmer. Der Schutz besteht auch darin, dass zu Lasten eines Verbrauchers **bestimmte Regelungen nicht wirksam getroffen werden können**, soweit die betroffene Regelung für den Verbraucher nachteilig sein sollte. Die richtige Einordnung, welche Partei als Verbraucher und welche als Unternehmer einzuordnen ist, hat damit große Bedeutung, auch für den Notar. Der Notar kann also einen wirksamen korrekten Vertrag ggf. nur formulieren, wenn er die Verbraucher- und/oder Unternehmereigenschaften richtig erfasst hat. Zudem muss im Rahmen des Beurkundungsverfahrens **rechtzeitig** beurteilt werden, ob darauf hinzuwirken ist, dass ein Verbraucher persönlich an der geplanten Beurkundung teilzunehmen hat. Außerdem ist immer zu prüfen, ob das Abwarten der mindestens zwei Wochen vor der Beurkundung (§ 17 Abs. 2a S. 2 Nr. 2 BeurkG) stattfinden muss.

II. Wartefrist

5 Seit dem 1.10.2013 gilt die veränderte Verbraucherschutzvorschrift des § 17 Abs. 2a S. 2 Nr. 2 BeurkG.[5] Die Änderungen waren geboten. Früher kam es vor, dass einige Notare ihre Amtspflichten nicht korrekt (neutral) ausübten. Die Einhaltung der Zweiwochenfrist wurde missachtet. Diese betroffenen Notare wirkten dabei mit, dass überteuerte **Schrottimmobilien** Verbrauchern „aufgedrückt" wurden. Den Verbrauchern entstanden große Schäden. Sogar Existenzen standen auf dem Spiel. Das unseriöse Verhalten **weniger nicht neutraler** Notare führte dazu, dass Immobilienbetriebe und Makler verstärkt eben diese Notare aufsuchten, um ihre nicht korrekten Geschäftspraktiken zu verwirklichen. Weitere Notare befürchteten bei Immobilienvertrieben und Maklern auf eine schwarze Liste gesetzt zu werden[6] und nahmen es in der Folge mit der Einhaltung der Wartefrist nicht immer genau. Die Regel des Einhaltens der Wartezeit wurde damit zur Ausnahme. Gerichtliche Prozesse fanden besonders in Berlin statt. Geschädigte Verbraucher forderten ihre Rechte ein. Es wurden sogar Haftstrafen verhängt. In Berlin war die Problematik groß, sodass die notwendige Initiative zur **Stärkung des Verbraucherrechts** von

5 BGBl 2013 I, S. 2378.

6 Siehe auch den Beitrag von *Grziwotz*, notar 2013, 343.

Berlin ausging. Die Presseberichte über die geschädigten Verbraucher und nicht neutrale Notare prägten den Begriff des **Mitternachtsnotars**. Diese Berichte wurden in der Bevölkerung emotional aufgenommen. Das hohe Ansehen aller Notare wurde damit beschädigt. Eine unerfreuliche Folge war, dass es oft Verbraucher gab, die dem Notar nicht mehr uneingeschränkt vertrauen wollten. So kam es vor, dass bei Kauf- und Bauträgerverträgen sich der Verbraucher der Hilfe eines **zweiten Notars** oder eines Rechtsanwalts bemächtigte, der die Entwürfe des ersten Notars zu überprüfen hatte. Dem Verbraucher, der durch gesetzliche Erhöhungen von Gebühren und Abgaben[7] hoch genug belastet ist, musste damit weitere unnötige Gebühren tragen. Auch heute noch gibt es Verbraucher, die einem Notar die vorausgesetzte Neutralität nicht uneingeschränkt zutrauen. Deshalb kommt es vor, dass trotz des Vorliegens eines notariellen Kaufvertragsentwurfes zur Überprüfung desselben ein Rechtsanwalt oder ein anderer Notar noch eingeschaltet wird. Damit sind grundsätzlich weitere (berechtigte) Kosten verbunden, die jedoch vermeidbar wären, wenn das Vertrauen in die Kompetenz des Notars, die meistens vorhandenen ist, sich erhöhen würde.

III. Einhaltung der Wartefrist

Ein **Amtsenthebungsgrund** ergibt sich aus § 50 BNotO. Ein Notar, der grob und systematisch gegen seine Amtspflichten aus § 17 Abs. 2a S. 2 Nr. 2 BeurkG verstößt, ist aus seinem Amt zu entfernen. 6

Die Rechtsprechung urteilte streng. Der BGH[8] verdeutlichte, dass die erste Voraussetzung für eine mögliche **Nichteinhaltung der Wartefrist** nur vorlag, wenn **der Verbraucher entsprechende sachliche Gründe** für eine Fristunterschreitung vorgebracht hatte. Außerdem konnten die Vertragsparteien **nicht selbst darüber entscheiden**, die Wartefrist zu unterschreiten. Hatte der Verbraucher tatsächlich einen genügenden sachlichen Grund vorgetragen, war nur die erste Voraussetzung erfüllt. Die zweite Voraussetzung war, dass der Notar die Überzeugung gewinnen musste, dass eine Fristunterschreitung verantwortbar war, z.B. wenn der Verbraucher glaubhaft vortrug, den Erfolg des Rechtsgeschäfts durch von ihm eingeschaltete Berater (Steuerberater, Bausachverständige, Finanzierungsberater) geprüft zu haben mit genügend Zeit, sich Fragen für die Beurkundung an den Notar zu überlegen.

Später relativierte der BGH die Notwendigkeit des Vorliegens eines **sachlichen Grundes** des Verbrauchers.[9] Nunmehr **genügt von vornherein** zur Fristunterschreitung, wenn gleichwohl der Verbraucher nachvollziehbar und glaubhaft vorträgt, dass ein überlegtes Handeln gewährleistet sei, z.B. weil Rechtsanwälte, Steuerberater und Gutachter für ihn beratend zur Seite stehen. Damit kann der Schutz 7

7 Mehrere Bundesländer haben bereits einen sehr hohen Grunderwerbsteuersatz von 6,5 %.

8 BGH, Urt. v. 7.2.2013 – III ZR 121/12, ZfIR 2013, 427.

9 BGH, Urt. v. 25.6.2015 – III ZR 292/14, DNotZ 2015 725; s. *Cramer*, DNotZ 2015, 725, 734.

für den Verbraucher auch gewährleistet sein. Praktisch kommen derartige Fristunterschreitungen jedoch kaum vor, denn die zusätzliche Fachkunde wird wegen der Gebühren gescheut. Somit ist die Regel, das Einhalten des zweiwöchigen Abwartens vor einer Beurkundung, inzwischen zur Regel geworden; nur noch wenige Notare nehmen die Wartefrist nicht ernst. Gesetzliche Veränderungen sind nicht derzeit nicht nötig; ein Durchgreifen der zuständigen Dienstaufsicht kann die Regelfrist weiter zementieren. Dies nützt dem hohen Ansehen aller Notare.

8 Die Maßnahmen der Gesetzgebung waren damit erfolgreich, da die Einhaltung der Zweiwochenfrist von der Ausnahme zur **Regel** geworden ist. Drängeln von Maklern und Bauträgern, die die Wartefrist nicht einhalten wollen, gibt es zwar noch immer, aber seltener. Nur dann muss der Notar die Einhaltung der Wartefrist gelegentlich noch „härter" verteidigen. Die Gesetzesänderung hat damit die Rolle des Notars als Verbraucherschützer gestärkt. Für einen durchgängigen Erfolg kann die gestärkte Dienstaufsicht beitragen, die die Einhaltung der Amtspflichten des Notars kontrollieren kann.

IV. Beurteilung der Eigenschaft „Verbraucher" bzw. „Unternehmer"

9 Damit der Notar weiß, ob er die Wartefrist des § 17 Abs. 2a S. 2 Nr. 2 BeurkG einzuhalten hat, bedarf es seiner **zuverlässigen Einschätzung**, ob auf der einen Seite des Kaufvertrags ein Unternehmer (§ 14 Abs. 1 BGB) beteiligt ist, der auf der anderen Seite auf einen Verbraucher (§ 13 BGB) trifft. Trifft ein Verbraucher auf einen Unternehmer, **gleichgültig wer von ihnen auf welcher Seite des Vertrags steht**, liegt ein Verbrauchervertrag i.S.v. § 310 Abs. 3 BGB vor.

10 Zu **beurteilen**, wer Verbraucher und wer Unternehmer ist, kann schwierig sein, weil das Gesetz weder in § 13 BGB noch in § 14 Abs. 1 BGB auflistet, wer exakt als Verbraucher und wer als Unternehmer gilt.

Für die Vertragsbeteiligten und den Notar ist die exakte Einordnung der Verbraucher- bzw. Unternehmereigenschaft wichtig, weil eine unrichtige Einordnung dazu führen kann, dass bestimmte vertragliche Regelungen zwar vorgesehen, aber aufgrund der entgegenstehenden Vorschriften des AGB-Rechts (§§ 305 ff. BGB) **nicht wirksam** zu Lasten eines Verbrauchers vereinbart werden können.

Eine zutreffende Einordnung verhindert damit, dass eine Partei nicht ungewollt benachteiligt wird und die andere damit unerwünscht bevorzugt. Eine Fehleinschätzung könnte den Notar in die Verlegenheit bringen, versehentlich seine Neutralitätspflicht gegenüber den Parteien zu verletzen.

11 Das folgende Beispiel zeigt, wie schwierig eine Beurteilung aus der Sicht des Notars sein kann:

Beispiel

Eine GmbH ist zu 1/2 Miteigentümerin einer Immobilie. Die weitere 1/2 Miteigentumshälfte gehört dem alleinigen Gesellschafter und Geschäftsführer dieser GmbH, der auch Rechtsanwalt ist. Die GmbH und ihr 100 %-Gesellschafter verkaufen die Immobilie an einen Käufer, ein Unternehmer i.S.v. § 14 Abs. 1 BGB. Die Verkäuferin „GmbH" ist zweifellos ein gewerblich tätiges Unternehmen und kann nur als Unternehmerin eingestuft werden. Ob der alleinige Gesellschafter und Geschäftsführer der GmbH, der Rechtsanwalt ist und die GmbH beherrscht und vertritt, nun als Verbraucher eingestuft werden kann oder als Unternehmer ist schwierig zu beurteilen.

Verbraucher ist auch ein Rechtsanwalt, der mit einer Bank einen Kreditvertrag schließt, wenn dieser **nicht mit der beruflichen Sphäre** des Anwalts in Verbindung steht.[10] 12

Konkret ist auf der Verkäuferseite beteiligt eine GmbH (50 % Miteigentumsanteil = 50 % gewerbliches Handeln) sowie eine natürliche Person, die wiederum **wirtschaftlich zu 100 % mit der verkaufenden GmbH verflochten ist** als **alleiniger Gesellschafter** und Geschäftsführer der GmbH, befreit von den Beschränkungen des § 181 Alt. 1 und 2 BGB.

Denkbar aber wenig wahrscheinlich ist es, abstrakt zwei Kaufverträge vorzunehmen; mit dem einen Vertrag würde die GmbH als gewerbliche Unternehmerin zu 100 % handeln und ihren 1/2 MEA dem Käufer, der Unternehmer ist, verkaufen und mit dem anderen Vertrag losgelöst davon die natürliche Person ihren 1/2 MEA an denselben Käufer. Für den anderen Vertrag könnte die natürliche Person theoretisch zu 100 % privat handeln, wenn ihr 1/2 MEA privat und weder der gewerblichen oder beruflichen Tätigkeit zugeordnet werden könnte.

Durch die **wirtschaftliche Verflechtung** und vor allem durch den als **rechtliche Einheit** – § 139 BGB – anzusehenden Gesamtvorgang stehen zwar auf der Verkäuferseite dennoch zwei Personen, eine natürliche, die zumindest Verbraucher sein könnte und eine juristische, die zwingend Unternehmer ist. Beide Personen werden jedoch entscheidend zu 100 % vertreten und beeinflusst von derselben wirtschaftlich hinter dem Vertrag stehenden Person. 13

Damit stehen auf derselben verkaufenden Vertragsseite eine GmbH mit zwingender Unternehmereigenschaft und eine natürliche Person, bei der man nur **max.** 50 % Verbraucherhandeln annehmen könnte. Der einheitliche Vertrag könnte dann allenfalls als ein 50 % zu 50 % „Verbraucher-Unternehmer-Handeln" sein, bei dem **kein Überwiegen** des Verbraucherhandeln angenommen werden kann. Damit wäre eine Verbrauchereigenschaft zu verneinen und die Unternehmereigenschaft (§ 14 Abs. 1 BGB) zu bejahen.

10 EUGH AnwBl. 15, 895; *Weinreich*, in: Prütting/Wegen, BGB, § 13 Rn 8.

14 Bei der nach außen im Rechtsverkehr auftretenden GbR, deren Gesellschafter eine natürliche Person und eine juristische Person sind, nimmt der BGH an, dass unabhängig von der Frage, ob sie nur zu privaten und nicht gewerblichen oder selbstständig beruflichen Zwecken tätig ist, nicht Verbraucher i.S.d. § 13 BGB in der bis zum 13.6.2014 geltenden Fassung sein kann.[11] Da sich faktisch nur selten ein Miteigentumsanteil isoliert an Dritte verkaufen lässt, könnte man gedanklich durch die Verbundenheit des Rechtsgeschäfts diese Gedankenlinie des Gerichts analog auf das Beispiel übertragen.

Andererseits wurde entschieden:[12] Schließt eine natürliche Person ein Rechtsgeschäft objektiv zu einem Zweck ab, der weder ihrer gewerblichen noch ihrer selbstständigen beruflichen Tätigkeit zugerechnet werden kann, so kommt eine Zurechnung entgegen dem mit dem rechtsgeschäftlichen Handeln objektiv verfolgten Zweck nur dann in Betracht, wenn die dem Vertragspartner erkennbaren Umstände eindeutig und zweifelsfrei darauf hinweisen, dass die natürliche Person in Verfolgung ihrer gewerblichen oder selbstständigen beruflichen Tätigkeit handelt. Dabei wies der BGH zum alten Wortlaut des § 13 BGB darauf hin, dass dieser nicht erkennen lässt, ob für die Abgrenzung von Verbraucher- und Unternehmerhandeln allein objektiv auf den von der handelnden Person verfolgten Zweck abzustellen ist, oder ob es für die Zurechnung des Handelns auf die dem Vertragspartner erkennbaren Umstände ankommt. Leider hat der BGH die offengelassene Frage nicht entschieden. Der BGH wies aber darauf hin, dass aus der vom Gesetzgeber gewählten negativen Formulierung des zweiten Halbsatzes der Vorschrift des § 13 BGB deutlich wird, dass rechtsgeschäftliches Handeln einer natürlichen Person grundsätzlich als Verbraucherhandeln anzusehen ist und etwa verbleibende Zweifel, welcher Sphäre das konkrete Handeln zuzuordnen ist, zugunsten der Verbrauchereigenschaft zu entscheiden sind.

15 Wahrscheinlich wird man den Rechtsanwalt als natürliche Person und auch als Unternehmer werten müssen, da **kein überwiegendes Verbraucherhandeln** vorliegt. Man könnte aber auch zum Ergebnis kommen, die GmbH ist hinsichtlich ihres zu verkaufenden Miteigentumsanteils Unternehmerin und der Rechtsanwalt, der privat für eigene Zwecke seinen Miteigentumsanteil verkauft, Verbraucher.

Um einen derartigen Fall richtig einzuschätzen, ist der Notar nicht zu beneiden, zumal eine unrichtige Einschätzung Probleme bereiten kann. In jedem Fall sollte der Notar möglichst eine Zweiwochenfrist nach Erhalt der Entwürfe bei den Beteiligten abwarten, selbst wenn er zu dem Ergebnis kommt, es liegt hier kein Verbrauchervertrag vor. Rechtssicher wird man dies derzeit nicht einschätzen können.

11 BGH, Urt. v. 30.3.2017 – VII ZR 269/15.

12 BGH, Urt. v. 30.9.2009 – VIII ZR 7/09.

Beispiel: Versehentliche Neutralitätsverletzung 16

Als Verkäufer ist ein Testamentsvollstrecker am Kaufvertrag beteiligt. Bei der Person des Testamentsvollstreckers handelt es sich um den Sohn seiner verstorbenen Mutter, die im Grundbuch der vertragsgegenständlichen Immobilie noch als Eigentümerin eingetragen steht. Für seine Tätigkeit als Testamentsvollstrecker erhält der Sohn keinerlei Vergütung und übt sein Amt auch nicht gewerbsmäßig aus.

Der Notar ordnet den Verkäufer/Testamentsvollstrecker fälschlich nicht als Verbraucher, sondern als Unternehmer ein.

In der Folge unterbleibt eine vom Testamentsvollstrecker gewünschte **Vertragsstrafe** zugunsten des Verkäufers, die für den Fall gewünscht wurde, dass der Käufer den Kaufpreis nicht leisten sollte. Der Notar wies (grundsätzlich zutreffend) darauf hin, dass eine Regelung einer Vertragsstrafe zugunsten eines Unternehmers und zulasten eines Verbrauchers im Verbrauchervertrag nach **§ 309 Abs. 6 BGB unwirksam sei**. Hätte der Notar nicht fehlerhaft den Testamentsvollstrecker als Unternehmer eingestuft, hätte die geforderte Vertragsstrafe im Kaufvertrag jedoch wirksam geregelt werden können.

Zahlt dann der Käufer tatsächlich trotz Mahnungen den Kaufpreis nicht, könnte nicht auf die vertragliche Regelung einer Vertragsstrafe zurückgegriffen werden. Es hat sich ungewollt eine Benachteiligung des Verkäufers ergeben.

Beispiel 17

Käuferin einer Immobilie ist eine rechtsfähige eingetragene **Gesellschaft bürgerlichen Rechts (eGbR)**, die nur eigenes Vermögen, vier Immobilien, verwaltet. Obwohl die eGbR keinen Geschäftsbetrieb unterhält und keine Mitarbeiter beschäftigt, ordnet der Notar die eGbR unrichtig als Unternehmerin gem. § 14 Abs. 1 BGB ein. Die GbR kann jedoch Verbraucherin sein.

Auf der anderen Seite des Vertrags steht dagegen ein Rechtsanwalt, der eine private Immobilie, die er zu Wohnzwecken nutzt, verkauft. Der Rechtsanwalt wird zutreffend als Verbraucher gem. § 13 BGB eingestuft.

Die Käuferin will sich für den Zeitraum von **acht Wochen ein freies Rücktrittsrecht** von dem Vertrag gegenüber dem Verkäufer vorbehalten.

Die Aufnahme eines vertraglichen Rücktrittsrechts unterblieb jedoch, weil der Notar darauf hinwies, dass ein freies Rücktrittsrecht für einen Unternehmer gegenüber einem Verbraucher unwirksam wäre (Verstoß gegen § 308 Abs. 3 BGB).

Zudem hatte der Notar die Käuferin auch darauf hingewiesen, dass auch die Bindung des Verkäufers als Verbrauchers über einen Zeitraum von acht Wochen zu lang und als nachteilige Verbraucherregelung gem. **§ 308 Abs. 1 BGB unwirksam** sei.

Die versehentlich falsche Einordnung der Käuferin als Unternehmerin führt damit zu einer Benachteiligung der Käuferin, die in Wahrheit als Verbraucherin einzuordnen war. Bei richtiger Einordnung wäre sowohl das Rücktrittsrecht als auch die längere Bindung über einen Zeitraum von acht Wochen wirksam möglich gewesen.

V. Veräußerungs- oder Erwerbszwecke, die teilweise gewerblich und privat veranlasst sind

18 Noch schwieriger wird eine Einschätzung der Eigenschaft als Verbraucher bzw. Unternehmer, wenn ein Beteiligter teilweise für private und teilweise für gewerbliche Zwecke handelt.

Verkauft z.B. der Verkäufer, der möglicherweise als Verbraucher (§ 13 BGB) oder als Unternehmer (§ 14 Abs. 1 BGB) eingeordnet werden kann, einen von ihm zu privaten Wohnzwecken genutzten Resthof mit einer auf dem Grundstück befindlichen Photovoltaikanlage, handelt der Verkäufer nicht nur privat als Veräußerer seiner Immobilie, sondern auch unternehmerisch, weil er auch den Betrieb der Stromerzeugungsanlage (die Photovoltaikanlage erzeugt Strom, den der Verkäufer in Gewinnerzielungsabsicht verkauft) veräußert.

Das beabsichtigte Rechtsgeschäft könnte somit zu einem Teil der gewerblichen Tätigkeit des Verkäufers und zum anderen Teil seinem privaten Zwecken zugeordnet werden.

19 Grundsätzlich kann beim Mitverkauf der Photovoltaikanlage davon auszugegangen werden, dass die gewerbliche Nutzung in Relation zur privaten Nutzung untergeordnet ist. Regelmäßig überwiegt damit das Handeln des Verkäufers als Verbraucher, sodass der Verkäufer entsprechend als Verbraucher einzuordnen ist.

20 Wenn jedoch ein preiswertes Hausgrundstück, z.B. in ländlicher Region gelegen, verkauft und dies zu privaten Wohnzwecken des Verkäufers genutzt wird, könnte das anders sein. Dann, wenn zugleich eine große und teure Stromerzeugungsanlage (Photovoltaikanlage) mitverkauft wird, muss geprüft werden, ob noch eine Untergeordnetheit der Unternehmereigenschaft des Verkäufers angenommen werden kann. Sollte der Grundstückspreis des Hausgrundstücks weniger betragen als der Preis für die Photovoltaikanlage, überwiegt die gewerbliche Nutzung. Damit wäre nach dem Wortlaut von § 13 BGB eine Einstufung als Unternehmer die richtige Schlussfolgerung. Die Abgrenzung ist also einfacher geworden mit der letzten Änderung des § 13 BGB, der seit dem 13.6.2014 lautet:[13]

13 Das Gesetz zur Umsetzung der Verbraucherrechterichtlinie und zur Änderung des Gesetzes zur Regelung der Wohnungsvermittlung führte zur Neufassung des § 13 BGB.

§ 13 BGB: Verbraucher

Verbraucher ist jede natürliche Person, die ein Rechtsgeschäft zu Zwecken abschließt, die überwiegend weder ihrer gewerblichen noch ihrer selbstständigen beruflichen Tätigkeit zugerechnet werden können.

Das Wort „**überwiegend**" verdeutlicht, dass es darauf ankommt, dass der Verkauf durch die natürliche Person überwiegend – mit **mehr als 50 %** – nicht der gewerblichen oder selbstständigen Tätigkeit dieser Person betreffen darf, damit die Person als Verbraucher gilt. 21

Würde z.B. ein Resthof, privat genutzt für Wohnzwecke, für 50.000 EUR verkauft und die Photovoltaikanlage dazu für 55.000 EUR, stünde die gewerbliche Nutzung im Vordergrund; sie überwiegt. Der Verkäufer wäre dann als Unternehmer i.S.v. § 14 Abs. 1 BGB einzuordnen. Im letzteren Fall darf der Käufer dann ebenfalls als Unternehmer eingestuft werden, weil er insoweit als Unternehmer-**Existenzgründer** die Stromerzeugungsanlage kauft. Der Vertrag käme dann zwischen zwei Unternehmern zustande.

VI. Zweifel über die Verbrauchereigenschaft

Ist nicht eindeutig zu klären, ob die natürliche Person Verbraucher oder Unternehmer ist, sollte der vorsichtige Notar sich – im Einverständnis aller Beteiligten – dafür entscheiden, die natürliche Person als Verbraucher einzuordnen, wenn dadurch die **Zweiwochenfrist** des § 17 Abs. 2a S. 2 Nr. 2 BeurkG eingehalten wird.[14] 22

Zweifelt der Notar, ob ein Insolvenzverwalter als Unternehmer oder Verbraucher beteiligt ist, sollte er den Insolvenzverwalter, auch wenn er über das Vermögen eines insolventen Verbrauchers handelt, als Unternehmer einstufen. Der Insolvenzverwalter wird für seine freiberufliche Tätigkeit in Gewinnerzielungsabsicht tätig und vergütet. Das Gleiche gilt für die Einstufung des Testamentsvollstreckers als Unternehmer, soweit der Testamentsvollstrecker eine Vergütung für die Testamentsvollstreckung erhält.

Optiert ein Beteiligter des Kaufvertrags zur Umsatzsteuer, verliert er dadurch nicht seine Verbrauchereigenschaft.[15]

VII. Vertrauen auf Aussagen der Beteiligten

Trägt ein Beteiligter glaubhaft vor, Verbraucher oder Unternehmer zu sein, **darf der Notar auf die Angaben des Beteiligten vertrauen**,[16] es sei denn die Angaben 23

14 *Grziwotz*, notar 2013, 343, 344; BGH, Urt. v. 30.9.2009 – VIII ZR 7/09, NJW 2009, 3780.

15 BGH, Urt. v. 3.3.2020 – XI ZR 461/18.

16 *Litzenburger*, RNotZ 2006, 180 ff.; *Armbrüster*, in: Armbrüster/Preuß/Renner, BeurkG, § 17 Rn 194.

sind offenkundig falsch. Dies muss so sein, weil der Notar in der Regel die Richtigkeit der Angaben der Beteiligten nicht überprüfen kann.

VIII. Kaufvertrag zwischen zwei Verbrauchern unter Beteiligung eines Maklers

24 Gibt ein Makler beim Notar – auf Veranlassung eines Beteiligten – die Fertigung eines Kaufvertragsentwurfs in Auftrag und wünscht die Aufnahme einer ihn begünstigenden **Provisionsvereinbarung in die notarielle Urkunde**, ist Vorsicht geboten. Auch ein einseitiges Versprechen zugunsten des Maklers kann dazu führen, dass der Kaufvertrag zwischen Verbrauchern abgeschlossen als ein **Verbrauchervertrag** gem. § 310 Abs. 3 BGB zu werten ist. Das ist so, weil der Makler **als Unternehmer** am Vertrag beteiligt wird und durch die Provisionsklausel, mit der dem Makler ein **unmittelbarer Provisionsanspruch** gegen den Käufer zugesichert wird. Derartige Klauseln sind ein Vertrag zugunsten eines Dritten (des Maklers). Damit wird die Vereinbarung ein Verbrauchervertrag, es sei denn, es wären ausschließlich Unternehmer gem. § 14 Abs. 1 BGB am Vertrag beteiligt, sodass mangels Verbraucherbeteiligung kein Verbrauchervertrag vorliegt.

25 Der Makler könnte durch die Mitbeurkundung (Aufnahme einer konstitutiven Maklerklausel) zu einem Zahlungsanspruch gelangen. Die Aufnahme einer solchen Klausel ist nur in Ausnahmefällen zulässig, insbesondere wenn eine erhöhte Wahrscheinlichkeit besteht, dass ein Vorkaufsrecht ausgeübt wird. Dabei muss beachtet werden, dass den Beteiligten durch die Aufnahme der konstitutiven Maklerklausel ggf. bezüglich der Maklerverträge bestehende Widerrufsrechte gegenüber dem Makler abgeschnitten werden.[17]

Wird also eine Maklerprovision für den Makler in der notariellen Urkunde vereinbart, wird dadurch eine die **Zweiwochenwartefrist** nach § 17 Abs. 2a S. 2 Nr. 2 BeurkG **einzuhalten sein,**[18] ausgenommen, jedoch dann, wenn ausschließlich Unternehmer i.S.v. § 14 Abs. 1 BGB den Kaufvertrag mit der Provisionsvertrag zugunsten des Maklers abschließen.

26 Eine unreflektierte Aufnahme einer nicht beurkundungsbedürftigen Klausel für den Makler kann schädlich wirken, wenn die Vereinbarung lediglich deklaratorisch gewollt ist. Auch ein deklaratorisches Schuldanerkenntnis zugunsten des Maklers in notarieller Urkunde zerstört die Widerrufsrechte eines Verbrauchers, die er ggf.

17 BNotK, Beiblatt zum Rundschreiben Nr. 05/2020, Übersicht Maklerklauseln.

18 BNotK Beiblatt zum Rundschreiben Nr. 05/2020, Übersicht Maklerklauseln; *Suppliet*, DNotZ 2012, 270 ff., *Grziwotz*, ZfIR 2006, 189 ff.; *Grziwotz*, notar 2013, 344 ff.; *Heinemann*, in: Kölner Formularbuch Grundstücksrecht, Kapitel 5 Rn 691.

noch hat, sodass in derartigen Fällen eine unnötige Zahlungspflicht den Verbraucher trifft, nur wegen einer unnötigen Mitbeurkundung.[19]

Gestaltungen, wonach der Käufer in den Tilgungsbestimmungen/Zahlungsvereinbarungen angewiesen wird, einen Teil des Kaufpreises direkt an den Makler zu zahlen, sind berufsrechtlich unzulässig, ebenso Gestaltungen unter Einsatz eines Notaranderkontos, allein zur Absicherung der Zahlung der Maklerprovision.[20] 27

Beurkundungsbedürftig ist eine Maklervereinbarung, wenn die Provision vom Verkäufer der Immobilie geschuldet wird und wenn der Verkäufer seine Schuld in zulässiger Höhe auf den Käufer abwälzt. Es handelt sich dann um eine Gegenleistung des Käufers, die er gegenüber dem Verkäufer zu erbringen hat. Dies hat zur Folge, dass die Provisionsvereinbarung nach § 311b BGB beurkundungsbedürftig ist. Diese übernommene Gegenleistung erhöht, wenn ein Gebührensprung in der Tabelle B des GNotKG eintritt, den Geschäftswert des Beurkundungsverfahrens geringfügig. Dann ergeben sich höhere Notargebühren für das Beurkundungsverfahren, die Betreuungsgebühr und Vollzugsgebühr. Außerdem erhöhen sich die Grunderwerbsteuer sowie die Gerichtsgebühren entsprechend. 28

Hat der Makler mit dem Verkäufer einen Maklervertrag geschlossen und vor Präsentation dieser Immobilie an den Käufer auch einen Maklervertrag mit dem Käufer, und ist gewollt, dass es bei diesen Regelungen verbleiben soll, so besteht keine Beurkundungspflicht für die Abrede. 29

> *Formulierungsvorschlag der BNotK*
>
> Der Notar weist auf den Regelungsgehalt der §§ 656b und 656c BGB hin, insbesondere auf die gesetzliche Regelung zur Verteilung der Maklerprovision, zudem auf die Beurkundungsbedürftigkeit einer Abwälzungsvereinbarung.[21]

Im Interesse der Beteiligten (irrelevant sind die Interessen des Maklers) kann der sog. **Vorkenntniseinwand** auszuschließen sein. 30

> *Formulierungsvorschlag der BNotK*
>
> Die Beteiligten bestätigen, dass dieser Vertrag auf Vermittlung des Maklers zustande gekommen ist.

Der Käufer weiß ggf. nicht, wie die Maklervereinbarung des Verkäufers geregelt ist und umgekehrt weiß der Verkäufer ggf. nicht, wie die Maklervereinbarung des 31

19 LG Limburg, Urt. v. 5.8.2016 – 2 W 14/16, Volltext IMRSS 2017, 0006; *Kuhn*, IMR 2017, 79; *Elsing*, notarbüro 2017, 15, 16.

20 Beiblatt zum Rundschreiben BNotK Nr. 05/2020, Übersicht Maklerklauseln.

21 Beiblatt zum Rundschreiben BNotK Nr. 05/2020, Übersicht Maklerklauseln.

Käufers vereinbart wurde. Es kann sinnvoll sein, eine Bestätigung hierzu in den Vertrag aufzunehmen, wonach die Parteien eine Provision in gleicher Höhe zahlen müssen.

> *Formulierungsvorschlag der BNotK*
>
> Die Beteiligten bestätigen, dass beide Seiten mit dem Makler (…) eine Maklerprovision in gleicher Höhe vereinbart haben.

32 Klauseln zum Inhalt des Maklervertrags sollten nicht in den Vertrag aufgenommen werden. Nur wenn ausnahmsweise die Beteiligten (nicht der Makler) ausdrücklichen wünschen, die Höhe der Provision in die notarielle Urkunde aufzunehmen, kann dies geschehen. Das wird in der Praxis selten der Fall sein.

> *Formulierungsvorschlag der BNotK*
>
> Die Beteiligten geben – nicht auf Initiative des Maklers, sondern auf eigenen Wunsch – an, dass beide Seiten mit dem Makler eine Provision i.H.v. jeweils (…) % bzw. (…) EUR vereinbart haben. Der Notar hat die Beteiligten darauf hingewiesen, dass die vorstehenden Erklärungen nicht zu einer Erweiterung der Verpflichtungen aus dem jeweiligen Maklervertrag oder zum Verzicht auf Einwendungen führen, diese jedoch Beweiswirkung zugunsten des Maklers haben.

IX. Beispiele für Verbraucher

33 **Verbraucher kann sein:**

- eine rechtsfähige (Außen-)**GbR**, deren Gesellschafter nur natürliche Personen sind, die **eigenes Vermögen** verwalten, egal wie hoch, denn es handelt sich grundsätzlich nicht um eine gewerbliche Tätigkeit, **es sei denn**, der Umfang der Vermögensverwaltung macht es erforderlich, dass die Gesellschaft einen eigenen Geschäftsbetrieb (Büro, Organisation) unterhalten muss[22] oder mindestens eine Gesellschafterin der GbR ist eine juristische Person; dann kommt die Verbraucheigenschaft der GbR nicht in Betracht.[23]

Verbraucher ist:

- **eine natürliche Person,** die den Vertrag nicht (überwiegend) zu ihrer gewerblichen selbstständigen beruflichen Tätigkeit abschließt.

22 BGH, Urt. v. 23.10.2001 – XI ZR 63/01, DNotZ 2002, 528 ff.

23 BGH, Urt. v. 30.3.2017 – VII ZR 269/15.

Als Verbraucher zu behandeln sind:

- die Wohnungseigentümergemeinschaft,[24]
- ein Arzt,
- ein Rechtsanwalt der den Vertrag zur nichtgewerblichen Vermietung abschließt,
- ein Steuerberater, der den Vertrag zur nichtgewerblichen Vermietung abschließt,
- ein sonstiger Freiberufler, der den Vertrag zur nichtgewerblichen Vermietung abschließt.

X. Unternehmer

Juristische Personen sind in der Regel Unternehmer (§ 14 Abs. 1 BGB), schon weil sie nicht natürliche Personen sind und damit vom Wortlaut des § 13 BGB nicht als Verbraucher erfasst werden. Dasselbe gilt für gewerblich geprägte Gesellschaften, ebenso für **Personenhandelsgesellschaften** wie die **OHG** oder die **Kommanditgesellschaft**. Für Letztere gelten die den Kaufleuten vorbehaltenen Vorschriften des Handelsgesetzbuchs. 34

Grundform der rechtsfähigen Personengesellschaften ist die **rechtsfähige GbR**.[25] Bei ihr wird in der Praxis häufig die Frage aufgeworfen, **ob sie als Verbraucherin oder Unternehmerin** einzuordnen ist. Die rechtsfähige GbR kann die Unternehmereigenschaft haben. Sie unterfällt dem Wortlaut des § 14 Abs. 2 BGB. Seit dem 1.1.2024 wird die GbR auch gesetzlich als rechtsfähige Personengesellschaft anerkannt, wenn sämtliche Gesellschafter mit ihrer GbR unter gemeinschaftlichem Namen auftreten, § 705 Abs. 2 BGB. 35

Dadurch lässt sich aber nicht schlussfolgern, dass eine rechtsfähige und ggf. im Gesellschaftsregister des Amtsgerichts eingetragene Gesellschaft bürgerlichen Rechts nicht mehr als Verbraucherin eingeordnet werden könne.

Bereits vor dem 1.1.2024 wurde höchstrichterlich auf eine Anerkennung der **Parteifähigkeit** entschieden.[26] Sie bestand also vor dem MoPeG und besteht nach geltendem Recht gesetzlich anerkannt weiter. Deshalb ändert sich – trotz der ausdrücklichen gesetzlichen Anerkennung – an der Beurteilung, ob und wie eine GbR im Einzelfall als Verbraucherin oder als Unternehmerin einzuordnen ist, nichts.[27]

24 *Armbrüster*, in: Armbrüster/Preuß/Renner, BeurkG, § 17 Rn 199; Behandlung wie Verbraucher, obwohl die WEG weder unter § 13 BGB noch unter § 14 BGB fällt; *Rapp*, notar 2013, 359, 366; a.A. *Krampen-Lietzke*, RNotZ 2013, 575, 597, wonach die WEG als Unternehmerin einzuordnen sei.

25 *Elsing*, notarbüro 2024, 40; *Brauer/Jordans/Naendrup*, BKR 2023, 777, 783.

26 BGH, Urt. v. 29.1.2001, II ZR 331/00, openJur 2010, 6670.

27 Siehe auch *Krauß*, in: Beck'sches Notarhandbuch § 1 Rn 705b BGB.

XI. Beispiele für Unternehmer

36 **Unternehmer sind z.B.:**

- GmbH,
- AG,
- UG (haftungsbeschränkt),
- eingetragener Verein,
- rechtsfähige Stiftung,[28]
- wirtschaftlicher Verein,
- rechtsfähige (Außen-)GbR, die fremdes Vermögen verwaltet,
- rechtsfähige (Außen-)GbR, die eigenes Vermögen verwaltet, und bei der ein eigener Geschäftsbetrieb unterhalten wird, z.B. ein Büro mit Personal,
- rechtsfähige (Außen-)GbR, die mindestens eine Gesellschafterin hat, die juristische Personen ist,[29]
- GmbH & Co. KG,
- UG (haftungsbeschränkt) & Co. KG,
- OHG,
- KG,
- ausländische Kapitalgesellschaften wie die Ltd., die S.A.R.L., die BV.,
- öffentliche Hand (Gemeinde, Stadt),[30]
- Kirche,[31]
- Insolvenzverwalter, gleichgültig, ob er für einen Unternehmer oder einen Verbraucher handelt.[32]

XII. Textversendung nur durch das Notariat

37 Aus der Sphäre des Notars, also durch ihn selbst, seinen Sozius oder seinen Mitarbeiter, muss der beabsichtigte Text des Rechtsgeschäfts, somit in der Regel der **Vertragsentwurf** und ggf. dazugehörende **Bezugsurkunden**, dem Verbraucher zur Verfügung gestellt werden. Die Übermittlung der Unterlagen durch den Bauträger/Unternehmer genügt nicht um die Frist von zwei Wochen in Lauf zu setzen. Der Vertragsentwurf muss **die individuellen Daten** der Beteiligten, des Vertragsobjekts und die Zahlungsweise enthalten. Der Notar muss die **Einhaltung der Frist überwachen**, somit die **Versendung durch sein Büro** und den **Erhalt** der Unterlagen beim Verbraucher kontrollieren. **Keine Pflicht** trifft den Notar zu überwachen, ob

28 EUGH NJW 2002, 205; *Ellenberger*, in: Grüneberg, BGB, § 13 Rn 2.

29 BGH, Urt. v. 30.3.2017 – VII ZR 269/15.

30 Ausführlich hierzu *Mairose*, RNotZ 2012, 469, 470.

31 *Mairose*, RNotZ 2012, 470.

32 *Mairose*, RNotZ 2012, 470; ebenso DNotI-Report 2009, 25, 26.

der Verbraucher die Frist auch genutzt hat (wozu die Frist dem Verbraucher nützlich sein kann, siehe Rdn 55 ff.).[33] Ob der Verbraucher den Text liest oder nicht, ist allein seine Sache.

XIII. Frist, Fristberechnung und -verlängerung

1. Mindestfrist

Die **Zweiwochenfrist** des § 17a Abs. 2a S. 2 Nr. 2 ist eine **Mindestfrist**, die in der Regel ausreicht. Es kann geboten sein, die Wartefrist zu verlängern, wenn es sich bei dem **Vertragstext um ein umfangreiches, kompliziertes Werk** handelt und zudem auch **umfangreiche Bezugsurkunden** zugrunde liegen.[34] Dies ist nach Lage des einzelnen Falles im Ermessen des Notars abzuwägen. Die längere Zeit kann ggf. nötig sein, damit der Verbraucher Berater einschalten kann, die für ihn notwendige Prüfungen der umfangreichen Unterlagen erledigen können. Eine längere Frist kann auch geboten sein, wenn eine Bauleistungsbeschreibung beurkundet werden soll. Vielfältige bedeutsame Fragen muss ein Verbraucher sich überlegen können, z.B. welche Materialien bzw. Baustoffe verwendet werden sollen und welche Eigenschaften diese haben. Welche Wärmeschutzeigenschaften und welche Widerstandsklassen haben die Fenster? 38

2. Fristberechnung

Die Frist von zwei Wochen gem. § 17 Abs. 2a S. 2 Nr. 2 BeurkG berechnet sich nach §§ 187 Abs. 1, 188 Abs. 2 BGB, wobei der Tag des Zugangs nicht mitgerechnet werden darf.[35] 39

> *Beispiel: Fristberechnung*
>
> Der Notar übersendet den Kaufvertragsentwurf per E-Mail an den Verbraucher am Mittwoch um 11:00 Uhr. Zu diesem Zeitpunkt erhält der Verbraucher auch die Unterlagen.
>
> Die Beurkundung wünschen die Parteien am übernächsten Mittwoch um 12:00 Uhr.
>
> Der Notar darf allerdings die Beurkundung dann noch nicht vornehmen; er muss vielmehr den **Ablauf des zweiten Mittwochs** abwarten und kann erst ab Donnerstag terminieren.

33 *Grziwotz*, notar 2013, 343, 345; *Elsing*, notar 2013, 20, 21.

34 *Winkler*, BeurkG, § 17 Rn 198; *Grziwotz*, notar 2013, 343, 345.

35 BGH, Urt. v. 23.8.2018 – III ZR 506/16, DNotZ 2019, 37 Rn 21; *Armbrüster*, in: Armbrüster/Preuß/Renner, BeurkG, § 17 Rn 243.

3. Fristverlängerung

40 Ergeben sich vor Ablauf der Wartefrist **wesentliche inhaltliche Änderungen** des beabsichtigten Rechtsgeschäfts, muss die Frist dann nicht verlängert werden, wenn die Änderungen **für den Verbraucher lediglich vorteilhaft sind**.

> *Beispiel*
>
> Einige Tage vor Ablauf der Zweiwochenfrist handelt der Verbraucher den Kaufpreis um 5.000 EUR herunter. Dies ist für ihn nur von Vorteil, sodass die Frist nicht neu in Gang zu setzen ist.

41 Ergeben sich vor Ablauf der Wartefrist Änderungen, die sich **nachteilig für den Verbraucher** auswirken, ist die **Zweiwochenwartefrist des § 17 Abs. 2a S. 2 Nr. 2 BeurkG** im Zweifel **erneut** in Gang zu setzen. Der Text der Änderungen muss dem Verbraucher wiederum vom Notar, seinem Sozius oder Mitarbeiter direkt zur Verfügung gestellt werden.

Die **Erhöhung des Kaufpreises** zulasten des Verbrauchers kann z.B. eine wesentliche Änderung darstellen, sodass eine Fristverlängerung geboten ist, etwa wenn sich die Kaufpreiserhöhung auf die geplante Finanzierung auswirkt und der Verbraucher noch Regelungsbedarf hat. Ist die Kaufpreiserhöhung gering, transparent geregelt und hat der Käufer keine Finanzierung nötig, kann möglicherweise die Fristverlängerung entbehrlich sein, jedenfalls wenn der Betrag, um den der Kaufpreis erhöht wurde, einen kleinen Umfang hat, dessen Umfang den Käufer nicht tangiert, sodass er den Betrag aus seiner „Portokasse" zahlen will. Der Notar sollte dies dann dokumentieren.

4. Beispiele für notwendige Fristverlängerungen

42
> *Beispiel: Steuerfragen*
>
> Erst kurz vor Ablauf der Zweiwochenwartefrist werden steuerrechtliche Fragen aufgeworfen, für deren Klärung es die Hilfe eines Steuerberaters bedarf. Diesen muss der Verbraucher erst noch einschalten.
>
> Die Frist ist zu verlängern. Sie muss nicht um weitere zwei volle Wochen verlängert werden, sondern angemessen um einen Zeitraum, innerhalb dessen die Erledigung durch den Steuerberater erwartet werden kann.
>
> Die Fristverlängerung um drei Werktage zur unverzüglichen Erledigung durch den Steuerberater kann genügen. Nur wenn der Verbraucher oder der Steuerberater erklären, mehr Zeit zur Erledigung zu benötigen, sollte der Notar darauf hinwirken, dass diese Zeit gewährt wird.

43
> *Beispiel: Altlasten*
>
> Eine Fristverlängerung von weiteren zwei Wochen ist nötig, wenn sich kurz vor Ablauf der ersten Zweiwochenfrist herausstellt, dass noch Fragen zu **Altlasten**

abzuklären sind, die nach Bundesbodenschutzgesetz zu beseitigen sind. Diese Änderung ist so gewichtig, dass die Frist nicht kürzer als zwei Wochen bemessen werden sollte, weil der Käufer möglicherweise nach Aufklärung der Umstände und genügender Überlegungszeit **dauerhaft Abstand** von der Beurkundung nehmen wird.

Beispiel: Bautechnik 44

Kurz vor Ablauf der Wartefrist stellt der Käufer als Verbraucher Fragen zu **bautechnischen Problemen**. Der Notar kann gegebenenfalls erkennen, dass die Klärung der aufgeworfenen Fragen durch einen Bausachverständigen erfolgen sollte und Zeit dafür zu beanspruchen ist. Es kann je nach Lage des Einzelfalles geboten sein, die Wartefrist angemessen zu verlängern. Eine Verlängerung um einen Zeitraum, in dem unverzüglich ein Bausachverständiger eingeschaltet werden kann, der dann unverzüglich die Klärung erledigen kann, dürfte genügen. Dieser Zeitraum muss nicht zwingend zwei volle Wochen betragen.

XIV. Persönliches Erscheinen des Verbrauchers

1. Hinwirken des Notars

Beim Verbrauchervertrag muss der Notar – und es handelt sich um eine unbedingte Amtspflicht – darauf hinwirken, dass die rechtsgeschäftlichen Erklärungen vom **Verbraucher persönlich** vor dem Notar abgegeben werden. 45

2. Bevollmächtigte Vertrauensperson des Verbrauchers

Möglich und zulässig ist es, wenn der Verbraucher sich durch eine bevollmächtigte **Vertrauensperson** seinerseits vertreten lässt. 46

3. Notariatsangestellte als Bevollmächtigte

Notariatsangestellte und Personen, die in einem dienstlichen Abhängigkeitsverhältnis zum Notar stehen, **gelten nicht als Vertrauenspersonen** i.S.d. § 17 Abs. 2a Nr. 1 BeurkG, mögen sie grundsätzlich auch noch so vertrauenswürdig sein. Der Mitarbeiter kann nicht zugleich für einen Vertragsbeteiligten als einseitiger Bevollmächtigter auftreten und andererseits zum Beispiel für alle Vertragsbeteiligten die Abwicklung des gesamten Kaufvertrags für den Notar betreuen. 47

XV. Fristunterschreitung

1. Sinn der Zweiwochenfrist

Die **Zwei Wochenwartefrist** vor der Beurkundung nach § 17 Abs. 2a Nr. 2 BeurkG ermöglicht es dem Verbraucher, das **beabsichtigte Rechtsgeschäft und seine Auswirkungen** zu überprüfen. Dabei geht es nicht nur darum, dass der Verbraucher in- 48 nerhalb eines angemessenen Zeitraums sich **Fragen für die Beurkundung** überlegen kann, sondern auch um

- steuerliche Folgen,
- wirtschaftliche und finanzielle Auswirkungen,
- Abklärung bautechnischer Fragen sowie deren Folgen.

Hierzu kann der Verbraucher ggf. Fachleute seines Vertrauens einschalten.

2. Sachlicher Grund des Verbrauchers zur Fristunterschreitung

49 Ein **sachlicher Grund zu einer Fristunterschreitung des Verbrauchers** muss nicht vorliegen.[36] Allerdings muss der Erfolg des Rechtsgeschäfts für den Verbraucher anderweitig sichergestellt sein. Dies kann z.B. durch die Einschaltung externer Berater (Rechtsanwalt, Steuerberater, Gutachter) geschehen, sodass die Mitarbeit den Erfolg des Rechtsgeschäfts für den Verbraucher sicherstellen kann.

50 **Gerichtlich** ist entschieden,[37] dass die Regelfrist von zwei Wochen nach § 17 Abs. 2a S. 2 Nr. 2 BeurkG **nicht im Belieben** der an der Urkunde Beteiligten steht. Ein **Abweichen der Regelfrist** kommt nur in Betracht, wenn im Einzelfall die **Schutzinteressen** des Verbrauchers anderweitig gewahrt sind. Nur dann ist eine Unterschreitung der Frist unschädlich. Soweit der Notar, auf dessen Überzeugung es ankommt, Zweifel daran hat, ob die Schutzinteressen für den Verbraucher anderweitig gewahrt sind, hat er die Amtspflicht, eine vorzeitige **Beurkundung trotz gegenteiligen Forderns** der Urkundsbeteiligten abzulehnen.

XVI. Wortlaut von § 17 Abs. 2a S. 2 Nr. 2 BeurkG und Weiteres zur Vorschrift

51 § 17 Abs. 2a S. 2 Nr. 2 BeurkG lautet:

> (…) der Verbraucher ausreichend Gelegenheit erhält, sich vorab mit dem Gegenstand der Beurkundung auseinander zu setzen; bei Verbraucherverträgen, die der Beurkundungspflicht nach § 311b Absatz 1 Satz 1 und Absatz 3 des Bürgerlichen Gesetzbuchs unterliegen, soll dem Verbraucher der beabsichtigte Text des Rechtsgeschäfts vom beurkundenden Notar oder einem Notar, mit dem sich der beurkundende Notar zur gemeinsamen Berufsausübung verbunden hat, zur Verfügung gestellt werden. Dies hat im Regelfall zwei Wochen vor der Beurkundung zu erfolgen. Wird diese Frist unterschritten, sind die Gründe hierfür in der Niederschrift anzugeben.

1. Übermittlung durch das Notariat

52 Seit dem 1.10.2013 muss **zwingend der beurkundende Notar oder sein Sozius – nicht** etwa der Bauträger/Unternehmer – dem Verbraucher den Entwurf des Rechts-

36 BGH, Urt. v. 25.6.2015 – II ZR 292/14, DNotZ 2015, 725; s. *Cramer*, DNotZ 2015, 725, 734.

37 BGH, Urt. v. 7.2.2013 – III ZR 121/12.

geschäfts übermitteln.[38] Durch eine Versendung durch das neutrale Notariat wird dem Anschein, der Notar könne **nicht neutral** agieren und den Verbraucher benachteiligen, entgegenwirkt. Zudem kann der Notar, der die Unterlagen selbst übermittelt hat, auch prüfen, ob die Aussage des Verbrauchers über den Erhalt des Entwurfes und der Unterlagen stimmen können.[39] Ausweislich des Gesetzgeberwillens[40] ist die Pflicht, den Vertragstext zur Verfügung zu stellen, nicht höchstpersönlich. Der Notar oder sein Sozius kann diese **Pflicht auf seine Mitarbeiter delegieren**; entscheidend dabei ist, dass der Vertragstext aus der „Sphäre" des Notars oder seines Sozius kommt. Die Erfüllung dieser Pflicht ist von dem Notar sorgfältig zu überwachen.

2. Dokumentation der Gründe für eine Fristunterschreitung

Hält der Notar ausnahmsweise die Unterschreitung für unproblematisch, weil der Erfolg des Rechtsgeschäfts auf andere Weise gewahrt ist, muss er die **Gründe** dokumentieren und sollte dies in der Kaufvertragsurkunde tun. Eine Sicherstellung auf andere Weise als die Fristwahrung kann z.B. sein, dass der Verbraucher einen Rechtsanwalt eingeschaltet hat, der die erforderlichen Prüfungen für den Verbraucher erledigt. 53

Durch die Dokumentation in der Niederschrift des Notars kann die Aufsichtsbehörde jederzeit nachvollziehen, dass der Notar nicht gegen die Fristbestimmung verstoßen hat.

> *Wichtig!* 54
>
> Keinesfalls darf der Notar die Gründe für ein Unterschreiten der Zweiwochenfrist formularmäßig vorformulieren!

Der Notar muss sich die Zeit nehmen, um sorgfältig die Problematik einer Fristunterschreitung mit den Beteiligten im Beurkundungstermin zu besprechen und er muss im Rahmen des Beurkundungsverfahrens vor der Beurkundung zu der Überzeugung gelangen, dass die Fristunterschreitung unproblematisch ist, weil der Erfolg auf andere Weise gewahrt ist. Nur dann darf er die Beurkundung guten Gewissens vornehmen.[41]

38 Somit kann die Aufsichtsbehörde die Einhaltung der Frist konkret kontrollieren, denn das Datum der Entwurfsversendung kann anhand der Notarakte nachvollzogen werden – Seite 3 der Begründung zur BR-Drucks 619/12.

39 Offenbar kam es vor, dass von Vertriebsmitarbeitern des Unternehmers beeinflusste Verbraucher vor Notaren erklärt haben, sie haben den Vertragsentwurf vor mehr als zwei Wochen vor der Beurkundung erhalten, obwohl dies nicht stimmte; vgl. Seite 2 der Begründung BR-Drucks 619/12.

40 Teil B. Besonderer Teil der elektronischen Vorabfassung BT-Drucks 17/12035.

41 Ähnlich bereits *Renner*, NotBZ 2013, 174, 176 zu einer Zeit, als auch noch ein sachlicher Grund für die Fristunterschreitung vorliegen musste.

XVII. Nutzen der Wartefrist für den Verbraucher

1. Allgemein

55 Bei der Beurteilung darüber, ob der Erfolg des Rechtsgeschäfts auf andere Weise gewährleistet ist, kann die Klärung der Frage, **wozu die Frist des § 17a Abs. 2a BeurkG dem Verbraucher nützen kann**, hilfreich sein. Unbestritten ist, dass der Abschluss eines Immobilienkaufvertrags sowohl für den Verkäufer als auch für den Käufer ein bedeutsames Rechtsgeschäft darstellt. Jede Vertragspartei verfügt durch den wirksamen Abschluss eines Kaufvertrags über erhebliche Werte seines Vermögens. Daraus können sich komplexe Fragen und Sachverhalte ergeben, die vorab zu klären und zu würdigen sind.

2. Checkliste: Zu klärende Fragen/Sachverhalte des Verkäufers

56 Solche Fragen können für den **Verkäufer** beispielsweise sein:

- ☐ Wie hoch ist derzeit der tatsächliche Wert der Immobilie und welcher Kaufpreis kann verlangt und erfolgreich erzielt werden?
- ☐ Welche steuerlichen Folgen hat der Verkauf der Immobilie, wird z.B. eine Spekulationssteuer ausgelöst?
- ☐ Muss eine Vorfälligkeitsentschädigung an abzulösende Gläubiger gezahlt werden und wenn ja, in welcher Höhe?
- ☐ Reicht der Verkaufserlös zur Ablösung aller auf der Immobilie lastenden Verbindlichkeiten aus, auch unter Berücksichtigung der Vorfälligkeitsentschädigung?
- ☐ Muss der Käufer über bestimmte bestehende Mängel der Immobilie aufgeklärt werden?
- ☐ Muss der Käufer über den Verdacht, dass ggf. Mängel der Immobilie bestehen können, aufgeklärt werden?
- ☐ Ist der Verkäufer ggf. als Verbraucher vom Makler über sein bestehendes Widerrufsrecht ordnungsgemäß belehrt worden? Wenn nein oder nicht rechtzeitig, würde trotz einer Maklerleistung eine Provision ggf. gar nicht geschuldet?

3. Checkliste: Zu klärende Fragen/Sachverhalte des Käufers

57 Komplex und schwierig kann die Umsetzung eines Kaufvertrags auch für den **Käufer** sein. Beim Kauf eines Hausgrundstücks z.B. können viele Fragen abzuklären sein. Hierzu gehören bestimmte Rahmendaten:

- ☐ Wie hoch darf der Kaufpreis der Immobilie maximal sein?
- ☐ Welche Nebenkosten (z.B. Makler, Notar und Gerichtskosten) fallen an und wie hoch sind diese?
- ☐ Ist der Verkäufer vom Makler über sein bestehendes Widerrufsrecht belehrt worden? Wenn nein oder nicht rechtzeitig, wird eine Vereinbarung trotz einer Maklerleistung ggf. gar nicht geschuldet?

- ☐ Welchen Raum und Platz müssen das Haus/die Wohnung/das Grundstück bieten?
- ☐ In welcher Lage soll die Immobilie liegen?
- ☐ Welche Haustechnik bietet das Gebäude, welche Substanz und welchen Energiestandard?
- ☐ Müssen für Sanierungen oder Renovierungen noch Mittel aufgebracht werden, wenn ja in welcher Höhe?
- ☐ Gibt es schon geeignete Anschlüsse für eine Pkw-E-Mobilität?
- ☐ Ist der Käufer ggf. als Verbraucher vom Makler über sein bestehendes Widerrufsrecht ordnungsgemäß belehrt worden? Wenn nein oder nicht rechtzeitig, würde trotz einer Maklerleistung eine Provision ggf. gar nicht geschuldet?

4. Finanzierung des Kaufpreises

Oft muss ein Käufer den maßgeblichen Teil des Kaufpreises durch eine Finanzie- 58
rung aufbringen. In diesem Zusammenhang tauchen weitere wichtige Fragen auf, etwa zur **Laufzeit und Zinshöhe und zur monatlichen Belastung**. Für einen Käufer kann es sinnvoll sein, mehrere Konditionen verschiedener Geldinstitute zu überprüfen. Hierbei wiederum ist Vorsicht geboten, weil **mehrere Bankanfragen für Kredite** sich für den Käufer allerdings schädlich auswirken können, denn unter bestimmten Umständen werten Kreditinstitute zu viele Kreditanfragen bei Gläubigern als Absagen, sodass die Bonität nachhaltig negativ beeinträchtigt sein kann.

Der Verbraucher sollte deshalb beim Vergleichen der Kreditkonditionen bei Gläubigern nur **Anfragen zu Kreditkonditionen** stellen und keine Kreditanfragen. Im Gegensatz zu konkreten Kreditanfragen werden die **Anfragen zu Kreditkonditionen** nicht bei der Schufa registriert bzw. eingespeichert. Damit sind solche Anfragen für andere Kreditinstitute nicht sichtbar und eine negative Auswirkung auf die Bonität des Käufers ist nicht zu befürchten.

5. Mängel an Gebäuden, die 1920–1940 errichtet wurden

Gebäude, die 1920 bis 1940 errichtet wurden, weisen häufig Mängel auf, z.B.:[42] 59

- Fundamente im Keller und Wände sind ohne ausreichende Abdichtung,
- Wände bestehen teilweise aus Bruchstein,
- Stahlträger in Decken oder Gewölbekellern sind verrostet,
- Sanitärinstallationen sind veraltet, Materialien korrodiert,
- Gasleitungen sind undicht,
- Heizung ist veraltet und ggf. nur raumweise ausgelegt,
- Elektroinstallation ist veraltet,
- Feuchtigkeitsbefall, Fäulnis in Außenwänden oder Nassräumen,
- nicht gedämmte Dachstühle,

42 Verbraucherzentrale, Kauf eines gebrauchten Hauses, S. 22; vgl. *Elsing*, notar 2013, 20 ff.

- Flachdach in fehlerhaften Ausführungen,
- fehlender Schallschutz (Türen, Treppen, Zwischendecken usw.),
- fehlender oder unzureichender Wärmeschutz sowie Brandschutz,
- undichte Holzfenster, teilweise mit Einscheibenverglasung.

6. Mängel an Gebäuden, die in der Zeit von 1950 bis 1960 errichtet wurden

60 Bei Gebäuden, die in der Zeit von 1950 bis 1960 errichtet wurden, kommen neben den vorgenannten Mängeln auch noch folgende Mängel vor:

- veraltete Geschossdeckenausbildung in Holz, wobei das Holz im Bereich der Außenwände oder Nassräume von Feuchtigkeit und/oder Fäulnis befallen sein kann,
- Geschossdeckenausbildung in Ziegelbetonstein,
- ölhaltige Anstriche,
- teerhaltige Baustoffe, z.B. als Parkettkleber,
- Asbest, z.B. in Zementplatten im Trockenbau,
- schädliche Mineralwolle mit zu kleinen Faserlängen und Faserdicken, sodass die Fasern lungengängig sind,
- gesundheitsschädliche Holzmittel für Verkleidungen an Decken und Wänden.[43]

7. Mängel an Gebäuden der Baujahre 1960 bis 1970

61 Insbesondere gesundheitsgefährdende Holzbauteile (formaldehydhaltig) oder gefährliche Holzschutzmittel (eingesetzt zur Behandlung von Holzverkleidungen) kamen vor, z.B. bei Fertighäusern. Oft fehlt ein Wärmeschutz und undichte Holzfenster mit Einfachverglasung kommen vor, ebenso Asbest im Trockenbau, unvollständiger Schallschutz an Türen, Treppen, Zwischendecken und Innenwänden, gelegentlich fehlender Brandschutz.[44] Ein fehlender Brandschutz kann sich für den Käufer, als künftigen Eigentümer, z.B. bei einer Vermietung der Immobilie als besonders nachteilig erweisen, wenn die Vermietung z.B. untersagt werden sollte. Insoweit, und natürlich auch, wenn der Käufer Selbstnutzer ist, ist auf Brandschutz besonders zu achten, damit keine Gefahr für Leib und Leben riskiert wird.

8. Mängel der Dämmung

62 **Fehlstellen in der Dämmebene** eines Hauses sind keine Seltenheit. Sie führen zu Wärmebrücken. Daraus resultieren Feuchtigkeits- und Schimmelschäden. Durch eine fachmännisch durchgeführte Thermografie können Wärmebrücken/Fehlstellen in der Dämmebene lokalisiert werden.

43 Verbraucherzentrale, Kauf eines gebrauchten Hauses, S. 24.

44 Verbraucherzentrale, Kauf eines gebrauchten Hauses, S. 25.

Die Dämmung kann das Flammschutzmittel Hexabromcyclododecan (HBCD) enthalten. Damit soll ein schnelles Ausbreiten eines Feuers der Fassade verhindert werden. HBCD steht im Verdacht, sich im Körper des Menschen anzureichen und die Fortpflanzungsfähigkeit zu schädigen. Das Gift kann in Styropor-Dämmplatten enthalten sein. 63

9. Übereilige Umsetzung der Kaufvertragsvereinbarung

Klärt der Käufer etwas Wesentliches nicht ab, kann ihm eine übereilig umgesetzte Kaufvertragsvereinbarung erhebliche Nachteile bringen. Dies kann z.B. der Fall sein, wenn sich nach dem Kauf herausstellt, dass noch viel Geld zur Beseitigung von Baustoff- und/oder Konstruktionsproblemen aufgebracht werden muss, erforderliche Mittel allerdings hierfür nach Aufbringung des Kaufpreises nicht mehr zur Verfügung stehen und auch nicht mehr finanziert werden können. 64

Auch der Verkäufer ist schutzwürdig. Er muss die lastenfreie Lieferung seiner Immobilie, zu der er sich verpflichtet, auch erreichen können. Geht der Verkäufer davon aus, dass zum Beispiel ein Kaufpreis i.H.v. 300.000 EUR genügen wird, um Bankverbindlichkeiten i.H.v. 290.000 EUR auszugleichen, kann er böse aus seinem diesbezüglichen Irrglauben erwachen, wenn sich für ihn herausstellt, dass seine Kreditinstitute zusätzlich zur Darlehensvaluta auch noch eine Vorfälligkeitsentschädigung für die vorzeitige Darlehenskündigung verlangen. Genügt dann der Kaufpreiserlös nicht, um alle Verbindlichkeiten einschließlich der Vorfälligkeitsentschädigungszahlungen zu leisten, hat der Verkäufer Probleme. Hier hilft nur ein rechtzeitiges Überprüfen ohne Eile vor einer Beurkundung ggf. unter Hilfe einer eingeschalteten Verbraucherzentrale, die die Ordnungsgemäßheit eines Vorfälligkeitsentgelts zügig und effektiv für den Verbraucher prüfen kann. Nicht selten werden Vorfälligkeitsentschädigungen zu Unrecht verlangt.

XVIII. Überlegungen zur Fristunterschreitung

Liegt ein Wunsch des Verbrauchers zur Fristunterschreitung vor, genügt dieser nicht, um sofort beurkunden zu dürfen. Der Notar wird sich überzeugen, ob der Verbraucher die kürzere Zeitspanne genutzt hat, um die wesentlichen vorgenannten Themen/Fragen zu würdigen. Neben der Einschaltung externer Berater kann es auch eine Rolle spielen, ob der Verbraucher mit einem Gutachter die Immobilie besichtigt hat. 65

XIX. Formulierungsvorschlag für eine Dokumentation/Belehrung im Kaufvertrag bei Fristunterschreitung, wenn der Käufer als Verbraucher auf einen verkaufenden Unternehmer trifft

66 ▼

3.2

Muster 3.2: Dokumentation/Belehrung im Kaufvertrag bei Fristunterschreitung – Käufer trifft als Verbraucher auf einen Verkäufer-Unternehmer

Der Käufer bestätigt am vom Notar den Kaufvertragsentwurf per E-Mail erhalten zu haben. Der Notar wies den Käufer darauf hin, dass nach Gesetz (§ 17 Abs. 2a S. 2 Nr. 2 BeurkG) die Beurkundung erst stattfinden soll, wenn zwei Wochen nach Erhalt/Wahrnehmung des Entwurfs beim Käufer verstrichen sind. Die Frist dient dem Käufer zur Sicherstellung der Möglichkeiten, wichtige Fragen und Sachverhalte zu wirtschaftlichen, baurechtlichen, technischen und steuerlichen Folgen dieses Vertrags abzuklären. Diese Frist sei heute, am , noch nicht abgelaufen.

Der Käufer erklärte hierzu: Ich hatte seit Wahrnehmung des Entwurfs dennoch genügend Zeit, mich mit dem Inhalt auseinanderzusetzen. Ich habe mir meine Fragen an den Notar überlegt. Ich hatte zuvor mit einem Gutachter am die Immobilie begutachtet. Die steuerlichen Folgen des Erwerbs und Vertrags habe mit meinem Steuerberater abgeklärt. Meine Finanzierung zur Kaufpreisaufbringung steht verbindlich und ich bin zudem durch einen Rechtsanwalt beraten, der mich unterstützt.

Als Käufer wünsche ich die sofortige Beurkundung.

Ich, der Verkäufer, akzeptiere diesen Wunsch.

▲

C. Unwirksame Vereinbarungen in einem Verbrauchervertrag

I. Allgemein

67 Trifft ein Unternehmer (§ 14 Abs. 1 BGB) auf einen Verbraucher (§ 13 BGB), so können bestimmte Vereinbarungen im Kaufvertrag **nicht wirksam** geregelt werden. Bestimmte Regelungen können einer Inhaltskontrolle nach §§ 307 ff. BGB nicht standhalten oder gegen das Gesetz, § 308 BGB, verstoßen.

Nicht wirksam in einem Verbrauchervertrag regelbar sind damit nachfolgende Aspekte.

II. Freies Rücktrittsrecht

Ein **freies Rücktrittsrecht** vom Kaufvertrag zugunsten des Unternehmers gegenüber dem Verbraucher ist unwirksam. Eine entsprechende Bestimmung verstößt gegen § 308 Abs. 3 BGB. 68

III. Überlange Bindung des Verbrauchers an den Unternehmer

Eine Bestimmung, die einen Verbraucher **unzulässig lang an den Unternehmer** 69
bindet, etwa ein Angebot des Verbrauchers an den Unternehmer auf Abschluss eines Kaufvertrags, bei dem sich der Verbraucher über einen Zeitraum von **über vier Wochen** binden soll. Diese Bestimmung könnte einen Verstoß gegen § 308 Abs. 1 BGB darstellen und somit dazu führen, dass der Vertrag nicht wirksam zustande kommt. Längere Bindungsfristen als vier Wochen sollten vermieden werden,[45] zumal die Annahme eines Angebots regelmäßig **innerhalb von vier Wochen erwartet werden kann** (Regelbindungsfrist).[46] Diese Frist beginnt mit der Abgabe des Angebots und nicht erst mit dem Zugang bei dem Empfänger und umfasst auch die Zeit für die Übermittlung der Antwort an den Antragenden. Der BGH wies mit diesen vier Wochen die Richtung für die Dauer der zulässigen Bindung.

Vereinbaren die Beteiligten die Zahlung eines Bindungsentgelts in angemessener Höhe (zur Abgeltung der Nachteile des Verbrauchers dafür, dass er sich länger als vier Wochen bindet), ist es unsicher, ob eine solche Regelung vor dem BGH bestehen wird. Die Gefahr, dass kein wirksamer Vertrag zustande kommt, erscheint noch immer zu hoch. Der vorsichtige Notar sollte somit auch davon absehen, die Bindungsentgeltsvereinbarung zu beurkunden mit einer Fristverlängerung zulasten des Verbrauchers.

IV. Unzulässige Fortgeltungsklausel im Angebot

Die Beurkundung einer Klausel, wonach nach Ablauf der Vierwochen-Bindungs- 70
frist des Verbrauchers das Angebot noch fortbestehen soll, dann jedoch mit einer Widerrufsmöglichkeit des Verbrauchers, verstößt gegen § 308 Abs. 1 BGB und ist unwirksam. Die Nachteile, die der Verbraucher erleidet, werden nicht durch eine Widerrufsmöglichkeit ausgeglichen.[47]

V. Vorbehalt zur Änderung vereinbarter Leistungen

Ein **Vorbehalt** des Unternehmers, eine dem Verbraucher versprochene/vereinbarte 71
Leistung (z.B. eine Baubeschreibung) **abzuändern**, wenn nicht die Vereinbarung

45 Vgl. *Meier-Wehrsdorfer*, NotBZ 2012, 81 ff.

46 BGH, Urt. v. 7.6.2013 – V ZR 10/12, NJW 2013, 3434; *Elsing*, notarbüro 2013, 62.

47 BGH, Urt. v. 7.6.2013 – V ZR 10/12, NJW 2013, 3434.

der Änderung unter Berücksichtigung der Interessen des Verbrauchers diesem **zumutbar sind,** ist unzulässig und unwirksam. Nicht zumutbare Änderungsvorbehalte verstoßen gegen § 308 Abs. 4 BGB. Die Zumutbarkeit muss der Unternehmer ggf. beweisen.[48]

VI. Vereinbarung eines fiktiven Zugangs

72 Die Vereinbarung eines **fiktiven Zuganges**, z.B. die Fingierung der Übergabe einer Eigentumswohnung an den Verbraucher ist unwirksam wegen Verstoßes gegen § 308 Abs. 6 BGB.

VII. Vereinbarung einer Vertragsstrafe zulasten des Verbrauchers

73 Die Vereinbarung einer **Vertragsstrafe** zulasten des Verbrauchers und zugunsten des Unternehmers ist unwirksam – § 309 Abs. 6 BGB.

VIII. Intransparente Bestimmungen zum Nachteil des Verbrauchers

74 Bestimmungen beim Verbrauchervertrag unterliegen zudem einer Inhaltskontrolle nach § 307 BGB. Hiernach sind formularmäßige **unklare, nicht transparente** Bestimmungen zum Nachteil des Verbrauchers **unwirksam**.[49]

XIX. Anteilige Kostenübernahme des Verbrauchers ohne Aufschlüsselung

75 Eine unwirksame Bestimmung kann vorliegen, wenn ein Verbraucher von einem Bauträger eine zu errichtende Eigentumswohnung kauft, der notarielle Kaufvertrag eine Bestimmung enthält, wonach der Käufer **anteilige nicht aufgeschlüsselte Kosten** der vom Bauträger errichteten Teilungserklärung tragen soll. Unklar ist bei dieser Formulierung, wie hoch die Kosten sein werden, die den Verbraucher treffen. Zudem ist dem Verbraucher möglicherweise nicht einmal klar, dass er Gebühren entrichten soll, die grundsätzlich dem Bauträger zur Last fallen würden. Die Vereinbarung ist intransparent und unwirksam. **Wirksam** kann sie formuliert werden, wenn deutlich wird, bis zu welcher Höhe der Verbraucher die Gebühren für den Unternehmer zu tragen hat.

48 BGH NJW 2008, 360.

49 Vgl. BGH, Urt. v. 26.9.2012 – XII 112/10 zu nicht näher aufgeschlüsselten Nebenkosten im Mietvertrag.

X. Wesentliches zur Inhaltskontrolle

Die Vermeidung einer **Inhaltskontrolle** nach §§ 307–309 BGB kann ggf. nicht gelingen, wenn eine bestimmte Regelung des Vertrags einer Vertragspartei zuzurechnen ist. Der Anwendungsbereich der Inhaltskontrolle ist durch § 310 Abs. 3 Nr. 1 und Nr. 2 BGB erweitert. Allgemeine Geschäftsbedingungen gelten als vom Unternehmer gestellt, es sei denn, dass sie durch den Verbraucher in den Vertrag eingeführt worden sind. Dies gilt auch, wenn die Vertragsregelung nur zur einmaligen Verwendung **bestimmt ist und der Verbraucher keinen Einfluss auf den Inhalt nehmen kann.** Eine Vermeidung der Inhaltskontrolle kann also nur gelingen, wenn es sich bei den Klauseln nicht um Allgemeine Geschäftsbedingungen handelt und eine Kontrolle des Inhalts nicht durch § 310 Abs. 3 Nr. 1 und 2 BGB stattfindet. 76

Liegen Allgemeine Geschäftsbedingungen vor, weil die Formulierung für eine Vielzahl von Verträgen verwendet wird (§ 305 Abs. 1 BGB) oder greift die Vermutungswirkung, dass der Unternehmer die Formulierung gestellt hat, ist es geboten, die Formulierung **so transparent** vorzunehmen, dass der Verbraucher sich hinterher nicht auf Undeutlichkeit oder Unvollständigkeit berufen und sich überrascht zeigen kann mit der Folge der Unwirksamkeit der Klausel. Es empfiehlt sich, wesentliche Rechte und Pflichten möglichst nicht in eine Verweisungsurkunde auszulagern.

Ist der Anwendungsbereich der §§ 307–309 BGB eröffnet, beschränkt sich die Inhaltskontrolle auf das Transparenzgebot, wenn lediglich die notwendigen Bestandteile der Vereinbarung (§ 307 Abs. 3 S. 1 BGB) in Rede stehen. Die Möglichkeit einer Gestaltung bietet sich, wenn es gelingt, eine Nebenabrede zu einem notwendigen Bestandteil der Vereinbarung zu stufen.[50] 77

Die strenge BGH-Rechtsprechung zu formularmäßigen Bindungs- bzw. Annahmefristen über vier Wochen hinaus legt es nah, Verträge möglichst **nicht** in Angebot und Annahme aufzuspalten. Zudem entstehen höhere Notargebühren, die der Verbraucher mit dem Abschluss einer Vereinbarung vermeiden kann.

Bei einer Haftungsfreizeichnung des Unternehmers bezüglich vorhandener Mängel ist zu beachten, dass die Freizeichnung nicht für grobes Verschulden und die Verletzung von Leben, Körper und Gesundheit (§ 309 Nr. 7 lit. a und b BGB) gilt. Zudem muss darauf geachtet werden, dass die Freizeichnung nicht so weit geht, dass wesentliche Rechte oder Pflichten, die sich aus der Natur des Vertrags ergeben, so eingeschränkt sind, dass die Erreichung des Vertragszwecks gefährdet ist (§ 307 Abs. 2 Nr. 2 BGB). 78

50 *Herrler*, Problemfelder der Inhaltskontrolle formularmäßiger Vertragsklauseln in der notariellen Praxis, S. 47, in: Gestaltungspraxis und Inhaltskontrolle, TB 13, Deutsche Notarrechtliche Vereinigung.

D. Wer ist Verbraucher und wer Unternehmer?

I. § 13 BGB: Verbraucher

1. Verbrauchervertrag

79 Damit der Notar weiß, wie er den Vertrag zu gestalten hat, muss er bereits in der Vorbereitungsphase aufklären, ob es sich bei dem geplanten Grundstückskaufvertrag um einen Verbrauchervertrag i.S.v. § 17 Abs. 2a BeurkG handelt. Nach § 310 Abs. 3 BGB liegt ein **Verbrauchervertrag** vor, wenn der Vertrag zwischen einem Unternehmer (§ 14 BGB) und einem Verbraucher (§ 13 BGB) geschlossen wird. Bei der Abgrenzung, wer Unternehmer und wer Verbraucher ist, darf der Notar auf die Angaben der Beteiligten vertrauen.[51]

80 Ein Verbraucher muss eine **natürliche Person** sein; dies ergibt sich aus § 13 BGB. Das Rechtsgeschäft muss zu Zwecken abgeschlossen werden, die überwiegend (mit weniger als 50 %) seiner gewerblichen oder selbstständigen beruflichen Tätigkeit zugeordnet werden kann.

2. Natürliche Person

81 **Nur** eine **natürliche Person kann** ein **Verbraucher sein**. Dies ergibt sich bereits aus dem Wortlaut von § 13 BGB. Das Rechtsgeschäft, an dem die natürliche Person beteiligt ist, muss von ihr zu einem Zwecke abgeschlossen werden**, der überwiegend** weder ihrer gewerblichen noch selbstständigen beruflichen Tätigkeit zugerechnet werden kann.

Natürliche Personen können auch **Unternehmer** sein, wenn sie **überwiegend in ihrer gewerblichen oder selbstständigen beruflichen Eigenschaft handeln**.

3. Juristische Personen

82 **Juristische Personen** sind grundsätzlich Unternehmer nach § 14 Abs. 1 BGB und niemals Verbraucher.

Somit gelten als Unternehmer z.B.:

- eingetragene Vereine,
- rechtsfähige Stiftungen,
- GmbH,
- AG,
- UG (haftungsbeschränkt).[52]

51 *Litzenburger*, RNotZ 2006, 180 ff.; Armbrüster/Preuß/Renner/*Armbrüster*, BeurkG, § 17 Rn 171.

52 EUGH NJW 2002, 205; *Ellenberger*, in: Grüneberg, § 13 Rn 2.

4. Personenhandelsgesellschaften

Auch **Personenhandelsgesellschaften**, z.B. die OHG und die KG können **nicht Verbraucher** sein,[53] denn sie sind keine natürlichen Personen, wie der Wortlaut des § 13 BGB es verlangt. 83

5. Beispiele für Verbraucher

Verbraucher können beispielsweise sein: 84

- eine (Außen-)**GbR**, die **eigenes Vermögen** verwaltet, egal wie hoch, denn es handelt sich grundsätzlich nicht um eine gewerbliche Tätigkeit, es sei denn, der Umfang der Vermögensverwaltung macht es erforderlich, dass die GbR einen eigenen Geschäftsbetrieb (Büro, Organisation) unterhalten muss,[54] oder eine Gesellschafterin der GbR ist eine juristische Person.[55]

Verbraucher ist:

- **eine natürliche Person,** die den Vertrag nicht zu ihrer gewerblichen selbstständigen beruflichen Tätigkeit abschließt.

Als Verbraucher zu behandeln sind:

- die Wohnungseigentümergemeinschaft,[56]
- ein Arzt,
- ein Rechtsanwalt, der den Vertrag zur nichtgewerblichen Vermietung abschließt,
- ein Steuerberater, der den Vertrag zur nichtgewerblichen Vermietung abschließt,
- ein sonstiger Freiberufler, der den Vertrag zur nichtgewerblichen Vermietung abschließt.

II. § 14 BGB: Unternehmer

1. Begriff

Juristische Personen sind in der Regel Unternehmer und gewerblich geprägte Gesellschaften ebenso. 85

53 *Armbrüster*, in: Armbrüster/Preuß/Renner, BeurkG, § 17 Rn 199.

54 BGH, Urt. v. 23.10.2001 – XI ZR 63/01 = DNotZ 2002, 528 ff.

55 BGH, Urt. v. 30.3.2017 – VII ZR 269/15.

56 *Armbrüster*, in: Armbrüster/Preuß/Renner, BeurkG, § 17 Rn 199; Behandlung wie Verbraucher, obwohl die WEG weder unter § 13 BGB noch unter § 14 BGB fällt; *Rapp*, notar 2013, 359, 366; a.A. *Krampen-Lietzke*, RNotZ 2013, 575, 597, wonach die WEG als Unternehmerin einzuordnen sei.

2. Beispiele für Unternehmer

86 **Unternehmer sind z.B.:**

- GmbH,
- AG,
- UG (haftungsbeschränkt),
- eingetragener Verein,
- rechtsfähige Stiftung,
- wirtschaftlicher Verein,
- eine rechtsfähige (Außen-)GbR, die fremdes Vermögen verwaltet,
- eine (Außen-)GbR, die eigenes Vermögen verwaltet, aber aufgrund des Umfanges der Vermögensverwaltung einen eigenen Geschäftsbetrieb unterhält, z.B. ein Büro mit Personal,
- eine GbR, bei der mindestens ein Gesellschafter juristische Person ist,[57]
- GmbH & Co. KG,
- UG (haftungsbeschränkt) & Co. KG,
- OHG,
- KG,
- ausländische Kapitalgesellschaften wie die Ltd., die S.A.R.L., die BV.,
- öffentliche Hand (Gemeinde, Stadt),[58]
- Kirche,[59]
- Insolvenzverwalter, gleichgültig ob er für einen Unternehmer oder einen Verbraucher handelt,[60]
- Landwirt, in haupt- oder nebenberuflicher Tätigkeit, z.B. bei Verpachtung von Windkraftanlageflächen.[61]

E. Güterstände

I. Allgemeines zu § 1365 BGB

1. Zustimmung des Ehegatten bei Grundstücksveräußerung

87 Bei der Vorbereitung eines Kaufvertrags kann es beachtlich sein, zu prüfen, ob der Abschluss der Vereinbarung davon abhängt, dass auf der Verkäuferseite ein Ehegatte oder eingetragener Lebenspartner der Veräußerung zustimmen muss. Zu denken ist beispielsweise an eine Zustimmung nach **§ 1365 BGB** oder auch an eine vergleichbare Zustimmung nach einer ausländischen Rechtsordnung.

57 BGH, Urt. v. 30.3.2017 – VII ZR 269/15.

58 Ausführlich hierzu *Mairose*, RNotZ 2012, 469, 470.

59 *Mairose*, RNotZ 2012, 470.

60 *Mairose*, RNotZ 2012, 470; ebenso DNotI-Report 2009, 25, 26.

61 *Krauß*, Immobilienkaufverträge in der Praxis, Rn 213.

2. Grundstückserwerb allein durch einen Ehegatten

Will **ein** verheirateter Ehegatte **allein** ohne den anderen Ehegatten eine Immobilie **kaufen**, kann dies unter Umständen **ausgeschlossen** sein. Lebt der Kaufwillige im Güterstand der **Errungenschaftsgemeinschaft**, ist es zwingend, dass die Immobilie auf beide Ehegatten übereignet und aufgelassen wird. Erfolgt dennoch eine Grundbucheintragung allein auf einen Ehegatten, so ist das Grundbuch unrichtig, weil es den weiteren „mitberechtigten" Ehegatten nicht als Eigentümer ausweist. 88

Wurde der Güterstand in der notariellen Urkunde versehentlich nicht thematisiert, sodass die Auflassung an einen Ehegatten allein unrichtig war, z.B. wenn die Ehegatten im Güterstand der Errungenschaftsgemeinschaft leben und der Erwerb nicht Vorbehaltsgut für den einen Ehegatten ist, so bleibt die Auflassung dennoch wirksam. Sie wird dahin umgedeutet, dass der „nicht mitkaufende Ehegatte" kraft anwendbaren Güterrechts dennoch **mitberechtigt** wurde.[62] Die Grundbuchberichtigung auf beide Ehegatten im Güterstand der Errungenschaftsgemeinschaft kann nachgeholt werden. Die Grundbuchberichtigung ist formlos und ohne ein Mitwirken des früheren Eigentümers möglich.[63] 89

Der Notar sollte seine Aufzeichnung hinsichtlich des Käufers als wirtschaftlich Berechtigter i.S.d. Geldwäschegesetzes korrigieren, weil die Angaben zum wirtschaftlich Berechtigten **vollständig und richtig sein** müssen. 90

3. Aufklärungen des Notars über §1365 BGB

Der Notar soll zunächst den Käufer und den Verkäufer über das Bestehen und die Rechtswirkungen der Vorschrift des § 1365 BGB aufklären. Liegen keine näheren Anhaltspunkte dafür vor, dass eine Zustimmung eines Ehegatten oder eingetragenen Lebenspartners notwendig ist, besteht für den Notar allerdings nicht die Verpflichtung, die Vermögensverhältnisse des verfügenden Verkäufers zu ermitteln.[64] Vielmehr genügt ein abstrakter Hinweis über die Möglichkeit der Anwendung von § 1365 BGB. 91

Stellt sich heraus, dass aufgrund der Offenbarung der Vermögensverhältnisse der im Kaufvertrag geregelte Vermögensgegenstand nahezu das gesamte Vermögen des Verkäufers ausmacht und nimmt der Käufer deshalb Abstand vom Abschluss des Kaufvertrags, gereicht dies dem Notar nicht zum Nachteil.[65] 92

62 BGH, DNotZ 1982, 692, 694.

63 BGH, DNotZ 1982, 692, 697; *Elsing*, Das Geldwäschegesetz in der notariellen Praxis, § 5 Rn 53.

64 *Armbrüster*, in: Armbrüster/Preuß/Renner, BeurkG, § 17 Rn 61; *Waldner*, Immobilienkaufverträge, Rn 58; NK-BGB/*Gruber*, § 1365 Rn 76; OLG Oldenburg NJW-RR 2005, 646; BGHZ 64, 246, 248 = DNotZ 1975, 628, 631.

65 BGHZ 64, 246, 251 = NJW 1975, 1270; *Gruber*, in: NK-BGB, § 1365 Rn 77.

Derjenige, der sich auf die Vorschrift des § 1365 BGB beruft, muss die Voraussetzungen der Anwendung **darlegen und beweisen**.[66] Auch die Kenntnis des Käufers darüber, dass es sich zum Zeitpunkt des Abschlusses des Kaufvertrags bei der verkauften Immobilie um nahezu das gesamte Vermögen des Verkäufers handelt, muss derjenige darlegen und beweisen, der sich auf die Vorschrift des § 1365 BGB beruft.[67]

4. Grundbuchamt darf fehlende Zustimmung des Ehegatten nur im Ausnahmefall beanstanden

93 Das Grundbuchamt darf die fehlende Zustimmung des Ehegatten nur beanstanden, wenn es **konkrete Anhaltspunkte** dafür hat, dass sie nach § 1365 BGB erforderlich ist.[68] Trotzdem fordern zahlreiche Grundbuchämter diese Zustimmung standardmäßig an.[69] Es kann deshalb sinnvoll sein, die Frage der Zustimmung nach § 1365 BGB im Kaufvertrag zu protokollieren.

5. Zustimmung nach § 1365 BGB auch bei Grundpfandrechten

94 Auch bei **Grundpfandrechten** kann das Erfordernis der Zustimmung nach § 1365 BGB greifen. Banken stellen regelmäßig die Formulare zur Bestellung einer Grundschuld. Das Formular sieht dann vor, dass der Ehegatte, der mit dem Eigentümer und Grundpfandrechtsbesteller im gesetzlichen Stand der Zugewinngemeinschaft lebt, seine Zustimmung zu erteilen hat, wenn die Immobilie der wesentliche Vermögenswert des Eigentümers ist, die Grundschuld den Wert des Pfandeigentums nahezu ausschöpft und der Bank diese Umstände bekannt sind. Bei der Feststellung, ob ein Ehegatte mit einer Grundschuldbestellung über sein nahezu gesamtes Vermögen verfügt, sind neben dem Nominalbetrag der Grundschuld auch die bei einer künftigen Vollstreckung in die Rangklasse 4 des § 10 Abs. 1 ZVG fallenden **Grundschuldzinsen einzubeziehen** und regelmäßig mit dem Zweieinhalbfachen Jahresbetrag zu berücksichtigen.[70]

66 BGHZ 43, 174, 177; BGH FamRZ 1990, 970, 971.

67 *Gruber*, in: NK-BGB, § 1365 Rn 78.

68 BGH, Beschl. v. 21.2.2013 – V ZB 15/12, ZNotP 2013, 104 ff.; BGHZ 35, 135.

69 *Neie/Rebhan*, in: Heinemann, Kölner Formularbuch Grundstücksrecht, Kapitel H. Rn 726.

70 *Neie/Rebhan*, in: Heinemann, Kölner Formularbuch Grundstücksrecht, Kapitel H. Rn 723.

6. Eigentümergrundschuld bedarf keiner Zustimmung des Ehegatten

Eine **Eigentümergrundschuldbestellung** bedarf keiner Zustimmung nach § 1365 BGB durch den Ehegatten, auch nicht die Unterwerfung unter die sofortige Zwangsvollstreckung, die eine prozessuale Willenserklärung ist.[71] 95

7. Verweigerte Zustimmung eines Ehegatten

Verweigert ein Ehegatte die notwendige Zustimmung nach § 1365 BGB, wird der schwebend unwirksame Kaufvertrag **endgültig unwirksam**.[72] Ändert der Ehegatte, der seine Zustimmung versagt doch noch seine Meinung und will seine eherechtliche Zustimmung erteilen, bedarf es des Abschlusses eines **neuen Kaufvertrags**. 96

8. Transparentes Beurkundungsverfahren betreffend die Zustimmung des Ehegatten

Wird die Zustimmung des Ehegatten – wie oft in der Praxis – mit beurkundet, muss der Notar darauf achten, dass die Regelungen klar und verständlich abgefasst sind. Obergerichtlich wurde entschieden,[73] dass ein notariell beurkundeter Vertrag selbst dann unwirksam ist, wenn die ausdrücklich erklärte Zustimmung des Ehegatten gem. §§ 1365 ff. BGB fehlt, auch wenn der zustimmungsberechtigte Ehegatte an der Vorbereitung, wie auch an der Beurkundung des Vertrags mitgewirkt hatte. Eine konkludente Zustimmung wurde nicht darin gesehen, dass der zustimmungsberechtigte Ehegatte eingebunden war und an der Beurkundung teilnahm. Notwendig ist also eine **konkret erklärte Zustimmung** gem. § 1365 BGB. Notwendig ist zudem, dass die Formulierung des Notars verdeutlicht, dass der zustimmungsberechtigte Ehegatte auch weiß, dass er nicht verpflichtet, sondern nur berechtigt ist, seine Zustimmung zu erklären; er darf die Zustimmung auch verweigern.[74] 97

II. Gütertrennung

Durch die **Gütertrennung** sind die Vermögen der Ehegatten eigentumsrechtlich und haftungsrechtlich völlig voneinander getrennt. Jeder Ehegatte verwaltet sein Vermögen selbst. Bei Beendigung der Ehe wird keinerlei Zugewinn ausgeglichen. 98

Bei der Gütertrennung darf ein **Ehegatte** eine Immobilie **zu Alleineigentum** erwerben, ohne Zustimmung des anderen Ehegatten. Auch die Veräußerung der Immobi-

71 *Neie/Rebhan*, in: Heinemann, Kölner Formularbuch Grundstücksrecht, Kapitel H. Rn 726, 727.

72 BGH NJW 1994, 1785.

73 OLG Koblenz, Beschl. v. 27.5.2015 – 13 UF 156/15, ZEV 2016, 35.

74 Vgl. *Elsing*, notarbüro 2016, 76, 77.

lie durch den Ehegatten, der alleiniger Eigentümer ist, bedarf **keiner güterrechtlichen Zustimmung des anderen Ehepartners**.

III. Zugewinngemeinschaft und Errungenschaftsbeteiligung

1. Zugewinngemeinschaft

99 Die **Zugewinngemeinschaft** ist ein besonderer Typ der Gütertrennung. Jeder Ehegatte/Lebenspartner ist und bleibt allein Eigentümer seiner Sachen, die er vor der Ehe bereits besaß und die er während der Ehe erworben hat (§ 1363 Abs. 2 BGB).

Bei Scheidung der Ehe/gerichtlicher Trennung der Lebenspartnerschaft wird, bis auf einige Ausnahmen, das während der Ehe-/Lebenspartnerschaftszeit hinzugewonnene Vermögen (Zugewinn) zu gleichen Teilen auf beide Partner aufgeteilt. Anstelle der „Zugewinngemeinschaft" wäre die Bezeichnung „Gütertrennung mit Zugewinnausgleich" treffender. Besteht **Zugewinngemeinschaft**, kann ein Ehegatte/Lebenspartner eine **Immobilie allein erwerben**.

2. Zustimmungserfordernisse bei bestimmten Vermögensgrößen des veräußernden Ehegatten

100 **Veräußert** ein Ehegatte seine ihm gehörende Immobilie oder wesentliche Teile seines Vermögens, so kann unter Umständen zur Veräußerung die **Zustimmung** des anderen Ehegatten **notwendig** sein (§ 1365 BGB). In jedem Fall kann ein Ehegatte ohne die Zustimmung nach § 1365 BGB durch den anderen Ehegatten eine Immobilie veräußern, wenn der veräußernde Ehegatte zum Zeitpunkt des Abschlusses des Veräußerungsvertrags noch über **Vermögenswerte i.H.v. 30 %** verfügt.[75] Bei kleineren Vermögen kann ein Ehegatte ohne die Zustimmung nach § 1365 BGB veräußern, wenn ihm noch **mindestens 15 %** anderes Vermögen verbleiben.[76] Bei größeren Vermögen kann ein Ehegatte ohne die Zustimmung nach § 1365 BGB veräußern, wenn ihm noch **mindestens 10 %** anderes Vermögen verbleiben.[77]

3. Gesamtplan

101 Wenn ein **Gesamtplan zur Veräußerung** mehrerer Immobilien vorliegt, kann dies dazu führen, dass selbst dann, wenn noch bei einem großen Vermögen 11,3 % Restvermögen verbleibt, die Zustimmung nach § 1365 BGB ausdrücklich erforderlich

75 BGH NJW 1980, 2350, 2351.

76 BGH NJW 1991, 1740.

77 BGH NJW 1991, 1740; anders jedoch bei einer Veräußerung im Wege eines Gesamtplans in drei Akten verteilt über einen nahen Zeitraum. Hat ein solches Geschäft den Sinn und Zweck, dem Ehegatten Vermögen zu entziehen, führt auch eine nur geringfügige Unterschreitung der üblichen 10 % Grenze dazu, dass die Veräußerung des Grundstücks der Zustimmung des anderen Ehegatten bedarf; vgl. OLG Köln, Urt. v. 8.2.2012 – 5 U 181/11, NotBZ 2012, 461–464.

sein kann.[78] Ein Gesamtplan kann z.B. vorliegen, wenn drei zeitversetzte Immobilienübereignungen anstehen und diese rechtlich voneinander abhängen. Im Zweifelsfalle und wenn es möglich ist, sollte der andere Ehegatte zur Beurkundung mit erscheinen und in dem Vertrag bereits – ggf. vorsorglich – seine Zustimmung nach § 1365 BGB erklären.

4. Berücksichtigung des vorbehaltenen Wohnungsrechts als verbleibendes Vermögen

Bei der Beurteilung, ob die Übertragung eines Grundstücks durch einen Ehegatten sein Vermögen im Ganzen betrifft, ist ein von ihm **vorbehaltenes Wohnungsrecht als ihm verbliebenes Vermögen zu berücksichtigen** und es spielt dabei keine Rolle, dass der andere Ehegatte nicht auf das Wohnungsrecht zugreifen kann.[79] 102

IV. Errungenschaftsbeteiligung

Während der Ehe gilt Gütertrennung. Bei Beendigung der Ehe wird ein schuldrechtlicher Ausgleich des während der Ehe hinzuerworbenen Vermögens durchgeführt, wobei geschenktes oder geerbtes Vermögen nicht berücksichtigt wird. Bloße Wertzuwächse des Anfangsvermögens werden anders als bei der Zugewinngemeinschaft nicht erfasst. Ein Ehegatte kann eine Immobilie zu Alleineigentum erwerben. Veräußert ein Ehegatte eine Immobilie allein, kann unter Umständen die Zustimmung des anderen Ehegatten erforderlich sein. Im Zweifel sollte die Zustimmung des Ehegatten im Kaufvertrag vorsorglich mit erklärt werden. 103

V. Errungenschaftsgemeinschaft

Bei der Errungenschaftsgemeinschaft besteht neben der Gütertrennung für Eigengut auch Gütergemeinschaft für das Gesamtgut. Grundsätzlich fallen Gegenstände oder Immobilien, die während der Ehe erworben werden, in das Gesamtgut. Vermögen das bereits in die Ehe eingebracht wurde oder Vermögen, das durch Schenkung oder Erbschaft hinzuerworben wird, wird dagegen zu Eigengut. Es ist grundsätzlich **nicht möglich**, dass ein Ehegatte eine Immobilie zu Alleineigentum **erwirbt**, denn sie fällt in das Gesamtgut beider Ehegatten. 104

> *Ausnahme*
>
> Die Immobilie wird geschenkt oder geerbt. Veräußert ein Ehegatte eine Immobilie allein, ist die Zustimmung des anderen erforderlich, wenn es sich um das

78 OLG Köln, Urt. v. 8.2.2012 – 5 U 181/11, NotBZ 2012, 461.

79 BGH, Urt. v. 16.1.2013 – XII ZR 141/10; im entschiedenen Fall übertrug eine Ehefrau ein Grundstück und behielt sich an einer Wohnung ein Wohnungsrecht vor, welches als Vermögen bereits mehr als 15 % ausmachte. Die Ehefrau erklärte nicht über ihr wesentliches Vermögen zu verfügen. Der Ehemann widersprach kurz nach Beurkundung der Veräußerung.

Gesamtgut beider Ehegatten handelt und wenn nicht, kann die Zustimmung dennoch erforderlich sein. Im Zweifel sollte die Zustimmung des Ehegatten im Kaufvertrag vorsorglich mit erklärt werden.

VI. Aufgeschobene Gütergemeinschaft

105 Bei der **aufgeschobenen Gütergemeinschaft** handelt es sich um eine während der Ehe bestehende Gütertrennung, bei der bei Beendigung der Ehe erst ein Ausgleich des „Gesamtgutes" stattfindet. Selbst Vermögen, das vor der Ehe erworben wurde, unterliegt bei Beendigung der Ehe dem Ausgleich. Nur Vermögen, das geschenkt oder geerbt wurde und dabei ausdrücklich zum Vorbehaltsgut erklärt wurde, unterliegt nicht dem Ausgleich. **Der Immobilien-Alleinerwerb ist daher durch einen Ehegatten möglich. Die Veräußerung** durch einen Ehegatten **kann die Zustimmung** des anderen Ehegatten **erfordern**, und zwar nach einer ausländischen Bestimmung, die der nach § 1365 BGB ähnelt. Im Zweifel sollte die Zustimmung des Ehegatten im Kaufvertrag vorsorglich mit erklärt werden.

VII. Übersicht ausgewählter Länder: Gesetzliche Güterstände

1. Länder mit Gütertrennung

106 Folgende Länder sehen den gesetzlichen Güterstand, Gütertrennung, vor:

Gesetzlicher Güterstand = Gütertrennung

- Afghanistan
- Algerien
- Ägypten
- Australien (Vermögensteilung bei Scheidung durch das Gericht)
- Dänemark (Gütertrennung mit Teilung des Vermögens bei Beendigung des Güterstandes)[80]
- England (Vermögensteilung bei Scheidung durch Gericht)
- Finnland (Gütertrennung mit schuldrechtlichem Ausgleich der Vermögensdifferenz)[81]
- Hongkong
- Irak
- Iran
- Irland (Vermögensteilung bei Scheidung durch Gericht)
- Israel (Gütertrennung mit Teilung des Ehevermögens bei Scheidung)
- Jamaika (Vermögensteilung bei Scheidung durch Gericht)
- Japan (Gütertrennung, Ausgleich bei Scheidung)

80 *Süß*, in: Beck'sches Notarhandbuch, § 28 Rn 168.

81 *Süß*, in: Beck'sches Notarhandbuch, § 28 Rn 168.

- Kenia
- Liechtenstein
- Marokko
- Norwegen (Gütertrennung, Teilung mit Beendigung des Güterstandes)
- Österreich (Gütertrennung mit Teilung der ehelichen Ersparnisse bei Scheidung)[82]
- Pakistan
- Saudi-Arabien
- Schweden (Gütertrennung mit Teilung des Vermögens nach Beendigung der Ehe)

2. Länder mit Errungenschaftsgemeinschaft

Gesetzlicher Güterstand = Errungenschaftsgemeinschaft **107**

- Albanien
- Argentinien
- Armenien
- Belgien
- Bolivien
- Bosnien und Herzegowina
- Brasilien
- Bulgarien
- Chile
- China
- Estland
- Frankreich
- Italien
- Kuba
- Kroatien
- Lettland
- Luxemburg
- Polen (Vertragliche Güterstände sind möglich. Eine Rechtswahl für das gesamte Vermögen ist nun möglich. Wählbar ist das Heimatrecht eines Ehegatten, das Recht des Wohnsitzes oder das Recht des gewöhnlichen Aufenthalts eines Ehegatten. Die Rechtswahl kann auch schon vor Eheschließung geschlossen werden).[83]
- Portugal
- Puerto Rico

82 *Süß*, in: Beck'sches Notarhandbuch, § 28 Rn 168.
83 *Schaal*, BWNotZ 2012, 18 ff.

- Rumänien
- Russland (Russische Föderation)
- Serbien
- Slowakei
- Slowenien
- Spanien (Besonderheiten in bestimmten Gebieten)
- Thailand
- Ukraine
- Ungarn
- Uruguay
- Vietnam
- Zypern

3. Länder mit Errungenschaftsbeteiligung

108 *Gesetzlicher Güterstand = Errungenschaftsbeteiligung*

- Schweiz
- Türkei

F. Sittenwidrig überhöhter Kaufpreis

109 Ein Kaufvertrag, bei dem objektiv ein auffälliges Missverhältnis zwischen Leistung und Gegenleistung besteht, wird von der Rechtsprechung als ein wucherähnliches Rechtsgeschäft i.S.v. § 138 Abs. 1 BGB gewertet. Kommt mindestens ein weiterer Umstand hinzu, der den Vertrag als sittenwidrig erscheinen lässt, insbesondere wenn der begünstigte Verkäufer die wirtschaftlich schwächere Position des Käufers bewusst ausnutzt, ist der Kaufvertrag **nichtig**. Wenn der Kaufpreis **knapp doppelt so hoch ist**, wie der Wert der Immobilie, wird eine grob fahrlässige Ausnutzung des Käufers ggf. unterstellt.[84]

110 Soweit der Notar ausnahmsweise eine entsprechende Wertdifferenz erkennen kann, z.B. wenn er den Ankauf und kurz danach den Verkauf derselben Immobilie beurkunden soll und der deutlich höhere Wert nicht nachvollziehbar ist, wird er die **Beurkundung ablehnen**.

Erzielt ein Verkäufer von seinem Käufer einen Kaufpreis, der in sittenwidriger Weise überhöht ist, beispielsweise 95 % über dem Verkehrswert, und hat der Käufer (Kreditnehmer) den Kaufpreis zu 100 % durch eine Bank finanziert, darf der Kreditnehmer dies als Beleg dafür werten, dass die Bank seine Einschätzung, der Kaufpreis sei angemessen, teilt. Die finanzierende Bank ist daher verpflichtet, die Angemessenheit vor Kreditvergabe zu überprüfen. Unterlässt sie die Prüfung, ist sie dem

84 BGH, Urt. v. 19.1.2001 – V ZR 437/99, BGHZ 146, 298.

Kreditnehmer für den Fall der sittenwidrigen Überhöhung des Kaufpreises zum Schadenersatz verpflichtet.[85]

G. Mitwirkungsverbote

I. Beachtung der Mitwirkungsverbote §§ 3, 7 BeurkG

Der Notar bekleidet unabhängig sein öffentliches Amt. Er ist insbesondere für Beurkundungen zuständig (§ 1 BNotO). Die **Unparteilichkeit** des Notars ist von absolut zentraler Bedeutung. Der Notar darf nicht nur Vertreter einer Partei sein, sondern hat die Beteiligten unparteiisch zu betreuen, darf also niemanden bevorzugen und zugleich benachteiligen (§ 14 Abs. 1 S. 2 BNotO). 111

Der Notar muss zur Bewahrung des Ansehens **bereits dem Anschein** einer Gefährdung seiner Unabhängigkeit und Unparteilichkeit **entgegenwirken** (§ 14 Abs. 3 S. 2 BNotO).[86] Damit die Neutralität auch in den Fällen, in denen sie denkbar beeinträchtigt sein könnte, gewahrt bleibt, soll der Notar in den in § 3 Abs. 1 S. 1 BeurkG genannten Fällen **nicht** an der Beurkundung **mitwirken**. Das Mitwirkungsverbot gilt über § 16 BNotO auch für Kaufpreisverwahrungsgeschäfte oder Betreuungstätigkeiten. Die Mitwirkungsverbote knüpfen an **abstrakte Gefahrensituationen** an, ohne dass es auf eine konkrete Gefährdung der notariellen Unabhängigkeit und Unparteilichkeit im Einzelfall ankäme.[87]

§ 7 BeurkG gilt nur für die Beurkundung von Willenserklärungen, wobei von dem Begriff der materiellen Beteiligung ausgegangen wird. Die Verschaffung eines rechtlichen Vorteils für ausgeschlossene in § 7 BeurkG genannte Personen führt zur Teilunwirksamkeit der betroffenen beurkundeten Willenserklärungen, ggf. auch zur gesamten Unwirksamkeit der Urkunde, falls die übrigen Erklärungen in der Urkunde mit der betroffenen nicht wirksamen Erklärung eine rechtliche Einheit i.S.d. § 139 BGB darstellen sollte.[88] 112

II. Verstoßfolgen

Nimmt der Notar trotz des relativen Mitwirkungsverbotes (§ 3 BeurkG) dennoch die Beurkundung z.B. eines Kaufvertrags vor, ist die Beurkundung zwar **wirksam**, 113

85 OLG Dresden, Beschl. v. 28.6.2012 – 9 U 1758/11, NotBZ 2013, 43 ff.

86 BT-Drucks 13/4184, S. 36; *Sandkühler*, in: Arndt/Lerch/Sandkühler, BNotO, § 16 Rn 3; *Elsing*, in: Kilian/Sandkühler/v. Stein, Praxishandbuch Notarrecht, § 12 Rn 1; *Grziwotz*, in: Grziwotz/Heinemann, BeurkG, § 3 Rn 1.

87 *Armbrüster*, in: Armbrüster/Preuß/Renner, BeurkG, § 3 Rn 1; *Limmer*, DNotZ 2004, 334, 337; *Litzenburger*, NotBZ 2005, 239, 240; *Elsing*, in: Kilian/Sandkühler/v. Stein, Praxishandbuch Notarrecht, § 12 Rn 2.

88 *Elsing*, in: Kilian/Sandkühler/v. Stein, Praxishandbuch Notarrecht, § 12 Rn 5.

räumt dem Notar allerdings auch kein Ermessen ein.[89] Der Notar verletzt eine **unabdingbare Amtspflicht**, die disziplinarrechtliche Folgen nach sich ziehen kann. Bei bewussten und groben Verstößen gegen die Mitwirkungsverbote ist der Notar **zwingend** seines Amtes zu entheben – § 50 Abs. 1 Nr. 9 BNotO. Soweit der seines Amtes enthobene Notar zugleich auch Rechtsanwalt ist, hat seine Amtsenthebung auch die Ausschließung aus der Rechtsanwaltschaft zur Folge – § 97 Abs. 5 BNotO. Wiegt der Verstoß gegen die notarielle Neutralitätspflicht nicht so schwer, kann die Dienstaufsicht dem Notar einen Verweis nach § 97 Abs. 1 BNotO erteilen und gegebenenfalls zusätzlich ein Bußgeld verhängen.[90] Der Verstoß gegen seine Neutralitätspflicht führt bei Eintritt eines Schadens regelmäßig zur **Haftung** des Notars wegen Amtspflichtverletzung.[91] Die strengen Regelungen in der Bundesnotarordnung und in dem Beurkundungsgesetz zementieren die eminente Bedeutung der notariellen Neutralitätspflichten, die das prägende Wesensmerkmal des Notariatsamtes darstellen.

114 Nimmt der Notar trotz der Ausschließungsgründe des § 6 BeurkG die Beurkundung vor, bedeutet dies nicht nur einen Amtspflichtverstoß, sondern führt auch zur **vollständigen Unwirksamkeit** des Rechtsgeschäfts. Beurkundungen von Willenserklärungen sind **insoweit unwirksam**, als diese darauf gerichtet sind, bestimmten in § 7 BeurkG genannten Personen einen **rechtlichen Vorteil** zu verschaffen, nämlich

- dem Notar selbst (Nr. 1),
- seinem derzeitigen oder seinem früheren Ehegatten (Nr. 2),
- seinem derzeitigen oder seinem früheren Lebenspartner (Nr. 2a) oder
- einer Person, die mit dem Notar in gerader Linie verwandt oder verschwägert oder in der Seitenlinie bis zum dritten Grade verwandt oder bis zum zweiten Grade verschwägert ist oder war (Nr. 3),

es sei denn, die übrigen Erklärungen in der Urkunde stellen mit der betroffenen nicht wirksamen Erklärung eine rechtliche Einheit i.S.d. § 139 BGB dar. In diesem Falle ist die gesamte Urkunde **voll unwirksam**.

III. Persönlicher Anwendungsbereich

115 Die Mitwirkungsverbote sind vom **Notar**, von seinem **Notarvertreter** sowie von einem **Notariatsverwalter** zu beachten, denn sie unterliegen denselben Vorschriften wie der Notar – §§ 39 Abs. 4, 57 Abs. 1 BNotO. Der Notariatsverwalter übt kein auf ihn abgeleitetes, sondern ein eigenes Amt aus – § 56 BNotO. Deshalb hat er nur die in seiner eigenen Person liegenden Mitwirkungsverbote zu beachten. Ein Vertreter des Notars hat sich der Amtsausübung zu enthalten, wenn die Voraussetzun-

89 OLG Celle, Beschl. v. 6.1.2003 – Not 19/02 m. Anm. *Kanzleiter* = DNotZ 2004, 196.

90 Gegen Notare bis zu 50.000 EUR und gegen Notarassessoren nach § 94 Abs. 4 BNotO bis zu 5.000 EUR, bei Gewinnsucht ggf. bis zur Höhe des Doppelten des erzielten Vorteils.

91 BGH, Urt. v. 25.5.1984 – V ZR 13/83, DNotZ 1985, 231.

gen eines Mitwirkungsverbots in seiner Person oder auch in der Person des vertretenen Notars liegen – § 41 Abs. 2 BNotO.

IV. Sachlicher Anwendungsbereich

Die **relativen Mitwirkungsverbote** gelten nach § 3 BeurkG für die gesamte Beur- 116
kundungstätigkeit des Notars, also auch für Unterschriftsbeglaubigungen[92] und in Verbindung mit § 16 Abs. 1 BNotO auch für seine gesamte Amtstätigkeit. Dem relativen Mitwirkungsverbot unterfallen somit insbesondere das notarielle Verwahrungsverfahren (§ 23 BNotO), die sonstigen Betreuungstätigkeiten (§ 24 BNotO), Beglaubigungen von Unterschriften und Abschriften (§§ 40–42 BeurkG), Vertretungsbescheinigungen und Registerbescheinigungen.

Im Unterschied zu den Ausschließungsvorschriften (§ 6 BeurkG) sind in § 7 117
BeurkG Fälle materieller Beteiligung erfasst. Die Folge der Teilunwirksamkeit oder vollen Unwirksamkeit tritt auch ein, wenn die begünstigte Person nicht an der Beurkundungsverhandlung teilgenommen hat. Die Vorschrift greift ein, wenn eine der in § 7 BeurkG genannten Personen begünstigt wird. Treffen Gründe für die absolute Ausschließung nach §§ 6 oder 7 BeurkG mit den relativen Mitwirkungsverboten des § 3 BeurkG zusammen, so greifen die weiter reichenden Folgen der absoluten Ausschließung ein.[93]

Hinweis

Nicht in den Anwendungsbereich des § 3 BeurkG fallen **Durchführungsvollmachten** auf den Notar oder seine Mitarbeiter,[94] weil diese der bevollmächtigten beruflichen Person weder einen Vorteil noch einen Nachteil bringen, sodass der Zweck der Vorschrift, die Wahrung der Unabhängigkeit und Unparteilichkeit des Notars, nicht berührt wird.[95]

Für die gesetzlich nicht geregelte, zulässige **Eigenurkunde** des Notars gelten die 118
Vorschriften des Beurkundungsgesetzes nicht.[96] Die Eigenurkunde ist nicht die Beurkundung eigener Willenserklärung, sodass sie nicht in den Anwendungsbereich

92 Vgl. hierzu *Armbrüster*, in: Armbrüster/Preuß/Renner, BeurkG, § 3 Rn 11.

93 *Armbrüster*, in: Armbrüster/Preuß/Renner, BeurkG, § 3 Rn 2.

94 *Sandkühler*, in: Arndt/Lerch/Sandkühler, BNotO, § 16 Rn 61, 95; *Armbrüster*, in: Armbrüster/Preuß/Renner, BeurkG, § 3 Rn 59.

95 OLG Köln, Beschl. v. 20.4.2004 – 2 X (Not) 17/03, NJW 2005, 2092; *Sandkühler*, in: Arndt/Lerch/Sandkühler, BNotO, § 16 Rn 61; *Winkler*, BeurkG § 3 Rn 155; Würzburger Notarhandbuch/*Limmer*, Teil 1, Kap. 2, Rn 33.

96 *Reithmann*, DNotZ 1975, 324 (338); *Armbrüster*, in: Armbrüster/Preuß/Renner, BeurkG, § 6 Rn 5.

des § 6 BeurkG fällt.[97] Über die Verweisung in § 16 Abs. 1 BNotO fällt sie allerdings in den Anwendungsbereich des § 3 BeurkG.[98]

V. Übersicht: Relative Mitwirkungsverbote nach § 3 Abs. 1 BeurkG

119

Amtsgeschäft	Rechtsfolge
Nr. 1: Beim Amtsgeschäft handelt es sich um eine **eigene Angelegenheit** des **Notars**, ggf. auch nur, weil dieser selbst mitberechtigt oder mitverpflichtet ist.	**Mitwirkungsverbot**. Der Notar darf nicht beurkunden und nicht an dem Amtsgeschäft mitwirken.
Nr. 2: Beim Amtsgeschäft handelt es sich um eine Angelegenheit eines **Ehepartners** oder eines **früheren Ehepartners** oder eines **Verlobten** des Notars.	**Mitwirkungsverbot**. Der Notar darf nicht beurkunden und nicht an dem Amtsgeschäft mitwirken.
Nr. 2a: Es handelt es sich um eine Angelegenheit eines **Lebenspartners** oder eines **früheren Lebenspartners** oder eines **Verlobten** i.S.d. Lebenspartnerschaftsgesetzes des Notars.	**Mitwirkungsverbot**. Der Notar darf nicht beurkunden und nicht an dem Amtsgeschäft mitwirken.
Nr. 3: Angelegenheit eines mit dem Notar in **gerader Linie Verwandten/früheren Verwandten** (z.B. Großeltern, Eltern, Kinder, Enkel).	**Mitwirkungsverbot**. Der Notar darf nicht beurkunden und nicht an dem Amtsgeschäft mitwirken.
Nr. 3: Angelegenheit eines mit dem Notar bis zum 2. Grade **Verschwägerten/früheren Verschwägerten**.	**Mitwirkungsverbot**. Der Notar darf nicht beurkunden und nicht an dem Amtsgeschäft mitwirken.
Nr. 3: Angelegenheit eines mit dem Notar bis zum 3. Grade **in der Seitenlinie** Verwandten/ früheren Verwandten.	**Mitwirkungsverbot**. Der Notar darf nicht beurkunden und nicht an dem Amtsgeschäft mitwirken.
Nr. 4: Angelegenheit eines **Sozius** des Notars oder einer Person, die mit dem Notar gemeinsame Geschäftsräume hat.	**Mitwirkungsverbot**. Der Notar darf nicht beurkunden und nicht an dem Amtsgeschäft mitwirken.
Nr. 5: Angelegenheit einer Person, deren **gesetzlicher Vertreter** der **Notar** ist oder deren **gesetzlicher Vertreter** sein **Sozius** ist.	**Mitwirkungsverbot**. Der Notar darf nicht beurkunden und nicht an dem Amtsgeschäft mitwirken.

97 *Bernhard*, in: Beck'sches Notarhandbuch, G Rn 26.
98 *Sandkühler*, in: Arndt/Lerch/Sandkühler, BNotO, § 16 Rn 12.

Amtsgeschäft	**Rechtsfolge**
Nr. 6: Angelegenheit einer Person, bei der der **Notar** oder sein **Sozius** dem **Organ** zugehörig ist.	**Mitwirkungsverbot**. Der Notar darf nicht beurkunden und nicht an dem Amtsgeschäft mitwirken.
Nr. 7: Angelegenheit einer Person, für die der Notar außerhalb seiner Amtstätigkeit in derselben Angelegenheit bereits tätig war oder ist, es sei denn, die Tätigkeit wurde im Auftrag aller an der Beurkundung Beteiligten ausgeübt.	**Mitwirkungsverbot**. Der Notar darf nicht beurkunden und nicht an dem Amtsgeschäft mitwirken.
Nr. 8: Angelegenheiten einer Person, die den Notar in derselben Angelegenheit bevollmächtigt hat oder zu der der **Notar** in ständigem **Dienst- oder Geschäftsverhältnis** steht.	**Mitwirkungsverbot**. Der Notar darf nicht beurkunden und nicht an dem Amtsgeschäft mitwirken.
Nr. 9: Angelegenheit einer Gesellschaft, an der der Notar mit mehr als 5 % der Stimmrechte oder mit einem anteiligen Betrag des Haftkapitals von mehr als 2.500 EUR beteiligt ist.	**Mitwirkungsverbot**. Der Notar darf nicht beurkunden und nicht an dem Amtsgeschäft mitwirken.

Anmerkungen zur Tabelle.[99]

VI. Vorbefassung

Untersagt ist dem Notar die Beurkundung in Angelegenheiten einer Person, für die der Notar, sein Sozius oder eine Person, mit der er eine Bürogemeinschaft unterhält, **außerhalb der notariellen Amtstätigkeit** in derselben Angelegenheit bereits tätig war oder noch tätig ist (§ 3 Abs. 1 Nr. 7 BeurkG). Die Vorschrift trennt die notarielle Amtstätigkeit von der außernotariellen, sodass die Vorbefassung des Notars oder seines Sozius in seiner notariellen amtlichen Eigenschaft nicht dem Mitwirkungsverbot unterliegt. Erhebliche Bedeutung hat die Mitwirkungsverbotsvorschrift des § 3 Abs. 1 Nr. 7 BeurkG für den Anwaltsnotar, dem § 24 Abs. 2 S. 2 im Zweifel unterstellt, als Rechtsanwalt tätig geworden zu sein. Der Anwaltsnotar hat rechtzeitig vor der notariellen Amtshandlung gegenüber den Beteiligten zum Ausdruck zu bringen, ob er als Rechtsanwalt oder als Notar tätig wird. Während z.B. der Notar, der ein gemeinschaftliches Testament beurkundet hat, nicht daran gehindert ist, später den Testamentswiderruf eines Beteiligten zu beurkunden, hängt die Entscheidung, ob ein Mitwirkungsverbot vorliegt, wenn ein Anwaltsnotar in einer Vertragsgestaltung berät und später den Vertrag beurkundet, entscheidend davon 120

99 *Elsing*, in: Kilian/Sandkühler/v. Stein, Praxishandbuch Notarrecht, § 12 Rn 20.

ab, ob er in der Sache als Notar oder als Rechtsanwalt beraten hat (§ 24 Abs. 2 BNotO).[100]

121 Im Bereich des Anwaltsnotariats dient die Frage- und Dokumentationspflicht (§ 3 Abs. 1 S. 2) der verfahrensrechtlichen Absicherung der Einhaltung des Mitwirkungsverbots (§ 3 Abs. 1 Nr. 7). Diese Absicherung ist geboten, weil die neutrale Notariatstätigkeit von der parteiischen Anwaltstätigkeit im Anwaltsnotariat sehr häufig abzugrenzen ist.

In der Praxis des hauptberuflichen Notars kommt die Frage- und Dokumentationspflicht so gut wie nicht vor, weil sie hier eine weitgehend überflüssige Formalie darstellt. Den **Nur-Notar** trifft keine generelle Frage- und Dokumentationspflicht nach § 3 Abs. 1 S. 2 BNotO.[101] Handelt für den Notar jedoch ein amtlich bestellter Vertreter, der auch als Rechtsanwalt tätig ist, sollte dieser wiederum generell die Beteiligten zur Vorbefassung befragen.

VII. Übersicht: Ausschließungsgründe nach § 6 Abs. 1 BeurkG

122

Amtsgeschäft	**Rechtsfolge**
Nr. 1: Der Notar ist selbst Beteiligter der Beurkundung.	**Ausschließungsgrund**. Der Notar darf nicht beurkunden. Eine Beurkundung wäre **unwirksam**.
Nr. 2: Die Ehefrau des Notars ist Beteiligte der Beurkundung.	**Ausschließungsgrund**. Der Notar darf nicht beurkunden. Eine Beurkundung wäre **unwirksam**.
Nr. 2a: Der Lebenspartner des Notars ist Beteiligter der Beurkundung.	**Ausschließungsgrund**. Der Notar darf nicht beurkunden. Eine Beurkundung wäre **unwirksam**.
Nr. 3: Eine Person, die mit dem Notar in gerader Linie verwandt ist **oder war** ist Beteiligter der Beurkundung.	**Ausschließungsgrund**. Der Notar darf nicht beurkunden. Eine Beurkundung wäre **unwirksam**.
Nr. 4: Ein **Vertreter**, der für den Notar, die Ehefrau des Notars, den Lebenspartner des Notars oder eine mit dem Notar verwandte oder verwandt gewesene Person handelt, die an der Beurkundung beteiligt ist.	**Ausschließungsgrund**. Der Notar darf nicht beurkunden. Eine Beurkundung wäre **unwirksam**.

Anmerkungen zur Tabelle.[102]

100 *Sandkühler*, in: Arndt/Lerch/Sandkühler, BNotO, § 16 Rn 77.

101 *Armbrüster*, in: Armbrüster/Preuß/Renner, BeurkG, § 3 Rn 80; *Hertel*, in: Staudinger, Vorbem zu §§ 127a, 128 (BeurkG) Rn 305; *Winkler*, BeurkG, § 3 Rn 126; a.A. *Sandkühler*, in: Arndt/Lerch/Sandkühler, BNotO, § 16 Rn 85.

102 *Elsing*, in: Kilian/Sandkühler/v. Stein, Praxishandbuch Notarrecht, § 12 Rn 40.

VIII. Übersicht: Ausschließungsgründe nach § 7 BeurkG

123

Amtsgeschäft	Rechtsfolge
Nr. 1: Durch die Beurkundung des Notars verschafft sich der **Notar** einen **rechtlichen Vorteil.**	Die Beurkundung ist **insoweit unwirksam**. Die weiteren Erklärungen bleiben wirksam, es sei denn, eine Gesamtnichtigkeit nach § 139 BGB ist im Zweifel anzunehmen.
Nr. 2: Durch die Beurkundung des Notars wird dem **Ehegatten** oder **früheren Ehegatten des Notars** ein **rechtlicher Vorteil** verschafft.	Die Beurkundung ist **insoweit unwirksam**. Die weiteren Erklärungen bleiben wirksam, es sei denn, eine Gesamtnichtigkeit nach § 139 BGB ist im Zweifel anzunehmen.
Nr. 2a: Durch die Beurkundung des Notars wird dem **Lebenspartner** oder **früheren Lebenspartner des Notars** ein **rechtlicher Vorteil** verschafft.	Die Beurkundung ist **insoweit unwirksam**. Die weiteren Erklärungen bleiben wirksam, es sei denn, eine Gesamtnichtigkeit nach § 139 BGB ist im Zweifel anzunehmen.
Nr. 3: Durch die Beurkundung des Notars wird einer Person, die mit **dem Notar** in **gerader** oder in der **Seitenlinie bis zum dritten Grade verwandt** ist oder war, **verschwägert** oder bis zum **zweiten Grade verschwägert** ist oder war ein **rechtlicher Vorteil verschafft.**	Die Beurkundung ist **insoweit unwirksam**. Die weiteren Erklärungen bleiben wirksam, es sei denn, eine Gesamtnichtigkeit nach § 139 BGB ist im Zweifel anzunehmen.

Anmerkungen zur Tabelle.[103]

IX. Selbstablehnung wegen Befangenheit

Liegt weder ein Mitwirkungsverbot nach § 3 BeurkG, noch ein Ausschließungsgrund nach §§ 6 oder 7 BeurkG vor, soll der Notar eine Beurkundung dennoch ablehnen, wenn er sich für **befangen** hält (§ 16 Abs. 2 BNotO). Liegen nachvollziehbare Befangenheitsbefürchtungen des Notars vor, so ist die Unterlassung der Beurkundung eine Amtspflicht und ein Grund, der genügt, um nicht gegen die Vorschrift des § 15 Abs. 1 BNotO zu verstoßen.[104] Diese Amtspflicht ist aus dem Gebot der unparteiischen Amtstätigkeit des Notars in § 14 Abs. 1 S. 2 BNotO abzuleiten. Sie ergibt sich aus dem Gedanken, dass der Notar ein unabhängiger Träger eines öffentlichen Amts auf dem Gebiet der vorsorgenden Rechtspflege ist (§ 1 BNotO). Der Notar entscheidet somit über seine Befangenheit in **eigener Verantwortung**.[105] 124

103 *Elsing*, in: Kilian/Sandkühler/v. Stein, Praxishandbuch Notarrecht, § 12 Rn 41.

104 OLG Hamm, Beschl. v. 6.6.1995 – 15 W 80/95 m. Anm. *Kawohl*, DNotZ 1996, 703 ff.; *Sandkühler*, in: Arndt/Lerch/Sandkühler, BNotO, § 16 Rn 110 ff.

105 *Sandkühler*, in: Arndt/Lerch/Sandkühler, BNotO, § 16 Rn 111.

H. Gebäudeenergiegesetz

125 Seit dem 1.11.2020 gilt das neue Gebäudeenergiegesetz (GEG) und ersetzt das Energieeinsparungsgesetz, die Energieeinsparverordnung sowie das Erneuerbare-Energien-Wärmegesetz (alle außer Kraft).

Für neue Bauten, die beheizt und/oder gekühlt werden und damit in der Regel unter das GEG fallen, sind bei der Planung und Errichtung die Vorgaben nach § 10 GEG für Niedrigstenergiegebäude einzuhalten.

Bei Bestandsgebäuden gilt es, die Vorgaben des GEG zu werten. Das GEG sieht bestimmte **Nachrüstpflichten** vor. Wohnte ein Eigentümer eines Einfamilienhauses oder auch eines Zweifamilienhauses am 1.2.2002 selbst im Gebäude, greift die Nachrüstpflicht erst nach dem **ersten Eigentümerwechsel**, sodass innerhalb von zwei Jahren die energetische Nachrüstung vorzunehmen ist. In solch einem Fall ist der Notar zwar nicht verpflichtet, den Beteiligten einen Hinweis zu geben, aber dies empfiehlt sich im Einzelfall, z.B. wie folgt:

126 *Formulierungsbeispiel*

> Der Notar hat den Erwerber darauf hingewiesen, dass er innerhalb von zwei Jahren nach dem Eigentumswechsel das Gebäude (§ 47 GEG) energetisch nachrüsten muss (Dämmung der obersten Geschossdecke oder des Dachs, Dämmung in Deckenzwischenräumen, Dämmung ungedämmter zugänglicher Leitungen für Warmwasser und Heizung in unbeheizten Räumen, es sei denn, die Nachrüstung amortisiert sich nicht innerhalb einer angemessenen Frist durch die Energieeinsparungen).

127 Öl- und Gasheizkessel, die vor 1991 eingebaut wurden, dürfen nach 30 Jahren nicht mehr betrieben werden (§ 72 GEG). Ausnahmen: Niedertemperaturkessel und Brennwertkessel sowie heizungstechnische Anlagen, deren Nennleistung weniger als 4 Kilowatt oder mehr als 400 Kilowatt beträgt.

128 Nach § 80 Abs. 4 GEG oder der Bestellung eines Rechts nach § 80 Abs. 3 S. 1 GEG hat der Verkäufer oder der Immobilienmakler dem potenziellen Käufer spätestens bei der Besichtigung einen Energieausweis oder eine Kopie vorzulegen.

Ein Verzicht auf die Vorlage ist nicht zulässig.

129 Eigentümer oder Bauherren, die überlegen, eine **neue Heizung** einbauen zu lassen, können sich zu den Förderungsmöglichkeiten fachlichen Rat einholen oder sich in einer Verbraucherzentrale beraten lassen. Das GEG wurde zum 1.1.2024 geändert. Bestimmte der geregelten Maßnahmen greifen jedoch erst zu einem späteren Zeitpunkt. In Neubaugebieten dürfen seit Januar 2024 nur noch Heizungen errichtet werden, die mit mind. 65 % **erneuerbaren Energien** betrieben werden.

Für Bestandsgebäude und ebenso für Neubauten gelten **Übergangsfristen**.

Liegt das **Bestandsgebäude in einer Großstadt** (ab 100.000 Einwohner) oder liegt die Baulücke, die geschlossen wird, in einer Großstadt, dürfen nach dem **30.6.2026** nur Heizungen eingebaut werden, die auf 65 % erneuerbarer Energien basieren. 130

Wenn jedoch in dieser Großstadt für die betroffene Fläche bereits ein **Wärmeplan** vorliegt oder künftig ein solcher veröffentlicht ist, gilt die Frist zum 30.6.2026 nicht. Sobald der Wärmeplan also vorliegt, kann der Eigentümer entscheiden, oder sich an das Wärmenetz anschließen lässt oder wie er nach den gesetzlichen Vorgaben eine Heizung einbauen lässt.

Liegt das **Bestandsgebäude in einer Kleinstadt** (weniger als 100.000 Einwohner) oder liegt die Baulücke, die geschlossen wird, in einer Kleinstast, dürfen nach dem **30.6.2028** nur Heizungen eingebaut werden, die auf 65 % erneuerbarer Energien basieren. 131

Wenn jedoch in dieser Kleinstadt für die betroffene Fläche bereits ein **Wärmeplan** vorliegt oder künftig ein solcher veröffentlicht ist, gilt die Frist zum 30.6.2028 nicht. Sobald der Wärmeplan also vorliegt, kann der Eigentümer entscheiden, oder sich an das Wärmenetz anschließen lässt oder wie er nach den gesetzlichen Vorgaben eine Heizung einbauen lässt.

I. Notarkosten – Kostentragung bei Unwirksamkeit

Nach Gesetz trägt der Käufer die Kosten der Beurkundung des Kaufvertrags und der Auflassung, der Eintragung in das Grundbuch und der zur Eintragung erforderlichen Erklärungen (§ 448 Abs. 2 BGB). Diese Regelung setzt aber einen wirksam geschlossenen Kaufvertrag voraus.[106] Dasselbe gilt auch für die entsprechende vertragliche Regelung, also die im Kaufvertrag enthaltene schlichte Klausel, wonach der Käufer die Kosten des Vertrags trägt. 132

Bei einem Grundstückskaufvertrag haftet auch die vollmachtlos vertretene Vertragspartei nicht schon dann auf Ersatz der vergeblichen Vertragskosten, wenn sie die als sicher erscheinende Genehmigung ohne triftigen Grund verweigert, sondern nur, wenn eine besonders schwerwiegende, in der Regel vorsätzliche Treuepflichtverletzung vorliegt, etwa das Vorspiegeln einer tatsächlich nicht vorhandenen Genehmigungsbereitschaft. Ist der Kaufvertrag aufschiebend bedingt abgeschlossen, haftet die Vertragspartei auch bei einer besonders schwerwiegenden Treuepflichtverletzung auf Ersatz der vergeblichen Vertragskosten nur, wenn anzunehmen ist, dass die Bedingung bei Erteilung der Genehmigung eingetreten wäre.[107] 133

106 BGH, Urt. V. 9.11.2012 – VZR 182/11, NotBZ 2013, 180 ff. m. Anm. *Krauß*.
107 BGH, Urt. V. 9.11.2012 – VZR 182/11, NotBZ 2013, 180 ff. m. Anm. *Krauß*.

Es empfiehlt sich daher zur Vermeidung von Unsicherheiten die Kostenregelung im Kaufvertrag zu ergänzen um z.B. folgenden Satz:

▼

Muster 3.3: Ergänzung einer Kostenregelung im Kaufvertrag

3.3 Die Kosten dieser Beurkundung und seines Vollzuges trägt – auch für den Fall, dass der Kaufvertrag nicht wirksam wird oder bleibt – der Käufer.[108]

▲

108 Vgl. Anm. *Krauß*, NotBZ 2013, 180, 182.

§ 4 Gesellschaft bürgerlichen Rechts

A. Begriff/Arten

Es gibt zwei Arten der Gesellschaft bürgerlichen Rechts (GbR), die das Bürgerliche Gesetzbuch bestimmt, §§ 705 ff BGB, und zwar: 1

a) Die **rechtsfähige Gesellschaft bürgerlichen Rechts**, bei der alle Gesellschafter entschieden haben, dass ihre Gesellschaft am Rechtsverkehr teilnimmt, § 705 Abs. 2 Alt. 1 BGB und

b) die **nicht rechtsfähige Gesellschaft bürgerlichen Rechts**. Diese tritt nach außen nicht auf. Sie nimmt nicht am Rechtsverkehr teil (§ 705 Abs. 2 Satz 2 BGB), weil ihre Gesellschafter sich dagegen entschieden haben oder da zumindest nicht alle Gesellschafter die Teilnahme am Rechtsverkehr wollen.

Die Grundform der rechtsfähigen Personengesellschaften ist „die Gesellschaft“, 2
also die **rechtsfähige Gesellschaft bürgerlichen Rechts**. Sie kann die Unternehmereigenschaft haben und unterfällt dem Wortlaut des § 14 Abs. 2 BGB als **gesetzlich anerkannte** rechtsfähige Personengesellschaft.

Die Sonderregeln des Handelsgesetzbuchs sind den Kaufleuten vorbehalten, die ein Handelsgewerbe im Sinne des § 1 Abs. 2 HGB betreiben; auf die Gesellschaft werden sie nicht angewendet. Die rechtsfähige Gesellschaft bürgerlichen Rechts kann **eigenes Vermögen** tragen, § 713 BGB.[1]

Voraussetzung für das Bestehen einer rechtsfähigen oder nichtrechtsfähigen GbR 3
ist, dass der Gesellschaft ein abgeschlossener **Gesellschaftsvertrag** zugrunde liegt, in dem sich die Gesellschafter verpflichtet haben, einen gemeinsamen Zweck zu erreichen, der in der vertraglich bestimmten Weise gefördert wird.

Für den Abschluss eines Gesellschaftsvertrags braucht es mindestens **zwei Per-** 4
sonen, die als **Gesellschafter** beteiligt werden. Das BGB regelt keine Möglichkeit des Abschlusses mit nur einem Gesellschafter, der Grund seit jeher, weshalb eine GbR aus ausschließlich einer Person nicht existieren kann. Mit der Reform des Personengesellschaftsrechts (MoPeG) wurde daran festgehalten.

Das Festhalten war kein Versehen; in dem zum 1.1.2024 neugefassten Wortlaut des 5
§ 705 Abs. 1 BGB wird dies deutlich: *„(…) in dem sich die Gesellschafter verpflichten“*. Es muss mehr als eine Person als Gesellschafter beteiligt sein.

1 Der Begriff der Gesamthand wurde zum 1.1.2024 aufgehoben, *Elsing*, Handels- und Gesellschaftsrecht in der notariellen Praxis, § 3 Rn 5.

6 Klar wird dies auch aus der Norm § 712a Abs. 1 S. 1 BGB, die vorsieht, dass eine Gesellschaft **liquidationslos erlischt**, wenn ausschließlich ein einziger Gesellschafter übrigbleibt.[2]

7 Betreibt eine rechtsfähige GbR irgendwann doch ein Handelsgeschäft und erfordert die Art und der Umfang einen kaufmännisch eingerichteten Geschäftsbetrieb, ist die Gesellschaft dadurch automatisch zur **offenen Handelsgesellschaft** geworden (von der GbR zur OHG).

8 Zu dem Zeitpunkt des Erfordernisses für einen kaufmännisch einzurichtenden Geschäftsbetrieb greifen die HGB-Vorschriften. Nach § 29 HGB müssen die Gesellschafter (**Kaufleute**) die OHG zur Eintragung in das Handelsregister anmelden. Die Eintragung wirkt deklaratorisch und weist das Bestehen der OHG aus.

B. Form

9 Das BGB bestimmt **noch keine besondere Form**, wie der Abschluss des Gesellschaftsvertrags der rechtsfähigen GbR zu erfolgen hat. Folglich kann der Gesellschaftsvertrag **konkludent** durch schlüssige Handlungen von Gründungsgesellschaftern zustande kommen.

10 Soll bereits zur Gründung ein GbR-Gesellschafter verpflichtet werden, den **Gesellschaftszweck** zu fördern durch Übereignung einer Immobilie, als Einlage in die Gesellschaft, ergibt sich damit die Pflicht **zur notariellen Beurkundung des Gesellschaftsvertrags (§ 311b BGB)**. Die beurkundungsbedürftige Pflicht steht und fällt zusammen mit dem Gesellschaftsvertrag (§ 139 BGB). Ist einer der Verträge nicht wirksam, ist es der andere auch nicht. Zur Wirksamkeit bedarf es deshalb der Beurkundung beider Verträge.

> *Hinweis*
>
> Zur Erfüllung bedarf es zudem der **Auflassung** auf die GbR, die beurkundet werden muss (§ 925 BGB). Zuvor muss die GbR als Gesellschaft im **Gesellschaftsregister** des zuständigen Amtsgerichts eingetragen sein; andernfalls kann nach § 47 Abs. 2 GBO die Eintragung der GbR im Grundbuch nicht vorgenommen werden.

11 Auch die Verpflichtung eines Gesellschafters bei Gründung der GbR eine Einlage in Form eines GmbH-Geschäftsanteils zu leisten und abzutreten, ist **beurkundungsbedürftig** (§ 15 Abs. 3 und 4 GmbHG). Auch diese zu beurkundende Pflicht steht und fällt zusammen mit dem Gesellschaftsvertrag (§ 139 BGB), sodass das Verpflichtungsgeschäft und der Gesellschaftsvertrag beurkundet werden müssen, um wirksam zu sein.

2 *Wertenbruch*, GmbHR 2021, S. 1 Rn 2; *Elsing*, Handels- und Gesellschaftsrecht in der notariellen Praxis § 3 Rn 6.

In den Jahren, die der **Digitalisierungsrichtlinie 2.0** nachfolgen werden,[3] kann der deutsche Gesetzgeber in Umsetzung der Richtlinie möglicherweise ein gänzlich **neues Beurkundungserfordernis** einführen. 12

So könnte für Errichtungen samt Gesellschaftsverträgen betreffend die **Personenhandelsgesellschaften** (OHG und KG), aber auch für die Personengesellschaften, die rechtsfähigen in das Gesellschaftsregister einzutragenden Gesellschaften bürgerlichen Rechts, eine Beurkundung vorgesehen werden. Denkbar ist auch, dass die Umsetzung der Richtlinie mit einer gänzlich neuen und vertieften Eintragungsfähigkeitsprüfung der Notare künftig umgesetzt werden muss, die sich auf den Inhalt des Errichtungsvorgangs samt Gesellschaftsvertrag bezieht.

Welchen Weg Deutschland zur Umsetzung der **Digitalisierungsrichtline 2.0**[4] auch beschreiten wird, ist abzuwarten. Gesellschaftsverträge sollen einer vollen Kontrolle durch Notar und Registergericht unterliegen. Das spricht für ein künftiges Beurkundungserfordernis. Von Vorteil wäre zudem, dass der Gesellschaftsvertrag der eGbR beim Registergericht abrufbar ist. Es bestünde also Transparenz und nicht mehr Intransparenz mit Manipulationsmöglichkeiten zur Fassung des Gesellschaftsvertrags. Die Richtlinie wäre mit einem Beurkundungserfordernis jedenfalls vollständig umgesetzt. Recherche und Rekonstruktion von GbR-Gesellschaftsverträgen, z.B. nach dem Tod eines Gesellschafters, würden leichter.

C. Gesamthand

Für eine Alt-GbR galt noch bis zum 31.12.2023, dass das Vermögen für die Gesellschaft zur gesamten Hand der Gesellschafter gebunden war. Kein Gesellschafter konnte über seinen Anteil an der GbR allein verfügen (§ 719 BGB). Wollte ein Gesellschafter seinen GbR-Anteil übertragen, war die Zustimmung aller Gesellschafter (der gesamten Hand) notwendig. 13

Mit der gesetzlichen Anerkennung der **Rechts- und Parteifähigkeit** ist der gesellschaftsvertragliche Begriff „Gesamthand" für die rechtsfähige Alt-GbR, die nach außen in Erscheinung tritt, aufgegeben worden. Unsicher war, ob dies möglicherweise hinsichtlich der steuerlichen Folgen des gesamthänderischen Eigentums (Grunderwerbsteuer und Schenkungsteuer) problematisch wirkt. Die Unsicherheiten wurden durch **Übergangsregelungen** erst einmal beseitigt, und zwar wie folgt:[5]

3 Neuigkeiten zum Entwurf der Digitalisierungsrichtlinie siehe *Markworth*, ZPG 2023, 462, 463; *Elsing*, notarbüro 2024, 41.

4 Vorschlag für eine Richtlinie des Europäischen Parlaments und Rates zur Änderung der Richtlinien 2009/102/EG und (EU) 2017/1132 zur Ausweitung und Optimierung des Einsatzes digitaler Werkzeuge und verfahren im Gesellschaftsrecht v. 29.3.2023, COM (2023)/177 final, vgl. *Tassius,* ZPG 2023, 361.

5 Kreditzweitmarktförderungsgesetz, BGBl 2023 I Nr. 411 v. 29.12.2023.

- Im Bereich der **Grunderwerbsteuer** wird übergangsweise bis zum **31.12.2026** § 24 GrEStG eingeführt.[6] Damit sollen rechtsfähige Personengesellschaften für Zwecke der Grunderwerbsteuer als Gesamthand und deren Vermögen als Gesamthandsvermögen gelten.
- Für die Zeit ab 2027 soll durch Bund und Länder eine endgültige rechtssichere **gesetzliche Neuregelung** geschaffen werden.
- Im Bereich der **Erbschafts- und Schenkungsteuer** wird § 2a ErbStG geschaffen, nach dem die Fiktion der Gesamthand für Zwecke der Erbschafts- und Schenkungssteuer noch Bestand hat und die Gesellschafter als Zuwendende oder Erwerber gelten, wenn eine rechtsfähige Personengesellschaft eine Zuwendung macht oder eine Zuwendung erhält.

14 Rechtsfähige Gesellschaften bürgerlichen Rechts können sich seit dem 1.1.2024 in das neue **GbR-Gesellschaftsregister** eingetragen lassen. Die rechtsfähige GbR kann selbst Eigentümerin der erworbenen Rechte und Schuldnerin der gegen sie begründeten Verbindlichkeiten werden. Sie kann also Vermögen und Schulden selbst tragen.

D. Errichtung

I. Motive für die Wahl der Rechtsform

15 Die Rechtsform „GbR“ kommt im Notariat oft vor, wenn eine Gesellschaft **Grundstücke** erwerben will. Die Gesellschaft erwirbt eine Immobilie zur späteren Vermögensverwaltung. Die Gründer der Gesellschaft sehen es als Vorteil, dass jeder von ihnen seinen Anteil an der Gesellschaft später ggf. veräußern und abtreten kann ohne die Erledigung einer notariellen Beurkundung und der damit verbundenen Kosten.

Bleibt die GbR nach Abtretung einer Gesellschafterbeteiligung noch mind. zweigliedrig, kann sie als Gesellschaft weiterbestehen. Das **Gesellschaftsregister** muss hinsichtlich des Gesellschafterwechsels korrigiert werden. Die Angaben im Grundbuch zur eGbR bleiben meistens unberührt. Veränderungen wirken also häufig auf der Gesellschaftsregister-Ebene und seltener auf der Grundbuchebene.

16 *Hinweis*

Ein weiterer Vorteil ist, dass im Gegensatz zur Offenen Handelsgesellschaft die Jahresabschlüsse nicht nach HGB veröffentlicht werden.

17 Einen weiteren Vorteil erhoffen sich die Gründer ihrer rechtsfähigen GbR ggf. bei der **Grunderwerbsteuer**. Bei künftigen späteren Übertragungen der Beteiligung eines Gesellschafters kann eine Grunderwerbsteuer ggf. vermieden werden. Über-

6 Art. 28 ff. Kreditzweitmarktförderungsgesetz, BGBl 2023 I Nr. 411 v. 29.12.2023.

tragungen von GbR-Anteilen können bis zu einer Anwachsung von 90 % der Anteile in der Hand eines Gesellschafters[7] von der Grunderwerbsteuer befreit sein, wenn nicht ein Gestaltungsmissbrauch i.S.v. § 42 der Abgabenordnung (AO) vorliegt. Nicht auszuschließen ist, dass künftig die bisher in §§ 1 Abs. 2a, Abs. 3 und Abs. 3a GrEStG vorgesehene Beteiligungshöhe von mind. 90 % auf mind. 80 % herabsinken wird.

Die Gründung der GbR erfolgt auf einfache Weise. Die Kosten sind noch überschaubar, wenn nicht der Gesellschaftsvertrag ausnahmsweise beurkundungsbedürftig ist. Zur möglichen künftigen Beurkundungspflicht in Umsetzung der Digitalisierungsrichtline 2.0 siehe Rdn 12. 18

Der Mangel der **Registerpublizität** ist durch die Möglichkeit der Registrierung der Gesellschaft im Gesellschaftsregister kein Nachteil mehr. Die Gesellschafter können ihre rechtsfähige Gesellschaft dort eintragen lassen. Die Vertretungsbefugnis kann durch Registereinsicht/Auszug oder Notarbescheinigung gem. § 21 Abs. 1 BNotO im Rechtsverkehr nun belegt werden. Das Problem des **Beweisens des Fristbeginns für die Nachhaftung** kann durch die erfolgte Eintragung im Gesellschaftsregister nun besser bewiesen werden als früher. 19

Die Möglichkeiten der **Vertretung der GbR** ist flexibler geworden. Die Regeln der Vertretung der GbR bestimmt § 720 Abs. 1 BGB. Zur Vertretung sind grundsätzlich **alle Gesellschafter gemeinsam** befugt. Abweichende Vertretungsregelungen zur Vertretung können jedoch vereinbart werden, und zwar ausdrücklich im **Gesellschaftsvertrag** der GbR. Dort kann z.B. geregelt werden, dass: 20

- ein **Gesellschafter geschäftsführend allein** zur Vertretung der Gesellschaft befugt ist, oder
- einzelnen Gesellschaftern die **Vertretungsbefugnis ganz oder teilweise entzogen** ist, § 720 Abs. 4 BGB – dies setzt einen wichtigen Grund voraus.

Wichtige Gründe nach § 715 Abs. 5 BGB können **grobe Pflichtverletzungen** des betroffenen Gesellschafters sein oder seine **Unfähigkeit** zur ordnungsgemäßen Geschäftsführung.

§ 899a BGB wurde mit dem MoPeG **beseitigt**. **§ 47 Abs. 2 GBO** ordnet seit 1.1.2024 an, dass eine GbR nur in das Grundbuch eingetragen werden darf, wenn die Gesellschaft in das Gesellschaftsregister eingetragen wurde. Damit muss sich eine GbR zuerst in das Gesellschaftsregister beim Amtsgericht eintragen lassen, wenn sie als rechtsfähige Gesellschaft nach Außen in Erscheinung treten will, unter gemeinsamen Namen mit Willen aller Gesellschafter auftritt und eine Immobilie erwirbt. 21

Alt-GbRs kommen um eine Registrierung im Gesellschaftsregister nicht herum, wenn in ihr **Grundbuch eine Veränderung** eingetragen werden soll, z.B.: 22

7 § 1 Abs. 1 Nr. 3 GrEStG, § 1 Abs. 2a GrEStG.

- eine Dienstbarkeit (Wegerecht, Leitungsrecht, Wohnrecht, Nießbrauch),
- ein Grundpfandrecht,
- eine Löschung einer Dienstbarkeit oder eines Grundpfandrechts,
- ein Wechsel des Eigentümers.

Identitätswahrende Grundbuchkorrekturen müssen somit häufiger noch veranlasst werden. Ein Muster siehe unter Rdn 58.

23 Mitteilungspflicht gegenüber dem Transparenzregister sind eingetragene Personengesellschaften, §§ 19, 20 Abs. 1 GwG. Dazu gehört auch die rechtsfähige eGbR. Die Gesellschafter müssen sicherstellen, dass Ihre **wirtschaftlich Berechtigten** unverzüglich an das **Transparenzregister** gemeldet werden.

II. Muster: Erste Anmeldung einer eGbR zum Register

24 Die Anmeldung zum GbR-Register kann erledigt werden, wenn eine neue GbR gegründet wird (siehe hierzu Muster 4.1) und wenn eine bestehende GbR angemeldet wird (siehe hierzu Muster 4.2).

▼

Muster 4.1: Neuanmeldung einer eGbR

4.1 UVZ-Nr. /

Amtsgericht

– Gesellschaftsregister –

Neuanmeldung der eGbR mit dem Sitz in

I. Anmeldung

Sämtliche Gesellschafter melden zur Eintragung an:

Mit Abschluss unseres Gesellschaftsvertrags haben wir unseren Willen zur Teilnahme unserer GbR am Rechtsverkehr dokumentiert und die Gesellschaft bürgerlichen Rechts unter dem **Namen** **eGbR** mit dem Sitz (Verwaltungssitz) in errichtet.

Ab Eintragung der Gesellschaft in das Gesellschaftsregister führt die Gesellschaft ihren Namen mit dem Rechtsformzusatz eGbR.

Die inländische Geschäftsanschrift lautet:

Gesellschafter sind:

a) (*Name*), (*Vornamen*), geb. am , Wohnort: ,
b) (*Name*), (*Vornamen*), geb. am , Wohnort: ,
c) GmbH/AG/KG/UG (haftungsbeschränkt)/OHG, mit dem Sitz in , eingetragen im Handelsregister des Amtsgerichts unter HRA/HRB ,

d) eGbR mit dem Sitz in , eingetragen im Gesellschaftsregister des Amtsgerichts unter GesR-Nr. .

Allgemeine Vertretungsbefugnis/Besondere Vertretungsbefugnis

Die Vertretungsbefugnis der Gesellschafter ist nicht abweichend im Gesellschaftsvertrag geregelt, sodass sie lautet: Alle Gesellschafter vertreten die Gesellschaft gemeinsam.

(*Alt. bei abweichender Regelung im GesV*): Wie dort fürs Außenverhältnis geregelt wiedergeben, z.B:

Sämtliche Gesellschafter haben im Gesellschaftsvertrag die allgemeine Vertretungsbefugnis abweichend vom Gesetz geregelt, sodass diese lautet: Jeder der Gesellschafter ist einzelvertretungsberechtigt und von den Beschränkungen des § 181 BGB befreit.

Besondere Vertretungsbefugnis

Jeder der Gesellschafter ist einzelvertretungsberechtigt und von den Beschränkungen des § 181 BGB befreit.

II. Angabe des Gegenstandes der GbR

Gegenstand der Gesellschaft ist .

III. Versicherung aller Gesellschafter

Jeder von uns versichert hiermit, dass die Gesellschaft nicht bereits im Handels- oder Partnerschaftsregister eingetragen ist.

IV. Hinweise

Wir erhielten den notariellen Hinweis, dass für die eingetragene GbR

- unsere Pflichten gem. Geldwäschegesetz zu erfüllen sind,
- wir dem Transparenzregister die notwendigen Angaben melden müssen,
- wir die Daten im Transparenzregister stets aktuell halten müssen,

und Verstöße mit hohen Bußgeldern geahndet werden.

V. Vollmachten

Neben der bestehenden gesetzlich vermuteten Vollmacht (§ 378 Abs. 2 FamFG) bevollmächtigen wir die Notarin/den Notar ausdrücklich, die Registeranmeldung für uns zu ergänzen oder zu ändern.

Wir bevollmächtigen zudem jede Notariatsangestellte, insbesondere Frau , mit der Geschäftsanschrift der Notarin/des Notars, befreit von dem Verbot des Mehrfachvertretens (§ 181 Alt. 2 BGB), für uns diese Registeranmeldung zweckdienlich zu ergänzen oder auch zu ändern.

Die Vollmachten erlöschen jeweils mit der Eintragung des angemeldeten Inhalts im Gesellschaftsregister.

…, den …

(*Unterschriften*)

▲

▼

4.2

Muster 4.2: Anmeldung einer bestehenden GbR zur Eintragung in das Gesellschaftsregister

UVZ-Nr. …/…

Amtsgericht …

– Gesellschaftsregister –

Gesellschaftsregister-Nr. neu

I. Vorbemerkung

Wir führen eine vor dem 1.1.2024 errichtete Gesellschaft bürgerlichen Rechts unter

- der Bezeichnung „Gesellschaft bürgerlichen Rechts, bestehend aus a) …, geb. am …, Wohnort: … und b) …, geborene …, geb. am …, Wohnort: …;
- (*Alternativ*): dem gemeinschaftlich geführten Namen „… GbR“, bestehend aus den Gesellschaftern a) …, geb. am …, Wohnort: … und b) …, geborene …, geb. am …, Wohnort: ….

II. Anmeldung

Sämtliche Gesellschafter dieser GbR wünschen die Registrierung der Gesellschaft fortan im Gesellschaftsregister beim Amtsgericht.

Zur Eintragung in das Gesellschaftsregister melden wir, die sämtlichen Gesellschafter daher unsere Gesellschaft an, und zwar unter dem Namen … eGbR.

Gesellschafter sind:
a) …, geb. am …, Wohnort: ….
b) …, geborene …, geb. am …, Wohnort: ….

Sitz der Gesellschaft ist …. Die inländische Geschäftsanschrift lautet: ….

Die allgemeine Vertretungsbefugnis der Gesellschaft entspricht der konkreten Vertretungsbefugnis und lautet:

Die Gesellschafter vertreten die Gesellschaft nach gesetzlicher Bestimmung gemeinsam.

(*Alternativ*):

Allgemeine Vertretungsregelung:

Nach Gesellschaftsvertrag wird die Gesellschaft von jedem Gesellschafter einzeln vertreten Befreiung von den Beschränkungen des § 181 BGB kann erteilt werden.

Konkrete Vertretungsbefugnis:

Die Gesellschafter und vertreten jeweils einzeln.

Herr ist darüber hinaus von den Beschränkungen des § 181 BGB befreit.

III. Versicherung aller Gesellschafter

Jeder von uns versichert hiermit, dass die Gesellschaft nicht bereits im Handels- oder Partnerschaftsregister eingetragen ist.

IV. Angabe des Gesellschaftszwecks

Den Gegenstand des Gesellschaftszwecks geben wir wie folgt an:

V. Hinweise

Wir erhielten den notariellen Hinweis, dass für die eingetragene GbR

- unsere Pflichten gem. Geldwäschegesetz zu erfüllen sind,
- wir dem Transparenzregister die notwendigen Angaben melden müssen,
- wir die Daten im Transparenzregister stets aktuell halten müssen,

und Verstöße mit hohen Bußgeldern geahndet werden.

VI. Vollmachten

Neben der bestehenden gesetzlich vermuteten Vollmacht (§ 378 Abs. 2 FamFG) bevollmächtigen wir die Notarin/den Notar ausdrücklich, die Registeranmeldung für uns zu ergänzen oder zu ändern, insbesondere im Falle der Beanstandung des Namens der eGbR.

Wir bevollmächtigen zudem jede Notariatsangestellte mit der Geschäftsanschrift der Notarin/des Notars, insbesondere Frau , befreit von dem Verbot des Mehrfachvertretens (§ 181 Alt. 2 BGB), für uns diese Registeranmeldung zweckdienlich zu ergänzen oder auch zu ändern.

Die Vollmachten erlöschen jeweils mit der Eintragung des angemeldeten Inhalts im Gesellschaftsregister.

, den

(*Unterschriften*)

▲

III. Muster: GbR-Gesellschaftsvertrag mit Erläuterungen

25 ▼

Muster 4.3: Muster eines Gesellschaftsvertrags (Errichtung) einer eingetragenen GbR

UVZ- Nr. /2024

Verhandelt in am

Vor mir, Notarin/Notar , mit dem Amtssitz in erschienen heute in den notariellen Amtsräumen:

1. Herr/Frau , geborene/r , geb. am , Staatsangehörigkeit/en: , wohnhaft: , ausgewiesen durch gültigen .
2. Herr/Frau , geborene/r , geb. am , Staatsangehörigkeit/en: , wohnhaft: , ausgewiesen durch gültigen .
3. Herr/Frau , geborene/r , geb. am , Staatsangehörigkeit/en: , wohnhaft: , ausgewiesen durch gültigen .

Die Gründungsgesellschafter zu 1. bis 3. sind erschienen mit dem Ersuchen, die Errichtung einer rechtsfähigen Gesellschaft bürgerlichen Rechts mit Festlegung des Gesellschaftsvertrags zu beurkunden.

I. Errichtung

Wir errichten als Gründer die nachstehende Gesellschaft, die den Namen [GbR] führt.

Die Gesellschaft soll in das Gesellschaftsregister eingetragen werden.[8] Mit ihrer Eintragung führt die Gesellschaft den Rechtsformzusatz eGbR.

Sitz der Gesellschaft ist .[9]

Die inländische Geschäftsanschrift lautet: .[10]

Wir weisen die Geschäftsführung an, unverzüglich die Eintragung der Gesellschaft zum Gesellschaftsregister anzumelden.[11]

8 Nach § 707 Abs. 1 BGB können die Gesellschafter die Gesellschaft bei dem Gericht, in dessen Bezirk sie ihren Sitz hat, zur Eintragung in das Gesellschaftsregister anmelden.

9 Sitz nach § 706 S. 1 BGB ist der Ort, an dem deren Geschäfte tatsächlich geführt werden – Verwaltungssitz. § 706 S. 2 BGB bestimmt, wenn die GbR im Gesellschaftsregister eingetragen ist und die Gesellschafter einen Ort im Inland als Sitz vereinbart haben, dass dieser Vertragssitz abweichend vom Verwaltungssitz dann der Sitz der Gesellschaft ist.

10 Die Anschrift muss in einem Mitgliedstaat der EU sein, § 707 Abs. 2 Ziff. 1 c). Sie ist zur Eintragung anzumelden, § 707 Abs. 2 Ziff. 1 c) BGB.

11 Nach § 707 Abs. 4 S. 1 BGB k.F. st die Anmeldung von sämtlichen Gesellschaftern zu bewirken.

Den Gesellschaftsvertrag legen wir fest mit dem Inhalt, wie aus der diesem Protokoll beigefügten und mitverlesenen **Anlage** ersichtlich.

II. Erste Gesellschafterversammlung

III. Anlage – Gesellschaftsvertrag der eGbR

§ 1 Rechtsformzusatz, Name und Sitz der Gesellschaft

1. Die Gesellschaft ist eine rechtsfähige Gesellschaft bürgerlichen Rechts. Sie ist in das Gesellschaftsregister bei dem Gericht, in dessen Bezirk sie ihren Sitz hat, zur Eintragung anzumelden. Ab Eintragung lautet der Rechtsformzusatz der Gesellschaft „eingetragene Gesellschaft bürgerlichen Rechts", abgekürzt „eGbR".
2. Die führt den Namen .[12]
3. Sitz der Gesellschaft ist in .[13]

§ 2 Gegenstand (Zweck) der Gesellschaft, Fördern des gemeinsamen Gesellschaftszwecks

Gegenstand der Gesellschaft ist der Erwerb, die Bewirtschaftung, Verwaltung sowie Verwertung der Immobilie, gebucht im Grundbuch des Amtsgerichts von Blatt , Gebäude- und Freifläche , Flurstück , Gemarkung , groß , bebaut mit einem sowie die Vornahme der damit im Zusammenhang stehenden Tätigkeiten.[14]

§ 3 Förderung des gemeinsamen Zwecks durch die Gesellschafter

1. Zur Förderung des gemeinsamen Zwecks der Gesellschaft ist jeder Gesellschafter verpflichtet, eine einmalige Einlage in Geld an die Gesellschaft zu zahlen, und zwar in Höhe von jeweils EUR (in Worten EUR). Jeder

12 Die eGbR führt keine Firma, sondern einen Namen. Sach-, Personen-, oder Phantasiebezeichnung sind möglich. Nach § 707b Nr. 1 BGB k.F. werden aber die firmenrechtlichen §§ 18, 21–24, 30 und 37 HGB entsprechend anwendbar erklärt; vgl. *Servatius* BGB § 707b Rn 7 ff. Somit darf der Name der GbR nicht täuschen oder irreführen. Wird der Name durch das Gesellschaftsregistergericht berechtigt beanstandet, so muss eine Änderung des Namens herbeigeführt werden. Der Gesellschaftsvertrag ist abzuändern, durch Änderungsvereinbarung der Gesellschafter oder durch Gesellschafterbeschluss, der zur Änderung des Gesellschaftsvertrags führt. Gesellschaften deren Namensrechte durch andere Gesellschaften verletzt werden können dagegen vorgehen, § 12 BGB.

13 § 707 Abs. 2 Ziff. 1 c) BGB k.F.

14 Bei einer Sachbezeichnung im Namen der Gesellschaft muss die Bezeichnung Halt im Gegenstand der Gesellschaft finden (Namenswahrheit). Täuschende Angaben sind zu unterlassen. Bezieht sich eine Täuschung nicht auf den ganzen Namen, sondern lediglich auf einen Namensbestandteil, so genügt es ggf. den täuschenden Namensbestandteil zu löschen, wenn die Verletzung dadurch beseitigt ist. Es muss dann nicht zwingend der gesamte Name gelöscht werden; BGH, Beschl. v. 26.9.1980 – I ZR 69/78, MDR 1981, 117; *Ries*, in: Röhricht/Graf von Westphalen/Haas, HGB § 18 Rn 8.

Gesellschafter hat diesen Betrag bis zum ____ auf das Konto der Gesellschaft bei der ____, IBAN ____, BIC ____ zu zahlen.[15]

2. Jede der vorgenannten Zahlungen hat nur tilgende Wirkung, wenn sie auflagenfrei geschieht und von einem Konto aus dem Inland oder einem EU-Mitgliedstaat geschieht.[16]
3. ____

§ 4 Geschäftsjahr, Beginn und Dauer der Gesellschaft

1. Das Geschäftsjahr ist das Kalenderjahr.
2. Das erste Geschäftsjahr ist ein Rumpfgeschäftsjahr und beginnt mit dem Tag der heutigen Beurkundung.
3. Die Dauer der Gesellschaft.

§ 5 Gesellschafter, Angaben zu wirtschaftlich Berechtigten, Beteiligung am Vermögen und Ergebnis

1. Gesellschafter[17] sind:
   a) Herr/Frau ____, geb. am ____, Wohnort: ____,
   b) Herr/Frau ____, geb. am ____, Wohnort: ____,
   c) Herr/Frau ____, geb. am ____, Wohnort: ____.
2. Jeder der Gesellschafter zu 1. a), b) und c) ist ausschließlich deutscher Staatsangehöriger. Jeder der Gesellschafter ist verpflichtet, hinsichtlich seiner Person der Gesellschaft unverzüglich zu melden, wenn sich hinsichtlich seines Namens, Vornamens, Wohnorts, Staatsangehörigkeit/en, eine Veränderung ergibt, damit gem. § 19 GwG die Angaben zu einem wirtschaftlich Berechtigten nach Maßgabe des § 23 GwG über das Transparenzregister zugänglich gemacht werden können. Verletzt ein Gesellschafter seine Pflicht und führt dies zu einer Nichtmeldung der Veränderung bei einem oder den wirtschaftlich Berechtigten, so hat der Gesellschafter ein verhängtes Bußgeld des Bundesverwaltungsamts zu tragen.
3. Am Vermögen, Auseinandersetzungsguthaben und Ergebnis der Gesellschaft sind die Gesellschafter wie folgt beteiligt:
   - Gesellschafter zu 1. a) zu 33,33 %,
   - Gesellschafter zu 1. b) zu 33,33 %,
   - Gesellschafter zu 1. c) zu 33,33 %.

15 § 705 Abs. 1 BGB bestimmt als Voraussetzung für die Errichtung einer GbR den Abschluss eines Gesellschaftsvertrags über einen gemeinsamen Zweck und die Verpflichtung der Gesellschafter, den Gesellschaftszweck zu fördern; vgl. *Elsing*, Handels- und Gesellschaftsrecht, § 3 Rn 4.

16 Dies dient der Geldwäscheprävention; vgl. Muster des Gesellschaftsvertrags, bei *Elsing*, Handels- und Gesellschaftsrecht, § 3 Rn 34 (II. § 5 im Muster).

17 Nach § 707 Abs. 2 Ziff. 2 a) BGB sind bei natürlichen Personen in die Anmeldung zum Gesellschaftsregister Namen, Vornamen, Geburtsdatum und Wohnort aufzunehmen und nach § 707 Abs. 2 Ziff. 2 b) BGB bei juristischen Personen oder rechtsfähigen Personengesellschaften deren Firma oder Namen, Rechtsform, Sitz und, soweit gesetzlich vorgesehen, zuständiges Register und Registernummer.

4. Durch Gewinne, Verluste, Einlagen oder Entnahmen werden die Gesellschaftsanteile der Gesellschafter nicht verändert; sie sind unveränderlich.
5. Untereinander haften die Gesellschafter für Verbindlichkeiten der Gesellschaft im Verhältnis ihrer Beteiligung.

§6 Geschäftsführung und Vertretungsmacht

1. Alle Gesellschafter sind nach §720 Abs. 1 BGB gemeinsam befugt.[18]

   (*Alternativ*): Die Gesellschafter, Herr   und Frau   sind jeweils einzelvertretungsberechtigte Geschäftsführer.
2. Die vorgenannten Geschäftsführer sind von den Beschränkungen des §181 Alt. 1 und Alt. 2 BGB befreit.
3. Bis spätestens zum 31.3. eines jeden Jahres haben die Geschäftsführer eine Einnahme- und Überschussrechnung für das vorausgegangene Kalenderjahr aufzustellen und soweit erforderlich auch einen Jahresabschluss, der nach Genehmigung durch die Gesellschafterversammlung beim Finanzamt einzureichen ist. Die Geschäftsführung ist berechtigt, sich der Hilfe eines Steuerberaters zu bedienen.
4. Alle Gesellschafter und Geschäftsführer sind sich darüber einig, dass die Gesellschaft (die rechtsfähige GbR) unverzüglich zur Eintragung in das Gesellschaftsregister anzumelden ist.

§7 Gesellschafterbeschlüsse[19]

1. Die Gesellschafter entscheiden über die ihnen nach Gesetz oder Gesellschaftsvertrag obliegenden Angelegenheiten durch Beschluss.
2. Einmal im Jahr hat eine ordentliche Gesellschafterversammlung stattzufinden, die zwei Monate nach Fertigstellung der Einnahme-/Überschussrechnung stattzufinden hat. Die Versammlung ist drei Wochen zuvor von der Geschäftsführung einzuberufen.
3. Außerordentliche Gesellschafterversammlungen können stattfinden nach Einberufung mit mindestens 10% der Stimmrechte.
4. Gesellschafterversammlungen finden am Sitz der Gesellschaft statt.

18 Nach §720 Abs. 1 BGB steht grundsätzlich die Geschäftsführung den Gesellschaftern gemeinsam zu. Abweichendes kann allerdings der Gesellschaftsvertrag bestimmen, z.B. Einzelvertretungsbefugnis. Nach §720 Abs. 4 BGB kann einem Gesellschafter die Vertretungsbefugnis ganz oder teilweise entzogen werden, durch Beschluss der anderen Gesellschafter. Voraussetzung ist das Vorliegen eines wichtigen Grundes, z.B. eine grobe Pflichtverletzung des Gesellschafters oder seine Unfähigkeit zur ordnungsgemäßen Geschäftsführung (§715 Abs. 5 BGB).

19 §714 BGB regelt nur, das alle Gesellschafterbeschlüsse der Zustimmung aller stimmberechtigten Gesellschafter bedürfen (Einstimmigkeitsprinzip).

5. Einberufungen zu Gesellschafterversammlungen erfolgen per Post an die Gesellschafter durch eingeschriebenen Brief an die Anschrift, die der Gesellschafter der Gesellschaft zuletzt mitgeteilt hat.
6. Das Stimmrecht eines Gesellschafters richtet sich nach dem Anteil seiner Beteiligung an der Gesellschaft.
7. Gesellschafter dürfen sich in der Gesellschafterversammlung vertreten lassen, wenn sie eine schriftliche Vollmacht vorlegen.
8. Bei Einverständnis aller Gesellschafter können diese auch außerhalb der Gesellschafterversammlung schriftlich, fernschriftlich oder per E-Mail und auch per Telefon Beschlüsse fassen, die von einem geschäftsführenden Gesellschafter unverzüglich zu protokollieren sind.

§ 8 Unterrichtungspflicht, Einsichtsrechte, Aktueller Gesellschaftsvertrag

Jeder Gesellschafter erhält Kopien per E-Mail sämtlicher von der Gesellschaft abgeschlossener Verträge und Kopien der gefassten Gesellschafterbeschlüsse sowie nach Änderung des Gesellschaftsvertrags eine Kopie des aktuellen Wortlauts des Gesellschaftsvertrags.

§ 9 Überschussrechnung, Rücklagen, Ergebnisverteilung, Gesellschafterkonten

1. Die Ermittlung der Einkünfte der Gesellschaft erfolgt durch die Einnahme- und Überschussrechnung, die jeweils nach Ablauf der ersten drei Monate eines Geschäftsjahres aufzustellen sind.
2. Mindestens 5 % des Überschusses sind einem gemeinsamen Rücklagenkonto, geführt bei einer Bank, die dem EU-Recht unterliegt, zuzuführen. Abweichendes können die Gesellschafter einstimmig vereinbaren oder beschließen.
3. Am Ergebnis der Gesellschaft nehmen die Gesellschafter im Verhältnis ihrer Beteiligung an der Gesellschaft teil. Ausschüttungen an die Gesellschafter nach Abzug der Rücklagen und nach Abzug der Zinsen und Tilgung der Gesellschafterverbindlichkeiten finden einen drei Monate nach der ordentlichen Gesellschafterversammlung statt. Abweichendes kann beschlossen werden.
4. Für jeden Gesellschafter werden drei Kapitalkonten geführt:
   a) Kapitalkonto I, ein unverzinslich geführtes Festgeldkonto, auf dem der Kapitalanteil des Gesellschafters gebucht wird.
   b) Kapitalkonto II, ein laufendes Konto, auf dem entnahmefähige Gewinnanteile, Entnahmen, Zinsen, Forderungen und Verbindlichkeiten der Gesellschafter gegen die Gesellschaft oder umgekehrt gebucht werden. Die Positiv-Zinsen betragen ______ % p.a. und die Negativ-Zinsen betragen ______ % p.a.
   c) Kapitalkonto III, ein unverzinsliches Rücklagenkonto auf dem nicht entnahmefähige Gewinnanteile, Verluste und sonstige Einlagen des Gesellschafters in Rücklagen der Gesellschaft gebucht werden.

§10 Verfügungen über Geschäftsanteile

1. Jede Verfügung über einen Gesellschaftsanteil bedarf zur Wirksamkeit der Einwilligung aller Gesellschafter, ebenso der Abschluss von Treuhandvereinbarungen, Belastungen und Verpfändungen von Gesellschaftsanteilen.
2. Will ein Gesellschafter zugunsten eines Verwandten in gerader Linie oder zugunsten seines Ehegatten verfügen, so sind die übrigen Gesellschafter verpflichtet, ihre Zustimmung innerhalb von vier Wochen zu erteilen, es sei denn, es läge ein wichtiger Grund gegen den Verwandten oder Ehegatten des verfügenden Gesellschafters vor, der zum Ausschluss aus der Gesellschaft im Sinne des §133 HGB berechtigt.
3. Verfügt ein Gesellschafter im Sinne der Ziffer 1. ohne die Zustimmung der Gesellschafter, berechtigt dies zum Ausschluss des betroffenen Gesellschafters.

§11 Kündigung

1. Ein Gesellschafter kann die Gesellschaft kündigen. Hierzu bedarf es der Einhaltung einer Frist von sechs Monaten zum Ende des laufenden Geschäftsjahres. Erstmals ist die Kündigung auf das Ende des Geschäftsjahres 2034 gestattet.
2. Kündigt ein Gesellschafter, sind auch die übrigen Gesellschafter berechtigt, sich der Kündigung innerhalb von drei Monaten in gleicher Form anzuschließen.[20] Das Recht zur Kündigung aus wichtigem Grunde bleibt unberührt.
3. Durch die Kündigung eines Gesellschafters wird die Gesellschaft nicht aufgelöst, sondern von den verbleibenden Gesellschaftern fortgesetzt. Verbleibt allerdings durch die Kündigung des vorletzten Gesellschafters, der ausscheidet lediglich noch ein einziger Gesellschafter, so wächst diesem der Gesellschaftsanteil an und die Gesellschaft ist vollbeendet.

§12 Ausscheiden aus der Gesellschaft

Der Gesellschafter scheidet aus der Gesellschaft aus, wenn

- die Gesellschaft gekündigt hat, und zwar mit dem Zeitpunkt des Wirksamwerdens seiner Kündigung,
- über dessen Vermögen das Insolvenzverfahren eröffnet wurde oder mit der Ablehnung der Insolvenzeröffnung mangels Masse, und zwar mit Rechtskraft der Insolvenzeröffnung oder Rechtskraft des Ablehnungsbeschlusses,
- ein Gläubiger in den Gesellschaftsteil eines Gesellschafters vollstreckt und die Maßnahme nicht binnen drei Monaten wieder aufgehoben sein sollte,
- er wegen des Vorliegens eines wichtigen Grundes ausgeschlossen wird. Wichtige Gründe sind insbesondere:
  - Zahlungsrückstände gegenüber der Gesellschaft, die nicht innerhalb eines Zeitraums von neun Monaten behoben sind,

20 *Giehl*, in: Beck'sche Online-Formulare Vertrag, 63. Edition 2023.

- die Ehescheidung bei dem Gesellschafter anhängig geworden ist und kein Ehevertrag vorhanden ist, wonach der Gesellschaftsanteil an der Gesellschaft aus dem Zugewinn herausgehalten wird.

§ 12 Tod eines Gesellschafters

Der Tod eines Gesellschafters führt gem. § 723 Abs. 1 Nr. 1 BGB nicht zur Auflösung der Gesellschaft. Die Gesellschaft wird mit den Erben des Gesellschafters fortgeführt; jeder Miterbe wird selbst ein GbR-Gesellschafter, und zwar mit seiner Quote am Nachlass des verstorbenen Gesellschafters.[21]

(*Alternativ*): Mit dem Tod des Gesellschafters   scheidet dieser aus der Gesellschaft aus und sein Gesellschaftsanteil wächst folgender Person als Nachfolger an: Herr/Frau   , geb. am   , Wohnort: , Staatsangehörigkeit   , der der Sohn/die Tochter dieses Gesellschafters ist.[22]

(*Ggf. wenn gewünscht*):

§ 13 Bevollmächtigung für Anmeldungen zum Gesellschaftsregister

Jeder Gesellschafter ist verpflichtet, Herrn/Frau   eine Gesellschaftsregistervollmacht in öffentlich beglaubigter Form zu erteilen, damit reibungslos die gesetzlich vorgesehenen Registeranmeldungen zügig durchgeführt werden können, beispielsweise wenn der Name der Gesellschaft, der Sitz der Gesellschaft, die Geschäftsanschrift der Gesellschaft geändert wurde oder nach einem Erbfall das Ausscheiden des Verstorbenen und der Eintritt des Nachfolgeberechtigten oder der Erben zur Eintragung anzumelden ist. Die Anmeldung umfasst auch das eigene Ausscheiden aus der Gesellschaft sowie Anmeldungen zur Vertretungsbefugnis der Geschäftsführer. Der/die Bevollmächtigte ist befreit von den einschränkenden Bestimmungen des Selbstkontrahierens und Mehrfachvertretens. Untervollmacht darf erteilt werden.

§ 14 Abfindung

Beim Ausscheiden eines Gesellschafters steht diesem eine Abfindung in Höhe des Verkehrswerts seines Gesellschaftsanteils zu. Auf den Zeitpunkt des Ausscheidens ist eine Vermögensübersicht aufzustellen. Bewegliche Gegenstände, Forde-

21 Stirbt ein GbR-Gesellschafter, der mehrere Miterben hinterlässt, dann fällt der Gesellschaftsanteil nicht ungeteilt der Erbengemeinschaft zu. Vielmehr wird jeder Miterbe selbst ein GbR-Gesellschafter; ein Gesellschaftsanteil vom Erblasser, der der Höhe seiner Quote seines Erbanteils entspricht, geht im Wege der Sonderrechtsnachfolge direkt auf den Miterben über, § 711 Abs. 2 S. 2 und 3 BGB; vgl. *Elsing*, Handels- und Gesellschaftsrecht, § 3 Rn 67.

22 Möglich bleibt, dass eine qualifizierte Nachfolgeklausel im Gesellschaftsvertrag eine bestimmte Person als Nachfolger eines verstorbenen Gesellschafters bestimmt; dieser muss dann wenigstens kraft gesetzlicher Erbfolge oder durch letztwillige Verfügung ein Miterbe des verstorbenen Gesellschafters ein; *Aumann*, notar 2022, 99, 101; *Elsing*, Handels- und Gesellschaftsrecht § 3 Rn 68.

rungen und Verbindlichkeiten werden nach den Vorschriften des Bewertungsgesetzes mit dem gemeinen Wert angesetzt, Grundstücke und Gebäude mit dem -fachen des jährlichen Miet-/Pachtzinses (Kaltmiete ohne Nebenkosten).

Einigen sich die Beteiligten nicht, soll ein vereidigter Gutachter durch die zuständige IHK benannt werden, der die Abfindung festlegt. Der Gerichtsweg bleibt unbenommen.

§ 15 Änderungen des Gesellschaftsvertrags

Änderungen des Gesellschaftsvertrags bedürfen der Schriftform. Sind die Änderungen aufgrund gesetzlicher Vorgabe beurkundungsbedürftig, so sind die Änderungen notariell zu beurkunden.

Jede Änderung bedarf zuvor eines einstimmig gefassten Beschlusses der Gesellschafterversammlung.

§ 16 Wirksamkeitsklausel

Sollten Bestimmungen dieses Gesellschaftsvertrags unwirksam sein oder werden, bleibt die Gültigkeit des Gesellschaftsvertrags als solchen und der übrigen Bestimmungen unberührt. Unverzüglich sind in diesem Fall die ungültigen Bestimmungen durch eine wirksame Regelung zu ersetzen, die dem wirtschaftlich beabsichtigten Zweck möglichst nah kommt. Dasselbe gilt für etwaige Vertragslücken.

(*Vorgelesen, genehmigt und unterschrieben*).

▲

E. Haftung des Gesellschafters und Nachhaftung, Veräußerung von Gesellschaftsanteilen

I. Haftung des Gesellschafters und Nachhaftung eines ausgeschiedenen GbR-Gesellschafters

Für Verbindlichkeiten der GbR haften die Gesellschafter gem. § 721 BGB den **26**
Gläubigern als **Gesamtschuldner**; eine entgegenstehende Vereinbarung wäre Dritten gegenüber unwirksam.

Tritt ein Gesellschafter in die Gesellschaft ein, haftet er gem. § 721a S. 1 BGB **27**
gleich den anderen Gesellschaftern gem. § 721 BGB und zudem für die vor seinem Eintritt **begründeten Verbindlichkeiten der Gesellschaft** mit, § 721b BGB.

Nimmt ein Gläubiger einen Gesellschafter wegen einer Verbindlichkeit der GbR in Anspruch, die nicht in seiner Person begründet ist, so kann der Gesellschafter insoweit dagegen einwenden (§ 721b Abs. 1 BGB), als die Inanspruchnahme gegenüber der Gesellschaft möglich ist.

Die Befriedung des Gläubigers kann der Gesellschafter gem. § 721b Abs. 2 BGB verweigern, solange die Gesellschaft in Ansehung der Verbindlichkeit das Recht zur Aufrechnung oder zur Anfechtung hat oder andere Möglichkeiten hat, die die Gesellschaft berechtigten, die Leistung zu verweigern.[23]

Wird die Gesellschaft in Anspruch genommen und reicht das Gesellschaftsvermögen nicht, die Verbindlichkeiten abzudecken, so müssen die Gesellschafter nach dem Verhältnis ihres Anteils am Ergebnis der Gesellschaft aufkommen, § 728a BGB.

28 Nach dem Ausscheiden eines Gesellschafters trifft den Ausgeschiedenen gem. § 728b BGB eine **fünfjährige Nachhaftung** für bis dahin begründete Verbindlichkeiten die fällig sind, wenn die Ansprüche

- rechtskräftig festgestellt sind,
- ein vollstreckbarer Vergleich/eine vollstreckbare Urkunde vorliegt,
- vollstreckbare Ansprüche durch ein Insolvenzverfahren festgestellt sind,
- gerichtlich/behördlich vollstreckt wird (Erlass eines Verwaltungsakts genügt).

29 Für Schadenersatz haftet der Ausgeschiedene, wenn die zum Schadenersatz führende Verletzung vertraglich oder gesetzlich **vor seinem Ausscheiden** eingetreten ist.

30 Der **Fristbeginn** für die Nachhaftung ist gem. § 728 Abs. 1 S. 3 BGB, sobald der **Gläubiger von dem Ausscheiden des Gesellschafters Kenntnis** hat.

31 **Spätester Fristbeginn** ist der Tag, nachdem das Ausscheiden des Gesellschafters im Gesellschaftsregister des Amtsgerichts eingetragen wurde.

II. Übertragung von Gesellschaftsanteilen, Gesellschafterwechsel

32 Eine besondere Form für das Verpflichtungsgeschäft und die Abtretung des Gesellschaftsanteils sehen die Vorschriften der §§ 705 ff. BGB (noch) nicht vor. Somit gilt, dass eine Verpflichtung zur Übertragung eines GbR-Anteils und die Abtretung desselben grundsätzlich **formfrei** erfolgen können.

33 Das gilt auch, wenn zum Gesellschaftsvermögen **Grundeigentum** oder ein **GmbH-Geschäftsanteil** gehört. Eine Beurkundung ist den Beteiligten oft dennoch zu empfehlen, um Fehlern vorzubeugen und Kosten einer anderweitigen Rechtsberatung auf mehreren Vertragsseiten zu sparen.

34 Wenn ein Gesellschafter seinen Gesellschaftsanteil übertragen hat oder ein Vertragsbeteiligter vollmachtlos vertreten wurde, bedarf es der Genehmigungserklärung. Bis dahin ist der Vertrag schwebend unwirksam, solange bis entweder die Gesellschafter gem. §§ 182 ff. BGB das Rechtsgeschäft **genehmigt** und somit wirk-

23 *Heckschen/Weitbrecht*, Das MoPeG in der Notar- und Gestaltungspraxis, § 2 Rn 60.

sam gemacht haben, oder bis die Genehmigung versagt wurde. Mit der **Genehmigungsversagung** wird das Rechtsgeschäft endgültig **unwirksam**.[24]

III. Muster eines Kaufvertrags über einen GbR-Anteil

▼ 35

Muster 4.4: Kaufvertrag über einen GbR-Anteil

UVZ- Nr. / 4.4

Eingangsformel

Kaufvertrag über einen Gesellschaftsanteil

1. Vorbemerkung

Im Gesellschaftsregister des Amtsgerichts unter GesR-Nr. eingetragenen Immobilienverwaltung eGbR sind als Gesellschafter eingetragen

Frau/Herr , geb. am , Wohnort , Staatsangehörigkeit ;

Frau/Herr , geb. am , Wohnort , Staatsangehörigkeit ;

Frau/Herr , geb. am , Wohnort , Staatsangehörigkeit .

Der aktuelle Gesellschaftsvertrag vom ist diesem Vertrag als Anlage beigefügt.

Im Transparenzregister sind die wirtschaftlich Berechtigten der Gesellschaft eingetragen. Der aktuelle Auszug aus dem Transparenzregister vom ist diesem Vertrag als Anlage beigefügt.

Im Grundbuch des Amtsgerichts von Blatt Nr. ist in der Ersten Abteilung als rechtliche Eigentümerin des Grundstücks , Flurstück Gemarkung , Größe die Immobilienverwaltung eGbR, Sitz , GesR-Nummer eingetragen. Der aktuelle Grundbuchauszug vom ist diesem Vertrag als Anlage beigefügt.

Die Immobilienverwaltungs-GbR wird nachstehend „Gesellschaft" genannt.

24 Wird ein Beteiligter **aufgefordert** seine Genehmigung zu erteilen, gilt die Genehmigung als endgültig **verweigert**, wenn sie nicht innerhalb von **zwei Wochen** nach dem Zugang der Aufforderung erklärt ist – § 177 Abs. 2 BGB. In der Praxis fehlt ein entsprechender Wunsch der Parteien für eine solche Fristsetzung regelmäßig von Anfang an. Bei der Anforderung der Genehmigungserklärung sollte deshalb klar erkennbar sein, dass es sich nur um eine Bitte zur Erteilung handelt, nicht aber um eine Aufforderung zur Erteilung i.S.d. § 177 Abs. 2 BGB. Andernfalls könnte Streit darüber entstehen, ob die Frist zur Erteilung der Genehmigung in Lauf gesetzt wurde und abgelaufen ist.

Herr … wird nachstehend „Verkäufer“ genannt, Frau … wird nachstehend „Käuferin“ genannt. Herr … und Herr … werden nachstehend „Mitgesellschafter“ genannt.

An der Gesellschaft sind nach Angabe beteiligt: Der Verkäufer zu … %, die Käuferin zu … % und Herr … zu … %.

Die Zweite Abteilung des Grundbuchs ist belastet mit einem Wege- und Leitungsrecht zugunsten … (lfd. Nr. …).

Die Dritte Abteilung des Grundbuchs ist belastet mit einem Grundpfandrecht in Höhe von … EUR nebst … % p.a. Zinsen für die … Bank. Das zugrundeliegende Darlehen valutiert noch in Höhe von … EUR und ist in zwei Monaten vollständig getilgt.

Weder der Verkäufer noch die Käuferin sind verheiratet, sodass keine eherechtlichen Zustimmungen nach § 1365 BGB oder nach einem ausländischen Güterstand der Errungenschaftsbeteiligung erforderlich sind.

2. Kauf des Gesellschaftsanteils

2.1 Der Verkäufer verkauft seinen Gesellschaftsanteil an der rechtsfähigen GbR in Höhe von … % – nachfolgend „Vertragsgegenstand“ genannt mit Zustimmung sämtlicher Gesellschafter an die dies annehmende Käuferin, die dadurch in die Gesellschaft eintritt.

2.2 Mit aufschiebend bedingter Wirkung auf den Zeitpunkt, in dem gem. Ziff. 2.3 durch vorzunehmende Überweisung der Kaufpreis auflagenfrei auf dem Konto des Verkäufers eingegangen ist, tritt der Verkäufer hiermit den Vertragsgegenstand ab an die Käuferin, die diese Abtretung hiermit annimmt.

2.3 Der Kaufpreis für den Vertragsgegenstand (… % Gesellschaftsanteil) beträgt … EUR (in Worten: … EUR). Der Kaufpreis ist unverzüglich fällig, nachdem der Notar der Käuferin bestätigt hat, dass die Löschungsbewilligung samt Grundpfandrechtsbrief für das Recht Abt. III lfd. Nr. … in Höhe von … EUR auflagenfrei vorliegt. Auf die Einhaltung des Barzahlungsverbots gem. § 16a GwG hat der Notar die Erschienenen hingewiesen, insbesondere darauf, dass bei einem Verstoß der Kaufpreis nicht getilgt wäre und Aufrechnungen nicht möglich sind. Der Kaufpreis ist ausschließlich auf das Konto des Verkäufers bei der …, IBAN …, BIC …, Kontoinhaber: … zu überweisen. Die Käuferin weist dem Notar durch Bankbescheinigung nach, dass der Kaufpreis auflagenfrei auf das vorgenannte Konto des Verkäufers überwiesen ist, und die Käuferin ist verpflichtet, dem Notar einen Kontoauszug über den Eingang des überwiesenen Kaufpreises an den Notar zu übersenden, sodass der Notar die Belege auf Schlüssigkeit prüfen kann.

3. Der beurkundende Notar ist ermächtigt, durch Eigenurkunde den Bedingungseintritt der Abtretung Ziffer 2.2 für Verkäufer, Käuferin und Gesellschaft festzustellen. Der Notar wird mit dem Vollzug und der Betreuung dieses Kaufvertrags beauftragt. Er ist bevollmächtigt Anträge getrennt zu stellen und zurückzunehmen und bevollmächtigt, diese Vereinbarung samt Anmeldung (Ziffer 5.) zu ergänzen oder zu ändern.

4. Grundbuchantrag: Die Gesellschaft beantragt hiermit die Löschung des Rechts Abt. III lfd. Nr. ____ im Grundbuch.

5. Anmeldung des Gesellschafterwechsels beim Amtsgericht ____ – Gesellschaftsregister – zur GesR-Nr. ____:

Sämtliche Gesellschafter, also der Verkäufer und die Mitgesellschafter sowie auch die Käuferin melden aufschiebend bedingt auf die Wirksamkeit der Abtretung und Bescheinigung des Notars folgendes zur Eintragung in das Handelsregister an:

Der Gesellschafter, Herr ____, geb. am ____, Wohnort: ____ (Verkäufer), ist nach Übertragung seines Gesellschaftsanteils auf Frau ____, geb. am ____, Wohnort: ____ (Käuferin) als Gesellschafter aus der Gesellschaft ausgeschieden.

Damit ist Frau ____, geb. am ____, Wohnort: ____ (Käuferin) als weitere Gesellschafterin eingetreten.

Die Allgemeine Vertretungsregelung lautet: Alle Gesellschafter vertreten die Gesellschaft gemeinsam.

Die Konkrete Vertretungsregelung lautet: Alle Gesellschafter vertreten die Gesellschaft gemeinsam und jeder ist von den Beschränkungen des § 181 BGB befreit.

Die Gerichtskosten der Anmeldung trägt die Gesellschaft.

Verkäufer und Mitgesellschafter garantieren der Käuferin folgendes:
a) Ausschließlich der Verkäufer und die Mitgesellschafter sind zu je 33,33 % an der Gesellschaft beteiligt, seit Gründung und Veränderungen sind weder im Gesellschafterbestand oder bei den Gesellschaftsanteilen vorgenommen worden,
b) die Angaben im Gesellschaftsvertrag und der Inhalt des Gesellschaftsvertrags sind vollständig und richtig,
c) die Angaben im Transparenzregister sind vollständig und richtig bzw. aktuell,
d) die Gesellschaft hat ausschließlich die Immobilie (Anlage ____) als Vermögensgegenstand und ein ausschließlich das Kontoguthaben bei der ____ (IBAN ____), Kontostand am Tag der Beurkundung ____ EUR. Die Gesellschaft hat noch ____ EUR Verbindlichkeit (Darlehensvaluta Grundpfandrecht Abt. III lfd. Nr. ____ (Gewinn- und Verlustrechnung ist als Anlage ____ dieser Urkunde beigefügt),
e) die Gesellschaft ist nicht an Kapitalgesellschaften beteiligt.

Sollte eine Garantie nicht stimmen, haben Verkäufer und Mitgesellschafter die Käuferin von Ansprüchen Dritter freizuhalten bzw. freizustellen, und war auf erste Anforderung.

Über die Haftung der GbR-Gesellschafter hat der Notar informiert und zudem auf die fünfjährige Nachhaftung des Verkäufers belehrt und auch über Insolvenzrisiken.

7. Unwirksamkeitsklausel

Sollte eine Vertragsbestimmung unwirksam sein oder werden, soll die Wirksamkeit des übrigen Inhalts nicht berührt werden. In diesem Fall besteht die Verpflichtung der Vertragsparteien und der Gesellschaft sowie der Mitgesellschafter eine wirksame Vertragsbestimmung zu vereinbaren, die dem wirtschaftlich gewollten so nah wie möglich kommt.

8. Notarkosten und Gerichtskosten des Vertrags

Die Notar- und Gerichtskosten des Vertrags trägt die Gesellschaft/trägt der Verkäufer/trägt die Käuferin.

9. Notarhinweise

Der Notar wies darauf hin, dass er die Vereinbarung dem Finanzamt für Grunderwerbsteuer anzuzeigen hat.

Der Notar hat das Grundbuch von Blatt am eingesehen und das Gesellschaftsregister (GesR-Nr.) am sowie das Transparenzregister am .

Unverzüglich nach Wirksamkeit des Vertrags ist die Gesellschaft verpflichtet, das Transparenzregister zu aktualisieren.

(*Vorgelesen, die Anlagen erörtert, genehmigt und wie folgt unterschrieben*).

▲

F. GbR als Eigentümerin von Grundstücken

I. Besitz bzw. Erwerb von Immobilien

36 Im Notariat kommt die GbR insbesondere dann vor, wenn die Gesellschaft eine Immobilie hat oder erwerben will. Manchmal haben die Gesellschafter es mit ihrer Gründung und der Kaufvertragstransaktion eilig. Auch heute noch haben Personen die Möglichkeit, sich zu einer GbR zusammenschließen und im Zuge dieser Gründung sogleich einen notariellen Immobilienerwerb zu tätigen.

In derselben Urkunde des Notars könnte der Kaufvertrag geschlossen und der Gesellschaftsvertrag für die in das Gesellschaftsregister einzutragende rechtsfähige GbR mitbeurkundet werden. Die **Zusammenbeurkundung** des Gesellschaftsvertrags und des Immobilienkaufs dokumentiert dabei bereits den **Willen aller Gesellschafter** nach außen unter gemeinschaftlichem Namen aufzutreten (am Rechtsverkehr teilzunehmen.[25]

Das Protokoll der notariell beurkundeten Vereinbarung ist eine **öffentliche Urkunde**, § 415 ZPO, die den **vollen Beweis** über die abgegebenen Erklärungen erbringt.

Um eine grundbuchliche Buchung für die Gesellschaft erreichen zu können, ist zuvor die Eintragung der GbR in das neue **Gesellschaftsregister**[26] erforderlich. 37

Eine Eintragung im Gesellschaftsregister setzt die **Anmeldung aller GbR-Gesellschafter** voraus. **Spätestens** mit der **Eintragung** der GbR wird vermutet, dass die Gesellschaft entstanden ist.[27]

Die auf die Registeranmeldung nachfolgende Eintragung der GbR in das Gesellschaftsregister hat lediglich **deklaratorische Bedeutung**. Die nachfolgende Eintragung dokumentiert das **vorherige Bestehen** der rechtsfähigen GbR.

Zuerst muss also die Gesellschaft in das Gesellschaftsregister beim zuständigen **Amtsgericht** eingetragen worden sein. Sodann erst darf die grundbuchliche Buchung der rechtsfähigen GbR im Grundbuch vorgenommen werden (§ 47 Abs. 2 GBO bestimmt, dass die eGbR unter ihrem Namen mit Sitz und der Registernummer des zuständigen Amtsgerichts in ein Grundbuch eingetragen werden darf). 38

Findet tatsächlich eine Beurkundung eines Immobilienkaufs an eine GbR statt, bevor die GbR im Gesellschaftsregister eingetragen ist, muss darauf geachtet werden, dass nach der Beurkundung des schuldrechtlichen Kaufs die **Auflassung** (§ 925 BGB) später beurkundet wird, und zwar zu einem Zeitpunkt, zu dem die **GbR** in das Gesellschaftsregister eingetragen ist.[28] 39

Das genügt, um das Ziel der **Eigentumsumschreibung** erreichen zu können. Die Vorgaben des § 47 Abs. 2 GBO sind dann eingehalten. Ein **Identitätsnachweis** zwischen der erwerbenden GbR und der eGbR auf die aufgelassen wurde, ist dann nicht nötig.

Insbesondere für den schuldrechtlichen Kauf ist jedoch Vorsicht geboten!

Tipp für die Praxis 40

Königsweg ist, wenn die Gesellschafter ihre GbR bereits **vor Abschluss des notariellen Kaufvertrags** zur Eintragung in das Gesellschaftsregister gebracht haben.

25 § 719 Abs. 1 erster HS BGB regelt, dass die GbR im Verhältnis zu Dritten damit entsteht.

26 Im BGBl I Nr. 53/2022 v. 23.12.2022 die Verordnung über die Einrichtung und Führung des Gesellschaftsregisters und zur Änderung der Handelsregisterverordnung verkündet.

27 § 719 Abs. 1 zweiter HS BGB.

28 *Bolkart*, MittBayNot 2021, 319, 327.

Wird der Königsweg beschritten, kann die eingetragene GbR im Kaufvertrag exakt mit den erforderlichen Daten bezeichnet werden (**eingetragener Name mit Rechtsformzusatz, Sitz und Gesellschaftsregisternummer** des zuständigen Amtsgerichts).

Außerdem kann die **Vertretungsbefugnis** für die Erklärungen, die für die eGbR abgegeben werden, vom Notar in der Kaufvertragsurkunde gem. § 21 BNotO bescheinigt werden, nach zuvor erfolgter Einsichtnahme in das Gesellschaftsregister.

Insoweit könnte der GbR-Vertrag bereits vor der Beurkundung des Kaufvertrags beurkundet bzw. abgeschlossen werden.

41 *Tipp für die Praxis*

Im Zweifel, wenn sich die **Frage der Formbedürftigkeit** des GbR-Gesellschaftsvertrags stellt, sollte der Gesellschaftsvertrag **beurkundet** werden.

Enthält der Gesellschaftsvertrag z.B. die Verpflichtung für die Gesellschafter eine bestimmte Immobilie erwerben zu müssen, wäre bei einer Nichtbeurkundung der Gesellschaftsvertrag nichtig.

Ist Eile geboten und bestehen alle Beteiligten auf einer sofortigen Beurkundung des Kaufvertrags **trotz fehlender Registerpublizität** der erwerbenden GbR, gilt folgendes: Beim Abschluss eines Kaufvertrags, durch den eine GbR die Immobilie kauft, sollte darauf geachtet werden, dass **zuvor** die Gesellschafter ihre GbR wenigstens zur **Eintragung in das Gesellschaftsregister angemeldet** haben.

Die Anmeldung kann **unmittelbar** vor der Kaufvertragsbeurkundung stattfinden.

Im nachfolgenden Kaufvertrag kann der Notar dokumentieren, dass die GbR mit der UVZ **Nr. (…)** des Notars zuvor zur Eintragung ins Gesellschaftsregister angemeldet ist/wird und die Eintragung noch aussteht.

Auf diese Weise ist durch die **öffentliche Urkunde** der **Nachweis** geführt, dass die am Kaufvertrag beteiligte GbR **identisch** ist mit der anschließend in das Gesellschaftsregister eingetragenen GbR, der dann eine bestimmte Registernummer des Gesellschaftsgerichts zugeordnet ist.

42 *Wichtig! Warnhinweis in der Urkunde*

In der Kaufvertragsurkunde sollte **der Notar einen Warnhinweis geben bzw. die bei Beurkundung fehlende** Registerpublizität dokumentieren. Eine Eintragung könnte ggf. gänzlich scheitern oder verzögert werden. Eine Insolvenz könnte bei den Käufern eintreten, bevor eine Vormerkung im Grundbuch für die eGbR möglich ist.

43 Bestehen die Beteiligten auf einer Beurkundung des Kaufvertrags, ohne dass die GbR bereits im Register eingetragen ist, sollte unbedingt im Kaufvertrag dokumen-

tiert sein, dass die GbR unter ihrem Namen mit der UVZ-Nr. (...) des Notars angemeldet ist.

Außerdem sollte Vorsorge getroffen werden, dass eine **Namensänderung** der angemeldeten GbR, z.B. nach Beanstandung durch das Registergericht, eilig erreicht werden kann (Vollmachten in der Anmeldung).

Der Name der GbR darf nicht täuschen. **Verwechslungsgefahr** ist möglichst auszuschließen (z.B. mit Straßenangabe und Hausnummer).

Bevollmächtigungen auf den Notar und Mitarbeiter zur Änderung der Registeranmeldung insbesondere des Namens sollten mit aufgenommen werden, um unnötige Verzögerungen zu vermeiden.

II. Veränderungen bei der Eigentümer-GbR

Ist eine eGbR in einem Grundbuch als Eigentümerin gebucht und ergeben sich danach Veränderungen, z.B. durch einen Wechsel der Gesellschafter, so wird das Grundbuch künftig dadurch oftmals **nicht unrichtig**. 44

Hinweis

Die eingetragene GbR bleibt i.d.R. trotz der Änderung in ihrem Gesellschafterbestand weiterhin die Eigentümerin, die mit ihrem Namen, dem Sitz und der Registernummer des zuständigen Gesellschaftsregisters gebucht ist.

Losgelöst von der Grundbuchsituation bedarf es hinsichtlich der Veränderung im Gesellschafterbestand allerdings immer der **Berichtigung** des betroffenen GbR-**Gesellschaftsregisters**. 45

Grundbuchkorrekturen werden damit weitgehend obsolet.

Sollte allerdings durch eine Veränderung im Gesellschafterbestand die eGbR nur noch einen einzig verbleibenden Gesellschafter haben, tritt die Anwachsung auf diesen Gesellschafter ein. Auch wenn die eingetragene GbR

- ihren **Sitz** verlegt,
- ihren **Namen** ändert oder
- sich eine **neue Registernummer** und ggf. ein anderes Registergericht ergibt,

braucht es neben den registerrechtlichen Änderungen zusätzlich der Korrektur des betroffenen unrichtig gewordenen Grundbuchs.

III. Einsicht in das Transparenzregister

Nimmt der Notar eine Beurkundung eines Kaufvertrags vor und ist dabei eine **eingetragene rechtsfähige GbR** beteiligt, so hat er vor der Beurkundung auch das Transparenzregister hinsichtlich der eGbR einzusehen. 46

Dem Transparenzregister müssen die **wirtschaftlich Berechtigten** der eingetragenen GbR zur Registrierung mitgeteilt sein. Die **eingetragene GbR** ist eine **einge-**

tragene Personengesellschaft, für die die Mitteilungspflichten gegenüber dem Transparenzregister gelten. Die Daten nach § 19 GwG sind dem Transparenzregister von der Gesellschaft zur Eintragung mitzuteilen.[29]

IV. Übersicht: Erforderliche Voreintragung der Gesellschaft in das GbR-Gesellschaftsregister

47 Die Voreintragung in das Gesellschaftsregister ist z.B. erforderlich, wenn die rechtsfähige GbR

- ☐ als Eigentümerin eines Grundbuchs gebucht werden soll,
- ☐ als Gesellschafterin einer Personenhandelsgesellschaft (OHG, KG) in das Handelsregister eingetragen werden soll,
- ☐ als Gesellschafterin bei einer anderen eingetragenen GbR in das Gesellschaftsregister eingetragen werden soll,
- ☐ als Gesellschafterin in eine GmbH-Gesellschafterliste aufgenommen werden soll,
- ☐ als Aktionärin in ein Aktienregister eingetragen werden soll.

48 Verkauft eine GbR, die noch nicht im Gesellschaftsregister eingetragen steht, so sollte ein Warnhinweis des Notars folgen und dokumentiert werden.

▼

Muster 4.5: Warnhinweis zur Voreintragung einer GbR

4.5 Die verkaufende rechtsfähige Gesellschaft bürgerlichen Rechts ist noch nicht im Gesellschaftsregister des Amtsgerichts ______ eingetragen. Ein Nachweis über die Existenz der Gesellschaft und Vertretungsbefugnis liegt noch nicht vor. Eine Auflassungsvormerkung für den Käufer ist erst möglich, nachdem zuvor die Verkäuferin im Gesellschaftsregister eingetragen ist. Über die Risiken einer Verzögerung der Kaufpreisfälligkeit und der Gefahren einer Insolvenz der Verkäuferin hat der Notar uns hingewiesen. Verkäuferin und Käufer bestehen auf sofortige Beurkundung.

▲

29 *Elsing*, Das Geldwäschegesetz in der notariellen Praxis, § 4 Rn 36.

V. Identitätswahrender Wechsel der Eintragungsart der GbR

Wie die Bewilligung zur Berichtigung des Gesellschafters der noch nicht eingetragenen (Alt-GbR) oder die Bewilligung nach dem Tod oder Ausscheiden aus sonstigen Gründen im Grundbuchverfahren nachgewiesen werden soll, ist umstritten.[30] 49

Auch nach dem 1.1.2024 hat der Nachweis der Bewilligungsberechtigung noch Bedeutung für eine GbR, die keine eGbR ist.

Zum Wechsel der Art der Eintragung der GbR im Grundbuch ist die Bewilligung aller im Grundbuch eingetragenen Gesellschafter erforderlich. § 29 GBO ist zu wahren. Die Eintragung ist formal weder ein Eigentumswechsel noch eine Grundbuchberichtigung, sondern eine **Richtigstellung des Grundbuchs**.[31] 50

Ist im Gesellschaftsvertrag der nicht eingetragenen Immobilien-GbR eine **Fortsetzungsklausel** enthalten, so wächst der GbR-Anteil des verstorbenen Gesellschafters gem. § 738 Abs. 1 S. 1 BGB den übrigen Gesellschafter zu. Erklärungen bedürfen daher der Form des § 29 GBO.[32] 51

Von der Auflösung einer GbR mit Liquidation zu unterscheiden ist die **Anwachsung** des Vermögens auf den letzten verbleibenden Gesellschafter, wenn dies im Gesellschaftsvertrag geregelt ist oder auch dann, wenn gesellschaftsvertraglich nichts Gegenteiliges vereinbart ist. Dann gehen Aktiva und Passiva unter Ausschluss der Liquidation auf den letzten Gesellschafter im Wege der Gesamtrechtsnachfolge gem. § 738 Abs. 1 S. 1 BGB über.[33] 52

Ist keine Nachfolge-, Eintritts- Fortsetzungsklausel vereinbart, besteht die Gesellschaft als **Liquidationsgesellschaft** mit ihren bisherigen Gesellschaftern fort.[34] An die Stelle des verstorbenen Gesellschafters tritt dessen Rechtsnachfolger in die Liquidationsgesellschaft unmittelbar ein.[35] Mit der Annahme des Amts durch den Testamentsvollstrecker (§ 2202 Abs. 1 BGB) nimmt dieser unter Ausschluss der Erben die Befugnisse des Abwicklers wahr. Daher bedürfen die Erklärungen des Testamentsvollstreckers gegenüber dem Grundbuchamt der Form des § 29 GBO.[36] Der BGH hat offengelassen, ob in den Fällen einer Nachfolge-/oder Fortsetzungsklausel als Nachweis auch ein notarieller oder notariell beglaubigter Gesellschaftsvertrag ausreichen kann.[37] 53

30 BGH, ZIP 2022, 687.
31 *Bolkert*, MittBayNot 2021, 319; *Schmiedeberg*, Rpfleger 2021, 69 ff.; *Reymann*, DNotZ 2021, 103.
32 BGH, ZIP 2022, 687, *Spieker*, notar 2023, 180, 182.
33 BGH, ZIP 2022, 687, BGH DNotZ 2018, 914.
34 BGH, ZIP 2022, 687.
35 BGH, ZIP 2022, 687.
36 BGH, ZIP 2022, 687.
37 *Spieker*, notar 2023, 180 f., BGH ZIP 2022, 687.

VI. Muster: Grundbuchrichtigstellung

54 Mustervorschlag[38] zur Grundbuchrichtigstellung aller Gesellschafter bei Vorliegen einer Nachfolgeklausel:

▼

Muster 4.6: Grundbuchrichtigstellung (bei Nachfolgeklausel)

Im Grundbuch des Amtsgerichts … von … Blatt … steht in der Ersten Abteilung als Eigentümerin die …-GbR mit deren Gesellschaftern …, … und … eingetragen.

… ist ausweislich des Erbscheins des Amtsgerichts … Az. … der alleinige Erbe nach dem noch im Grundbuch eingetragenen, am … verstorbenen … nach dem Gesellschaftsvertrag in die Gesellschaft eingetreten. … ist durch seinen Tod ausgeschieden.

Alleinige Gesellschafter der …-GbR und vertretungsbefugt sind auch heute noch die Beteiligten …, … und ….

Die Beteiligten …, … und … bewilligen und beantragen die Berichtigung des Grundbuchs dahingehend, dass … aus der Gesellschaft durch seinen Tod ausgeschieden ist und an seine Stelle … als nachfolgeberechtigter Erbe eingetreten ist.

Die …-GbR ist ferner identitätswahrend in das Gesellschaftsregister des Amtsgerichts unter … eingetragen worden. Unter Überreichung eines Auszugs aus dem Gesellschaftsregister … vom … wird die Richtigstellung des Grundbuchs bewilligt und beantragt, dass nunmehr Eigentümer die … eGbR mit dem Sitz in … ist, eingetragen im Gesellschaftsregister des Amtsgerichts … unter ….

…, den …

(*Unterschriften aller im Grundbuch eingetragenen Gesellschafter*)[39]

Die Gesellschaft muss zustimmen; hierfür genügen die Unterschriften der Geschäftsführer, in zur Vertretung befugter Zahl.[40]

▲

38 Angelehnt an *Spieker*, notar 2023, 180–183.

39 Abgestellt wird auf die im Grundbuch eingetragenen Gesellschafter, nicht auf die im Gesellschaftsregister eingetragenen Gesellschafter, *Wobst*, ZPG 2023, 58, 59; *Wilsch*, MittBayNot 2023, 457, 460.

40 *Bärwald/Richter*, DB 2021, 2476, 2480.

Vollzugshinweise 55

- Berechtigte der Zweiten Abteilung des Grundbuchs sowie Gläubiger in der Dritten Abteilung des Grundbuchs müssen nicht zustimmen.
- Eine Unbedenklichkeitsbescheinigung des Finanzamts nach § 22 Abs. 1 S. 1 GrEStG bedarf es nicht, da kein grunderwerbsteuerbarer Vorgang vorliegt.[41]
- Die Eintragung der Richtigstellung löst keine Gerichtsgebühren aus – es liegt kein Eigentumswechsel im Sinne von Nr. 14110 KV GNotKG vor.[42] Auch bei einer Richtigstellungs-Eintragung im Grundbuch (Zweite Abteilung oder Dritte Abteilung), wenn die GbR als Berechtigte bzw. Gläubigerin beteiligt ist, wird keine Gerichtsgebühr ausgelöst, weil die Modifizierung keine Veränderung i.S.v. Nr. 14130 KV GNotKG ist.[43]

VII. Muster: Grundbuchrichtigstellung aller Gesellschafter bei Fortsetzungsklausel

▼ 56

Muster 4.7: Grundbuchrichtigstellung aller Gesellschafter (bei Fortsetzungsklausel) 4.7

Im Grundbuch des Amtsgerichts … von … Blatt … steht in der Ersten Abteilung als Eigentümerin die …-GbR mit deren Gesellschaftern …, … und … eingetragen.

… ist ausweislich des Erbscheins des Amtsgerichts … Az. … der alleinige Erbe nach dem noch im Grundbuch eingetragenen, am … verstorbenen … . Dieser ist durch seinen Tod nach dem Gesellschaftsvertrag ausgeschieden, sein Anteil an die verbleibenden Gesellschafter … und … angewachsen, die die GbR fortführen.

Alleinige Gesellschafter der …-GbR und vertretungsberechtigt sind auch heute noch die Beteiligten … und … .

Die Beteiligten …, … und … bewilligen und beantragen die Berichtigung des Grundbuchs dahingehend, dass … aus der Gesellschaft durch seinen Tod ausgeschieden ist und der Anteil den verbleibenden Gesellschafter … und … angewachsen ist, die die GbR fortführen.

Die …-GbR ist ferner identitätswahrend in das Gesellschaftsregister des Amtsgerichts unter … eingetragen worden. Unter Überreichung eines Aus-

41 *Schöner/Stöber*, Grundbuchrecht, Rn 148; *Bolkart*, MittBayNot 2021, 319, 327; *Wilsch*, MittBayNot 2023, 457, 460.

42 *Wilsch*, ZfIR 2020, 521, 528, *ders.*, in MittBayNot 2023, 457, 460.

43 *Wilsch*, ZfIR 2020, 521, 528, *ders.*, in MittBayNot 2023, 457, 461.

zugs aus dem Gesellschaftsregister … vom … wird die Richtigstellung des Grundbuchs bewilligt und beantragt, dass nunmehr Eigentümer die … eGbR mit dem Sitz in … ist, eingetragen im Gesellschaftsregister des Amtsgerichts … unter ….

…, den …

(*Unterschriften und Beglaubigung des Notars*)

▲

VIII. Muster: Bewilligung einer Grundbuchrichtigstellung

57 ▼

Muster 4.8: Bewilligung Grundbuchrichtigstellung

4.8 UVZ-Nr. …

Amtsgericht …

Grundbuchamt

Grundbuchantrag auf Richtigstellung

In der Ersten Abteilung des Grundbuchs von … Blatt … (Amtsgericht …) ist eingetragen:

a) Herr …, geb. am … und
b) Frau …, geb. am …,

in Gesellschaft bürgerlichen Rechts ….

(*Alternativ [je nach Eintragung]*):

In der Ersten Abteilung des Grundbuchs von … Blatt … (Amtsgericht …) ist eingetragen:

Gesellschaft bürgerlichen Rechts, … (*Adresse*), bestehend aus den Gesellschaftern:

a) Herr …, geb. am …, wohnhaft: … und
b) Frau …, geb. am …, wohnhaft: ….

Die Eigentümerin ist inzwischen identitätswahrend im Handelsregister des Amtsgerichts … unter GesR-Nummer … unter dem Namen … eGbR, Sitz: …, eingetragen worden.

Das Grundbuchamt wird gebeten, sich die Gesellschaftsregisterakte heranzuziehen bzw. die Einsicht zu nehmen.

Herr … und Frau … als die bisher im Grundbuch eingetragenen Gesellschafter sowie die … eGbR vertreten durch ihre Geschäftsführer bewilligen und beantragen hiermit die Erste Abteilung des Grundbuchs dahin zu korrigieren, dass nun die eGbR Eigentümerin ist.

, den

(*Unterschriften der im Grundbuch eingetragenen Gesellschafter sowie der geschäftsführenden Gesellschafter für die eGbR und Beglaubigung der Unterschriften*)

▲

Hinweis 58

Für die Grundbuchrichtigstellung wird die Unbedenklichkeitsbescheinigung nicht benötigt. Es fällt keine Gerichtsgebühr an (also nicht die 1,0-Gebühr gem. Nr. 14110 KV GNotKG), da es sich nicht um eine Grundbuchberichtigung handelt, sondern lediglich um die Richtigstellung des Grundbuchs nach identitätswahrender Veränderung.

G. Unzulässige Kündigungsbeschränkung

Wird der Notar gebeten, einen GbR-Vertrag für die Beteiligten zu entwerfen und/ 59
oder zu beurkunden, so gilt es ggf. zu bedenken:

Nach Auffassung des BGH[44] stellt die Regelung in einem Gesellschaftsvertrag einer Kapitalanlagegesellschaft in der Form einer Gesellschaft bürgerlichen Rechts, die dem nur in geringem Umfang kapitalmäßig beteiligten Anleger eine ordentliche Kündigung seiner Beteiligung erstmals nach 31 Jahren gestattet, wegen des damit für den Anleger verbundenen unüberschaubaren Haftungsrisikos eine **unzulässige Kündigungsbeschränkung** (§ 723 Abs. 3 BGB) dar.

Somit sollte der den Gesellschaftsvertrag gestaltende Notar vorsichtig sein, wenn z.B. bei einer größeren Immobilien-Gesellschaft bürgerlichen Rechts eine Person mit nur einer kleinen Beteiligung als Gesellschafter beteiligt wird. Soll diese Person nicht die Möglichkeit haben, längere Zeit nicht ordentlich kündigen zu dürfen, sollte die zeitliche Grenze nach Lage des Einzelfalls beurteilt werden. Im Einzelfall kann eine zehnjährige Bindung noch in Ordnung sein. Kleinbeteiligte GbR-Gesellschafter sollten nicht übermäßig lang an die GbR gebunden werden.

H. Ausgewählte Notargebühren zu GbR

I. Ausscheiden des vorletzten GbR-Gesellschafters, Kosten

Scheidet der **vorletzte Gesellschafter** mit seiner 50 %-Beteiligung aus der GbR 60
aus, wird die Gesellschaft **voll beendet**.

44 BGH, Urt. v. 22.5.2012 – II ZR 205/10, DNotZ 2012, 869.

Dem einzig übrigbleibenden Gesellschafter wächst das gesamte Vermögen an.

Das Grundbuch ist zu berichtigen.

Beispiel

Der Verkehrswert des von der Berichtigung betroffenen Grundstücks beträgt 300.000 EUR.

Der Notar entwirft den Grundbuchberichtigungsantrag.

Kosten:

Wert: 300.000 EUR; §§ 119 Abs. 1, 46 Abs. 1, 38, 92 Abs. 2, 97 Abs. 1 GNotKG; 0,5-Gebühr gem. Nr. 24102, 21201 Nr. 4 KV GNotKG

Hinweise:

Der volle Verkehrswert der Immobilie wird bewertet (nicht der 50 %ige-Anteil an der GbR), da ein Rechtsträgerwechsel zu berichtigen ist (auf den einzig verbleibenden Gesellschafter).

Eine Teilwertbildung nach § 36 Abs. 1 GNotKG kommt nicht in Betracht. § 54 GNotKG gilt nicht. Schulden werden nicht abgezogen, § 38 GNotKG.

II. Grundbuchrichtigstellung der Alt-GbR identitätswahrend auf eGbR

61 *Beispiel*

Im Grundbuch ist nach altem Recht eingetragen: A und B mit dem Zusatz in GbR.

Der Verkehrswert der Immobilie beträgt 300.000 EUR.

A und B sind je zur Hälfte an der GbR beteiligt.

A und B haben ihre GbR inzwischen zur Eintragung ins GesR angemeldet. Dort wurde die Gesellschaft eingetragen unter dem Namen AB-eGbR, Sitz: Hamburg.

Der Notar entwirft den **Antrag auf identitätswahrende Grundbuchrichtigstellung**, die von A und B bewilligt und unterzeichnet wird.

Die AB-eGbR, vertreten durch die Geschäftsführer A und B stimmen der Grundbuchberichtigung zu. Der Notar beglaubigt die Unterschriften.

In diesem Zusammenhang bescheinigt der Notar gem. § 21 BNotO, nach Einsicht in das Gesellschaftsregister, dass Herr A und Frau B als geschäftsführende Gesellschafter zur Vertretung der AB-5 eGbR, Sitz: Hamburg, berechtigt sind.

Kosten:

Wert: 150.000 EUR; §§ 119 Abs. 1, 97 Abs. 1, 36 Abs. 1, 46 Abs. 1, 92 Abs. 1 GNotKG; 0,5-Gebühr gem. Nr. 24102, 21201 Nr. 4 KV GNotKG für die GB-

Richtigstellung; Gebühr nach Nr. 25200 KV GNotKG (Festgebühr: 15 EUR) für die Vertretungsbescheinigung

Hinweise:

Da das Grundbuch nicht unrichtig geworden ist, sondern eine Grundbuchrichtigstellung erfolgt, kann ein **Teilwert von 50 %** vom Wert der Immobilie angenommen werden.[45]

Weder darf der gesamte Verkehrswert angenommen werden, noch sollten weniger als 50 % angesetzt werden.

III. Grundbuchrichtigstellung nach Statuswechsel der eGbR zur OHG

Beispiel 62

Im GB ist als Eigentümer die Z-eGbR, Hamburg, eingetragen.

Inzwischen ist die eGbR im Gesellschaftsregister gelöscht, nachdem sie in das HR unter der Firma Z-OHG, Hamburg, eingetragen wurde.

Der Notar entwirft und beglaubigt den Antrag auf Grundbuchrichtigstellung (identitätswahrend).

Der Verkehrswert der Immobilie beträgt 600.000 EUR.

Kosten:

Wert: **180.000 EUR**; §§ 119 Abs. 1, 97 Abs. 1, 36 Abs. 1, 46 Abs. 1, 92 Abs. 2 GNotKG; 0,5-Gebühr gem. Nr. 24102, 21201 Nr. 4 KV GNotKG

Hinweis:

30 % des Verkehrswerts sind angemessen für die identitätswahrende Grundbuchrichtigstellung der eGbR, die als OHG fortgeführt wird.[46]

IV. GB-Richtigstellung geänderter Name der eGbR

Beispiel: 63

Im GB ist die Z-eGbR, Hamburg, eingetragen.

Nachdem diese eGbR weitere Immobilien gekauft hat, hat sie ihren Namen geändert in Familie XYZ-Immobilien eGbR; Hamburg. Die Änderung des Namens ist im GesR bereits eingetragen.

45 Vgl. Leipziger Kostenspiegel, Rn 8142.

46 Vgl. Leipziger Kostenspiegel, Rn 8162.

Der Notar entwirft und beglaubigt den Antrag auf Grundbuchrichtigstellung und bescheinigt nach erfolgter Einsicht in das GesR die Vertretungsberechtigung sowie die ersichtliche Namensberichtigung (§ 21 BNotO).

Der Verkehrswert der Immobilie, die von der Berichtigung betroffen ist, beträgt 500.000 EUR.

Kosten:

Wert: 150.000 EUR; §§ 119 Abs. 1, 97 Abs. 1, 36 Abs. 1, 46 Abs. 1, 92 Abs. 2 GNotKG; 0,5-Gebühr nach Nr. 24102, 21201 Nr. 4 KV GNotKG; Festgebühr gem. Nr. 25200 KV GNotKG (2x 15 EUR = 30 EUR).

Hinweis:

30 % vom Verkehrswert sind angemessen.[47]

47 Vgl. Leipziger Kostenspiegel, Rn 8196.

§ 5 Nachtragsliquidation wegen eines Grundpfandrechts oder einer Sicherungshypothek

A. Allgemeines zur Nachtragsliquidation

In der notariellen Praxis kommt es vor, dass sich erst im Zuge der Abwicklung eines Immobilienkaufvertrages herausstellt, dass eine GmbH, zu deren Gunsten ein Grundpfandrecht oder eine Sicherungshypothek im Grundbuch eingetragen steht, bereits im Handelsregister gelöscht ist. Wenn sich nach Eintragung des Erlöschens der Gläubiger-GmbH noch herausstellt, dass die Liquidation tatsächlich noch nicht beendet war, insbesondere der Gesellschaft noch Ansprüche zustehen oder für sie noch Erklärungen abzugeben sind, ist eine **Nachtragsliquidation** (analog § 273 Abs. 4 S. 1 AktG) notwendig. 1

Für eine Nachtragsliquidation ist es nicht notwendig, dass nachträglich ein verteilbares Vermögen bekannt geworden ist. Es genügt, wenn Rechtsbeziehungen oder Tatsachen bekannt geworden sind, die eine gesetzliche Vertretung der Gesellschaft verlangen. Dies kann z.B. der Fall sein, wenn in einem Grundbuch ein Recht für die Gesellschaft eingetragen steht und die Gesellschaft die Löschung bewilligen muss. Selbst dann, wenn der Gesellschaft ein Steuerbescheid zugestellt werden soll, kommt die Nachtragsliquidation in Betracht.[1]

Grundsätzlich wird für die Nachtragsliquidation die in Wahrheit bisher nicht erloschene Gesellschaft wieder in das Handelsregister eingetragen. Im Grundsatz erfolgt die Eintragung dergestalt, dass der unrichtige Löschungsvermerk gelöscht wird.[2] 2

In bestimmten Fällen allerdings ist die Eintragung in das Handelsregister **nicht notwendig**. Wenn nur einzelne oder wenige Abwicklungsmaßnahmen erfolgen sollen, wird auf die Wiedereintragung der Gesellschaft in das Handelsregister verzichtet. Dann nimmt das Gericht keine Eintragung vor. Stattdessen wird nur ein Nachtragsliquidator bestellt. 3

Soweit die Gesellschaft wieder in das Handelsregister eingetragen worden ist, kann die Beendigung der Liquidation **ohne Einhaltung eines erneuten Sperrjahres** erfolgen. Nach Abschluss der Nachtragsliquidation und nach einer Handelsregisteranmeldung der Beendigung kann die Gesellschaft dann wieder gelöscht werden.[3] 4

1 *Tebben*, in: Kölner Handbuch Gesellschaftsrecht, 2. Kap., Rn 844; OLG München, Beschl. v. 7.5.2008 – 31 Wx 28/08, GmbHR 2008, 821.

2 *Melchior/Böhringer*, in: Gustavus, Handelsregisteranmeldungen, A 122.

3 *Elsing*, Handels- und Gesellschaftsrecht in der notariellen Praxis, § 7 Rn 239.

B. Muster: Antrag auf Bestellung eines Nachtragsliquidators

5 ▼

Muster 5.1: Antrag auf Bestellung eines Nachtragsliquidators

5.1 An das Amtsgericht

– Registergericht –

Nachdem die Löschung der … GmbH, Sitz: … (HRB …) am … in das Handelsregister eingetragen worden ist, hat sich nun herausgestellt, dass im Wohnungsgrundbuch des Amtsgerichts … von … Blatt … (Eigentümer …) in Abteilung III unter lfd. Nr. … eine Zwangssicherungshypothek in Höhe von … EUR zugunsten dieser Gesellschaft eingetragen steht. Eine auszugsweise Ablichtung des Grundbuchauszuges über diese Eintragung wird diesem Antrag in der Anlage beigefügt.

Die Zwangssicherungshypothek soll nun im Grundbuch gelöscht werden. Hierzu ist es erforderlich, dass die Gesellschaft, vertreten durch einen Nachtragsliquidator, eine Löschungsbewilligung erteilt.

Ich, der Eigentümer, beantrage bzw. rege hiermit an, dass,

Herrn/Frau …, geb. am …, wohnhaft …

als Liquidator bestellt wird.

Ich, der/die Mitunterzeichnende …, erkläre, dass ich das Amt als Liquidator annehmen werde, wenn das Registergericht mich bestellt. Dann vertrete ich voraussichtlich die Gesellschaft allein, solange kein weiterer Liquidator bestellt ist. Ich verzichte auf Auslagenerstattung und eine Vergütung.

…, den …

(*Unterschriften des Eigentümers und des künftigen Nachtragsliquidators*)

▲

6 Ist im Grundbuch eine Offene Handelsgesellschaft eingetragen und diese im Handelsregister gelöscht, erfolgt die erforderliche Nachtragsabwicklung durch die letzten Liquidatoren (§ 157 Nr. 2 HGB). Die OHG besteht dann rechtlich identisch fort als Gesellschaft bürgerlichen Rechts bis zu dem Zeitpunkt, in dem die Abwicklung endgültig erledigt ist.

Die Bestellung eines Nachtragsliquidators analog § 273 Abs. 2 AktG i.V.m. § 375 Nr. 3 FamFG kommt in Betracht, genauso wie bei der GmbH & Co. KG.

Eine Wiedereintragung (bzw. die Löschung des unrichtigen Löschungsvermerks) ist auch hier nur erforderlich, wenn noch eine umfangreiche, längere Abwicklung erforderlich scheint.[4]

4 *Melchior/Böhringer*, in: Gustavus, Handelsregisteranmeldungen, A 56.

§ 6 Notarielle Eigenurkunde und Vorprüfpflicht des Notars

A. Vorbemerkung

Von der **notariellen Eigenurkunde**[1] wird in der notariellen Praxis gern Gebrauch gemacht. Mit ihrem Einsatz können sowohl die Notare als auch deren Mitarbeiter entlastet werden, weil der **Aufwand** – im Gegensatz zu anderen Vollmachtlösungen – geringer ist. Außerdem profitieren die Beteiligten, für die gehandelt wird, davon, weil eine notarielle Eigenurkunde **zügiger** umgesetzt werden kann als Beurkundungen oder Beglaubigungen durch die Beteiligten persönlich, die erst einen Termin koordinieren müssen. 1

Mit jedem Einsatz einer notariellen Eigenurkunde wird auf eine einfache und effektive Weise das vorausgegangene notarielle Amtsgeschäft ergänzt, ggf. berichtigt und vollzogen. Auch bei der optionalen Lösung durch den Einsatz einer Mitarbeitervollmacht ist die Eigenurkunde vorteilhafter, denn bei der Mitarbeiterlösung ist die jeweilige Unterschrift zu beglaubigen. Gemäß § 78h BNotO ist die vom Notar errichtete Eigenurkunde in Urkundenverzeichnis, wo auch die digitale Urschrift gespeichert ist, zu speichern.

Besonders eignet sich die notarielle Eigenurkunde für **Nachbesserungen**.

Der **Anwendungsbereich der notariellen Eigenurkunde** ist erheblich. Ihr Einsatz ist bspw. sinnvoll, nachdem der Notar eine notariell beurkundete Gesellschafterversammlung über die Änderung einer Satzungsbestimmung erledigt hatte und der Geschäftsführer dem Termin fernblieb. 2

Die Handelsregisteranmeldung kann der Notar mit notarieller Eigenurkunde selbst abfassen, **siegeln und unterzeichnen**. Soweit eine strafbewehrte Geschäftsführerversicherung erforderlich ist, darf der Notar diese allerdings nicht für den Geschäftsführer abgeben.

> *Hinweis*
>
> Der notariellen Eigenurkunde geht stets eine andere notarielle Urkunde desselben Notars voraus.

Vorteilhaft ist der Einsatz der notariellen Eigenurkunde auch, wenn ein Beteiligter, der sich im Ausland, in einer anderen Stadt aufhält oder sich im Urlaub befindet, **nicht persönlich** einen eiligen Termin wahrnehmen kann. Der Beteiligte kann sich eine Anreise ersparen.

1 Vgl. *Elsing*, RENOpraxis 12/2012.

3 Für registerrechtliche Anmeldungen regelt § 378 Abs. 2 FamFG die gesetzliche Vermutung des Bestehens der Vollmacht auf den Notar. Dem Registergericht muss die konkrete Bevollmächtigung deshalb nicht nachgewiesen werden. Dies ist nur dann geboten, wenn der Notar über den Umfang der Vollmacht hinaus gehandelt haben sollte.

Zur Vermeidung von Zweifeln kann der Notar sich auch in Registersachen **stets ausdrücklich** zur Durchführung und Ergänzung der Anmeldung bevollmächtigen lassen, denn § 378 FamFG gilt nur, wenn der Anmeldende auch zur Registeranmeldung **verpflichtet ist**.[2]

Höchstpersönlich abzugebende Erklärungen, die **eine Vertretung bzw. Bevollmächtigung ausschließen**,[3] wie eine **Geschäftsführerversicherung** über die Einzahlung von Stammkapital (§ 78 GmbHG) oder die strafbewehrte Versicherung gem. § 8 GmbHG können nicht mit der Eigenurkunde erklärt werden, sie bedürfen der **persönlichen Mitwirkung der Geschäftsführer**.

Zur Erweiterung des Anwendungsbereichs der Bevollmächtigung auf den Notar ist die ausdrückliche Vollmacht, die in der durchzuführenden Urkunde dokumentiert ist, zu empfehlen. Dann kann der Notar von der notariellen Bevollmächtigung Gebrauch machen und die Eigenurkunde über den Anwendungsbereich des § 378 FamFG hinaus erklären,[4] nicht jedoch für materiell-rechtliche Änderungen, wie z.B. zur Vereinbarung einer Kaufpreiserhöhung oder einer Kaufpreisreduzierung.

4 Im **Grundbuchrecht** gibt es die **gesetzliche Vollmachtvermutung** für den Notar **nicht**. Dennoch wird gerade in Grundbuchangelegenheiten gern mit der notariellen Eigenurkunde gearbeitet. Die durchzuführende, unterschriftsbeglaubigte oder beurkundete Vereinbarung enthält dann die **ausdrückliche** Bevollmächtigung auf den Notar, mittels Eigenurkunde Grundbuchanträge erledigen zu dürfen, auch durch getrennte Antragstellung oder durch Rücknahme von Anträgen.

B. Begriff

5 Die gesetzlich nicht definierte Eigenurkunde ist anerkannt. Wenn der Notar zulässig in Ausübung seines Amtes eine **eigene Urkunde** schriftlich niederlegt, unterzeichnet und mit seinem Dienstsiegel versieht, handelt es sich um eine notarielle Eigenurkunde. Diese stellt eine **öffentliche Urkunde** i.S.v. §§ 415, 437 ZPO dar und sie genügt auch § 29 GBO.[5]

2 OLG München, Beschl. v. 10.3.2015 – 31 Wx 67/15, ZIP 2015, 735, 736.

3 *Holzer*, in: Prütting/Helms, FamFG Kommentar, 4. Aufl. 2018, § 378 Rn 14.

4 OLG Oldenburg, Beschl. v. 16.9.2011 – 12 W 193/11, ZIP 2011, 2360, 2361; Prütting/Helms/*Holzer*, FamFG Kommentar, 4. Aufl. 2018, § 378 Rn 14.

5 OLG Frankfurt a.M. MittBayNOt 2001, 225; *Schöner/Stöber*, Grundbuchrecht Rn 164; *Sander*, in: Schippel/Görk, BNotO § 24 Rn 34 m.w.N.

Der Notar muss die Urkunde, die durchzuführen ist, zuvor beglaubigt oder beurkundet haben.[6]

C. Bevollmächtigung auf den Notar und Mitarbeitervollzugsvollmacht

Losgelöst von der Möglichkeit des Einsatzes einer Eigenurkunde ist es dennoch üb- 6
lich, dass Grundbuchanträge, Immobilienverträge, Geschäftsanteilskaufverträge und Gesellschafterversammlungen mit Änderung des Gesellschaftsvertrags nicht nur die Ermächtigung des beurkundenden Notars enthalten, die Urkunde durch eine notarielle Eigenurkunde ergänzen zu dürfen; sie enthalten auch eine **Bevollmächtigung auf die Mitarbeiter** des Notars.

Mit der Eigenurkunde kann eine eingetretene Wirksamkeit des Vertrags oder eines Beschlusses festgestellt werden, nachdem die Bedingung dazu eingetreten ist. Beanstandungen des Gerichts können somit zügig erledigt werden.

Ist jedoch eine materielle Veränderung zu erklären, so kann eine **Vollmacht der** 7
Beteiligten auf die Mitarbeiter des Notars genutzt werden, das Einvernehmen mit den Beteiligten vorausgesetzt.

Beim Abfassen der Mitarbeitervollmacht hat das OLG Dresden[7] entschieden, dass eine Vollmacht auf die „jeweiligen Angestellten“ des Notars, ohne namentliche Bezeichnung, als Nachweis der Vertretungsbefugnis gegenüber dem Grundbuchamt genügt. Ebenso entschied das OLG Brandenburg[8] und auch das Thüringer OLG.[9] Dagegen entschieden das OLG Frankfurt und das OLG Hamm, dass eine Vollmacht ohne Nennung des Namens nicht genügt.[10]

> *Praxistipp*
>
> In der Vorauflage hat der Autor angeraten, dass der vorsichtige Notar bei Abfassung der Vollmacht zur Sicherheit noch zusätzlich einen oder zwei Mitarbeiter benennen kann. Bis zur Entscheidung durch den BGH ist weiterhin Vorsicht geboten, da materiell-rechtliche Erklärungen abgegeben werden. Bei der Mitarbeitervollmacht sollten die Bevollmächtigen einstweilen namentlich benannt oder wenigstens zusätzlich namentlich benannt werden („*jeder Mitarbeiter sowie die Mitarbeiter Herr (…) und Frau (…) erhalten Vollmacht (…)*“).

6 Der deutsche Notar, so zutreffend *Holzer*, in: Prütting/Helms, FamFG-Kommentar, 4. Aufl. 2018, § 378 Rn 10 m.w.N. oder sein ihm gleichgestellter Notarvertreter oder Notariatsverwalter (§ 39 BNotO bzw. §§ 56 ff. BNotO).

7 OLG Dresden, Beschl. v. 16.8.2011 – 17 W 0694/11, NotBZ 2012, 135.

8 OLG Brandenburg, Beschl. v. 8.1.2012, 5 Wx 41/12, Rpfleger, 2013, 387f.

9 Thüringer OLG, Beschl. v. 9.9.2021 – 3 W 296/21, FGPrax 2021, 248f;

10 OLG Frankfurt, Beschl. v. 11.10.2007 – 20 W 150/07; OLG Hamm, Beschl. v. 16.5.2023 – I-15 W 108/23, 15 W 108/23.

8 Steht die Ergänzung einer Urkunde mit nur verfahrensrechtlicher Bedeutung an und dient sie nur zur Durchführung, ist die Nutzung der Notarvollmacht der Nutzung der Mitarbeitervollmacht vorzuziehen. Im Notariat kann damit wertvolle Zeit eingespart werden.

9 Die **Bevollmächtigung des Notars** zur Berichtigung des von ihm beurkundeten Vertrags kann wie folgt lauten:

▼

Muster 6.1: Bevollmächtigung des Notars

6.1 Wir ermächtigen unwiderruflich den Notar, uns uneingeschränkt bei der Durchführung und dem Vollzug dieser Vereinbarung zu vertreten, insbesondere für uns alle verfahrensrechtlichen Erklärungen abzugeben, die in formeller und materieller Hinsicht zweckmäßig erscheinen. Dies darf mit der sog. notariellen Eigenurkunde gegenüber dem Grundbuchamt/Registergericht geschehen. Der Notar darf Anträge getrennt oder eingeschränkt stellen und Anträge zurücknehmen. Die Vollmacht erlischt nicht durch den Tod eines Vollmachtgebers.

▲

10 Eine ausführliche Durchführungsvollmacht auf den Notar lautet wie folgt:

▼

Muster 6.2: Bevollmächtigung des Notars (ausführliche Durchführungsvollmacht)

6.2 Wir erteilen hiermit unwiderruflich dem Notar, seinem Vertreter oder Amtsnachfolger sowie jedem dann vom Notar aufgrund hiermit allseits erteilter Vollmacht durch Eigenurkunde zu bestimmenden Angestellten der Notarstelle, insbesondere Frau ___ und Herrn ___ – je einzelvertretungsberechtigt, befreit von den Beschränkungen des Mehrfachvertretens (§ 181 Alt. 2 BGB) – die **Vollmacht** durch notarielle Eigenurkunde und/oder Nachtragsniederschrift Auflassungen zum Vollzug dieser Urkunde zu erklären und alle Erklärungen abzugeben, die zur Durchführung bzw. zum Vollzug und zur inhaltlichen Klarstellung sowie zur Ergänzung des heutigen Protokolls erforderlich oder zweckmäßig sind.

Die Vollmacht ist im Außenverhältnis unwiderruflich; ihr Fortbestehen ist dem Grundbuchamt nicht nachzuweisen. Sie ist unabhängig von der Wirksamkeit der übrigen Bestimmungen in diesem Protokoll erteilt.

Die den Angestellten erteilte Vollmacht ist im Außenverhältnis so beschränkt, dass sie nur vor dem beurkundenden Notar, seinem Vertreter oder Amtsnachfolger ausgeübt werden darf. Jede Vollmacht ist im Übrigen im Außenverhältnis unbeschränkt.

juris
KANN ICH ALS NOTAR DURCH DIGITALE VERNETZUNG ZEIT SPAREN?
JA. MIT JURIS.
juris.de Wissen, das für Sie arbeitet.

Im Innenverhältnis, das vom Grundbuchamt nicht zu überprüfen ist, soll der jeweilige Bevollmächtigte von dieser Vollmacht nur im Einvernehmen mit den Beteiligten und im Einklang mit dem notariellen Berufsrecht Gebrauch machen. Im Innenverhältnis ist die Vollmacht an die Notarangestellten daher auf Vollzugsgeschäfte beschränkt, schließt die Erklärung von Auflassungen (nach schriftlicher Bestätigung der Erwerbspreiszahlung durch den Verkäufer oder ein beteiligtes Kreditinstitut) nebst gleichzeitiger Löschungsbewilligungen und -anträge zu Auflassungsvormerkungen aber ein.

Jede Vollmacht befugt dazu, Bewilligungen und Löschungsbewilligungen und Anträge zum Grundbuch zu erklären, zurückzunehmen und/oder zu ändern.

Der Notar wird beauftragt, erforderliche Genehmigungen, Zeugnisse und Bescheinigungen zu diesem Vertrag sowie Löschungsunterlagen einzuholen, entgegenzunehmen und weiterzuleiten. Vorbehaltlos erteilte Genehmigungen gelten mit ihrem Eingang beim Notariat allen Beteiligten als zugegangen. Rechtsmittelfähige Bescheide sind jedoch den Beteiligten unmittelbar zuzustellen.

▲

D. Öffentliche Urkunde

11 Der Notar, der von den Beteiligten zur Abgabe bestimmter verfahrensrechtlicher Erklärungen durch eine notarielle Eigenurkunde ermächtigt wurde, führt eine ihm übertragene rechtliche Betreuungstätigkeit aus, sodass es sich bei der Eigenurkunde um eine **öffentliche Urkunde** handelt, die nach § 415 Abs. 1 ZPO den vollen Beweis des Vorganges begründet, den der Notar erklärt bzw. festgestellt hat. Die unterschriebene und besiegelte Eigenurkunde **genügt** als öffentliche Urkunde wiederum den Anforderungen des § 29 GBO[11] und bedarf somit keiner weiteren Beglaubigung.

E. Keine Eintragung in das Urkundenverzeichnis

12 Früher wurden nach § 8 DONot a.F. Urkunden, die der Notar nach den Vorschriften des Beurkundungsgesetzes errichtet, in seine Urkundenrolle eingetragen. Das galt nicht für die notarielle Eigenurkunde, weil diese nicht unter die Beurkundungsvorschriften des Beurkundungsgesetzes fällt. Die Eigenurkunde wurde daher nicht in die Urkundenrolle eingetragen.[12] Inzwischen wurde die Urkundenrolle durch das **Urkundenverzeichnis** ersetzt. Seitdem sollte der Notar die Eigenurkunde bei der Papierurschrift verwahren und **zusätzlich im Urkundenverzeichnis**.

11 BGHZ 78, 36, 39, DNotZ 1981, 118 mit Zust. *Winkler*; *Sander*, in: Schippel/Görk, BNotO § 24 Rn 34.

12 *Eickelberg*, in: Armbrüster/Preuß/Renner, D. § 8 Rn 6.

Wenn der Notar mit notarieller Eigenurkunde bestätigt, dass er eine unterschriftsbeglaubigte Bewilligung gem. § 15 Abs. 3 GBO auf seine **Eintragungsfähigkeit** geprüft hat, kann diese Eigenurkunde auch nicht in die Urkundenrolle eingetragen werden, weil es sich **lediglich um die Erklärung des Notars** handelt, eine Amtspflicht erledigt zu haben. Die schriftliche oder formlose Mitteilung des Notars gegenüber dem Grundbuchamt, z.B. im Anschreiben des Notars, mit dem die Unterlagen überreicht werden, genügt.[13] Dasselbe gilt, wenn eine Registeranmeldung unterschriftsbeglaubigt beim Notar eingereicht wird und der Notar gem. § 378 Abs. 3 FamFG die Eintragungsfähigkeit zu prüfen hat.

F. Anwendungsmöglichkeiten

I. Löschungsbewilligung betreffend Notargebühren

13 Wenn der Notar zur Durchsetzung seiner Gebührenforderung nach dem Gerichts- und Notarkostengesetz (GNotKG) eine Vollstreckungsmaßnahme durchführt, geschieht das im Rahmen seiner Amtstätigkeit, mit der die **Verpflichtung** verbunden ist, entstandene **Notarkosten auch beizutreiben**. Daraus folgt, dass der Notar auch ohne vorherige ausdrückliche Ermächtigung dazu verpflichtet ist, eine von ihm erwirkte **Eintragung einer Sicherungshypothek** oder Pfändung eines Eigentumsverschaffungsanspruchs auch wieder zur Löschung zu bewilligen, sobald die Zahlung zur Tilgung der Rechnung durch den Kostenschuldner erfolgt ist. Die Löschungsbewilligung kann der Notar dann noch durch eine Eigenurkunde vornehmen. Das durchzuführende Amtsgeschäft ist dabei z.B. der beurkundete Kaufvertrag und sein vollständiger Vollzug im Grundbuch. **Dies ist mit der vertragsgemäßen Eigentumsumschreibung, lastenfrei auf den Kostenschuldner der Fall**. Damit dient die Eigenurkunde noch der vollständigen Durchführung des Kaufvertrags. Das Mitwirkungsverbot des § 6 Abs. 1 Nr. 1 BeurkG greift nicht; die Eigenurkunde ist keine Urkunde nach den Vorschriften des Beurkundungsgesetzes.[14]

14 Damit es nicht zu einer Beanstandung kommt, sollte der Notar in einer entsprechenden Löschungsbewilligung zum Ausdruck bringen, dass er in **Ausführung seines Amtes handelte**. Die Eigenurkunde kann wie folgt formuliert werden:[15]

13 OLG Celle, Beschl. v. 6.11.2017 – 18 W 57/17 Rn 25.

14 *Grziwotz/Heinemann*, BeurkG, § 56 Rn 11.

15 *Elsing*, notarbüro 2012, 10.

▼

Muster 6.3: Eigenurkunde

In meiner Eigenschaft als beurkundender Notar des Kaufvertrags vom … (UVZ-Nr. … Jahrgang 2025) hatte ich,

Notar … mit dem Amtssitz in …,

im Rahmen meiner Pflicht, die gesetzlich entstandenen Notargebühren nach dem Gerichts- und Notarkostengesetz durchzusetzen, für die vorgenannte Urkunde die Eintragung einer Sicherungshypothek i.H.v. … EUR mit … % über dem jeweiligen Basiszinssatz, verzinslich auf … EUR ab dem … in das Grundbuch des Amtsgerichts … von … Blatt … in Abt. III unter lfd. Nr. … gegen den Eigentümer und Kostenschuldner bewirken müssen. Damit ist der Kaufvertrag noch nicht vollständig durchgeführt, weil die Belastung im Grundbuch wieder zu löschen ist, dies habe ich noch immer in meiner notariellen Amtstätigkeit zu erledigen.

In meiner amtlichen Eigenschaft als Notar bewillige ich zur vollständigen Beendigung nun die Löschung der vorgenannten Sicherungshypothek Abt. III Nr. … im vorgenannten Grundbuch.

…, den …

(*Siegel*) (*Unterschrift …, Notar*)

▲

Die Eigenurkunde kommt auch in Betracht, wenn der Notar die **Löschungsbewilligung** hinsichtlich eines von ihm gepfändeten Eigentumsverschaffungsanspruches abzugeben hat, soweit die Eintragung im Grundbuch zur Durchsetzung der gesetzlichen Gebührenforderung nach dem GNotKG bewirkt wurde. 15

II. Übliche Einsatzmöglichkeiten

Die Eigenurkunde (im Grundbuchrecht ist eine Bevollmächtigung in der notariellen Urkunde auf den Notar vorausgesetzt) kommt in folgenden Fällen zur Anwendung: 16

- Berichtigung einer Aufteilungserklärung in Wohnungs- und Teileigentum, wenn die Bezeichnung der Wohnungs-/Teileigentumsrechte oder Bestimmungen der Gemeinschaftsordnung fehlerhaft sind,
- fehlende Zustimmungsbewilligung/fehlender Antrag zur Löschung eines Grundpfandrechts des Eigentümers wird nachgeholt,
- fehlende Grundbuchbezeichnung wird nachgeholt (§ 28 GBO),
- fehlender Grundpfandrechts-Löschungsantrag/Löschungsbewilligung des Eigentümers wird nachgeholt,
- Klarstellung der Grundstücks- und Grundbuchbezeichnung,

- nach einem Teilflächenverkauf und anschließend vorliegendem Vermessungsergebnis wird die Identität der verkauften Teilfläche mit dem neu vermessenen Flurstück erklärt,
- Identitätsfeststellung der Beteiligten nach § 10 BeurkG,
- Feststellung der Geschäftsfähigkeit und schwerer Krankheiten nach § 11 BeurkG,
- Prüfung der Nachweise der Vertretungsberechtigung nach § 12 BeurkG,
- Treffen einer Rangbestimmung bei einem Grundpfandrecht,
- Rücknahme eines Grundbuchantrages oder auch eines Registereintragungsantrages, gestellt durch oder für die Beteiligten persönlich,
- Entgegennahme und Mitteilung der betreuungs- oder familiengerichtlichen Genehmigung aufgrund der sogenannten Doppelvollmacht,
- Urkunde über die Erledigung der notariellen Vorprüflicht gem. § 15 Abs. 3 GBO oder gem. § 378 Abs. 3 FamFG (hier genügt es jedoch, dem Grundbuchamt oder Registergericht die Vorprüfung/Prüfung der Eintragungsfähigkeit formlos oder schriftlich mitzuteilen;[16] dieser Weg ist noch effektiver).

III. Eigenurkunde für Handelsregisteranmeldung, soweit nicht höchstpersönliche Versicherungen erforderlich sind

17 Die Eigenurkunde empfiehlt sich zur Erledigung von Beanstandungen durch ein Grundbuchamt, Handelsregister, Genossenschaftsregister oder auch Vereinsregister. Sie genügt **nicht zur Umsetzung materiell-rechtlicher Änderungen**. Ihr Anwendungsbereich geht über die Feststellung des Eintretens von Ereignissen, die zur Wirksamkeit des Vertrags geführt haben, hinaus. Bedeutsam ist, dass auch bestimmte Handelsregisteranmeldungen durch die Eigenurkunde des Notars erklärt werden können.

Werden z.B. **Satzungsänderungen, Verschmelzungen, Abspaltungen und Unternehmensverträge** mit dem Zweck, die Wirksamkeit herbeizuführen, zur Eintragung in das Handelsregister angemeldet und hat der Notar zuvor den Vorgang beurkundet oder beglaubigt, **gilt er nach § 378 Abs. 2 FamFG als ermächtigt**, die Eintragung zu beantragen. Der Geschäftsführer wird dann gar nicht benötigt, es sei denn, die Anmeldung enthält eine höchstpersönliche Versicherung.[17]

Registergerichte und Grundbuchämter erkennen die Eigenurkunde in der Regel an. Voraussetzung ist ein ordnungsgemäßer Einsatz zum Vollzug einer vom Notar beurkundeten oder beglaubigten anderen Urkunde.

18 Sind die **Geschäftsführer** zur Unterzeichnung einer Handelsregisteranmeldung **nicht zugegen**, beispielsweise nach der Beurkundung einer Gesellschafterver-

16 OLG Celle, Beschl. v. 6.11.2017 – 18 W 57/17 Rn 25.

17 *Ising*, NZG 2012, 289.

sammlung über die Änderung des Gesellschaftsvertrags (Sitzverlegung), so kann der Notar die Registeranmeldung durch notarielle Eigenurkunde erledigen. Der Geschäftsführer wird nicht benötigt, denn der Notar vollzieht die Beurkundung der Gesellschafterversammlung mit seiner Eigenurkunde und ersetzt die notwendige verpflichtende Registeranmeldung, die keine höchstpersönlichen Versicherungen enthält. Der Einsatz der Eigenurkunde spart den Mandanten somit Zeit und die Eintragung im Handelsregister kann zügiger herbeigeführt werden.

Für den Notar verringert sich der Arbeitsaufwand. Häufigster Einsatz der Eigenurkunde ist es, Beanstandungen effektiv zu erledigen.

IV. Muster einer Registeranmeldung (Eigenurkunde) durch den Notar

▼ 19

Muster 6.4: Registeranmeldung – Eigenurkunde – durch den Notar

Eigenurkunde §378 Abs. 2 FamFG 6.4

Registeranmeldung

Amtsgericht – Registergericht

Notarielle Eigenurkunde zu meiner Urkunde UVZ-Nr. /

HRB

GmbH

Unter Übermittlung einer elektronisch beglaubigten Ablichtung des Protokolls über die Gesellschafterversammlung vom – meine UVZ-Nr. / – sowie der nach §54 GmbHG bescheinigten Neufassung des Gesellschaftsvertrags wird zur Eintragung in das Handelsregister angemeldet:

Die Firma der Gesellschaft ist geändert in GmbH. §1 Abs. 1 des Gesellschaftsvertrags lautet neu: „Die Gesellschaft führt die Firma “.

, den

(*Siegel*) (*Unterschrift , Notar*)

▲

G. Gebühren des Notars

20 Für die notarielle Eigenurkunde erhält der Notar gem. Nr. 25204 KV GNotKG **dieselbe Gebühr** wie für die Fertigung des Entwurfs der Erklärung.[18] Obwohl der Aufwand geringer ist, als der Aufwand des Procederes, wenn der Mandant die Erklärung selbst abgibt, erhält der Notar dieselben Gebühren.

H. Prüfpflicht des Notars gegenüber dem Grundbuchamt und dem Registergericht

I. Einleitung

21 Seit dem 9.6.2017 gilt im Grundbuchrecht § 15 Abs. 3 GBO. Aus seinem Wortlaut geht hervor, dass **ein Notar** die Unterlagen, die zur Eintragung erforderlich sind, **vor ihrer** Einreichung **für das Grundbuchamt auf Eintragungsfähigkeit zu prüfen hat**, sei denn, die Erklärung stammt von einer öffentlichen Behörde.

Seit dem 9.6.2017 gilt im Registerrecht § 378 Abs. 3 FamFG. Aus seinem Wortlaut geht hervor, dass **ein Notar** die **Registeranmeldungen** (nur Vereins-, Handels- und Güterrechtsregister, nicht Genossenschaftsregister betreffend) **vor ihrer** Einreichung **für das Registergericht auf Eintragungsfähigkeit zu prüfen hat**. Der Anwendungsbereich wird noch größer, wenn für die Gesellschaft bürgerlichen Rechts das GbR-Gesellschaftsregister eingeführt ist, in das sich GbR-Gesellschaften eintragen lassen können.

Nach Inkrafttreten der §§ 15 Abs. 3 GBO und 378 Abs. 3 FamFG kam es zu Verzögerungen von Eintragungen, weil beim Vollzug der Grundbuchanträge oder Registeranmeldungen berechtigte gerichtliche Beanstandungen vorkamen. Das hat sich eingespielt, bereits nach den ersten obergerichtlichen Entscheidungen, die beide jeweils Grundbuchverfahren betrafen.[19]

II. Prüfpflicht des Notars im Grundbuchrecht, § 15 Abs. 3 GBO

1. Eintragungsfähigkeitsprüfung

22 Mit dem Eingang der vom Notar **beurkundeten** oder **entworfenen und mit einem Vermerk über die Unterschriftsbeglaubigung** versehenen Bewilligungs- und Antragsurkunde bei Gericht, muss das betroffene Grundbuchamt, bevor es die begehrte Eintragung vornehmen darf, nicht nur die Wirksamkeit sowie die richtige Form der Urkunden prüfen, sondern die Bewilligungen und Anträge auch darauf, ob sie **von dem einreichenden Notar oder von einem anderen Notar** inhaltlich gem.

18 *Elsing*, Fälle und Lösungen zur Abrechnung nach GNotKG, § 2 Rn 29.

19 OLG Schleswig, Beschl. v. 28.7.2017 – 2 Wx 50/17; OLG Celle, Beschl. v. 6.11.2017 – 18 W 57/17.

§ 15 Abs. 3 GBO **für das Grundbuchamt** auf ihre Eintragungsfähigkeit überprüft wurden. Diese Prüfung steht im öffentlichen Interesse. Der Notar hat die Prüfpflicht **nur gegenüber dem Grundbuchamt**, nicht aber gegenüber dem Mandanten.

Diese Eintragungsfähigkeitsprüfung **eines Notars** muss insbesondere auch stattfinden, **wenn nur ein Fremdtext** dem Grundbuchamt vorgelegt wird, der von einem anderen Notar beglaubigt ist. Entscheidend ist, dass ein Notar diese Prüfung erledigt hat, gleichgültig ist, welcher Notar.

2. Bescheinigung der Eintragungsfähigkeitsprüfung

Damit der abwickelnde/einreichende Notar nicht sehenden Auges Eintragungshindernisse schafft, wird er – und ist deshalb im Grundsatz **verpflichtet** –, einen **Vermerk seines Prüfungsergebnisses fertigen**. Beglaubigt der Notar selbst die Unterschrift unter dem Text der Eintragungsbewilligung, kann er pragmatisch das Prüfergebnis im Vermerk über seine Unterschriftsbeglaubigung integrieren. 23

▼ 24

Muster 6.5: Eintragungsfähigkeit im Beglaubigungsvermerk

Die Eintragungsfähigkeit des vorstehenden Textes habe ich gem. § 15 Abs. 3 GBO geprüft. 6.5

▲

Reicht der Notar eine von einem anderen Notar lediglich unterschriftsbeglaubigte Erklärung zum Grundbuchamt und mangelt es der Urkunde an einem Vermerk des anderen Notars über eine Prüfung nach § 15 Abs. 3 GBO, so wird der **einreichende Notar die Prüfung vornehmen** und bescheinigen oder sie dem Grundbuchamt zumindest schlicht **mitteilen**. Geschieht dies nicht, sendet das Grundbuchamt dem einreichenden Notar eine Beanstandung und fordert einen Nachweis darüber, dass die Prüfung der Eintragungsfähigkeit von einem Notar erledigt wurde. 25

Königsweg ist, dem Grundbuchamt mit der Übersendung der fremden Urkunde, die von einem anderen Notar beglaubigt ist und der es an einem Vermerk über die Prüfung mangelt, im Anschreiben an das Gericht **mitzuteilen**, dass die Prüfung der Eintragungsfähigkeit gem. § 15 Abs. 3 GBO vom einreichenden Notar vorgenommen wurde; **das genügt**![20]

20 OLG Celle, Beschl. v. 6.11.2017 – 18 W 57/17.

3. Keine Anwendung des § 15 Abs. 3 GBO auf Urkunden vor dem 9.6.2017

26 Für Urkunden, **die seit dem 9.6.2017 stattfanden und stattfinden**, bedarf es der Eintragungsfähigkeitsprüfung, **nicht jedoch für ältere Urkunden**, die vor diesem Datum stattfanden.

Das heißt:

> *Hinweis*
>
> Eine Eintragungsfähigkeitsprüfung des Notars ist **nicht erforderlich**, für Bewilligungen und Anträge, die vor dem 9.3.2017 und somit vor dem Tag des Inkrafttretens des § 15 Abs. 3 GBO datieren bzw. unterschriftsbeglaubigt, entworfen oder auch beurkundet waren.

Im Rahmen der Abwicklung eines Kaufvertrags holt ein Notar regelmäßig auch beglaubigte Löschungsunterlagen zur Ablösung der nicht übernommenen Grundpfandrechte ein. Der Löschungsantrag ist in dem Kaufvertrag enthalten. Hierzu bedarf es keines Prüfvermerks des Notars, ebenso wenig zu den im Vertrag enthaltenen Anträgen auf Eintragung und Löschung der Vormerkung und der Eintragung des Eigentumswechsels. Für die von anderen Notaren unterschriftsbeglaubigten Löschungsbewilligungen der Kreditinstitute jedoch ist eine Prüfung der Eintragungsfähigkeit vorzunehmen. Diese ist aber **entbehrlich**, wenn die Beglaubigung vor dem 9.6.2017 vorgenommen wurde. In § 151 GBO ist angeordnet, dass § 15 Abs. 3 GBO nicht für Beglaubigungen gilt, die vor dem 9.6.2017 stattfanden.

4. Formelle Eintragungsvoraussetzung

27 Da ein **Grundbuchamt verpflichtet** ist, die Vorabprüfung eines Notars auf Eintragungsfähigkeit als eine **formelle Eintragungsvoraussetzung** zu kontrollieren,[21] muss es **erkennen können**, dass eine Eintragungsfähigkeitsprüfung nach § 15 Abs. 3 GBO durch einen Notar stattgefunden hat. Hat das Grundbuchamt **nicht** die Möglichkeit sicher erkennen zu können, ob die Prüfung durch einen Notar stattgefunden hat, liegt ein Eintragungshindernis im Sinne von § 18 Abs. 1 GBO vor, der einreichende Notar erhält eine Beanstandung.

28 Das Grundbuchamt kann **immer** erkennen, dass eine Eintragungsfähigkeit von dem Notar mit geprüft wurde (bzw. diese Prüfung ohnehin durch die höherwertigere Pflicht gem. § 17 BeurkG vom Notar mit erledigt ist), wenn die vorgelegten Erklärungen in einer **notariell beurkunden Vereinbarung** enthalten sind. Bei einer nicht vorliegenden Eintragungsfähigkeit wäre der Notar verpflichtet gem. § 4

21 BT-Drucks18/10607, S. 109, 111 = BR-Drucks602/16(B), S. 14 f., 17; OLG Celle, Beschl. v. 6.11.2017 – 18 W 57/17; OLG Schleswig, Beschl. v. 28.7.2017 – 2 Wx 50/17.

BeurkG die Beurkundung abzulehnen, weil sie nicht mit seinen Amtspflichten im Einklang stehen würde.[22]

> *Hinweis: Fazit zur Erkennbarkeit der Prüfung bei Beurkundung*
>
> Das Grundbuchamt kann für die Anträge und Bewilligungen, die in einer **notariell beurkundeten Vereinbarung oder notariell beurkundeten Erklärung** enthalten sind, **immer ohne weiteres erkennen**, dass eine Eintragungsfähigkeitsprüfung vom beurkundenden Notar erledigt ist und positiv beschieden wurde, weil es ansonsten nicht zur Beurkundung gekommen wäre (§ 4 BeurkG).[23]

Dass eine Eintragungsfähigkeit geprüft wurde, kann das Grundbuchamt **stets** auch daran erkennen, dass **der Entwurf der eingereichten unterschriftsbeglaubigten Erklärung von einem Notar gefertigt** worden ist. Hierzu genügt es, dass der beglaubigte Antrag bzw. die Erklärung sich auf einem Blatt Papier befindet, das mit dem **Briefkopf eines oder mehrerer Notare** versehen ist. Auch diesen Entwurf wird der Notar nur fertigen, wenn er von einer Eintragungsfähigkeit ausgeht.[24] 29

> *Hinweis: Fazit zur Erkennbarkeit der Prüfung bei Entwurf mit anschließender Beglaubigung* 30
>
> Befindet sich eine Bestätigung des Notars im Anschreiben, dass er gem. § 15 Abs. 3 GBO die überreichte Erklärung geprüft hat, genügt dieses als Nachweis gegenüber dem Grundbuchamt, das dann weiß, dass die Prüfung vorgenommen wurde.

5. Nichterkennbarkeit

Wird dem Grundbuchamt eine nicht beurkundete Erklärung vorgelegt, die sich auf einem Blankopapierbogen befindet (ohne Briefkopf eines Notars) und ist unter der Erklärung nur die Unterschrift beglaubigt, wobei dem Vermerk der Beglaubigung eine Bescheinigung über die erledigte Prüfung nach § 15 Abs. 3 GBO fehlt, dann muss das Grundbuchamt eine Bestätigung eines Notars erhalten, dass er die Prüfung erledigt hat. 31

22 Siehe hierzu *Weber*, RNotZ 2017, 427, 434; OLG Celle, Beschl. v. 6.11.2017 – 18 W 57/17; OLG Schleswig, Beschl. v. 28.7.2017 – 2 Wx 50/17.

23 Siehe hierzu *Weber*, RNotZ 2017, 427, 434; OLG Celle, Beschl. v. 6.11.2017 – 18 W 57/17; OLG Schleswig, Beschl. v. 28.7.2017 – 2 Wx 50/17.

24 Siehe hierzu die Entscheidung des OLG Celle, Beschl. v. 6.11.2017 – 18 W 57/17, die eine formlose Bestätigung im Anschreiben an das Gericht genügen lässt.

32 ▼

Muster 6.6: Formulierungsvorschlag für ein Anschreiben mit Vermerk

6.6 An das Amtsgericht – Grundbuchamt –

Betr.:

Unter Übermittlung

a) einer beglaubigten Ablichtung der Kaufvertragsurkunde vom (UVZ-Nr. Notar)
b) der Urschrift der Löschungsbewilligung vom (UVZ-Nr. des Notars),
c) der Urschrift der Löschungsbewilligung vom (UVZ-Nr. des Notars),
d) des Grundschuldbriefes Abt. III Nr. ,
e) der Vorkaufsrechtsverzichtserklärung der Gemeinde,
f) der Unbedenklichkeitsbescheinigung

beantrage ich hiermit

Als einreichender Notar bestätige ich hiermit, dass ich die vorgenannte Kaufvertragsurkunde mit den enthaltenen Anträgen und Bewilligungen über die Prüfpflichten des § 15 Abs. 3 GBO hinaus und die vorgenannten Löschungsbewilligungen – soweit diese nach dem 8.6.2017 beglaubigt worden sind – auf die Eintragungsfähigkeit überprüft habe; Bedenken gegen die Eintragungsfähigkeit habe ich nicht.

, den

(*Unterschrift des Notars*)

▲

6. Keine Pflicht zur Grundbucheinsicht

33 Mit der Prüfpflicht des § 15 Abs. 3 GBO **ist nicht verbunden**, dass der Notar das Grundbuch einsehen muss.[25] Der Notar prüft lediglich den Text der Bewilligung darauf, ob er Bedenken gegen die Formulierung/Eintragungsfähigkeit hat oder nicht.

7. Keine Gebühr für die Eintragungsfähigkeitsprüfung

34 Für die Eintragungsfähigkeitsüberprüfung nach § 15 Abs. 3 GBO erhält der Notar in der Regel **keine zusätzliche Gebühr**. Beglaubigt der Notar die Unterschrift, erhält er die Gebühr nach Nr. 25100 oder 25101 KV GNotKG. Mit dieser Beglaubi-

25 BT-Drucks 18/10607, S. 111; *Elsing*, notarbüro 2017, 18.

gungsgebühr wird jeweils der notarielle Prüfvermerk mitabgegolten (Anmerkung Abs. 2 zu Nr. 22124 KV GNotKG).

Reicht der Notar im Zuge der Beurkundung die auf ihre Eintragungsfähigkeit mit zu prüfenden fremdbeglaubigten Erklärungen ein, erhält er ebenfalls keine gesonderte Gebühr für den Prüfvermerk; er ist mit der Entwurfsfertigung bzw. dem Beurkundungsverfahren des Notars mit abgegolten (Vorbemerkung 2.2.1.22. Nr. 1 KV GNotKG). Dasselbe gilt, wenn der Notar unnötig oder vorsorglich eine Prüfung der in seiner Beurkundung enthaltenen Erklärungen bestätigt.

Reicht ein Notar eine Urkunde zum Grundbuchamt, die er nicht selbst beglaubigt hat, erhält er hierfür die Festgebühr gem. Nr. 22124 KV GNotKG i.H.v. 20 EUR für die Übermittlung an das Grundbuchamt; eine weitere Gebühr für die Bestätigung der Eintragungsüberprüfung erhält er dann nicht (Anmerkung Abs. 1 Nr. 22124 KV GNotKG, wonach keine Gebühr entsteht, wenn eine besondere Vollzugsgebühr (Nr. 22120 bis 22123 KV GNotKG) entstanden ist).

§ 7 Verkauf durch Erben und Versterben eines Verkäufers vor Vollzug

A. Verkauf durch Erben nach Versterben eines Eigentümers

Stellt sich bei der Vorbereitung des Grundstückskaufvertrags heraus, dass die Verkäufer noch nicht im Grundbuch des Kaufgegenstandes als rechtliche Eigentümer eingetragen sind, sondern noch der verstorbene Erblasser, sollte der Notar auf die **Voreintragung** der Verkäufer hinwirken. 1

Geschieht das nicht, könnte der Käufer trotz Bezahlung des Kaufpreises und trotz seiner Eintragung als Eigentümer in das Grundbuch das Eigentum an der Immobilie noch verlieren. Stellt sich nämlich nachträglich heraus, dass die Verkäufer nicht Erben geworden sind, z.B. weil das gültige zuletzt datierte Testament des Erblassers erst viel später aufgefunden und noch eröffnet wird, so könnte es noch zu einer Korrektur des Grundbuchs auf die wahren Erben kommen. 2

Hinweis

Nur wenn das Grundbuch **auf die Verkäufer als Erben** berichtigt war, darf der Käufer, der gutgläubig erworben hat, die Immobilie gesichert auch behalten.

Auf eine Grundbuchberichtigung zu verzichten ist ohnehin in denjenigen Fällen, in denen der **Kaufpreis finanziert** werden muss, problematisch, denn in diesen Fällen ist eine Grundbuchberichtigung **vorab** zu veranlassen. Eine Grundschuld kann nur dann im Grundbuch eingetragen werden, wenn der Eigentümer, der sie bewilligen muss, auch im Grundbuch als solcher eingetragen ist. Schon im Hinblick auf die **Vorwegbeleihung** unter Mitwirkung der Verkäufer ist die Voreintragung (§ 39 GBO) notwendig. 3

Ein hilfreiches Argument gegenüber dem Verkäufer, der sich die Gerichtskosten für eine Grundbuchberichtigung in der Eigentümerspalte sparen will, kann die Aussage sein, dass die Berichtigung des Grundbuches **innerhalb von zwei Jahren** nach Eintritt des Erbfalls **kostenlos** beim Amtsgericht erfolgen kann,[1] vorausgesetzt der Antrag ist innerhalb dieser Zeitspanne beim Grundbuchamt eingegangen. 4

Auch ein weiteres Argument, dass der Käufer mit Sicherheit nicht die Gefahr eingehen will, die von ihm bezahlte Immobilie nachträglich wieder zu verlieren und möglicherweise den Kaufpreis von seinem Verkäufer nicht wieder erlangen zu können, verstehen am Ende auch die kostenbewussten Verkäufer. 5

1 Anm. 1 KV Nr. 14110 GNotKG.

Praxistipp

Auf die **Voreintragung** sollte nicht verzichtet werden. Sie schützt den Erwerber vor einem späteren Verlust der Immobilie.

6 Ist der Grundbuchantrag noch nicht gestellt, obwohl bereits zwei Jahre verstrichen sind, seit dem der Eigentümer verstarb, kommt eine Gebührenbefreiung von den Gerichtskosten nicht mehr in Betracht. Das Gericht erhebt dann die 1,0-Gebühr gem. Nr. 14110 KV GNotKG. Zu den Gerichtskosten und zur Rettung in die Zwischenverfügung siehe Rdn 21 ff.

7 Der **Grundbuchberichtigungsantrag** kann wie folgt lauten und im Kaufvertrag integriert werden:

▼

Muster 7.1: Grundbuchberichtigungsantrag

7.1 Der in Abt. I des Grundbuchs von ___ eingetragene Eigentümer ___ ist am ___ verstorben und ausweislich des in Ausfertigung vorliegenden Erbscheins/des vom Nachlassgericht beglaubigten eröffneten notariellen Testaments allein beerbt worden von ___, geb. am ___, Anschrift: ___.

Unter Überreichung der Ausfertigung des Erbscheins/der vom Nachlassgericht eröffneten letztwilligen Verfügung (beurkundetes notarielles Testament) mit beglaubigter Ablichtung des Eröffnungsprotokolls, beantragt die Verkäuferin ___ die Berichtigung des Grundbuches in Abt. I dahin, dass sie aufgrund eingetretener Erbfolge nun alleinige Eigentümerin ist.

▲

8 ▼

Muster 7.2: Grundbuchberichtigungsantrag mit Verweis auf die Nachlassakte

7.2 Der in Abt. I des Grundbuchs von ___ (Amtsgericht ___) Blatt ___ eingetragene Eigentümer, ___, ist am ___ verstorben und beerbt worden von

a) ___, geb. am ___, Wohnort ___,

b) ___, geb. am ___, Wohnort ___.

Es wird um Heranziehung der Nachlassakte des Amtsgerichts ___, Geschäftszeichen ___ gebeten und hiermit beantragt, das Grundbuch in Abteilung I aufgrund der eingetretenen Erbfolge zu berichtigen.

▲

9 Ist noch eine **Gesellschaft bürgerlichen Rechts**, die noch nicht im Gesellschaftsregister eingetragen ist, im Grundbuch eingetragen, gilt es § 47 Abs. 2 GBO zu beachten. Bei Veränderungen, die in das Grundbuch eingetragen werden, ist zuvor die GbR in das Gesellschaftsregister einzutragen (zur GbR siehe § 4).

Lässt der **Gesellschaftsvertrag** der betroffenen GbR eine Vererbung von Gesellschaftsanteilen zu, genügt dem Grundbuchamt die Berichtigungsbewilligung mit einem genügenden Erbnachweis, beispielsweise der Ausfertigung des Erbscheins, die einzureichen ist. Wenn der Gesellschaftsvertrag keinerlei Regelung zur Vererbung enthält, also auch keine Bestimmungen, die einer Vererbung entgegenstehen, ist von einer Vererbbarkeit auszugehen. 10

Soweit der Gesellschaftsvertrag der GbR jedoch eine Vererbung von Gesellschaftsanteilen nicht zulässt, z.B. weil geregelt ist, dass mit dem Tod eines Gesellschafters dieser aus der GbR ausscheidet (§ 736 BGB) und sein Gesellschaftsanteil den übrigen Personen oder einer anderen bestimmten Person anwächst, dann gilt die Anwachsungsvereinbarung vorrangig vor dem Erbrecht. In diesem Fall ist dem Grundbuchamt der Gesellschaftsvertrag der GbR mit vorzulegen, damit der Rechtsnachfolger des Verstorbenen sich als Rechtsnachfolger auch legitimieren kann.[2] Der Gesellschaftsanteil des verstorbenen Mitgesellschafters fällt dann nicht in den Nachlass.[3] 11

In diesem Fall hat derjenige, **dem der GbR-Anteil angewachsen** ist (und nicht der Erbe), das Recht, die Berichtigung des Grundbuchs neben den anderen Bewilligungsberechtigten zu erklären.[4] 12

Eine Grundbuchberichtigung erfolgt jedoch **nicht automatisch**. Das zuständige Grundbuchamt wird dem oder den Erben bzw. im Fall der Testamentsvollstreckung auch dem Testamentsvollstrecker **die Verpflichtung auferlegen**, den notwendigen Grundbuchberichtigungsantrag zu stellen und die zur Berichtigung des Grundbuchs erforderlichen Unterlagen zu beschaffen (§ 82 GBO), also die Erbnachweise. 13

Wenn ein Nachlassgericht einen Erbschein erteilt oder einen Erben ermittelt hat, soll es bei Kenntnis über Vorhandensein von Grundeigentum die zuständigen Grundbuchämter vom Erbfall und den Erben **benachrichtigen** (§ 83 GBO). Kennt das Nachlassgericht den Aufenthalt der Erben, wird dem Erben zudem mitgeteilt, dass die **Gerichtsgebühren für die Grundbuchberichtigungen ggf. entfallen können**, soweit der Grundbuchberichtigungsantrag innerhalb von zwei Jahren nach Erbfall gestellt worden ist. 14

Der Grundbuchberichtigungsantrag kann durch den **Testamentsvollstrecker**, den **Erben**, aber auch nur durch einen **Miterben** allein aus eigenem Antragsrecht gestellt werden. Der Erbe oder Miterbe darf dies auch, wenn Testamentsvollstreckung besteht.[5] 15

2 OLG München, Beschl. v. 4.7.2017 – 34 Wx 123/17, RNotZ 2017, 545.

3 Vgl. *Elsing*, Erbrecht in der notariellen Praxis, § 1 Rn 12.

4 OLG München, Beschl. v. 4.7.2017 – 34 Wx 123/17 entgegen KG RNotZ 2016, 328.

5 *Volmer*, in: KEHE-Grundbuchrecht, § 13 Rn 64; OLG Stuttgart v. 30.7.2013 – 8 W 173/12, MittBayNot 2013, 489 = NotBZ 2013, 444.

16 Der Grundbuchberichtigungsantrag muss in der Regel weder beurkundet noch notariell beglaubigt werden. Die Berichtigung im Wege der Rechtsnachfolge von Todes wegen erfolgt nach schriftlichem Grundbuchberichtigungsantrag, sobald die Unrichtigkeit i.S.v. § 35 GBO nachgewiesen wird.

17 Welche Nachweise zur Berichtigung des Grundbuchs im Wege der Rechtsnachfolge von Todes wegen dem Grundbuchamt vorzulegen sind, hängt davon ab, ob eine Erbfolge aufgrund gesetzlicher oder eine Erbfolge aufgrund letztwilliger Verfügung, die der Erblasser eigenhändig geschrieben und unterschrieben hat, vorliegt oder ggf., ob eine öffentliche Urkunde vorliegt (ein notarielles Testament).

18 Beruht der Erbfall auf der Grundlage der **gesetzlichen Erbfolge**, gilt § 35 Abs. 1 GBO, sodass als Nachweis der Erbfolge **grundsätzlich ein Erbschein** (§§ 2353 ff. BGB) beizubringen ist.

19 **Kein Erbschein** muss beigebracht werden, wenn gewillkürte Erbfolge und eine **letztwillige Verfügung** innerhalb einer **öffentlichen Urkunde** vorliegt und diese vom Nachlassgericht eröffnet wurde. Als Erbnachweis bedarf es dann der Vorlage einer beglaubigten Abschrift des vom **Nachlassgericht eröffneten** notariell beurkundeten Testaments mit einer beglaubigten Abschrift des **Eröffnungsprotokolls**.

20 Liegt eine gewillkürte Erbfolge vor und hat der Erblasser seine **letztwillige Verfügung** nicht in einer öffentlichen Urkunde, sondern mit einem **eigenhändig geschriebenen und unterschriebenen** Testament errichtet, dann muss **ebenfalls ein Erbschein** in Ausfertigung vorgelegt werden. Zwar genügt sogar ein eigenhändig eröffnetes Testament mit Eröffnungsprotokoll als Nachweis zur Legitimation gegenüber einem Kreditinstitut, um die Verfügungsgewalt über die Konten des Erblassers zu erlangen,[6] jedoch kann diese Rechtsprechung **nicht** analog für Grundbuchberichtigungen angewandt werden, weil § 35 Abs. 1 GBO sich **nur auf das Vorliegen** einer Erbfolge auf einer Verfügung von Todes wegen bezieht, **die in einer öffentlichen Urkunde enthalten** ist.[7]

21 Für die Eintragung eines Eigentümers oder Miteigentümers oder auch für die Eintragung eines Gesellschafters einer Gesellschaft bürgerlichen Rechts im Wege der Grundbuchberichtigung erhebt das Amtsgericht (Grundbuchamt) eine 1,0-Gebühr gem. Nr. 14110 KV GNotKG.

Geschäftswert ist der Verkehrswert der Immobilie (§ 46 GNotKG) und wenn nur ein Miteigentümer berichtigt wird, der Verkehrswert nur seines Bruchteils an der Immobilie. Dasselbe gilt, wenn ein Gesellschafter der GbR nach einer Erbfolge von Todes wegen berichtigt wird.

22 Wird der Antrag auf Grundbuchberichtigung in der ersten Abteilung des Grundbuchs auf Eintragung von Erben des Gesellschafters bürgerlichen Rechts erhoben

6 BGH, Urt. v. 5.4.2016 – XI ZR/440/15.

7 *Elsing*, notarbüro 11/2016, 74.

und wird der Eintragungsantrag **binnen zwei Jahren** seit dem Erbfall beim Grundbuchamt eingereicht, dann erhebt das Gericht die Gebühren voraussichtlich **nicht**, jedenfalls, wenn die GbR als Eigentümerin bestehen bleibt.

Die Zweijahresfrist ist eine **Ausschlussfrist**. Eine Wiedereinsetzung in den vorherigen Stand bei schuldloser Fristversäumnis ist mithin ausgeschlossen. **Entscheidend für die Fristwahrung** ist die Einreichung des Antrags, nicht dessen Vollzugsreife.[8] Nach einer jungen obergerichtlichen Entscheidung[9] kommt die Gebührenbefreiung auch dann nicht in Betracht, wenn der Antragsteller **unverschuldet** erst nach zwei Jahren seinen Antrag beim Grundbuchamt stellt. Die Zweijahresfrist, die mit dem Tod des gebuchten Eigentümers beginnt, verlängert sich nicht durch eine verspätete unverschuldete Antragstellung, auch dann nicht, wenn Verzögerungen des Erbscheinverfahrens ursächlich dafür sind. 23

In derartigen Fällen der Verzögerung bleibt nur die Möglichkeit der sofortigen Antragstellung innerhalb der Zweijahresfrist ohne Beifügen des Erbnachweises und ein unverzügliches Nachreichen der Erbscheinsausfertigung. Das kann unter Umständen erfolgreich sein. Die obergerichtliche Rechtsprechung ist hierzu unterschiedlich.[10] Zielt der Erbe auf die Gebührenfreiheit beim Grundbuchamt ab **und droht die zweijährige Ausschlussfrist seit Erbfall zu verstreichen**, so ist ihm daher zu raten, auch dann den Grundbuchberichtigungsantrag auf Korrektur der Eigentümerspalte beim Grundbuchamt einzureichen, wenn der **beantragte Erbnachweis noch nicht vorliegt**. Damit kann die Zweijahresfrist noch gewahrt werden.[11] Die Erbnachweise sollten unverzüglich, ohne schuldhafte Verzögerung so bald wie möglich dem Grundbuchamt nachgereicht werden. 24

Verstirbt ein im Grundbuch eingetragener **GbR-Gesellschafter**, so bedarf es zur Grundbuchberichtigung dann **nicht noch** der Vorlage des Gesellschaftsvertrags, wenn die Erben ihre Stellung in der Form des § 35 GBO nachgewiesen haben und die Grundbuchberichtigung mit allen weiteren im Grundbuch eingetragenen Gesellschaftern entsprechend den §§ 19, 29 Abs. 1 S. 1 GBO erklärt wurde.[12] 25

8 OLG Frankfurt, MittBayNot 2007, 522; *Elsing*, notarbüro 2017, 31, 32.

9 OLG Karlsruhe, Besch. v. 22.12.2023 – 19 W 95/22, *Elsing*, notarbüro 2024, 46.

10 Gebührenbefreiung möglich nach OLG Zweibrücken, Beschl. v. 13.3.1997 – 3 W 176/96, juris, wonach eine Erledigung mit angemessener Frist gesetzt werden kann; a.A. OLG Karlsruhe, Beschl. v. 12.2.1987 – 4 W 87/867.

11 OLG Frankfurt MittBayNot 2007, 522; *Elsing*, notarbüro 2017, 31, 32.

12 KG, Beschl. v. 29.3.2016 – 1 W 907/15.

B. Versterben eines Kaufvertragsbeteiligten vor Vollendung des Vollzugs

I. Vorbemerkung

26 In der notariellen Praxis kann es vorkommen, dass nach einer Beurkundung eines Veräußerungsvertrags einer der Vertragsbeteiligten verstirbt. Das führt zur Verunsicherung der noch lebenden Vertragsbeteiligten.

Ist zum Zeitpunkt des Todes der **Veräußerungsvertrag grundbuchlich noch nicht vollzogen**, wenden sich die Betroffenen an den Notar und bitten um Rat wie ggf. weiter vorzugehen ist.

II. Tod des Verkäufers vor Vollzug

27 **Verstirbt** ein Verkäufer nach der Beurkundung eines Immobilienkaufvertrags, bevor der Kaufvertrag grundbuchlich vollzogen werden konnte, und ist – wie meistens – in der notariellen Urkunde des schuldrechtlichen Verkaufs die Auflassung (§ 925 BGB) mit erklärt worden, liegt das **dingliche Erfüllungsgeschäft** vor.

> *Hinweis*
>
> Wenn sich der Tod eines Verkäufers also zu einem Zeitpunkt verwirklicht hat, in dem der Käufer noch nicht als Eigentümer in das Grundbuch des Kaufgegenstandes gebucht ist, hat diese Tatsache **keinen Einfluss auf die Wirksamkeit der Auflassung**, § 130 Abs. 2 BGB.

28 Der **Tod eines Verkäufers** hat **nicht dessen Verlust der Verfügungsbefugnis** i.S.d. § 878 BGB zur Folge. Hinsichtlich der Verfügungsbefugnis kommt es ausschließlich entscheidend auf den **Zeitpunkt der Abgabe der Auflassung als Willenserklärung** an und nicht, ob die Auflassungserklärung dem Grundbuchamt **vor dem Tod des Verkäufers** zugegangen ist.

29 Die Auflassung ist zuvor bereits **bindend** geworden. Die **Bindungswirkung** erstreckt sich auch auf die Erben. Die Erben können die Auflassung **nicht mehr widerrufen**, § 873 Abs. 2 BGB.

> *Hinweis*
>
> Um die vom Erblasser abzugebende Auflassungserklärung durch die Eigentumsumschreibung auf den Käufer **vollziehen** zu können, bedarf es nicht der vorherigen Eintragung der Erben in das Grundbuch. Die Erben müssen auch nicht die Eintragungsbewilligung neu erklären. Die Erben müssen auch nicht noch der durch den Erblasser erklärten Eintragungsbewilligung zustimmen, § 40 Abs. 1 GBO.[13]

13 Vgl. *Elsing*, notarbüro 2024, 22.

Selbst wenn die Erben des verstorbenen Verkäufers **zwischenzeitlich** in das Grundbuch eingetragen werden, genügt die Vorlage der durch den Erblasser **lebzeitig** noch erklärten **Eintragungsbewilligung** (diese kann in der Auflassung gesehen werden). 30

Der Antrag auf Eigentumsumschreibung kann also von dem Notar, der den Kaufvertrag vollzieht, dem Grundbuchamt vorgelegt werden, nachdem der Kaufpreis auf das im Vertrag aufgeführte Konto **überwiesen** wurde und der Notar die **Schlüssigkeit** der bargeldlosen Zahlung überprüft hat.

III. Tod des Käufers

Komplizierter ist der Fall, wenn der Käufer nach Abschluss eines Immobilienkaufvertrags verstirbt, **bevor** der Kaufvertrag **vollzogen** wurde. 31

In diesen Fällen könnte der geschuldete Kaufpreis ausbleiben oder sich die Zahlung verzögern. Der Notar darf erst **nach** vertragsgemäßer bargeldlos erfolgter Zahlung des Kaufpreises die seinerzeit vom Erblasser miterklärte Auflassung zum Grundbuchamt reichen.

> *Wichtig!*
>
> Zu bedenken ist zusätzlich: Erhält das **Grundbuchamt** Kenntnis vom Tod des Käufers, darf es den verstorbenen Käufer **nicht als Eigentümer** in der Ersten Abteilung des Grundbuchs **buchen**, weil diese Eintragung zur Unrichtigkeit des Grundbuchs führen würde.

In Betracht kommt nun die **Abwicklung** des Kaufvertrags: 32

- Wenn die Erben bekannt sind, durch die **Mitwirkung aller Erben**. Auf diese ist das Vermögen des verstorbenen Erblassers gem. § 1922 BGB übergegangen. Zum grundbuchlichen Vollzug bedarf es – neben der bargeldlosen Kaufpreiszahlung – auch der Vorlage **geeigneter Erbnachweise** (u.a. Ausfertigung des Erbscheins, eröffnetes notarielles Testament oder eröffneter notarieller Erbvertrag nebst beglaubigter Ablichtung des Eröffnungsprotokolls oder beglaubigten Abschrift eines nicht abgelaufenen Europäischen Nachlasszeugnisses). Darf/Kann der Notar den Kaufvertrag grundbuchlich vollziehen, **genügt** für die Eigentumsumschreibung in diesem Fall die **Vorlage der vom Erblasser lebzeitig bereits miterklärten Auflassungsurkunde**.
- Sind die **Erben unbekannt**, kann ggf. zur Sicherung des Nachlasses (der erworbenen Immobilie) eine **Nachlasspflegschaft** (§ 1960 BGB) angestrebt werden, soweit der Kaufpreis schon gezahlt wurde. Diese kann nach § 1961 BGB auch von einem Nachlassgläubiger beantragt werden. Ist die Kaufpreiszahlung nicht erfolgt und ist ungewiss, ob sie überhaupt noch erfolgen kann, ist für den Verkäufer anwaltliche Hilfe ratsam. Denkbar ist, eine einvernehmliche **Auflösung** des Vertrags oder im Einzelfall auch eine **Vertragsanpassung** nebst Auflassung auf die Erben des verstorbenen Käufers anzustreben.

C. Verkauf durch Vorerben

33 Schwierig kann es sein, wenn ein Vorerbe die Immobilie verkaufen will.

Die **Vor- und Nacherbschaft** bezieht sich auf das Vermögen des Erblassers (samt Verbindlichkeiten), das zum Zeitpunkt des Erbfalls besteht und in der Regel im Ganzen auf den Vorerben übergeht, § 1922 BGB.

34 Die übergegangene Erbschaft wird zu einem **Vermögen des Vorerben**, und zwar zu einem **gesonderten Vermögen**, das im Interesse der Nacherben und Nachlassgläubigern besonderen rechtlichen Regelungen unterliegt. Der Vorerbe hat dieses Sondervermögen, von seinem weiteren Vermögen, welches er bereits hat und das nicht der Vor- und Nacherbschaft unterliegt, **abzugrenzen**.

> *Hinweis*
>
> Die den Vorerben einschränkenden Bestimmungen sind unterschiedlich stark – je nachdem, ob der Erblasser verfügt hat, dass der Vorerbe ein **befreiter** ist oder nicht.

35 Der Vorerbe darf im Grunde über Nachlassgegenstände frei verfügen, § 2112 BGB. Das gilt jedoch nicht für jede Art des Vermögens. Der Vorerbe darf z.B. über Grundstücke und Grundpfandrechte nicht frei verfügen, § 2113 Abs. 1 BGB, und so z.B. keine Schenkungen über Grundstücke oder Miteigentumsanteile daran tätigen. Geschieht eine solche Verfügung trotzdem ohne die Zustimmung der Nacherben, würde diese mit dem Eintritt des Nacherbfalls **unwirksam**.

36 Der befreite Vorerbe hingegen kann ohne die Zustimmung der Nacherben **voll entgeltlich** eine Immobilie verkaufen. Die Rechtstellung als Vorerbe fällt später zwingend weg. Das kann durch den Eintritt des vom Erblasser angeordneten **Nacherbfalls** geschehen, z.B. zu einem bestimmten Datum oder mit dem Zeitpunkt des Todes des Vorerben. Das kann (selten) auch durch den gesetzlichen Fristablauf, den § 2109 BGB vorgibt (die Nacherbschaft wird unwirksam, sollten 30 Jahre nach dem eingetretenen Erbfall verstrichen, die Nacherbfolge zuvor nicht bereits eingetreten sein und keine Ausnahme greifen, die § 2109 Abs. 1 S. 2 Nr. 1 oder Nr. 2 bestimmt), passieren. Tritt der gesetzliche Fristablauf ein, wird damit der Nachlass zu einem freien Vermögen des Vorerben, wenn nicht eine Ausnahme nach § 2109 Abs. 1 S. 2 Nr. 1 oder Nr. 2 greift.

> *Hinweis*
>
> Der Vorerbe ist ein **Erbe auf Zeit**, weil mit Eintritt des Nacherbfalls seine Erbenstellung endet und dadurch der **Nacherbe** unmittelbar Erbe des Erblassers, der die Vorerbschaft angeordnet hat, wird (§ 2100 BGB).

37 Der Nachlass muss in einem Zustand herausgegeben werden, der sich bis dahin aus **fortgesetzter ordentlicher Verwaltung** ergibt, § 2130 Abs. 1 BGB. Für Schäden einer nicht ordnungsgemäßen Verwaltung kann Schadenersatz für den Nacherben

entstehen, auch wenn der befreite Vorerbe ein Grundstück **nicht vollentgeltlich** veräußert hat (§ 2133 Abs. 2 BGB).

Der Vorerbe kann über Gegenstände des Vorerbschaft-Nachlasses verfügen, soweit nicht die Beschränkungen aus den §§ 2113–2115 BGB dagegenstehen. Er kann aber nicht beliebig verfahren, wenn ein zur Erbschaft gehörendes **Grundstück** oder **Recht daran** verkauft werden soll.

Bei Eintritt der Nacherbfolge sind Verfügungen des Vorerben über das Grundstück 38
oder Recht daran **insoweit unwirksam**, als sie das **Recht des Nacherben** vereiteln oder beeinträchtigen.

Das betrifft insbesondere

- dingliche Auflassungen oder Einigungen,
- Belastungen,
- Inhaltsänderungen.

Für den Erwerber einer Immobilie, der von einem Vorerben erwirbt, ist das riskant. Später – bei Eintritt des Nacherbfalls – könnte möglicherweise ein Nacherbe die **Grundbuchberichtigung** und Rückgabe der Immobilie verlangen. Das verkompliziert Immobilienkaufverträge, die unter Beteiligung eines Vorerben geschlossen werden. Das Erreichen der verfahrensrechtlichen grundbuchlichen **Löschung eines eingetragenen Vor- und Nacherbenvermerks** bereitet der Praxis seit langer Zeit Probleme.

Der Nacherbenvermerk bewirkt **keine absolute Grundbuchsperre**. Das Grund- 39
buchamt kann Anträge aller Art ohne Rücksicht auf die Nacherbschaft und ohne Prüfung ihrer Wirksamkeit vollziehen, soweit es sich nicht um Löschungen von Rechten handelt. Dabei spielt keine Rolle, ob

- die Verfügung des Eigentümers **entgeltlich** oder **unentgeltlich** ist und
- ob der Eigentümer ein **befreiter Vorerbe** oder ein **nicht befreiter Vorerbe** ist.[14]

Schuldrechtliche und dingliche Veräußerungen durch den Vorerben sind möglich.

Durch den **Nacherbenvermerk** werden die Nacherben vor einem **Rechtsverlust**, 40
der eintreten könnte, geschützt, wenn ein gutgläubiger Dritter die Immobilie erwirbt und auf den grundbuchlichen Inhalt (ohne Vermerk) vertraut, §§ 892 Abs. 1, 2113 Abs. 3 BGB.

Die Eintragung des Nacherbenvermerks ist eine **amtliche Bekanntmachung**. Durch diese Verlautbarung kann der Erwerber der Immobilie erkennen, dass der Eigentümer als Vorerbe **Verfügungsbeschränkungen** unterliegt. Beim Kaufvertrag ist eine Gestaltung, die sicherstellt, dass der Erwerber nach Eintritt des Nacherbfalls seine Immobilie nicht an Nacherben seines Veräußerers herausgegeben muss, auch im **Interesse des Erwerbers**.

14 *Munzig*, in: KEHE-Grundbuchrecht, § 51 Rn 33.

Hinweis

Der Notar wird auf eine Lösung hinwirken, die den Erwerber **dauerhaft** zum Eigentümer macht und zwar ohne die Gefahr, dass bei Eintritt des Nacherbfalls das Grundbuch berichtigt werden muss und auf den Nacherben herauszugeben ist.

Ein **sicherer Weg**, der ggf. beschritten werden kann, ist, die Nacherben an der Vereinbarung über die Veräußerung mitwirken zu lassen, die Nacherbenzustimmung zur Veräußerung durch den Vorerben vorzusehen sowie die **Löschung des Nacherbenvermerks zu bewilligen und zu beantragen**. Das sollte eine Bedingung für den Eintritt der Kaufpreisfälligkeit sein.

41 Für **unbekannte** Nacherben, Nachnacherben oder Ersatznacherben ist ein **Pfleger** für unbekannte Beteiligte, § 1882 BGB erforderlich. Ohne seine Zustimmung erteilt das Grundbuchamt eine Beanstandung.

Ist ein bekannter Nacherbe **minderjährig**, kann er von einem Elternteil vertreten werden; dies gilt nicht jedoch, wenn das **Elternteil zugleich Vorerbe** ist. Das **Verbot zum Selbstkontrahieren** (§ 181 Alt. 1 BGB) ist dann einschlägig und das Elternteil, das zugleich Vorerbe ist, ist von der Vertretung des Nacherben zur Abgabe der **Löschungsbewilligung** für den Nacherbenvermerk **ausgeschlossen**.[15]

42 Verfügt ein **befreiter Vorerbe** über die Immobilie, darf er **ohne Mitwirkung der Nacherben entgeltlich verfügen**. Mit der Eigentumsumschreibung auf den Erwerber scheidet die Immobilie dann aus dem Nachlass (mit den rechtlichen Beschränkungen) aus[16] und wird ersetzt durch das **Surrogat**, den Kaufpreis.

43 Kauft ein **unbeteiligter Dritter**, reicht die Versicherung (Erklärung) der Beteiligten im Kaufvertrag dem Grundbuchamt aus, wonach die Veräußerung vollentgeltlich ist. Begründete Zweifel an der Richtigkeit dürfen für das Grundbuchamt aber nicht vorliegen bzw. nicht ersichtlich sein.[17]

44 Grundsätzlich ist eine **Beeinträchtigung der Nacherben** ausgeschlossen, wenn der Verkauf **vollentgeltlich** ist. Selten liegt ein zeitnahes Verkehrswertgutachten vor, aus dem ersichtlich wird, dass der Kaufpreis den gutachtlichen festgestellten Wert nicht unterschreitet. Dennoch kann die volle Entgeltlichkeit der Verfügung regelmäßig mit öffentlicher Urkunde nicht nachgewiesen werden, sodass eine **Beweiserhebung durch das Grundbuchamt nicht stattfindet**.[18]

45 Eine entgeltliche Verfügung ist anzunehmen, wenn die dafür maßgebenden Beweggründe im Einzelnen angegeben werden, verständlich sind sowie der Wirklichkeit

15 *Munzig*, in: KEHE-Grundbuchrecht, § 51 Rn 46.

16 *Böhringer*, in: Meikel, GBO, § 51 Rn 44 m.w.N.

17 *Krauß*, Immobilienkaufverträge in der Praxis, Rn 3263.

18 *Munzig*, in: KEHE-Grundbuchrecht, § 51 GBO Rn 57.

entsprechend erscheinen und keine begründeten Zweifel bestehen, dass **pflichtgemäß** gehandelt wird.[19]

Sollte das **Grundbuchamt** zu einer anderen Beurteilung der Entgeltlichkeit als die Vertragsparteien kommen, kann der Vorerbe, wenn der Vertragspartner es verlangt, von den Nacherben die Zustimmung zur Veräußerung analog § 2120 BGB verlangen.[20] Dann ist sie – unter Wahrung der Form des § 29 GBO gegenüber dem Grundbuchamt – durch die Zustimmung zu erteilen.

Ist ein **Testamentsvollstrecker** für den Vorerben bestellt, unterliegt er denselben Verfügungsbeschränkungen wie der Vorerbe. 46

Ist ein Testamentsvollstrecker für einen Nacherben bestellt, kann dieser nach § 2222 BGB der Verfügung durch den Vorerben so zustimmen, dass die Verfügung materiell-rechtlich wirksam und der Nacherbenvermerk nach § 22 GBO zu löschen ist.[21]

Vor einer Löschung des zur Löschung bewilligten Nacherbenvermerks wird das Grundbuchamt zwingend die Nacherben und die im Grundbuch eingetragenen **Ersatz- und Nacherben** anhören.[22] 47

Da der Nacherbenvermerk jedoch **keine Grundbuchsperre** verursacht, hat das Grundbuchamt bei einem eingetragenen Nacherbenvermerk Verfügungen des befreiten oder auch nicht befreiten Vorerben zur Eintragung zu bringen, gleich ob die Verfügung entgeltlich oder unentgeltlich erfolgt ist.[23] Der Nacherbenvermerk bleibt eingetragen.

Erfolgt die Verfügung über die Immobilie durch den **Vorerben, der nicht befreit ist**, ist sie grundbuchlich zu vollziehen, wenn alle Nacherben, auch der bedingt eingesetzte zustimmen oder genehmigen und damit **formell bewilligen**. Ersatzerben müssen nicht zustimmen.[24] 48

Erfolgt die Verfügung über die Immobilie durch den **Vorerben, der befreit ist**, kann dieser **ohne Mitwirkung der Nacherben** vollentgeltlich verkaufen. Auch damit scheidet die Immobilie als Gegenstand aus dem Nachlass aus.[25] 49

Die Löschung des Nacherbenvermerks nimmt das Grundbuchamt nicht von Amts wegen vor. Es bedarf eines **Antrags eines Antragsberechtigten**, § 13 Abs. 1 GBO. Wird die Löschung durch den eingetragenen Eigentümer (Vorerben) gleichzeitig 50

19 OLG Karlsruhe FG PRax 2015, 248; OLG München, FamRZ 2015, 697, *Munzig*, in: KEHE-Grundbuchrecht, § 51 GBO, Rn 57, zur isolierten Löschung des Nacherbenvermerks siehe OLG Karlsruhe, Beschl. v. 18.1.2022 – 19 W 26/21 (Wx).

20 OLG Frankfurt a.M. RNotZ 2011, 614.

21 *Reimann*, ZEV 2016, 328.

22 *Munzig*, in: KEHE-Grundbuchrecht, § 51 Rn 61 m.w.N.

23 *Demharter*, § 51 GBO, Rn 32 m.w.N; *Wagner*, in: Lemke, GBO, § 51 Rn 24.

24 BGH, Rpfleger 2014, 360.

25 *Wagner*, in: Lemke, GBO, § 41 Rn 26.

mit der Eigentumsumschreibung gestellt, ist der zum Antrag berechtigte Eigentümer im Fall der Ablehnung der Löschungsbewilligung durch das Grundbuchamt zur **Beschwerde** berechtigt, weil Eigentumsumschreibung und Löschung zugleich beantragt wurden; das gilt jedenfalls so lange, wie der Vorerbe noch als Eigentümer im Grundbuch eingetragen ist.[26]

51 Soweit eine Eigentumsumschreibung von einem Vorerben auf einen Käufer der Immobilie im Grundbuch gebucht ist, kann der Käufer noch einen Antrag auf Löschung des Nacherbenvermerks stellen. Auch in diesem Fall wäre den Nacherben noch **rechtliches Gehör** zu gewähren.[27] Das gilt selbst dann, wenn die Entgeltlichkeit der Verfügung bei entsprechender Würdigung der Person des Käufers nicht ernsthaft bestritten werden kann.[28]

52 Im Grundbuch eingetragene **Widersprüche jeder Art** sind **nicht rangfähig**.[29] Auch **Verfügungsbeschränkungen** sind **nicht rangfähig**.[30] Trotzdem ist das zeitliche Verhältnis zu Rechten materiell von großer Bedeutung und demgemäß im Grundbuch ersichtlich zu machen.

„*Vorrang*“ bedeutet hier nicht „*Befriedigungsreihenfolge*“, sondern „*Wirksamkeitsreihenfolge*“, sodass § 45 GBO Anwendung findet. Dies erfordert ggf. die Eintragung eines **deklaratorischen Wirksamkeitsvermerks**. Durch diesen kann verlautbart werden, dass der eingetragene Nacherbenvermerk gegenüber z.B. der Vormerkung oder dem Grundpfandrecht keine Unwirksamkeit i.S.v. § 2113 BGB anzeigt.[31]

53 *Formulierungsvorschläge*

- Bei der **Gestaltung des Kaufvertrags**, wenn der Vermerk vor der Eigentumsumschreibung gelöscht werden soll, kann zur Fälligkeit wie folgt formuliert werden: „*Der Notar wird gebeten, den Antrag auf familiengerichtliche Zustimmung zur Löschung des Nacherbenvermerks und zur vorherigen Anhörung einzuholen/zu beantragen*“.
- Bei der **Fälligkeitsregelung** kann zu den üblichen Regelungen „*Der Kaufpreis wird fällig (…)*“ noch die folgende hinzugefügt werden: „*Die Eigentumsvormerkung für den Käufer im Rang nach den derzeitigen Belastungen und solchen Rechten, denen der Käufer zugestimmt hat, ist eingetragen – samt einem vorsorglich zu beantragenden Wirksamkeitsvermerk, wonach*

26 OLG Frankfurt a.M., Beschl. v. 12.1.2023 – 20 W 196/22; vgl. *Elsing*, notarbüro 2024, 71, 76.

27 Art. 103 Abs. 1 GG.

28 OLG Bamberg, Beschl. v. 22.1.2015 – 3 W 3/15, MittBayNot 2015, 402 f.

29 RGZ 129, 124, 137; *Böttcher*, in: Meikel, GBO, § 45 Rn 22 m.w.N.

30 RGZ 129, 124, 127; *Böttcher*, in: Meikel, GBO, § 45 Rn 22 m.w.N; der BGH hat z.B. seine Ansicht, eine Auflassungsvormerkung könne einen Rang im Grundbuch haben, BGHZ 143, 175, BGH NJW 1986, 576, 578, RGZ 143, 159 aufgehoben mit Urt. v. 25.1.2007, BGHZ 170, 378; vgl. *Weiß/Schwabendorf*, NJW 2024, 13 ff. m.w.N.

31 *Wagner*, in: Lemke, GBO, § 41 Rn 26.

der eingetragene Nacherbenvermerk gegenüber der Vormerkung keine Unwirksamkeit i.S.d. § 2113 BGB anzeigt."

- Bei der **Vollmacht** auf den Notar kann formuliert werden: „*Verkäufer und Käufer ermächtigen den Notar (…) für sie die gerichtliche Genehmigung einzuholen zur Löschung des Nacherbenvermerks und zur Grundschuldbestellungsurkunde vom (…), UVZ Nr. (…), die unter Nutzung der Vorwegbeleihungsvollmacht in § (…) dieses Vertrags bestellt ist, jeweils das Rechtskraftzeugnis zu beantragen und entgegenzunehmen, sie dem anderen Vertragsteil mitzuteilen, für diesen die Mitteilung in Empfang zu nehmen und hierüber befreit vom Verbot des Mehrfachvertretens eine Eigenurkunde zu errichten. Der Notar stellt klar, dass er eine vorherige Weisung des gerichtlichen Pflegers beachten und ggf. von dieser Vollmacht keinen Gebrauch machen wird oder einen vorherigen Widerruf der Vollmacht beachten wird. Der Notar wird bevollmächtigt, den Verzicht auf Einlegung von Rechtsmitteln gegenüber dem Gericht für sie zu erklären.*"

Die Zustimmung des **Pflegers** für die **unbekannten Nacherben** ist keine Selbstverständlichkeit. Der nicht befreite Vorerbe sollte die Zustimmung möglichst **vor** der Beurkundung eines Kaufvertrags einholen. 54

Soweit ein Verkauf wirtschaftlich geboten ist, z.B. weil der Vorerbe die Belastungen der eingetragenen Grundpfandrechte nicht mehr stemmen kann und/oder wenn eine Veräußerung der Immobilie aus Gründen des Erhalts einer Vorerbschaft geboten ist, z.B. um eine Zwangsversteigerung der Immobilie zu vermeiden, dürfte der Pfleger seine Zustimmung nach Prüfung vermutlich erteilen. Aus anderen Gründen wird er eine Zustimmung vermutlich versagen, denn ist die Immobilie erst einmal verkauft, ist das Surrogat (Kaufpreis) für den Nacherben möglicherweise nicht mehr existent.

§8 Verweisungen nach §§13a, 14 BeurkG

A. Verweisung nach §13a BeurkG

Die Notare müssen auch Beurkundungen durchführen, deren Inhalte samt Anlagen umfangreich sind, z.B. Bauträgerkaufverträge, Aufteilungen in Wohnungs- und Teileigentum sowie Unternehmenskaufverträge. Zu jeder Verhandlung über Willenserklärungen nimmt der Notar zwingend eine Niederschrift auf (§8 BeurkG). Die Protokollierung muss so geschehen, dass die **Bezeichnung des Notars** und die **der Beteiligten** sowie **deren Erklärungen** in der notariellen Niederschrift selbst festgehalten sind (§9 Abs. 1 S. 1 BeurkG). Erklärungen der Beteiligten können jedoch auch in einem **anderen Schriftstück** enthalten sein, das der Notar dann seiner notariellen **Niederschrift als Anlage beifügt**, wobei in der Niederschrift eine **Verweisung** auf beigefügte Anlagen enthalten sein muss. Die Niederschrift sowie die beigefügte Anlage sind den Beteiligten vorzulesen (§9 Abs. 1 Nr. 2 S. 2 BeurkG).[1] 1

Mit dem **Gesetz zur Einführung einer elektronischen Präsenzbeurkundung**[2] ergeben sich Änderungen auch zur Verweisung nach § 13a BeurkG. Die Bestimmung wird nämlich verortet nach § 13c BeurkG-E. Zur künftigen Verweisung nach § 13c BeurkG-E siehe Rdn 18ff. 2

Grundsätzlich soll die notarielle Niederschrift den **Ort und Tag der Verhandlung** enthalten. Sie muss **in Gegenwart des Notars** allen Beteiligten **vorgelesen**, von ihnen **genehmigt** und eigenhändig **unterschrieben** werden. 3

Soweit innerhalb des notariellen Protokolls auf **Karten, Zeichnungen oder Abbildungen** verwiesen wird, müssen diese den Beteiligten **anstelle des Vorlesens zur Durchsicht vorgelegt** werden (§ 13 Abs. 1 BeurkG). Dass dies geschehen ist, soll in der Niederschrift festgestellt werden (§ 13 Abs. 1 S. 2 BeurkG). 4

Manche Beurkundungsvorgänge haben allerdings einen so großen Umfang, dass eine vollständige Verlesung der gesamten Texte den Beteiligten kaum zumutbar ist. Hat die Vorlesung einen sehr großen Umfang, nützt das lange nicht enden wollende Vorlesen den Beteiligten manchmal weniger; vielmehr kann es schaden, wenn die Aufmerksamkeit und die Aufnahmefähigkeit der Beteiligten unter der langen Lesung zu arg in Mitleidenschaft gezogen wird, sodass die Beteiligten **vom wesentlichen Inhalt der bedeutsamen Vereinbarung abgelenkt** werden.[3] Zur Vermeidung des Problems bietet das Beurkundungsgesetz mit § 13a eine Vereinfachung. Wendet der Notar die Vorschrift des § 13a BeurkG an, braucht der Notar unter bestimmten Voraussetzungen einige Inhalte nur eingeschränkt vorzulesen. 5

1 Vgl. *Elsing*, RENOpraxis 2012, 101 ff.

2 BT-Drucks 20/11849.

3 *Piegsa*, in: Armbrüster/Preuß/Renner, BeurkG, § 13a Rn 2.

6 Um eine **Verweisung** nach § 13a BeurkG **wirksam** vorzunehmen, muss **die Niederschrift, auf die** in der notariellen Verhandlung **verwiesen wird**, eine **andere** bereits errichtete **notarielle Niederschrift** sein, errichtet nach den Vorschriften über die Beurkundung von **Willenserklärungen** (§ 8 BeurkG). Diesen Anforderungen werden somit **nicht gerecht**:

- Erklärungen, die nur unterschriftsbeglaubigt sind,
- Tatsachenbeurkundungen (Niederschriften nach § 36 Abs. 2 BeurkG),
- Eidesstattliche Versicherungen (§ 38 BeurkG),
- Erklärungen, die durch einen ausländischen Notar beurkundet sind. Der ausländische Notar ist nicht an das Beurkundungsgesetz gebunden.[4]

7 **Gegenstand der Verweisung** können auch **behördliche Karten und Zeichnungen** sein, wenn auf ihnen ein **Farbdrucksiegel** gestempelt oder ein **Prägesiegel** angebracht ist und die siegelnde Behörde innerhalb der Grenzen ihrer Amtsbefugnisse handelte (§ 13a Abs. 4 i.V.m. § 13 Abs. 1–3 BeurkG). So kommen Verweisungen auf gesiegelte Aufteilungspläne/Abgeschlossenheitsbescheinigungen durchaus vor, auch wenn in dieser die Pläne für Sondernutzungsrechte mit enthalten sind. Eine Grenze für die Verweisungsmöglichkeit folgt hieraus nicht und auch keine Notwendigkeit, eine zusätzliche Darstellung der Sondernutzungsrechtsbereiche vorzusehen.[5]

> *Hinweis*
>
> Auf **nicht gesiegelte** behördliche **Karten und Zeichnungen** kann jedoch nach § 13a BeurkG dann verwiesen werden, wenn sie Anlagen zu einer anderen notariellen Niederschrift sind, die nach den Vorschriften über die Beurkundung von Willenserklärungen errichtet wurde. In einem solchen Fall können die Beteiligten **auf die Vorlage zur Durchsicht entsprechend verzichten**.[6]

8 **Wesentliche Inhalte** des Rechtsgeschäfts dürfen **nicht** missbräuchlich **in eine Verweisungsurkunde ausgelagert** werden. Eine Verweisung nach § 13a BeurkG auf die Regelung einer Sachmängelhaftung bei einem Kaufvertrag wäre z.B. missbräuchlich und eine Auslagerung aus dem Kaufvertrag kommt dann nicht in Betracht.[7]

9 Neben den vorgenannten grundsätzlichen Voraussetzungen ist **zwingend für eine wirksame Verweisung nach § 13a BeurkG**, dass anlässlich der Verweisung zumindest eine **beglaubigte Abschrift** der Verweisungsurkunde **vorliegt**. Damit ge-

4 Siehe nur *Limmer*, in: Würzburger Notarhandbuch, Teil 1, Kapitel 2, Rn 96; *Winkler*, BeurkG, § 13a Rn 35; *Piegsa*, in: Armbrüster/Preuß/Renner, BeurkG, § 13a Rn 13; *Lerch*, BeurkG, § 13a Rn 6; *Stauf*, RNotZ 2001, 129, 140.

5 *Piegsa*, in: Armbrüster/Preuß/Renner, BeurkG, § 13a Rn 21.

6 *Piegsa*, in: Armbrüster/Preuß/Renner, BeurkG, § 13a Rn 22.

7 *Wöstermann*, ZNotP 2002, 246, 254; *Starke*, ZNotP Sonderheft 2002 zum 26. Deutschen Notartag, S. 13; *Piegsa*, in: Armbrüster/Preuß/Renner, BeurkG, § 13a Rn 5.

nügt auch ein Vorliegen der Verweisungsurkunde durch eine (wertvollere) **Ausfertigung** oder durch die **Urschrift**.

Zwingend sind ferner die Erklärungen der Beteiligten,

- dass ihnen die Verweisungsurkunde **bekannt** ist,
- sie auf ihr **Vorlesen verzichten**,
- bei behördlichen Karten und Zeichnungen sie auf die **Vorlage zur Durchsicht verzichten**,
- sie auf **Beifügung der Verweisungsurkunde** als Anlage zur Niederschrift verzichten.

Formulierungsvorschlag für eine Verweisung nach § 13a BeurkG 10

▼

Muster 8.1: Verweisung nach § 13a BeurkG

Nach Hinweis des Notars über die Bedeutung des Verweisens erklären wir, die Beteiligten: 8.1

Wir verweisen auf die heute, anlässlich dieser Beurkundung vorliegende beglaubigte Ablichtung/Ausfertigung/Urschrift der Verweisungsurkunde des Notars ______ vom ______ (UVZ-Nr. ______ Jahrgang ______) und erklären, dass uns diese Urkunde bzw. ihr gesamter Inhalt vollständig bekannt ist.

Der Inhalt dieser Verweisungsurkunde wird somit Gegenstand und rechtlicher Bestandteil des heutigen Vertrags und ist für uns verbindlich. Wir verzichten auf das Vorlesen der festgehaltenen Erklärungen in der Verweisungsurkunde und auf die Vorlage der Pläne der Verweisungsurkunde sowie auf die Beifügung der Verweisungsurkunde als Anlage zu dieser Niederschrift vom heutigen Tage.

▲

Beispiele: Verweisungen nach § 13a BeurkG beim Bauträgerkaufvertrag 11

- auf die **technische Baubeschreibung** (zweckmäßig ist, sie in die notariell beurkundete Teilungserklärung aufzunehmen),
- auf die **Teilungserklärung nebst Gemeinschaftsordnung** (hier weist der Notar regelmäßig auf besondere Nachteile oder Vorteile des vom Verkauf betroffenen Wohnungs- und/oder Teileigentums hin),
- auf **gesiegelte Aufteilungspläne** (siehe hierzu die vorgenannten Ausführungen).

B. Verweisung nach § 14 BeurkG

Eine weitere Vereinfachung enthält das Beurkundungsgesetz in § 14 BeurkG: Wenn **Bilanzen**, **Inventare**, **Nachlassverzeichnisse** oder sonstige **Bestandsverzeichnisse** über Sachen, Rechte und Rechtsverhältnisse in ein Schriftstück aufgenommen wer- 12 den, auf das in der Niederschrift verwiesen und ihr beigefügt wird, brauchen diese nicht vorgelesen zu werden, **wenn die Beteiligten darauf verzichten**.

Das Gleiche gilt für Erklärungen, die anlässlich der Bestellung einer Hypothek/Grundschuld/Rentenschuld/Schiffshypothek oder eines Registerpfandrechts an Luftfahrzeugen aufgenommen werden und nicht im Grundbuch/Schiffsregister/Schiffsbauregister oder im Register für Pfandrechte an Luftfahrzeugen selbst anzugeben sind.

13 Das Schriftstück, das nach § 14 BeurkG nicht vorgelesen werden muss, soll den Beteiligten **zur Kenntnisnahme vorgelegt** und von ihnen **unterschrieben** werden. Besteht das Schriftstück aus mehreren Seiten, soll jede Seite von ihnen unterzeichnet werden. Bei der Verweisung soll der Notar in seiner Niederschrift festhalten, dass die Beteiligten auf das Vorlesen verzichtet haben und dass ihnen das beigefügte Schriftstück zur Kenntnisnahme vorgelegt worden ist.

14 § 14 BeurkG wird ebenfalls durch den Entwurf der Bundesregierung eines **Gesetzes zur Einführung einer elektronischen Präsenzbeurkundung**[8] verändert. Zur künftigen Rechtslage siehe Rdn 21 ff.

15 **Formulierungsvorschlag für eine Verweisung nach § 14 BeurkG**

▼

Muster 8.2: Verweisung nach § 14 BeurkG

8.2 Auf die diesem Protokoll beigefügte Bilanz (Anlage ___) und das beigefügte Inventarverzeichnis (Anlage ___) wird nach § 14 BeurkG verwiesen.

Die Anlagen ___ und ___ wurden den Beteiligten zur Kenntnisnahme vorgelegt und von ihnen auf jeder Seite unterzeichnet. Die Beteiligten verzichteten auf das Vorlesen der Anlagen ___ und ___.

▲

16 Gegenstand einer Verweisung nach § 14 BeurkG können z.B. bei einem Unternehmenskaufvertrag sein:

- das Verzeichnis über mitverkaufte Gegenstände, etwa ein **Warenlager, Inventar** oder **Betriebsgegenstände**, eine **Liste über Arbeitnehmer**, eine **Liste über Kunden**, eine **Auflistung bestehender Verträge**, die der Erwerber übernimmt, eine **Auflistung bestehender Forderungen**, eine **Auflistung ungewisser Forderungen**, eine **Liste über bestehende Rechte** der Gesellschaft.
- **Gewinn- und Verlustrechnungen** sind auch beifügungsfähige Bestandsverzeichnisse, ebenso Anhänge zu Jahresabschlüssen.[9]

8 BT-Drucks 20/11849.

9 *Piegsa*, in: Armbrüster/Preuß/Renner, BeurkG, § 14 Rn 12; *Limmer*, in: Eylmann/Vaasen, BeurkG, § 14 Rn 4; *Heinemann*, in: Grziwotz, BeurkG, § 14 Rn 4.

- Erbauseinandersetzungsverträge oder Erbteilkaufverträge können i.S.v. § 14 BeurkG **Verzeichnisse über den noch vorhandenen Nachlassbestand** beigefügt werden, die ein Miterbe zu Alleineigentum erhält.
- Vorsorgende Eheverträge oder auch Scheidungsfolgenvereinbarungen können als Anlagen **Vermögensverzeichnisse** oder **Verzeichnisse über Hausratsgegenstände** enthalten, auf die gem. § 14 BeurkG verwiesen wird.
- Bei einer Teilungserklärung nach §§ 3 oder 8 WEG können Miteigentumsanteile und die zugeordneten Sondereigentumseinheiten allerdings **nicht** als „Bestand" in eine Anlage ausgegliedert werden, auf die nach § 14 BeurkG verwiesen wird.[10]

Änderungen der notariellen Verweisungen durch das Gesetz zur Einführung der elektronischen Präsenzbeurkundung 17

Der Gesetzgeber führt eine **elektronische Präsenzbeurkundung** ein. Der Entwurf der Bundesregierung eines **Gesetzes zur Einführung einer elektronischen Präsenzbeurkundung**[11] wurde am 17.6.2024 in erster Lesung beraten und zur weiteren Beratung in die Ausschüsse überwiesen, wobei der Rechtsausschuss federführend ist.[12]

Derzeit (Stand: August 2024) sieht der Gesetzentwurf vor, dass die bisher in § 13a BeurkG (**eingeschränkte Beifügungs- und Vorlesepflicht**) geregelte Bestimmung zur Verweisungsurkunde (**Bezugsurkunde**) künftig in **§ 13c BeurkG-E** geregelt wird. Die zurzeit noch gültige Bestimmung des § 13a BeurkG wird aber nicht „1:1" in den neuen § 13c BeurkG-E verlagert, sondern leicht verändert. Die **Veränderungen** sollen bewirken, dass künftig eine **Bezugnahme auf elektronische Dokumente** möglich ist. Dies geschieht durch eine Modifizierung des § 13c Abs. 1 BeurkG-E, sodass der dritte Satz künftig lautet: „*Der Notar soll nur beurkunden, wenn für die Beteiligten die andere Niederschrift zumindest in beglaubigter Abschrift bei Beurkundung einsehbar ist*". 18

§ 13c Abs. 2 und 3 BeurkG-E entsprechen der alten bzw. derzeit noch gültigen Regelung des § 13a Abs. 2 und 3 BeurkG.

§ 13c BeurkG-E lautet künftig (Stand 17.6.2024): 19

> *(1) Wird in der Niederschrift auf eine andere notarielle Niederschrift verwiesen, die nach den Vorschriften über die Beurkundung von Willenserklärungen errichtet worden ist, so braucht diese nicht vorgelesen zu werden, wenn die Beteiligten erklären, dass ihnen der Inhalt der anderen Niederschrift bekannt ist, und sie auf das Vorlesen verzichten. Des soll in der Niederschrift festgestellt werden. Der Notar soll nur beurkunden, wenn für die Be-*

10 *Piegsa*, in: Armbrüster/Preuß/Renner, BeurkG, § 14 Rn 15.

11 BT-Drucks 20/11849.

12 Zum Referentenentwurf siehe *Elsing*, notarbüro 2024, 32–36.

teiligten die andere Niederschrift zumindest in beglaubigter Abschrift bei der Beurkundung einsehbar ist.

(2) Die andere Niederschrift braucht der Niederschrift nicht beigefügt zu werden, wenn die Beteiligten darauf verzichten. In der Niederschrift soll festgestellt werden, dass die Beteiligten auf das Beifügen verzichtet haben.

(3) Kann die andere Niederschrift bei dem Notar oder einer anderen Stelle rechtzeitig vor der Beurkundung eingesehen werden, so soll der Notar dies den Beteiligten vor der Verhandlung mitteilen; befindet sich die andere Niederschrift bei dem Notar, so soll er diese dem Beteiligten auf Verlangen übermitteln. Unbeschadet des § 17 soll der Notar die Beteiligten auch über die Bedeutung des Verweisens auf die andere Niederschrift belehren.

(4) Wird in der Niederschrift auf Karten oder Zeichnungen verwiesen, die von einer öffentlichen Behörde innerhalb der Grenzen ihrer Amtsbefugnisse oder von einer mit öffentlichem Glauben versehenen Person innerhalb des ihr zugewiesenen Geschäftskreises mit Unterschrift und Siegel oder Stempel versehen worden sind, so gelten die Absätze 1 bis 3 entsprechend. Wird auf Karten oder Zeichnungen in elektronischen Dokumenten verwiesen, so tritt an die Stelle der Urschrift und des Siegels oder Stempels ein qualifiziertes elektronisches Siegel oder eine qualifizierte elektronische Signatur, wobei das der Signatur zugrundeliegende qualifizierte Zertifikat die Behörde erkennen lassen muss.

20 Sobald die Gesetzesänderung wirksam geworden ist, sind **Vertragsmuster für Verweisungen** anzupassen.

▼

Muster 8.3: Verweisungen (Stand: Juni 2024)

8.3 Anlässlich der heutigen Beurkundung ist für die Erschienenen die Urschrift/Ausfertigung/beglaubigte Abschrift der Verweisungsurkunde vom ____ (UVZ-Nr. ____ Notar/Notarin ____ einsehbar. Der Inhalt dieser Verweisungsurkunde, auf die Bezug genommen wird, ist den Erschienenen bekannt, die hiermit auf die Verlesung und Beifügung der Verweisungsurkunde als Anlage zu dieser Urkunde Verzichten. Der Notar/Die Notarin hat über die Bedeutung des Verweisens nach § 13c BeurkG belehrt.

▲

21 Mit dem Gesetz zur Einführung einer elektronischen Präsenzbeurkundung wird auch § 14 BeurkG (**eingeschränkte Vorlesepflicht**) verändert. Nach § 14 Abs. 2 BeurkG-E muss die Verweisungsurkunde für z.B. Bilanzen, Verzeichnisse den Beteiligten **nur noch zur Kenntnisnahme** vorgelegt werden, wobei die Beteiligten unbeschadet des § 17 BeurkG vom Notar über die Bedeutung des Verweisens auf das beigefügte Schriftstück zu **belehren** sind.

22

Muster 8.4: Vorschlag für eine Verweisung nach § 14 BeurkG-E (Stand 17.6.2024)

Auf die diesem Protokoll beigefügte Bilanz (Anlage ___) und das beigefügte Inventarverzeichnis (Anlage ___) wird nach § 14 BeurkG-E verwiesen. Die Beteiligten verzichten auf das Vorlesen dieser Anlagen ___ und ___. Die Anlagen ___ und ___ sind den Erschienenen vom Notar zur Kenntnis vorgelegt worden. Die Erschienenen wurden vom Notar über die Bedeutung des Verweisens auf die beigefügten Schriftstücke belehrt.

Fazit 23

Aufgrund dieser Änderungen müssen die Beteiligten nicht mehr jede Seite der mitunter umfangreichen Anlagen unterschreiben oder abzeichnen. Bei umfangreichen Urkunden störte das die Beurkundung und lenkte Beteiligte mitunter ab; auch insoweit darf die Änderung durch das Gesetz zur Einführung einer elektronischen Präsenzbeurkundung als gelungen bezeichnet werden.

§ 9 Vollmachten zum Abschluss eines Kaufvertrags

A. Allgemein zu Vollmachten

Die Beurteilung, ob eine **Vollmacht** zum Abschluss eines Kaufvertrags **genügt** und ob damit **alle Erklärungen** des abzuschließenden Rechtsgeschäfts abdeckt sein werden, ist bedeutsam. Irrt ein Notar, indem er davon ausgeht, dass der von ihm beurkundete Kaufvertrag durch einen Bevollmächtigten wirksam für einen Vollmachtgeber geschlossen sei und stellt sich nachträglich jedoch heraus, dass die **zugrundeliegende Vollmacht ungenügend** ist, so ist der unterschriebene beurkundete Kaufvertrag wider Erwarten **nicht wirksam**, sondern **schwebend unwirksam** und damit abhängig davon, dass der Vertretene die abgegebenen Erklärungen genehmigt. 1

Der Kaufvertrag kann also noch scheitern, wenn der Beteiligte, für den teilweise vollmachtlos und mit unzureichender Vollmacht gehandelt wurde, **nicht bereit ist**, den Kaufvertrag nachträglich zu genehmigen.

Anlässlich einer Kaufvertragsbeurkundung unter Beteiligung eines Bevollmächtigten sollte deshalb **stets genau geprüft** werden, ob der Bevollmächtigte mit einer genügenden Vollmacht erscheint oder mit einer ungenügenden.

Der Notar muss also erkennen, wenn eine Vollmacht nicht ausreicht und dann spätestens anlässlich der Beurkundung die Beteiligten darauf hinweisen und zudem auf die **schwebende Unwirksamkeit** des Vertrags. Dadurch wird dem anderen Vertragspartner auch klar, dass der Vertrag noch endgültig unwirksam werden kann.

Neben der sorgfältigen Prüfung, ob die Vollmacht den abzuschließenden Kaufvertrag deckt, sollte auch darauf geachtet werden, ob 2

- die Vollmacht eine notwendige Vorwegbeleihung zur Kaufpreisfinanzierung deckt,
- der Bevollmächtigte Untervollmachten erteilen darf und
- ob der Bevollmächtigte von den einschränkenden Bestimmungen des § 181 Alt. 1 und/oder Alt. 2 BGB befreit ist.

Darüber hinaus sollte auch stets ein rechtzeitiger Blick auf die **Ausfertigung der vorliegenden Vollmachtsurkunde** geworfen werden. Bei Vollmachten, die in notarieller Niederschrift über Willenserklärungen (§ 8 BeurkG) aufgenommen wurden, muss die Vollmacht in Ausfertigung vorliegen, damit das Bestehen der Vollmacht bewiesen ist. Zudem muss der Ausfertigungsvermerk des die Vollmacht beurkundenden Notars erkennen lassen, dass die vorliegende Ausfertigung eine ist, die dem **Bevollmächtigten** erteilt ist, der nun beim Notar seine Bevollmächtigung nutzt.

3 Soweit mehrere Personen gemeinsam bevollmächtigt wurden, muss derjenige Notar, bei dem die Vollmacht verwendet wird, den unterschriebenen Vermerk der Ausfertigung sorgfältig dahingehend überprüfen, wem die Ausfertigung erteilt wurde, insbesondere ob sie derjenigen Person erteilt ist, die nun handeln will. Liegt nur eine Ausfertigung der Vollmachtsurkunde vor, die einem anderen (ebenfalls) Bevollmächtigten erteilt wurde, genügt diese vorliegende Vollmachtsausfertigung nicht zur Durchführung des anstehenden Vertrags, weil sie **nicht den Fortbestand** der Vollmacht, auch nicht im Grundbuchverfahren, beweist.[1] Dann wäre vielmehr eine auf den handelnden Bevollmächtigten ausgestellte Ausfertigung der Vollmachtsurkunde anzufordern.

Beispiel

Handelt beim Notar z.B. ein Bevollmächtigter A, der eine Ausfertigung vorlegt, die nicht ihm, sondern einem weiteren Bevollmächtigten B erteilt ist, sollte der Notar darauf hinweisen, dass die vorgelegte Ausfertigung der Vollmacht nicht genügt, sondern dass es notwendig ist, zum Nachweis des Fortbestehens der Vollmacht eine Ausfertigung vorzulegen, die dem Bevollmächtigten A erteilt ist.

4 Vorsicht ist auch geboten, wenn der Notar Grundstückskaufverträge abwickeln und in diesem oder in anderen Zusammenhängen Löschungsbewilligungen von Kreditinstituten einholen und grundbuchlich vollziehen will.

Fordert der Notar im Zuge der Abwicklung eines Kaufvertrags z.B. die Löschungsbewilligung einer Bank an, die für die vereinbarte Lastenfreimachung benötigt wird, und ist die erteilte Löschungsurkunde von bevollmächtigten Personen unterzeichnet, die anlässlich der Beglaubigung ihrer Unterschriften nur eine Vollmachtsausfertigung vorgelegt haben, die dem **Kreditinstitut** als Vollmachtgeber erteilt wurde und nicht ihnen selbst, so beanstanden einige Grundbuchämter dies als ungenügende Vollmachtsausfertigung mit dem Hinweis auf die Rechtsprechung.[2] Stellt der Notar also fest, dass eine ihm übermittelte Löschungsbewilligung aus diesem Grunde nicht genügt, sollte er möglichst unverzüglich eine aktuelle Ausfertigung der Vollmacht, ausgestellt auf den richtigen Bevollmächtigten, nachfordern.

Als Alternative kann der Notar auch eine Bescheinigung gem. § 21 Abs. 3 BNotO von dem Notar anfordern, der die Vollmacht beurkundet hat. Mit einer Bescheinigung nach § 21 Abs. 3 BNotO kann die rechtsgeschäftliche Vertretungsmacht dem Grundbuchamt nachgewiesen werden, ohne dass die Vollmacht selbst vorgelegt werden muss.

5 Übersieht der Notar, dass die Löschungsbewilligung nicht ausreicht, erhält er möglicherweise eine Beanstandung des Grundbuchamtes zu einem Zeitpunkt, in dem

1 OLG München, Beschl. v. 19.5.2008 – 34 WX 023/08.

2 OLG München, Beschl. v. 19.5.2008 – 34 WX 023/08.

sein Antrag zum grundbuchlichen Vollzug dem Grundbuchamt zwar vorgelegt wurde, dieser aber nicht genügt, mangels ordnungsgemäßer Vollmacht oder Nachweises der Vollmacht durch eine Bescheinigung des Vollmachtsnotars gem. § 21 Abs. 3 BNotO. Zu diesem Zeitpunkt kann die Zahlung des Kaufpreises möglicherweise bereits veranlasst sein. Kann die Löschung im Grundbuch dann nicht erfolgen, wäre dies misslich und der Notar könnte in die **Haftung** geraten. In einem solchen Fall wird sich der Notar zur Vermeidung der Haftung und zum Vollzug seines Vertrags unverzüglich beim Gläubiger dafür einsetzen, dass dieser dafür sorgt, die Löschungsunterlagen nachzubessern.

Nachbesserungen können jedoch Zeit in Anspruch nehmen. In dieser Zeitspanne kann eine Zurückweisung der Anträge durch das Grundbuchamt noch drohen.

In der notariellen Praxis ist eine exakte Prüfung der Löschungsunterlagen vor Verwendung der Unterlagen durch den abwickelnden Notar nötig mit hoher Priorität.

B. Vollmacht eines Verkäufers

Erteilt ein Verkäufer, der ein Verbraucher ist, eine Verkaufsvollmacht und ist in dieser **nichts zum Verkaufserlös** geregelt, kann diese vorformulierte Vollmacht dann, wenn ein zu geringer Kaufpreis erzielt wird, eine **unangemessene Benachteiligung des Verbrauchers** darstellen und wegen Intransparenz nach § 307 Abs. 1 S. 1 bzw. 2 BGB unwirksam sein.[3] Zur Klarheit ist es deshalb empfehlenswert, den Mindestkaufpreis, den der Verkäufer ggf. erzielen will, in der Vollmacht aufzuführen. 6

▼ 7

Muster 9.1: Verkaufsvollmacht

UVZ-Nr. 9.1

Verhandelt zu

am

Vor mir, dem Notar/der Notarin

mit dem Amtssitz in erschien:

Herr/Frau
geb. am
wohnhaft
ausgewiesen durch

und erklärte zu meinem Protokoll folgende

Grundstücksverkaufsvollmacht.

3 *Krauß*, Immobilienkaufverträge in der Praxis, Rn 681.

I. Vorbemerkung

1. Ich, der Erschienene bin ledig, sodass eine Zustimmung zum Abschluss von Grundstücksverkaufsverträgen und zu Belastungen keiner Zustimmung nach § 1365 BGB bedarf.
2. Ich bin Eigentümer des Grundstücks, gelegen in …, eingetragen im Grundbuch des Amtsgerichts … von … Blatt …, bestehend aus dem Flurstück … der Flur …, groß … qm.

   Das Grundstück ist mit einem Einfamilienhaus, Baujahr … bebaut, welches eine Wohnfläche von ca. … qm aufweist.

II. Verkaufsvollmacht

Ich bevollmächtige hiermit

Herrn Rechtsanwalt …
geb. am …
wohnhaft …,

mich beim Abschluss eines notariellen Kaufvertrags zu vertreten und mein vorgenanntes Grundeigentum zum Verkaufspreis von mindestens … EUR (in Worten: … EUR) zu verkaufen und alle hiermit im Zusammenhang stehenden Erklärungen zur Verpflichtung und Erfüllung des Vertrags für mich abzugeben.

Der Bevollmächtigte ist befugt, sämtliche Leistungen der Vertragsparteien umfassend zu bestimmen und darf mich im Grundbuchverfahren uneingeschränkt vertreten.

Der Bevollmächtigte darf das Grundeigentum mit Rechten aller Art und jeden Inhalts belasten. Von der Vollmacht sind Erklärungen zur Unterwerfung unter die sofortige Zwangsvollstreckung erfasst. Ich selbst darf persönlich allerdings der sofortigen Zwangsvollstreckung in mein gesamtes Vermögen unterworfen werden.

Der Bevollmächtigte ist vom Verbot der Mehrfachvertretung (§ 181 Alt. 2 BGB) befreit. Er kann Untervollmachten unter Befreiung des Verbots der Mehrfachvertretung (§ 181 Alt. 2 BGB) und unter Befreiung des Verbots des Selbstkontrahierens (§ 181 Alt. 1 BGB) erteilen.

Ich, der Vollmachtgeber, trage die Kosten dieser Vollmacht. Der Bevollmächtigte soll eine Ausfertigung dieser Vollmacht erhalten.

Über die Tragweite der Vollmacht und den Vertrauenscharakter von Vollmachten bin ich von dem Notar/der Notarin aufgeklärt worden.

…

(*Vorgelesen, genehmigt und unterschrieben*).

▲

C. Vollmacht eines Käufers

Erteilt ein potenzieller Käufer eine Vollmacht zum Erwerb eines Grundstücks, kann die Vollmacht wie folgt formuliert werden: 8

▼

Muster 9.2: Grundstückskaufvollmacht

UVZ-Nr.

Verhandelt zu

am

Vor mir, dem Notar/der Notarin

mit dem Amtssitz in erschien:

Herr/Frau
geb. am
wohnhaft

ausgewiesen durch

und erklärte zu meinem Protokoll folgende

Grundstückskaufvollmacht.

I. Vorbemerkung

1. Ich, der Erschienene bin ledig, sodass eine Zustimmung zum Abschluss von Grundstücksverkaufsverträgen keiner Zustimmung nach § 1365 BGB bedarf.
2. Ich beabsichtigte das Grundstück, gelegen in , eingetragen im Grundbuch des Amtsgerichts von Blatt , bestehend aus dem Flurstück der Flur , groß qm zu kaufen.
   Das Grundstück ist mit einem Einfamilienhaus, Baujahr bebaut, welches eine Wohnfläche von ca. qm aufweist.

II. Kaufvollmacht

Ich bevollmächtige hiermit meinen Ehegatten

Herr/Frau
geb. am
wohnhaft

mich beim Abschluss eines notariellen Kaufvertrags zu vertreten und das vorgenannte Grundeigentum zum Kaufpreis von maximal EUR (in Worten: EUR) zu kaufen und alle hiermit im Zusammenhang stehenden Erklärungen zur Verpflichtung und Erfüllung des Vertrags für mich abzugeben.

Der Bevollmächtigte ist befugt, sämtliche Leistungen der Vertragsparteien umfassend zu bestimmen und darf mich im Grundbuchverfahren uneingeschränkt vertreten.

Der Bevollmächtigte darf das Grundeigentum mit Rechten aller Art und jeden Inhalts belasten. Von der Vollmacht sind Erklärungen zur Unterwerfung unter die sofortige Zwangsvollstreckung erfasst, auch darf die persönliche Zwangsvollstreckungsunterwerfung in mein gesamtes Vermögen erklärt werden. Grundpfandrechte in diesem Zusammenhang dürfen jedoch nur bis 20 % über der Kaufpreissumme inkl. 18 % Zinsen p.a. und einer einmaligen Nebenleistung erklärt werden.

Der Bevollmächtigte ist vom Verbot der Mehrfachvertretung (§ 181 Alt. 2 BGB) befreit. Er kann Untervollmachten unter Befreiung des Verbots der Mehrfachvertretung (§ 181 Alt. 2 BGB) und unter Befreiung des Verbots des Selbstkontrahierens (§ 181 Alt. 1 BGB) erteilen.

Ich, der Vollmachtgeber, trage die Kosten dieser Vollmacht. Der Bevollmächtigte soll eine Ausfertigung dieser Vollmacht erhalten.

Über die Tragweite der Vollmacht und den Vertrauenscharakter von Vollmachten bin ich von dem Notar/der Notarin aufgeklärt worden.

(*Vorgelesen, genehmigt und unterschrieben*).

▲

D. Vollmacht für Verkauf einer Immobilie im Ausland

9 Einen Anspruch auf Gewährung einer Urkunde über einen Immobilienkauf im Ausland sowie einen damit verbundenen Anspruch auf Vollzug dieser Immobilie haben die Beteiligten gegen den deutschen Notar nicht. Dieser müsste das ausländische Recht kennen und einen rechtssicheren Vollzug durchführen können. Der Notar müsste zudem sämtliche **Anzeigepflichten** nach ausländischem Recht beherrschen. In der Praxis sind solche Urkunden daher selten. Der Notar weist vielmehr auf den Weg hin, die **Vornahme** im Ausland vorzunehmen, vor einem sachkundigen Notar am Ort des Staates, in dem die Immobilie liegt.[4]

4 Zu den Problemen siehe *Limmer*, in: Reithmann/Martiny, Internationales Vertragsrecht, § 21 Rn 21.58–21.62.

Hinweis 10

Soweit eine Vollmacht zum Grundstückkauf im Ausland erstellt werden soll, empfiehlt es sich, den benötigten Text von einem Rechtsanwalt oder Notar am Ort der Immobilie anfertigen zu lassen.[5]

5 Ein Muster einer Vollmacht zum Grundstücksverkauf, im Zweifel zu beurkunden nach § 8 BeurkG, siehe bei *Limmer*, in: Reithmann/Martiny, Internationales Vertragsrecht, § 21 Rn 21.66.

§ 10 Beurkundung unter Beteiligung behinderter Personen

A. Allgemeines

Personen, die bestimmte Behinderungen haben, können ihre verfahrensmäßigen Rechte nicht immer selbst gut wahrnehmen. Deshalb enthält das Beurkundungsgesetz in den §§ 22 ff. BeurkG Regelungen, die die Grundvorschriften zum Vorlesen, Genehmigen und Unterschreiben (§ 13 BeurkG) ergänzen. 1

Soweit ein Beteiligter nach seiner Angabe und nach der Überzeugung des Notars nur **unzureichend**

- **hören**,
- **sehen oder**
- **sprechen**

kann, soll zur Beurkundung ein **Zeuge** oder ein **zweiter Notar** hinzugezogen werden (§ 22 Abs. 1 S. 1 BeurkG).

Meistens jedoch können alle Beteiligten auf die Hinzuziehung eines Zeugen oder zweiten Notars verzichten (§ 22 Abs. 1 S. 1 BeurkG). Geschieht dies, soll der Notar die Tatsache des **Verzichts** in seiner Niederschrift festhalten (§ 22 Abs. 1 S. 3 BeurkG). Verlangt ein hör- oder sprachbehinderter Beteiligter einen **Gebärdensprachdolmetscher**, ist ein solcher hinzuzuziehen und diese Tatsache ist in der Niederschrift zu dokumentieren.

Ist ein Zeuge oder ein zweiter Notar oder auch ein Gebärdensprachdolmetscher hinzugezogen, soll die hinzugezogene Person die Niederschrift auch **unterschreiben**.

Unterbleibt die Unterschrift des Zeugen, zweiten Notars oder Gebärdensprachdolmetschers versehentlich, ist dadurch die Urkunde **nicht** unwirksam.[1] Wenn die Unterschrift des Zeugen (oder des zweiten Notars) nachgeholt wird (dies ist nicht zwingend), sollte das Datum der nachträglichen Unterzeichnung neben die Unterschrift gesetzt werden, damit nicht der unrichtige Eindruck entsteht, die Urkunde wäre am Tage ihrer Beurkundung vom Dolmetscher (oder zweiten Notar) bereits mitunterzeichnet worden. Die Unterschrift des Gebärdendolmetschers wird empfohlen, ist jedoch nicht erforderlich.[2]

1 *Seger*, in: Armbrüster/Preuß/Renner, BeurkG, § 22 Rn 11 f.

2 *Seger*, in: Armbrüster/Preuß/Renner, BeurkG, § 22 Rn 11.

B. Taubheit/Blindheit/Stummheit

2 Ist ein Beteiligter nach seiner Angabe oder nach Überzeugung des Notars **taub, blind** oder **stumm**, soll der Notar einen **Zeugen** oder **zweiten Notar** hinzuziehen.[3] Die Überzeugung des Notars über die vorliegende Behinderung ist im Wege der freien Beweiswürdigung zu bilden. Eine falsche Angabe des Beteiligten oder ein Irrtum des Notars bei der Beurkundung sind unschädlich. Zu beachten ist, dass die Beteiligten auf die Hinzuziehung eines Zeugen oder zweiten Notars verzichten können. Geschieht dieses, soll der Verzicht in der Niederschrift festgehalten werden.

Ein hinzugezogener Zeuge oder ein zugezogener zweiter Notar muss beim **gesamten Beurkundungsakt anwesend sein**.

3 Der Verzicht auf die Mitwirkung eines Zeugen oder zweiten Notars bei **Blindheit** kann wie folgt formuliert werden:

▼

Muster 10.1: Verzicht auf Mitwirkung eines blinden Zeugen

10.1 Der Beteiligte gab an, nicht hinreichend sehen und Geschriebenes daher nicht lesen zu können. Die Angabe des Beteiligten deckt sich mit meiner, des Notars, Überzeugung. Nach meinem Hinweis über die Möglichkeit, einen Zeugen oder einen zweiten Notar zur Beurkundung hinzuzuziehen, erklärte der Beteiligte jedoch: Ich verzichte auf die Zuziehung eines Zeugen und/oder zweiten Notars.

▲

4 Wenn ein Beteiligter **nicht richtig hören** kann oder gar **taub** ist, muss diesem Beteiligten der Text **anstelle des Vorlesens** zur Durchsicht vorgelegt werden.[4] Dies soll in der Niederschrift festgehalten werden.

▼

Muster 10.2: Verzicht auf Mitwirkung eines tauben Zeugen

10.2 Der Erschienene gab an, nicht hinreichend hören zu können (*alternativ*: Der Erschienene gab an, taub zu sein) und auch nach meiner, des Notars, Überzeugung kann der Erschienene nicht hinreichend hören.

Nach notariellem Hinweis darauf, einen Zeugen oder zweiten Notar hinzuziehen zu können, verzichtete der Erschienene dennoch hierauf.

3 § 22 BeurkG.

4 § 23 BeurkG.

Der Erschienene wünschte auch nicht die Hinzuziehung eines Gebärdensprachdolmetschers.

▲

Die Schlussformel kann wie folgt formuliert werden: 5

▼

Muster 10.3: Schlussformel (bei Taubheit)

Diese Niederschrift wurde dem Erschienenen zur Durchsicht vorgelegt, von ihm durchgelesen, genehmigt und eigenhändig unterschrieben und sodann auch von mir, dem Notar, eigenhändig unterschrieben und besiegelt.

▲

Hat der Beteiligte die Niederschrift eigenhändig unterschrieben, wird **vermutet**, dass sie ihm auch zur Durchsicht vorgelegt wurde und sie von ihm genehmigt worden ist. Der Notar hat diese Pflicht zu erfüllen, auch wenn der Beteiligte es nicht verlangt. 6

C. Schreibunfähigkeit

Falls ein Beteiligter nach seinen Angaben oder nach der Überzeugung des Notars seinen Namen **nicht schreiben** kann, **muss zur Vorlesung und der Genehmigung ein Zeuge oder zweiter Notar zugezogen werden**.[5] 7

Wird bei einer **Online-Beurkundung** die Unterschrift durch eine qualifizierte elektronische Signatur ersetzt, dann besteht Schreibunfähigkeit, wenn ein Beteiligter nicht fähig ist, seine qualifizierte elektronische Signatur zu erstellen.[6] 8

▼ 9

Muster 10.4: Schreibunfähigkeit

Der Beteiligte erklärte nicht schreiben zu können, auch nicht seinen Namen. Nach meiner, des Notars, Überzeugung kann der Erschienene seinen Namen nicht schreiben, sodass als Zeuge, der bei dem Vorlesen und Genehmigen dieser Niederschrift anwesend war, Herr zugezogen wurde. Es lag kein Ausschlussgrund des Zeugen nach §26 BeurkG vor.

▲

5 §25 BeurkG.

6 *Heinemann/Grziwotz*, in: Grziwotz/Sauer/Heinemann, BeurkG §25 Rn 7.

10 Die Schlussformel kann wie folgt formuliert werden:

▼

Muster 10.5: Schlussformel (bei Schreibunfähigkeit)

10.5 Diese Niederschrift wurde vom Notar in Gegenwart des Zeugen vorgelesen, vom Erschienenen genehmigt, vom Zeugen und dem Notar eigenhändig unterschrieben.

▲

11 Ist ein Beteiligter eine schreibunfähige Person und verstößt der Notar gegen die erforderliche Beiziehung des Zeugen oder zweiten Notars oder unterschreibt der Schreibzeuge die Urkunde nicht, hat dies die **Unwirksamkeit der Urkunde** zur Folge.[7] Das gilt auch, wenn die Schreibunfähigkeit nicht in der Niederschrift festgestellt worden ist.[8]

Die zwingende Unterschrift eines Zeugen folgt aus § 13 Abs. 1 S. 1 BeurkG „*Niederschrift muss unterschrieben werden*".

Fehlt die Unterschrift des Zeugen kann im Rahmen einer **Nachtragsurkunde** die nötige Unterschrift **nachgeholt** werden. Das gilt sogar dann, wenn in der Zwischenzeit der durch Behinderung beeinträchtigte Beteiligte geschäftsunfähig geworden ist oder wenn er verstorben sein sollte.[9]

D. Verbot der Mitwirkung als Zeuge oder zweiter Notar

12 Nach § 26 BeurkG soll als Zeuge oder zweiter Notar bei der Beurkundung **nicht hinzugezogen** werden, wer

- selbst beteiligt ist oder durch einen Beteiligten vertreten wird,
- aus einer zu beurkundenden Willenserklärung einen rechtlichen Vorteil erlangt,
- mit dem Notar verheiratet ist oder
- mit dem Notar in gerader Linie verwandt ist oder war.

13 Als **Zeuge soll** bei der Beurkundung ferner **nicht zugezogen werden**, wer

- zu dem Notar in einem ständigen Dienstverhältnis steht,
- minderjährig ist,
- geisteskrank oder geistesschwach ist,
- nicht hinreichend zu hören, zu sprechen oder zu sehen vermag,
- nicht schreiben kann oder

7 *Heinemann/Grziwotz*, in: Grziwotz/Sauer/Heinemann, BeurkG, § 25 Rn 29; *Winkler*, BeurkG, § 25 Rn 15–16.

8 *Winkler*, BeurkG, § 25 Rn 15.

9 *Heinemann/Grziwotz*, in: Grziwotz/Sauer/Heinemann, BeurkG, § 25 Rn 29.

- die deutsche Sprache nicht genügend versteht (dies gilt nicht im Falle des § 5 Abs. 2 BeurkG, wenn der Zeuge der Sprache der Niederschrift hinreichend kundig ist).

Der **Notar darf den Zeugen auswählen** und braucht sich von den Beteiligten nicht bestimmte Personen als Zeugen aufdrängen lassen. Bestehen Unsicherheiten über ein Mitwirkungsverbot, so kann es sich für den Notar empfehlen von seinem Auswahlrecht Gebrauch zu machen.[10] 14

10 *Seger*, in: Armbrüster/Preuß/Renner, BeurkG, § 26 Rn 13.

§ 11 Kaufpreisverwahrung

A. Berechtigtes Sicherungsinteresse

Bestimmte Situationen erfordern eine **sichere vertragliche Gestaltung**, sodass sich zur sicheren Kaufvertragsabwicklung eine Kaufpreisverwahrung aufdrängt. Der Notar darf Geld zur Verwahrung auf ein Notaranderkonto im Grundsatz aber nur entgegennehmen, wenn für die Beteiligten ein **berechtigtes Sicherungsinteresse** vorliegt (§ 57 Abs. 2 Nr. 1 BeurkG). 1

Im Einzelfall liegt die Beurteilung im Ermessen des Notars, ob die Verwahrung vorgenommen wird. Gerichtlich ist der **Beurteilungsspielraum** des Notars nur eingeschränkt von der **Dienstaufsicht** überprüfbar.[1] Eine grundlos systematische Verwendung von Notaranderkonten kann die Dienstaufsicht in der Regel gut erkennen und ahnden.

Der Notar ist zur **Urkundengewährung** (§ 15 Abs. 1 BNotO) verpflichtet. Er ist jedoch **nicht verpflichtet**, eine Kaufpreisverwahrung zu übernehmen, auch dann nicht, wenn die beabsichtigte Verwahrung durch eine Beurkundung des Notars veranlasst ist.[2] Die Ablehnung eines Verwahrungsgeschäfts kann nur nach **pflichtgemäßem Ermessen** des Notars erfolgen.[3]

Ein berechtigtes Sicherungsinteresse für die Kaufpreisverwahrung liegt z.B. vor: 2

- Der Käufer will den Kaufpreis erst zahlen, wenn ihm die gekaufte Immobilie **geräumt übergeben** wurde. Der Verkäufer ist dazu nicht bereit, will seine Immobilie erst verlassen und räumen, nach Erhalt des Kaufpreises. Beide Willen sind verständlich. Der Käufer will sich vor erheblichen Gefahren einer wirtschaftlichen Vorleistung schützen. Er will einer zeitintensiven kostspieligen Räumungsklage gegen den Verkäufer vorbeugen. Der Verkäufer will keine vorzeitige Übergabe leisten, weil er befürchtet, den vereinbarten Kaufpreis im Nachhinein ggf. nicht zu erhalten. In diesem Fall kommt die Abwicklung des Kaufpreises über ein Notaranderkonto in Betracht, sie kommt einer Abwicklung „**Ware gegen Geld**“ nahe.[4]
- Eine hoch belastete oder überschuldete und/oder mit Zwangsversteigerung beschlagnahmte Immobilie wird verkauft.

1 BGH, Urt. v. 16.11.2020 – NotSt(Brfg) 2/19, KG Berlin.

2 BGH, Urt. v. 4.5.1984 – VI ZR 255/82, DNotZ 1985, 50.

3 *Sandkühler*, in: Arndt/Lerch/Sandkühler, BNotO, § 23 Rn 79; § 15 Rn 7; *Ganter*, in: Ganter/Hertel/Wöstmann, Rn 498; *Elsing*, in: Praxishandbuch Notarrecht, § 13 Rn 7.

4 BGH, Urt. v. 17.2.1994 – IX ZR 158/97, DNotZ 1995, 125; *Elsing*, in: Praxishandbuch Notarrecht, § 15 Rn 9; *Grziwotz*, in: Grziwotz/Heinemann, § 54a Rn 9; *Renner*, in: Armbrüster/Preuß/Renner, BeurkG, § 54a Rn 19 mit Hinweis, dass es genügen kann, die Zahlungspflicht des Käufers davon abhängig zu machen, dass das Kaufobjekt dem Käufer übergeben worden ist; *Hertel*, in: Würzburger Notarhandbuch, Teil 2, Kap. 2, Rn 664.

- Verkauft der **Testamentsvollstrecker** (nach Annahme seines Amtes) ein Nachlassgrundstück ohne unentgeltliche Verfügung, legitimiert er sich bei Abschluss des Kaufvertrags durch eine Ausfertigung des Testamentsvollstreckerzeugnisses, ggf. auch nur durch seine notariell beglaubigte Annahmeerklärung. Es verbleibt das Problem, dass nach Beurkundung und noch vor Eigentumsumschreibung auf den Käufer das Amt des Testamentsvollstreckers enden könnte, etwa durch Tod oder Amtsniederlegung des Testamentsvollstreckers. Die Beendigung des Amtes bedeutet dann den **Fortfall der Verfügungsbefugnis** des Testamentsvollstreckers. Das berechtigte Sicherungsinteresse für eine Kaufpreisverwahrung leuchtet damit ein. Erst nachdem sich der Testamentsvollstrecker nach erfolgter Eigentumsumschreibung erneut legitimiert hat, wird der bis zu diesem Zeitpunkt verwahrte Kaufpreis ausgezahlt.
- Verkauft ein Insolvenz- oder Nachlassverwalter eine Immobilie, ist die Problematik dieselbe wie beim verkaufenden Testamentsvollstrecker, sodass der Kaufpreis bis zu dem Zeitpunkt der erfolgten Eigentumsumschreibung auf dem Notaranderkonto verwahrt werden sollte.
- Hat der Immobilienverkäufer Schwierigkeiten, seine Löschungsunterlagen für ein abzulösendes Grundpfandrecht beizubringen, weil der **Grundschuld- oder Hypothekenbrief verloren** ging, haben die Vertragsparteien ein berechtigtes Sicherungsinteresse für die Kaufpreisverwahrung.[5] Die Verwahrung des gesamten Kaufpreises bis zum Zeitpunkt der Sicherstellung der Löschung ist eine zulässige Lösung. Die Vertragsparteien und die finanzierende Gläubigerin können sich auch mit einer Kaufpreisverwahrung nur über einen angemessenen Teil einverstanden erklären. Es kann vereinbart werden, dass nach Ablauf eines längeren Zeitabschnitts, wenn der nicht zum Erfolg der Kraftloserklärung des Briefes führte, der Käufer das Grundpfandrecht übernehmen muss gegen Zahlung des auf dem Notaranderkonto verwahrten Teilbetrags. Bei der Bemessung eines Einbehaltes sollte bedacht werden, dass die Banken **Minuszinsen** oder Gebühren verlangen können, insbesondere wenn die Verwahrung über Jahre andauern kann. Der Notar ist berechtigt, die auf dem Notaranderkonto entstandenen Kontoführungsgebühren und -spesen **einzubehalten**.[6] Um einer Unterdeckung vorzubeugen,[7] sollte ein angemessener Betrag zur Sicherung dieser Kosten von vornherein mit eingeplant werden. In der Praxis lassen sich die Kreditinstitute oft nicht mehr darauf ein, eine gebühren- und spesenfreie Führung des Notaranderkontos vorzunehmen.

5 BNotK, Rundschreiben Nr. 1/96 v. 11.1.1996, abrufbar unter *www. bnotk.de* unter „*Unser Service/ Hinweise und Empfehlungen*".

6 Vgl. *Blaeschke*, Praxishandbuch Notarprüfung, § 14 Rn 117; a.A. AG Aachen, Urt. v. 20.12.2017 – 107 C 452/17, BeckRS 2017, 137277 zum Rechtsanwaltsanderkonto.

7 Zur Überziehung: *Blaeschke*, Praxishandbuch Notarprüfung, § 14 Rn 117–119.

B. Fehlendes berechtigtes Sicherungsinteresse

Nur der einvernehmliche Wille der Vertragsbeteiligten, ein Notaranderkonto einzurichten, reicht **nicht** als berechtigtes Sicherungsinteresse.[8] Der Notar soll die Beteiligten über die gesetzlichen Voraussetzungen einer notariellen Verwahrung aufklären und sichere Wege einer Vertragsabwicklung (ohne die Verwahrung) aufzeigen. Beharren die Beteiligten trotz der Notarhinweise nachhaltig darauf, das Rechtsgeschäft nur auf der Grundlage einer notariellen Verwahrung abzuschließen, ist der Notar im Einzelfall berechtigt, dem Ansuchen nachzukommen. Es ist nicht die Aufgabe des neutralen Notars, Beurkundungen zu verhindern. Den Grund für den Willen der Vertragsbeteiligten sollte der Notar in seiner Urkunde dokumentieren. Somit kann die Aufsichtsbehörde den Grund nachvollziehen und erkennen, dass ein Ausnahmefall vorliegt und keine unzulässige systematische Verwendung eines Notaranderkontos.[9] Dem Notar steht bei der Prüfung der Frage, ob ein berechtigtes Sicherungsinteresse für eine Verwahrung von Geld auf einem Notaranderkonto besteht, ein gerichtlich nur eingeschränkt überprüfbarer Beurteilungsspielraum zu. Dementsprechend kommt ein Einschreiten der Dienstaufsicht nur in eindeutigen Fällen in Betracht, etwa wenn der Notar seinen Beurteilungsspielraum nicht ausgeübt oder überschritten hat oder sich allein von dem nicht berechtigten Wunsch der Beteiligten hat leiten lassen. Der Aufsichtsbehörde ist es verwehrt, ihr eigenes Beurteilungsermessen an die Stelle desjenigen des Notars zu setzen.[10] 3

Das Verwahrungsgeschäft darf der Notar **nicht** übernehmen, wenn ein Beteiligter nur den Eindruck von Sicherheiten erwecken will, die mit der Verwahrung tatsächlich aber nicht gewährt werden. Wird der Notar gebeten, isoliert Geld zu verwahren, kann darin eine unseriöse Planung des Beteiligten vermutet werden. Der Notar wird sein Tätigwerden ablehnen. Kein seriöser Mandant wird auf ein unnötiges, aber gebührenpflichtiges Geschäft bestehen. Die **Motive** der Person, die auf eine unnütze Verwahrung drängt, sollten in der Regel zu einer Verweigerung der Amtstätigkeit des Notars führen. Weiß der Notar, dass seine notarielle Amtstätigkeit für Zwecke der Geldwäsche, der Terrorismusfinanzierung oder für eine andere Straftat genutzt werden soll, so muss er eine **Wissensmeldung** an die Zentralstelle für Finanztransaktionsuntersuchungen erledigen.[11] Hat der Notar lediglich einen Verdacht wegen Geldwäsche, darf er nicht die Anzeige gegenüber der FIU erledigen, weil die Verschwiegenheitspflicht des Notars höher wiegt. 4

8 BGH, DNotZ 2021, 508, Rn 30; *Winckler*, BeurkG § 57 Rn 10; a.A im Einzelfall (Ausnahme) *Weingärtner*, DNotZ 1999, 393, 395; *Heinemann*, in: Grziwotz/Heinemann, BeurkG, § 54a Rn 6.

9 *Elsing*, in: Praxishandbuch Notarrecht, § 15 Rn 5, 16.

10 BGH, Urt. v. 16.11.2020 – NotSt(Brfg) 2/19, KG Berlin.

11 *Elsing*, Das Geldwäschegesetz in der notariellen Praxis, § 5 Rn 74.

5 Eine Kaufpreisverwahrung ist gesetzlich **unzulässig**, wenn sie bei einem Bauträgerkaufvertrag stattfinden soll.[12] Auch die Verwahrung nur der letzten Rate nach Bezugsfertigung und noch vor der Übergabe ist unzulässig. Bauträger üben damit praktisch oftmals Druck auf den kaufenden Verbraucher aus, die letzte Kaufpreisrate freizugeben, damit eine Eigentumsumschreibung auf den Verbraucher passieren darf.[13] Die Abwicklung stellt nach § 3 Abs. 1 MaBV eine **unzulässige** Entgegennahme von Vermögenswerten des Erwerbers dar.

C. Geldwäschegesetz

6 Selbstverständlich dürfen Notare sich nicht an strafbaren Handlungen wie Geldwäsche (§ 261 StGB) beteiligen. Der Notar ist gem. § 2 Abs. 1 Nr. 10 GwG ein Verpflichteter im Sinne des Geldwäschegesetzes bei bestimmten Rechtsgeschäften, für die das GwG einschlägig ist, z.B. wenn er einen Immobilienkaufvertrag entwirft, beurkundet und/oder eine Kaufpreisverwahrung hierzu durchführt. Die Einhaltung des Barzahlungsverbots § 16a GwG überwacht der Notar, bevor er als Vollzugsnotar die Eigentumsumschreibung allein veranlassen darf.

7 Nach § 8 Abs. 1 GwG muss der Notar **Angaben und Informationen der Vertragspartner**, der für diese auftretenden Personen und wirtschaftlich Berechtigten einholen und aufbewahren. Der Notar muss die Beteiligten gem. § 11 GwG identifizieren, und zwar vor Durchführung der Transaktion. In diesem Zusammenhang bewahrt er eine vollständige Kopie des gültigen Bundespersonalausweises oder eine Kopie des gültigen Reisepasses für **mind. fünf Jahre** auf.

8 *Hinweis*

Ungenügend für eine Identifizierung i.S.d. GwG ist die Vorlage lediglich eines Führerscheins mit Lichtbild oder eines Ausweispapieres, aus dem ersichtlich ist, dass die Angaben **ausschließlich auf Angaben des Beteiligten** beruhen.

Eine Prüfung, ob die Identitätsangaben noch mit denen des vorgelegten Ausweispapieres übereinstimmen, **muss** der Notar erledigen, auch wenn ihm der Mandant persönlich bekannt ist. Ein Abfragen, ob sich z.B. die **Adresse des Mandanten geändert** hat, genügt in der Regel.

12 *Grziwotz*, in: Grziwotz/Heinemann, BeurkG, § 54a Rn 15; *Basty*, in: FS Thode 2005, S. 219, 232A; *Kanzleiter*, DNotZ 1974, 542, 544, *Renner*, in: Armbüster/Preuß/Renner, BeurkG, § 54a Rn 23–25; *Elsing*, in: Praxishandbuch Notarrecht, § 13 Rn 20; für alle Raten ist dies ohnehin unzulässig, *Wudy*, notar 2019, 247, 261; *Blaeschke*, Praxishandbuch Notarprüfung, § 14 Rn 37.

13 *Blank*, DNotZ 1997, 298.

Der Notar kann die Problematik des sorgfältigen Identifizierens gut in den Griff bekommen, indem er sich **stets von allen Mandanten**, auch von denen, die ihm persönlich bekannt sind, den Ausweis dennoch vorlegen lässt.[14]

Nach § 8 Abs. 1 S. 1 GwG müssen die Beteiligten dem Notar gegenüber erklären, 9
ob sie für eigene oder auf Rechnung eines Dritten handeln. Im zuletzt genannten Fall hat sich der Notar die Angaben des Dritten mitteilen zu lassen. Eine Ermittlungspflicht trifft ihn aber grundsätzlich nicht.[15]

D. Verwahrungsanweisung

Zu einer Verwahrung von Geld muss ein Antrag der Beteiligten vorliegen (Verwah- 10
rungsanweisung, die der Notar angenommen hat). Nach § 57 Abs. 4 BeurkG ist bei der Vereinbarung der Verwahrungsanweisung, deren Ergänzung, Änderung und auch beim Widerruf die **Schriftform** zu wahren. Wenn im Rahmen eines Immobilienkaufvertrags eine Kaufpreisverwahrung durchgeführt wird, ist die Verwahrungsanweisung als Bestandteil des Kaufvertrags gem. § 311b Abs. 1 BGB i.d.R. **mitbeurkundet**. Die Annahme der Verwahrungsanweisung ergibt sich auch aus dem Umstand, dass der Notar die entsprechende Anweisung selbst beurkundet hat. Ein gesonderter Annahmevermerk des Notars ist dann entbehrlich. Änderungen und Ergänzungen der beurkundeten Verwahrungsanweisung müssen nur **beurkundet** werden, wenn die Auflassung (§ 925 BGB) noch nicht vor einem deutschen Notar erklärt wurde. Ist die Auflassung bereits beurkundet, genügt zur Änderung und Ergänzung der Verwahrungsanweisung die **Schriftform**. Zur Wahrung der Schriftform genügt die Übermittlung per Telefax.[16]

Die Verwahrungsanweisung muss zum **Inhalt** haben, wer die das Geld anweisen- 11
den Personen und wer die Geldempfänger sein werden. Außerdem hat klar zu sein, unter welchen genauen Auszahlungsvoraussetzungen das verwahrte Geld samt etwaiger Zinsen auszuzahlen ist und schließlich unter welchen zeitlichen und sachlichen Bedingungen die Verwahrung erfolgen wird (§ 57 Abs. 2 BeurkG).

Bei der Gestaltung der Ein- und Auszahlungsvoraussetzungen ist zu bedenken, 12
dass für die Kaufpreisverwahrung ein **berechtigtes Sicherungsinteresse aller Beteiligten** vorliegen muss. Damit der Notar seine Kaufpreisverwahrung ohne Probleme vollziehen kann, bedarf es **exakter** Formulierungen. Bei zu unbestimmten oder unklaren Formulierungen besteht die Gefahr, dass der Notar durch einen Fehler in die Haftung gerät.

14 Ausführlich *Elsing*, in: Kilian/Sandkühler/v. Stein, Praxishandbuch Notarrecht, § 13 Rn 21.

15 Zur Ermittlung eines wirtschaftlich Berechtigten bei Gesellschaften siehe *Elsing*, Das Geldwäschegesetz in der notariellen Praxis, § 5.

16 *Hertel*, in: Würzburger Notarhandbuch, Teil 2, Kap. 2, Rn 684; *Heinemann*, ZNotP 2002, 104; *Winkler*, BeurkG, § 54 Rn 52; *Renner*, in: Armbrüster/Preuß/Renner, BeurkG, § 54 Rn 97; *Elsing*, in: Praxishandbuch Notarrecht, § 13 Rn 24.

Unzureichend kann bspw. die Formulierung sein, dass der Kaufpreis auszuzahlen ist, wenn die Eintragung der Eigentumsveränderung im Grundbuch **sichergestellt** ist. Sichergestellt ist eine Eintragung erst zu dem Zeitpunkt der Erledigung der Grundbucheintragung. Zur Eigentumsumschreibung bedarf es der Vorlage der steuerlichen Unbedenklichkeitsbescheinigung. Diese wird erst nach Begleichung der Grunderwerbsteuer vom Finanzamt ausgestellt. Verzögert der Käufer die ihm obliegende Zahlung der Grunderwerbsteuer, könnte er damit die Auszahlung des Kaufpreises verzögern. Der Verkäufer wäre benachteiligt, weil er kraft Gesetzes ohnehin für die Grunderwerbsteuer gesamtschuldnerisch haftet. Die Auszahlungsvoraussetzungen dürfen daher nicht von einer Handlung des Käufers abhängen, andernfalls haftet der Notar.[17]

13 **Exakter** als der Begriff „*Sicherstellung*" könnte z.B. wie folgt formuliert werden:

▼

Muster 11.1: Sicherstellung

11.1 Die Auszahlung des Kaufpreises erfolgt, nachdem der Notar die Eintragung der Vormerkung zur Sicherung des Eigentumsübertragungsanspruchs beantragt hat, er das Grundbuch und die Markentabelle einen Werktag nach der Antragstellung geprüft hat, soweit dabei keine Hindernisse ersichtlich waren, die der Eintragung der Vormerkung an der ersten Rangstelle entgegenstehen, abgesehen ggf. von der Begleichung der Gerichtskosten.[18]

▲

E. Einrichtung eines Notaranderkontos

14 Zur Einrichtung eines Notaranderkontos bedarf es der Eröffnung. Der kontoführenden Bank müssen die wirtschaftlich Berechtigten mitgeteilt werden. Sind diese auf der Verkäuferseite und/oder Käuferseite **natürliche Personen**, so sind ihre Namen, Vornamen, Geburtsorte, Geburtsdaten, Staatsangehörigkeiten und Anschriften mitzuteilen.

Ist ein wirtschaftlich Berechtigter eine **juristische Person**, eine eingetragene **Personengesellschaft** oder eine Mischform aus beiden,[19] müssen dem Kreditinstitut zur Kontoeröffnung die Firma, der Sitz, die Anschrift und die Registernummer der Gesellschaft sowie die Namen der Geschäftsführer mitgeteilt werden. Vereinfachend kann der Bank ein aktueller Handelsregisterauszug (bei der eGbR ein aktueller Auszug aus dem Gesellschaftsregister) oder ein Transparenzregisterauszug beigefügt werden, soweit sich die Angaben aus dem Auszug ergeben, insbesondere

17 *Hertel*, in: Würzburger Notarhandbuch, Teil 2, Kap. 2, Rn 750.

18 *Elsing*, in: Praxishandbuch Notarrecht, § 15 Rn 26.

19 Z.B. eine GmbH & Co. KG oder eine UG (haftungsbeschränkt) & Co. KG.

wer **mehr als 25 %** der Anteile an der Gesellschaft hält oder mehr als 25 % der Stimmrechte kontrolliert (§ 20 GwG).

Der Notar beachtet zur Führung des Notaranderkontos die Hinweise der Bundesnotarkammer.[20] Eine elektronische Führung des Notaranderkontos ist nach den Vorgaben des § 10 Abs. 3 DONot möglich.[21] 15

F. Durchführung der notariellen Verwahrung

Damit der Notar nicht missbräuchlich zu Geldwäschezwecken eingeschaltet werden kann, ist es ihm **verboten**, **Bargeld zur Verwahrung anzunehmen** (§ 57 Abs. 1 BeurkG). Über das Notaranderkonto darf der Notar nur persönlich oder sein amtlich bestellter Vertreter bzw. Notariatsverwalter verfügen. Der Notar darf keine Vollmachten zur Führung seiner Notaranderkonten erteilen (§ 58 Abs. 3 S. 1 BeurkG), es sei denn durch Landesrecht ist anderes verordnet.[22] 16

Der Notar muss die Auszahlung der verwahrten Geldbeträge persönlich prüfen. Liegen die Voraussetzungen zur Auszahlung vor, ist diese **unverzüglich**[23] zu veranlassen, und zwar bargeldlos (§ 58 Abs. 3 BeurkG). Unverzüglich ist eine Auszahlung noch, wenn die Anweisung innerhalb von **fünf Werktagen** nach Eintritt der Auszahlungsvoraussetzungen veranlasst wurde, es sei denn, eine gewichtige und dringliche Ausnahme, die zu einer größeren Eile verpflichtet, ist erkennbar.[24] 17

Nach getätigter Überweisung ist eine schriftliche **Ausführungsbestätigung** des kontoführenden Kreditinstituts zu den Unterlagen zu nehmen. Die Ausführungsbestätigung nach § 27 Abs. 3 DONot muss allein oder bei Verbindung mit anderen Belegen den Inhalt des Überweisungsauftrages vollständig wiedergeben und die Ausführung bestätigen. Nimmt der Notar an der elektronischen Führung der Notaranderkonten teil, bedarf es keiner Ausführungsbestätigung, wenn der Notar sich vor erstmaliger Einrichtung eines solchen Kontos eine schriftliche und unwiderrufliche Erklärung i.S.v. § 27 Abs. 4 S. 4 DONot erhalten hat, wonach mit jeder elektronischen Bereitstellung der Umsatzdaten über die Ausführung der Überweisung gleichzeitig bestätigt wird, den Überweisungsauftrag mit den in den Umsatzdaten enthaltenen Informationen in dem eigenen Geschäftsbereich des Kreditinstituts ausgeführt zu haben. Diese Bescheinigung gehört in die Generalakte des Notars.[25] 18

20 Abrufbar unter *www.bnotk.de* – BNotK-Service, Merkblätter und Empfehlungen.

21 Siehe *Grziwotz*, in: Grziwotz/Sauer/Heinemann BeurkG Vorbem. Vor § 57 Rn 3.

22 So in Hamburg: HambgVBl. 1998, S. 209.

23 Ohne schuldhaftes Zögern, § 121 Abs. 1 S. 1 BGB.

24 *Hertel*, in: Eylmann/Vaasen, BeurkG, § 54b Rn 34; *Elsing*, in: Kilian/Sandkühler/v. Stein, Praxishandbuch Notarrecht, § 13 Rn 32. *Weingärtner* spricht sich im Einzelfall für fünf Werktage aus = *Weingärtner*, Vermeidbare Fehler im Notariat, Rn 350; ähnlich *Lerch*, BeurkG, § 54b Rn 7 und *Renner*, in: Armbrüster/Preuß/Renner, § 54b Rn 35, etwa eine Woche.

25 *Blaeschke*, Praxishandbuch Notarprüfung, § 14 Rn 99.

Nach der Abrechnung der Masse wird jedem Beteiligten eine nachvollziehbare **Abrechnung** übermittelt, regelmäßig durch Übersendung einer Kopie des Masseblattes.[26]

19 Der den Kaufpreis verwahrende Notar darf Geld vom Notaranderkonto nur entnehmen, wenn die Empfangsberechtigten damit einverstanden sind. Eine Entnahme ohne das Einverständnis der Empfangsberechtigten ist nur zulässig, wenn eine Verrechnung mit einer eigenen Kostenforderung aus dem Amtsgeschäft, das mit der Kaufpreisverwahrung zusammenhängt, stattfindet (§ 58 Abs. 3 S. 7 BeurkG). Soweit das Geld an Dritte auszuzahlen ist, darf der Notar keine Kostenverrechnung vornehmen.[27] Voraussetzung ist, dass dem Kostenschuldner eine notarielle Kostenrechnung zugegangen ist. Zudem muss die Auszahlungsreife vorliegen.[28]

G. Verwahrungsverzeichnis

20 Gemäß § 59a BeurkG führt der Notar ein elektronisches Verzeichnis über Verwahrungsmassen. Das **Verwahrungsverzeichnis** ist im Elektronischen Urkundenarchiv, § 78b BNotO, zu führen.

Seit dem 1.1.2022 wird das Verwahrungsverzeichnis wird nicht mehr in Papierform, sondern nach §§ 21–30 NotAktVV **digital geführt**.

21 Nach Eingang der Geldbeträge (Vermögenswerte) wird der Notar spätestens die Masse im Verwahrungsverzeichnis anlegen (§ 21 S. 1 NotAktVV) und das **Datum des Tags der Annahme der Verwahrungsanweisung** eintragen, § 22 Nr. 4 NotAktVV.

Oft wird die Annahme des Verwahrungsantrags in der Urkunde des Kaufvertrags enthalten sein. Zu jeder Verwahrungsmasse wird eine eigene Massenummer vergeben. Die erste Masse eines Kalenderjahres beginnt dabei immer mit der Nr. 1.[29] Diese Nummer wird auf den Kontoauszügen und Eingangsbelegen vermerkt.

Jede einzelne in der Verwahrungsmasse enthaltene Einnahme und Ausgabe erhält eine fortlaufende Buchungsnummer, § 23 Abs. 2 NotAktVV, die bei der Buchung einzutragen ist (§ 25 Abs. 2 S. 1 NotAktVV). Der Tag, an dem die **tatsächliche Buchung vorgenommen wird**, ist als **Buchungsdatum** anzugeben, § 25 Abs. 2 S. 3 NotAktVV.

Zu jeder Einnahme ist die auftraggebende Person und zu jeder Ausgabe, die **Person des Empfängers zu benennen** (§ 25 Abs. 3 S. 1 Hs. 1 und 2 NotAktVV).

26 *Elsing*, in: Praxishandbuch Notarrecht, § 13 Rn 34.

27 *Renner*, in: Armbrüster/Preuß/Renner, BeurkG, § 54b Rn 51; *Weingärtner*, Vermeidbare Fehler im Notariat, Rn 354; *Elsing*, in: Praxishandbuch Notarrecht, § 13 Rn 35.

28 *Elsing*, in: Praxishandbuch Notarrecht, § 13 Rn 35; *Renner*, in: Armbrüster/Preuß/Renner, BeurkG, § 54b Rn 44 f.; *Weingärtner*, Vermeidbare Fehler im Notariat, Rn 354.

29 *Blaeschke*, Praxishandbuch Notarprüfung, § 13 Rn 11.

H. Widerruf der Verwahrungsanweisung

I. Einseitiger Widerruf

Der Widerruf einer Verwahrungsanweisung bedarf nach §§ 57 Abs. 4, 60 Abs. 1 BeurkG der **Schriftform**. Auch ein mündlich erklärter Widerruf kann zu beachten sein. Dies ist der Fall, wenn deutlich wird, dass der Notar, falls er die Verwahrungsanweisung befolgt, an einer unerlaubten oder unredlichen Zweckverfolgung mitwirkt oder wenn einem Auftraggeber durch die Auszahlung ein erkennbar unwiederbringlicher Schaden droht (§ 61 BeurkG). 22

Der Treuhandauftrag einer finanzierenden Gläubigerin ist **einseitig**, sodass er bis zu seiner Erledigung **frei widerrufen** oder auch **abgeändert** werden darf.[30] Der Widerruf kann jedoch für die Zeit ausgeschlossen sein, für die die Gläubigerin erklärte, sich bis zu dem bestimmten Datum an den Treuhandauftrag zu halten.[31] Der Notar muss deshalb sorgfältig prüfen, ob die Zeitspanne, für die sich die Gläubigerin gebunden hat, genügt, um den Treuhandauftrag erledigen zu können. Reicht die Frist nicht aus, sollte frühzeitig auf eine Fristverlängerung hingewirkt und das Vorgehen zunächst mit dem Käufer abgestimmt werden. 23

II. Einvernehmlicher Widerruf

Der Widerruf eines mehrseitigen Treuhandverhältnisses darf nur beachtet werden, soweit er durch alle Anweisenden erfolgt ist (§ 60 Abs. 2 BeurkG). Erfolgt ein Widerruf erstens einseitig oder zweitens auch durch alle Anweisenden als mehrseitiger Widerruf, darf der Notar ihn nicht beachten. Dann sind die Beteiligten zu benachrichtigen (§ 57 Abs. 3 S. 2 BeurkG). Eine Rückzahlung des vorzeitig eingezahlten Kaufpreises an den Käufer ist z.B. unzulässig, solange nicht Vorleistungen, die der Verkäufer im Vertrauen auf die Endgültigkeit der Einzahlung erbracht hat, wieder zurück abgewickelt sind. Nach Eintritt der Bindungswirkung sind grundsätzlich schuldrechtliche Einreden wie Aufrechnung, Zurückbehaltungsrecht, Minderungsrecht oder Leistungsverweigerungsrecht unbeachtlich, wenn nicht ein Fall i.S.d. § 61 BeurkG vorliegt.[32] 24

III. Verbot der Auszahlung von Amts wegen

Erkennt der Notar nachträglich,[33] dass er durch die Auszahlung des verwahrten Kaufpreises an der Vollendung eines **verbotenen** oder **unredlichen** Zwecks mit- 25

30 BGH, Urt. v. 19.3.1987 – IX ZR 166/86, DNotZ, 560, 561; Urt. v. 25.10.2001 – IX ZR 427/98, DNotZ 2002, 269.

31 *Sandkühler*, in: Arndt/Lerch/Sandkühler, BNotO, § 23 Rn 153.

32 *Weingärtner*, Vermeidbare Fehler im Notariat, Rn 367.

33 Es genügt das Vorliegen einer begründeten Gefahr ohne Gewissheit, s. *Winkler*, BeurkG, § 54d Rn 6; *Renner*, in: Armbrüster/Preuß/Renner, BeurkG, § 54d Rn 9 ff.

wirken würde, hat er von der Auszahlung abzusehen (§ 61 Abs. 1 BeurkG). Eine amtliche Pflicht entsprechend zu ermitteln, trifft den Notar grundsätzlich nicht.

Nur wenn konkrete Verdachtsgründe vorliegen, muss der Notar ihnen nachgehen und den Beteiligten Gelegenheit geben, sie auszuräumen.[34] Die finanzierenden und/oder abzulösenden Gläubiger sind zu unterrichten, soweit deren Treuhandauflagen noch nicht erfüllt wurden. Insoweit ist die Verschwiegenheitspflicht gem. § 18 BNotO eingeschränkt.[35] Ein Zweck, der zwar nicht verboten, aber mit der Rechts- und Sittenordnung nicht vereinbar ist, schließt die Mitwirkung des Notars aus, weil bereits eine solche Mitwirkung des Notars zur Vollendung eines unredlichen Zwecks ein schwerwiegendes Dienstvergehen darstellt.[36]

I. Treuhandaufträge

26 **Treuhandvereinbarungen** und Verwahrungsanweisungen **durch die Vertragsparteien** sind in der Regel in der Notarurkunde enthalten, weil sie als Bestandteil des Kaufvertrags gem. § 311b Abs. 1 BGB mit **beurkundet** sind. Der Notar wird auf exakte Formulierungen achten und damit Problemen vorbeugen.[37] Änderungen und Ergänzungen der beurkundeten Erklärungen müssen nur **beurkundet** werden, wenn die Auflassung (§ 925 BGB) noch nicht erklärt worden ist; andernfalls genügt die Schriftform.

27 Die **Treuhandaufträge abzulösender Gläubiger** bedürfen der **Schriftform** (§ 57 Abs. 4 BeurkG). Der Notar muss die Treuhandaufträge prüfen, insbesondere darauf, ob der aufbewahrte Geldbetrag genügt, um alle geforderten Beträge zur Ablösung der Grundpfandrechte zu leisten. Bevor nicht sämtliche Löschungsunterlagen auflagenfrei oder mit erfüllbaren Treuhandaufträgen vorliegen, darf keinesfalls die Ablösung eines einzelnen Gläubigers oder Berechtigten vorgenommen werden, denn die Abwicklung des Vertrags ist mangels der ausstehenden Unterlagen noch völlig ungewiss. Der Notar wird den abzulösenden Gläubigern die Annahme des Treuhandauftrages schriftlich mitteilen und einen von ihm unterschriebenen Beleg hierüber zu seiner Masse nehmen (§ 22 Abs. 2 Nr. 2 DONot).

28 Die Treuhandauflagen der abzulösenden Gläubiger/dinglich Berechtigten sind einseitig. Deshalb sind sie bis zu ihrer Erledigung oder ihrem Erlöschen nach Ablauf einer Befristung **frei widerruflich**.[38] Sobald dem Notar allerdings sämtliche Lö-

34 *Sandkühler*, in: Arndt/Lerch/Sandkühler, BNotO, § 14 Rn 95.

35 Stellungnahme des Rechtsausschusses, BT-Drucks 13/10589, S. 40.

36 *Sandkühler*, in: Arndt/Lerch/Sandkühler, BNotO, § 14 Rn 88.

37 Unmissverständliche Formulierungen der vertraglichen Treuhandvereinbarungen und Verwahrungsanweisungen sind notwendig, weil der Notar sich strikt an sie halten muss und weil die Treuhandauflagen Dritter, die im Zusammenhang mit der Verwahrung stehen, auf die vertraglichen Vereinbarungen aufbauen müssen.

38 *Winkler*, BeurkG, § 54c Rn 59; *Sandkühler*, in: Arndt/Lerch/Sandkühler, BNotO, § 23 Rn 142.

schungsunterlagen mit aus dem Kaufpreis erfüllbaren Auflagen vorliegen und er bereits ein Kaufpreisfinanzierungsgrundpfandrecht zur Eintragung veranlasst hat, ist dadurch eine Bindung eingetreten. Der Treuhandauftrag kann dann nicht mehr einseitig durch den Gläubiger widerrufen werden.[39]

Die Treuhandaufträge der finanzierenden Gläubiger sind **einseitig** und damit **jederzeit widerruflich und abänderbar**.[40] Sind die Treuhandaufträge bereits erledigt, oder liegen die in den Treuhandaufträgen formulierten Auflagen bereits vor und hat der Notar etwa eine geforderte Grundschuldeintragung zur Eintragung veranlasst, so ist eine Bindung eingetreten und ein freier einseitiger Widerruf nicht mehr möglich.[41] Die Treuhandaufträge der Kaufpreisfinanzierungsgläubiger sind den Treuhandvereinbarungen der Kaufvertragsparteien bis zu ihrer Erfüllbarkeit vorgeschaltet. Ab der Erfüllbarkeit erfolgt die Kaufpreisverwahrung nicht mehr für den finanzierenden Gläubiger, sondern für die Kaufvertragsparteien. Macht ein finanzierender Gläubiger dem Notar die Erfüllung der Treuhandvereinbarungen der Kaufvertragsparteien zur Auflage, überlagern sich die Treuhandverhältnisse. Die Auflagen der Kaufvertragsparteien sind dann auch gegenüber dem Finanzierungsgläubiger zu beachten, der der Verwahrungsvereinbarung beigetreten ist.[42] Auch die Treuhandaufträge der den Kaufpreis finanzierenden Gläubiger bedürfen der Schriftform (§ 57 BeurkG). Der Notar prüft die Treuhandaufträge insbesondere darauf, ob sie von der Treuhandvereinbarung der Kaufvertragsparteien abweichen und auf ihre Erfüllbarkeit. Ist eine Treuhandauflage auslegungsbedürftig, wird der Notar auf eine eindeutig formulierte Auflage hinwirken und gleichzeitig den Käufer informieren, der dadurch die Gelegenheit erhält, sich für die Erledigung einzusetzen bzw. sie herbeizuführen. Gelingt die Änderung des Treuhandauftrages einmal nicht, hat der Notar das Geld an den Gläubiger zurückzahlen. Für die Auslegung von Treuhandauflagen wird auf das Rundschreiben der Bundesnotarkammer hingewiesen.[43] Die Annahme eines Treuhandauftrages durch den Notar erfolgt schriftlich und ein vom Notar unterschriebener Beleg hierüber wird zur Masse genommen, (§ 22 Abs. 2 Nr. 2 DONot). 29

Um die Gefahr zu beherrschen, dass ein Gläubiger jederzeit seinen Treuhandauftrag einseitig widerrufen kann, sind den Gläubiger bindende **Befristungen der Treuhandauflagen** üblich. Die Gläubiger binden sich jeweils für einen bestimmten Zeitraum an ihren Treuhandauftrag, sodass während der Bindezeit Sicherheit für die Abwicklung besteht. Die Bindungsfrist muss je nach Inhalt des geschlossenen Vertrags ausreichend bemessen sein und sollte möglichst einen zeitlichen Sicher- 30

39 *Winkler*, BeurkG, § 54c Rn 62 m.w.N.

40 BGH, Urt. v. 19.3.1987 – IX ZR 166/86, DNotZ 1987, 560, 561; Urt. v. 21.12.1959 – III ZR 180/58, DNotZ 1960, 265.

41 *Hertel*, in: Eylmann/Vaasen, BeurkG, § 54c Rn 11.

42 *Hertel*, in: Würzburger Notarhandbuch, Teil 2, Kap. 2, Rn 738.

43 BNotK, Rundschreiben Nr. 5/99 v. 17.2.1999, Ziff. II., DNotZ 1999, 369, 370.

heitsaufschlag enthalten, der dem Notar eine ordnungsgemäße Abwicklung bei voraussichtlich gewöhnlichem Verlauf möglich macht. Der Notar muss sich strikt an die Treuhandweisungen halten. Eine Auslegung ist ihm **nicht** gestattet. Deshalb sollte der Notar unbedingt auf unmissverständliche Formulierungen achten und auf solche hinwirken.

31 **Änderungen von Treuhandauflagen**: Passen die Treuhandauflagen der unterschiedlichen Gläubiger nicht zusammen oder nicht zu den vertraglichen Treuhandabreden der Kaufvertragsparteien, hat der Notar auf die Gefahr des Scheiterns des Vertrags hinzuweisen. Dadurch wird den Beteiligten die Möglichkeit gegeben, das Scheitern abzuwenden.[44] Droht der Fristablauf eines Treuhandauftrages, wird sich der Notar, wenn es sich um die Kaufpreisfinanzierung handelt zunächst, mit dem Käufer oder wenn es sich um eine Ablösung eines Grundpfandrechts handelt, zunächst mit dem Verkäufer in Verbindung setzen. Nach der Abstimmung, wer unverzüglich die Fristverlängerung herbeizuführen versucht, kann der Gläubiger um schriftliche Fristverlängerung gebeten werden.

32 **Kaufpreisauszahlungsansprüche** sind in der Regel **abtretbar**.[45] Wird dem Notar eine schriftliche Zession vorgelegt, prüft er deren Wirksamkeit. Bei Zweifeln an der Korrektheit der Abtretung, bspw. wenn die Zession nur durch den Abtretungsempfänger mitgeteilt wurde, kann der Notar auf eine Unterschriftsbeglaubigung bestehen.[46] Mit der Abtretung des Anspruchs an den Zessionar rückt dieser für den abgetretenen Anspruch an die Stelle des Zedenten. Bei einer etwaigen nachträglichen Änderung der Verwahrungsanweisung bedarf es daher der Zustimmung des Zessionars.[47] In der Praxis kommt es oft vor, dass der Notar gebeten wird, die Abtretung dem Zessionar gegenüber zu bestätigen, obwohl die Abtretung auch ohne Bestätigung beachtet werden muss. Wenn der Notar den Erhalt der Abtretung bestätigt, kann er dem Zessionar ggf. mitteilen, dass die Abtretung im Rahmen der Abwicklung des Vertrags berücksichtigt wird, soweit nicht vorrangig bestehende Rechte zur Lastenfreistellung abzulösen sind.[48]

33 **Pfändung des Auszahlungsanspruchs:** In der Regel ist nach der Einzahlung des Kaufpreises auf das Notaranderkonto der Kaufpreisanspruch des Verkäufers noch nicht erfüllt. Deshalb sind die Auszahlungsansprüche als Nebenrecht des Kaufpreisanspruchs **pfändbar** (**Doppelpfändung**).[49] Nach einer Pfändung wird zunächst die Wirksamkeit der Pfändung geprüft. Ist sie wirksam, dürfen weder der Notar noch der Käufer als Drittschuldner an den Verkäufer zahlen. Der Notar ist

44 *Reithmann*, in: Schippel/Bracker, BNotO, § 23 Rn 44.

45 BGH, Urt. v. 19.3.1998 – IX ZR 242/97, ZNotP 1998, 247. In den Kaufverträgen werden allerdings oft Abtretungsausschlüsse vereinbart.

46 *Hertel*, in: Würzburger Notarhandbuch, Teil 2, Kap. 2, Rn 776.

47 *Hertel*, in: Würzburger Notarhandbuch, Teil 2, Kap. 2, Rn 777.

48 *Elsing*, in: Praxishandbuch Notarrecht, § 13 Rn 49.

49 BGH, Urt. v. 30.6.1988 – IX ZR 66/87, DNotZ 1989, 235.

verpflichtet, nach § 840 ZPO dem Pfändungsgläubiger gegenüber die Drittschuldnererklärung abzugeben.[50] Der verwahrte Kaufpreis darf erst ausgezahlt werden, wenn dem Pfändungsgläubiger die Forderung überwiesen worden ist.

Unwirksam sind Pfändungen, durch die nur der Auszahlungsanspruch gepfändet wird.[51] Auf eine nicht wirksame Pfändung darf der Notar **nicht** derart reagieren, dass er dem Pfändungsgläubiger dazu verhilft, eine neue formell wirksame Pfändung zu veranlassen. Die Beratung eines Pfändungsgläubigers ist nicht die Aufgabe des verwahrenden Notars. Oftmals liegt dem Gläubiger der Kaufvertrag nicht vor, sodass es fraglich ist, ob der Notar durch eine Reaktion an den Gläubiger nicht gegen seine Verschwiegenheitspflicht nach § 18 BNotO verstößt. Es ist zwar denkbar, dass man dem Notar als Träger eines öffentlichen Amtes im Hinblick auf die Verschwiegenheitspflicht die Möglichkeit einer Reaktion zugestehen sollte, jedoch liegt hierzu keine Rechtsprechung vor. Aber auch aus Gründen der Neutralitätspflicht (§ 14 Abs. 1 BNotO) ist es bedenklich, wenn der Notar zu Lasten einer von ihm betreuten Vertragspartei einen Gläubiger oder dessen Rechtsanwalt aufklärt und berät, wie gegen seine Mandanten neue wirksame Pfändungen auf den Weg gebracht werden. Die dadurch entstehenden Verzögerungen könnten im Einzelfall sogar zu einem Scheitern des Kaufvertrags führen. Ein solches Vorgehen ist mit der Neutralitätspflicht nach § 14 Abs. 1 BNotO nicht vereinbar.[52] 34

Wird der Kaufpreisanspruch isoliert gepfändet, erstreckt sich das in der Regel auch auf den Auszahlungsanspruch gegenüber dem Notar, sodass es keiner zusätzlichen Pfändung des Auskehrungsanspruchs mehr bedarf.[53] 35

Das notarielle Verwahrungsverfahren ist hoheitlicher Natur und keine Geschäftsbesorgung i.S.v. §§ 115, 116 InsO. Mit der Eröffnung der **Insolvenz eines Beteiligten** besteht das Verwahrungsverhältnis deshalb fort. Die Forderung des Guthabens gegen die kontoführende Bank gehört nicht zur Insolvenzmasse. Der Notar wird grundsätzlich ungeachtet der Insolvenz das Verwahrungsverfahren durchführen, allerdings mit der Maßgabe, Auszahlungen an den Insolvenzverwalter und nicht mehr an den Insolventen vorzunehmen.[54] 36

Der Notar kann die Beteiligten auf den Beschwerdeweg nach § 15 Abs. 2 BNotO hinweisen oder den Beteiligten durch **Vorbescheid** ankündigen, wie er verfahren will, wenn nicht binnen einer bestimmten Frist ein Beteiligter Beschwerde nach § 15 Abs. 2 BNotO eingelegt hat. Beschwerdeberechtigt ist derjenige, der durch die Verweigerung der Amtshandlung in seinen Rechten beeinträchtigt wird. Wenn der Notar die Beschwerde für begründet hält, muss er ihr abhelfen. Andernfalls hat der 37

50 *Weingärtner*, Vermeidbare Fehler im Notariat, Rn 360.

51 BGH, Beschl. v. 9.6.2015 – V ZB 37/15; *Elsing*, in: Praxishandbuch Notarrecht, § 13 Rn 51.

52 Ähnlich *Ganter*, DNotZ 2004, 421, 434.

53 *Elsing*, in: Praxishandbuch Notarrecht, § 13 Rn 52; BGH, Beschl. v. 9.6.2015 – V ZB 37/15.

54 *Sandkühler*, in: Arndt/Lerch/Sandkühler, BeurkG, § 23 Rn 188.

Notar die Beschwerde, soweit sie ihm gegenüber erfolgt ist, unverzüglich an das Landgericht – Zivilkammer – weiterzureichen (§ 68 Abs. 1 S. 1 FamFG). An die Entscheidung des Landgerichts hat der Notar sich zu halten.[55]

J. Notargebühren der Kaufpreisverwahrung nach dem GNotKG

38 Für die Kaufpreisverwahrung fällt eine 1,0-**Verwahrungsgebühr** nach Nr. 25300 KV GNotKG an. Diese Gebühr ist eine normale Geschäftswertgebühr.[56] Die Verwahrungsgebühr beträgt ab einem verwahrten Geldbetrag i.H.v. 13.000.000 EUR nur **0,1** des Auszahlungsbetrages. Zwar beträgt der **allgemeine Höchstwert** – § 35 Abs. 2 GNotKG – **60 Millionen EUR**, abzulesen aus der Tabelle B, dieser allgemeine Höchstwert gilt **jedoch nicht für Kaufpreisverwahrungen** – Nr. 25300 und 25301 KV GNotKG. Allerdings kommen Kaufpreisverwahrungen in derartiger Größenordnung kaum vor. Mit der Verwahrungsgebühr ist nicht die gesamte auf das Verwahrungsgeschäft verwendete Tätigkeit abgegolten, Vorbem. 2.5.3 Abs. 1 KV GNotKG. Vielmehr fällt die Verwahrungsgebühr zusätzlich an.

39 *Beispiel*

Abrechnung eines Kaufvertrags bei einem Kaufpreis von 100.000 EUR. Der Notar holt eine Vorkaufsrechtsverzichtserklärung nach § 28 Abs. 1 BauGB ein, fordert zwei Löschungsbewilligungen verschiedener Banken unter Übernahme je eines Treuhandauftrages (20.000 EUR und 70.000 EUR) an. Der Kaufpreis wird auf einem Notaranderkonto verwahrt. Der Notar überwacht die Eigentumsumschreibung auftragsgemäß.

Geschäftswert des Beurkundungsverfahrens: 100.000 EUR § 47 S. 1 GNotKG Beurkundung – 2,0 Gebühr gem. Nr. 21100 KV GNotKG	= 546,00 EUR
Vollzug: 0,5-Gebühr gem. Nr. 22110 KV GNotKG, Vorbem. 2.2.1.1 Abs. 1 S. 2 KV GNotKG (Anfordern der Lastenfreistellungsunterlagen, Vorkaufsrechtsverzicht)	= 136,50 EUR
Betreuung: 0,5-Gebühr gem. Nr. 22200 Nr. 2, 3 KV GNotKG, § 113 Abs. 1 GNotKG (Fälligkeits- und Umschreibungsüberwachung)	= 136,50 EUR
Geschäftswert: 20.000 EUR, § 113 Abs. 2 GNotKG Treuhandauflage: 0,5-Gebühr gem. Nr. 22201 KV GNotKG	= 53,50 EUR
Geschäftswert: 70.000 EUR, § 113 Abs. 2 GNotKG Treuhandauflage: 0,5-Gebühr gem. Nr. 22201 KV GNotKG	= 109,50 EUR

55 *Weingärtner*, Vermeidbare Fehler im Notariat, Rn 369; *Elsing*, in: Praxishandbuch Notarrecht, § 13 Rn 53.

56 Vgl. *Wudy*, notar 2012, 278.

1,0-Verwahrungsgebühr gem. Nr. 25300 KV GNotKG, § 124 S. 1 GNotKG, Geschäftswert: 70.000 EUR	= 219,00 EUR
1,0-Verwahrungsgebühr gem. Nr. 25300 KV GNotKG, § 134 S. 1 GNotKG, Geschäftswert: 20.000 EUR	= 107,00 EUR
1,0-Verwahrungsgebühr gem. Nr. 25300 KV GNotKG, § 124 S. 1 GNotKG, Geschäftswert: 10.000 EUR	= 75,00 EUR

§ 12 Wohnungseigentum

A. WEG

I. Allgemeines

Das Wohnungseigentumsmodernisierungsgesetz (WEMoG) war die bislang größte Veränderung des Gesetzgebers zum Wohnungseigentum.[1] 1

II. Rechtsfähigkeit der WEG

Konzipiert wurde das Wohnungseigentumsrecht 1951, damals basierte dies **nicht auf der Basis der Rechtsfähigkeit** der Gemeinschaft der Wohnungseigentümer. 2

Die notwendige Rechtsfähigkeit einer Wohnungseigentümergemeinschaft ergab sich erst später durch eine Entscheidung des Bundesgerichtshofs.[2]

Danach löste der Gesetzgeber mit der WEG-Novelle 2007 die entstandene Problematik in einer nicht abschließenden und ausreichenden Weise.[3] Es verblieben Unklarheiten.[4]

Mit der großen Reform, WEMoG, wurde die **Gemeinschaft der Wohnungseigentümer vollumfänglich rechtsfähig**.

Die Gemeinschaft der Wohnungseigentümer ist im Innenverhältnis für die **Verwaltung** des gemeinschaftlichen Eigentums **zuständig** (§ 18 Abs. 2 Nr. 1 WEG).

Die Gemeinschaft der Wohnungseigentümer unterhält rechtliche Beziehungen zu ihren Wohnungs- und Teileigentümern, also zu ihren Mitgliedern, auch zum **Verwalter** sowie zum **Verwaltungsbeirat** (den Organen).

III. Rechte und Pflichten des Wohnungseigentümers

Rechtliche Beziehungen zwischen den Wohnungseigentümern und dem Verwalter gibt es nicht mehr. 3

1 Gesetz zur Förderung der Elektromobilität und zur Modernisierung des Wohnungseigentumsgesetzes und zur Änderung von kosten- und grundbuchrechtlichen Vorschriften (Wohnungseigentumsmodernisierungsgesetz – WEMoG, verkündet im BGBl I 2020, 2187 ff.).

2 BGH, Beschl. v. 2.6.2005 – V ZB 32/05, NJW 2005, 2061.

3 *Lehmann-Richter/Wobst*, WEG-Reform 2020, § 2 Rn 28.

4 So z.B. die Rolle des Verwalters nach § 27 Abs. 1 WEG a.F., der irgendwo zwischen einem Organ der WEG und einem Schuldner/Vertreter anzusiedeln war oder zur WEG, bei der oft nicht erkennbar war, ob die Gemeinschaft der Wohnungseigentümer oder die Gesamtheit der Wohnungseigentümer berechtigt bzw. verpflichtet waren; vgl. *Lehmann-Richter/Wobst*, WEG-Reform 2020, § 2 Rn 29.

Jeder einzelne Wohnungseigentümer ist einerseits ein **Mitglied der WEG** und andererseits damit auch **ein Teil der Willensbildung**, die regelmäßig auf einer Wohnungseigentümerversammlung stattfindet.

Daraus resultieren organschaftliche **Pflichten für den einzelnen Wohnungseigentümer** gegenüber der WEG.[5]

Das **organschaftliche Recht eines Wohnungseigentümers** gegenüber der WEG, nicht aber gegenüber dem Verwalter, besteht insbesondere darin, an den **Wohnungseigentümerversammlungen teilnehmen zu dürfen**.

Der Verwalter handelt bei der Einladung zu einer WEG-Versammlung insoweit lediglich als Organ.

Den einzelnen Wohnungseigentümern obliegt dagegen die **organschaftliche Pflicht**, an den **notwendigen Beschlussfassungen mitzuwirken**. Würde kein Wohnungseigentümer diese Pflicht erfüllen, käme keine Willensbildung zustande. Die Pflicht an Beschlussfassungen mitzuwirken, hat der einzelne Eigentümer ebenfalls **gegenüber der Gemeinschaft der Wohnungseigentümer**. Deutlich wird das in **§ 19 Abs. 1 WEG**. Der Wortlaut der Norm drückt aus, dass die Wohnungseigentümer „*beschließen*“. Im alten WEG-Recht war der Wortlaut (in § 21 Abs. 3 WEG a.F.) noch „*beschließen können*“.

IV. Rechtliche Beziehungen zwischen dem Verwalter und der WEG

4 Der **Verwalter vertritt die Gemeinschaft der Wohnungseigentümer**, und zwar im Rechtsverkehr – § 9b Abs. 1 S. 1 WEG.

Nach § 27 Abs. 1 WEG ist der Verwalter **verpflichtet**, die **laufenden und dringlich erforderlichen Maßnahmen** für die WEG zu treffen.

Der Verwalter hat die Pflicht, die **Versammlung der Wohnungseigentümer einzuberufen**, § 24 Abs. 1 WEG.

Der Verwalter ist zuständig, die **Jahresabrechnung** (§ 28 Abs. 1 S. 2 WEG) und den **Vermögensbericht** (§ 28 Abs. 4 WEG zu erstellen).

5 Der Verwalter hat die Stellung als **Vollzugs- und Vertretungsorgan**. Daraus folgt seine Pflicht, Beschlüsse und Vereinbarungen der Wohnungseigentümer zu vollziehen.[6]

Seine Pflichten hat der Verwalter zentral **gegenüber der Gemeinschaft der Wohnungseigentümer** zu erledigen, **nicht** gegenüber den einzelnen Wohnungseigentümern.

5 Auch das Organverhältnis ist ein Schuldverhältnis i.S.v. § 280 Abs. 1 BGB; *Lehmann-Richter/Wobst*, WEG-Reform 2020, § 2 Rn 45.

6 BT-Drucks 19/18791, 75.

V. Verwalterbestellung durch Versammlungsbeschluss

§ 26 Abs. 1 WEG regelt, dass über die **Bestellung** und **Abberufung** des Verwalters die Wohnungseigentümer **beschließen**.[7] Auch nach neuem Recht ist hierzu die **Abgabe einer einfachen Mehrheit der Stimmen** erforderlich. Die Regelungsgrundlage ist nicht mehr in § 26 Abs. 1 WEG a.F. zu finden, sie folgt nun allgemein aus dem Wortlaut des § 25 Abs. 1 WEG. 6

Bestimmt die Gemeinschaftsordnung nichts anderes zur **Stimmkraft**, gilt das **Kopfprinzip** nach § 25 Abs. 2 S. 1 WEG, weil die allgemeinen Bestimmungen in der Gemeinschaftsordnung zur Stimmkraft Vorrang haben.[8]

Die **Bestellung des ersten Verwalters** kann wirksam max. für einen Zeitraum von **drei Jahren** erfolgen (§ 26 Abs. 2 S. 1 Hs. 2 WEG). **Im Übrigen** kann der Verwalter auf **max. fünf Jahre** bestellt werden (§ 26 Abs. 2 S. 1 Hs. 1 WEG).

Grundsätzlich ist **jede Versammlung** – unabhängig davon, wie viele Wohnungseigentümer sich versammeln und welche Miteigentumsanteile sie repräsentieren – **beschlussfähig**.[9] Dies ist durch die Streichung der Absätze 3 und 4 des § 25 WEG a.F. geschehen.[10] 7

Ein Wohnungseigentümer ist gut beraten, wenn er seine **Pflicht zur Willensbildung** auf jeder Eigentümerversammlung persönlich wahrnimmt oder durch Vollmacht ggf. sicherstellt. Andernfalls kann es passieren, dass durch wenige teilnehmende Eigentümer die einberufene und abgehaltene Versammlung **ungewollte Beschlussfassungsergebnisse** ergibt.

Jeder Wohnungseigentümer sollte also im eigenen Interesse **unbedingt an jeder Eigentümerversammlung** mitwirken. Die Mitwirkung vieler Eigentümer kann dann zu einer Willensbildung führen, die auch im Sinne der meisten Eigentümer ist.

> *Hinweis* 8
>
> § 9a Abs. 1 S. 2 WEG i.V.m. § 7 Abs. 1, Abs. 5 WEG regelt, dass die Gemeinschaft der Wohnungseigentümer mit **Anlegung jedes Wohnungs- und Teileigentumsgrundbuchblatts** entsteht.[11]

Das gilt für **Teilungen**, die die Eigentümer nach § 3 WEG vereinbaren, genauso, wie für Teilungen, die nach § 8 WEG einseitig erklärt werden.

7 Vor der Reform WEMoG sah § 26 Abs. 1 WEG a.F. noch vor, dass dies mit Stimmenmehrheit zu geschehen habe.

8 *Abramenko*, Das neue Wohnungseigentumsrecht, § 2 Rn 1.

9 *Hügel/Elzer*, DNotZ 2021, 3, 30 f.

10 *Elsing*, notarbüro 2021, 12.

11 *Wicke*, in: Grüneberg, BGB, § 7 WEG Rn 1–6; *Abramenko*, Das neue Wohnungseigentumsrecht, § 2 Rn 1.

Bei einer Aufteilung nach § 8 WEG kann somit eine **Ein-Personen-Wohnungseigentümergemeinschaft** entstehen. Die werdende Gemeinschaft **soll** damit obsolet sein.[12]

VI. Werdender Wohnungseigentümer

9 Sobald jemand einen Anspruch auf Übertragung von Wohnungseigentum, der durch eine **Vormerkung** im Grundbuch gesichert ist, gegen den teilenden Eigentümer hat und dem der **Besitz** der zum Sondereigentum gehörenden Räume **übergeben wurde, gilt dieser Berechtigte** gegenüber der Gemeinschaft der Wohnungseigentümer als ein **werdender Wohnungseigentümer** (§ 8 Abs. 3 WEG).

Der Berechtigte wird damit bereits **vor der Eigentumsumschreibung auf seinen Namen** werdender Wohnungseigentümer.

10 Im **Innenverhältnis** ist der werdende Wohnungseigentümer **zur Ausübung von Rechten und Pflichten** berufen.

Damit kann der werdende Wohnungseigentümer insbesondere **an Beschlüssen mitwirken**.[13] Einer Stimmrechtsvollmacht des verkaufenden „Noch-Eigentümers" bedarf es dabei nicht.

VII. Erste Anwendung der WEG-Vorschriften

11 Die Gemeinschaft der Wohnungseigentümer entsteht bereits **mit Anlegung aller Wohnungs- und Teileigentumsgrundbücher**. **Ab diesem Zeitpunkt** sind die Vorschriften des **WEG** anzuwenden.[14]

VIII. Frühere Verwalterbestellung bereits in der Aufteilungsurkunde?

12 Das Bedürfnis, den Verwalter in derselben notariellen Urkunde zu bestellen, die die Teilungserklärung und Gemeinschaftsordnung enthält,[15] ist mit der ermöglichten **Ein-Personen-WEG nicht obsolet**. Das Bedürfnis ist nur geringer als früher, weil unmittelbar nach Anlegung **aller Wohnungsgrundbücher** die Gemeinschaft der Wohnungseigentümer Beschlüsse fassen kann.

Diese nicht weit genug gehende Vorverlagerung auf die Grundbuchblattanlagen bedeutet, dass zu diesem Zeitpunkt **rechtssicher erst der erste Verwalter bestellt werden kann**.

12 BR-Drucks, 168/20, 45.

13 Vgl. *Elsing*, notarbüro, 2021, 12.

14 Vgl. insbesondere *Wicke*, ZWE 2021, 21; *Abramenko*, Das neue Wohnungseigentumsrecht, § 2 Rn 2; BT-Drucks 19/18791, 41.

15 Wie im Muster bei *Elsing*, notarbüro 2021, S. 3.

Stimmen in der Literatur raten dem Notar hierzu, da es sich um den **sichersten Weg** handelt.[16]

Gleichwohl wird man die in der Teilungserklärung erfolgte Bestellung des Verwalters als **zulässigen Vorabbeschluss** des teilenden Eigentümers interpretieren können,[17] ähnlich wie dies bei der Bestellung eines ersten Geschäftsführers einer GmbH auch vor deren Entstehen als juristische Person (mit Eintragung der GmbH) regelmäßig **vorher** geschieht. Darin liegt eine große Vereinfachung. **13**

Die Verwalterbestellung erfolgt **als Vorabbeschluss** und nicht durch Vereinbarung. **14**
Deshalb muss auch **keine Eintragung** in das Grundbuch erfolgen, § 10 Abs. 3 S. 2 WEG.[18]

In der Zeit des alten WEG-Rechts hatte der BGH die Bestellung des Erstverwalters **15**
in der Teilungserklärung gebilligt, obwohl hierfür ein Beschluss notwendig war.[19]

Bis zu einer ggf. erneuten Entscheidung des BGH, nur nach aktuell geltendem WEG-Recht, wird sich hoffentlich nichts an der Einstellung des zuständigen Senats ändern.

Deshalb sollte der **vorsichtige Notar** darauf hinwirken, dass der aufteilende Eigentümer (oder Bauträger) in der Gründungsphase entweder den Verwalter **erst mit Anlegung aller Wohnungsgrundbücher bestellt** oder ganz von einer **Bestellung des Verwalters absieht**,[20] sodass die **verwalterlose Gemeinschaft** nach § 9b Abs. 1 S. 2 WEG durch sämtliche Wohnungseigentümer gemeinschaftlich vertreten wird.

Genauso kann der erste Verwalter, der in der Teilungserklärung bestimmt (bzw. vor- **16**
ab bestellt) wurde, durch einen Beschluss **der ersten Wohnungseigentümerversammlung** unmittelbar nach Anlegung aller Wohnungsgrundbuchblätter **bestätigt oder auch abberufen** werden.

Einer dieser sicheren Wege sollte beschritten werden, zumal es Ansichten gibt, die **17**
eine Bestellung des ersten Verwalters in der Aufteilungsurkunde ggf. für nicht möglich halten.[21]

Ist z.B. nur ein Eigentümer vorhanden, kann er ggf. den ersten Verwalter in der Teilungserklärung vorab bestellen und sodann unverzüglich **nach Anlegung der Wohnungsgrundbuchblätter** einen **Bestätigungsbeschluss** fassen.

16 *Lehmann-Richter/Wobst*, WEG-Reform 2020, Rn 460; auch *Wicke*, ZWE 2021, 21, 24.

17 Grüneberg/*Wicke*, BGB, § 3 WEG Rn 6; *Lehmann-Richter/Wobst*, WEG-Reform 2020, Rn 461; *Elsing*, notarbüro 2021, 12, 13.

18 *Lehmann-Richter/Wobst*, WEG-Reform 2020, Rn 461.

19 BGH, Beschl. v. 20.6.2002 – V ZB 39/01, NJW 2002, 3240, 3244.

20 *Wicke*, ZWE 2021, 21, 24.

21 Z.B. Hügel/*Elzer*, WEG § 26 Rn 115.

18 In der Urkunde über die Aufteilung, in der der erste Verwalter vorab bestellt wird, sollte der **Notar einen Warnhinweis** dokumentieren, z.B. mit folgenden Worten:

> *Formulierungsbeispiel*
>
> Der aufteilende Eigentümer ist notariell darauf hingewiesen, dass grundsätzlich erst mit Anlegung aller Wohnungsgrundbücher die Gemeinschaft der Wohnungseigentümer rechtssicher Beschlüsse fassen kann.
>
> Der Notar hat über die Gefahren einer möglicherweise unwirksamen Vorabbestellung des Verwalters aufgeklärt. Gleichwohl bestand der Erschienene auf sofortige Beurkundung.
>
> Der Erschienene erklärte auf Anraten des Notars, dass er zumindest unverzüglich nach Anlegung aller Wohnungsgrundbücher einen Beschluss über die Bestätigung des heute in Teil III dieser Urkunde enthaltenen Vorabbeschlusses über die Bestellung des Verwalters veranlassen wird.

19 **Alternativ** könnte zunächst auf eine Verwalterbestellung verzichtet werden. Dann könnte in der Teilungserklärung angegeben werden:

> *Formulierungsbeispiel*
>
> Der erste Verwalter wird auf drei Jahre erst dann bestellt, nachdem sämtliche Wohnungs- und Teileigentumsgrundbücher angelegt sind.
>
> Die Bestellung wird dann durch den Beschluss der Wohnungseigentümerversammlung vorgenommen.

20 Ein **späterer Bestätigungsbeschluss** kann z.B. lauten:

> *Formulierungsbeispiel*
>
> Die Wohnungseigentümer beschließen, dass sie den Vorabbeschluss/die Vorabbestimmung vom (…), mit dem der Verwalter (…), geb. am (…), Anschrift: (…), für drei Jahre bestellt wurde, bestätigen und genehmigen. Bestätigt werden seine Handlungen für die Gemeinschaft der Wohnungseigentümer, die er bis heute vorgenommen hat.

IX. Stellplätze, Abgeschlossenheitsbescheinigung

21 **Stellplätze aller Art**, also nicht mehr nur Garagenstellplätze, werden als **Räume** i.S.v. § 3 Abs. 1 S. 1 WEG behandelt.

Damit besteht nun die Möglichkeit, auch an **ebenerdigen Kfz-Stellplätzen im Freien** das **Sondereigentum** zu begründen, obwohl der „Stellplatzraum" auf einem Teil des Grundstücks außerhalb des Gebäudes liegen kann.

Für ebenerdige Stellplätze im Freien kann **ein eigenes Teileigentumsgrundbuch** angelegt werden.

Voraussetzung für die Begründung von Sondereigentum ist aber zwingend, dass im Aufteilungsplan **maßstabsgerechte Angaben** enthalten sind.

Kam es bisher für Kfz-Stellplätze in einer Tiefgarage darauf an, dass die einzelnen Stellplätze dauerhafte Markierungen aufzuweisen hatten, so kommt es jetzt entscheidend auf die **maßstabsgerechten Angaben** in der Aufteilungserklärung an. Bezugspunkt ist regelmäßig eine **katastermäßig bestimmte Grundstücksgrenze**.[22] 22

Hinweis

Losgelöst hiervon gilt: **Dauerhafte Markierungen** für die Eigentümer untereinander sind auch künftig (zusätzlich) sinnvoll. Sie tragen zur täglichen Orientierung der Eigentümer bei, die damit die „Stellplatzräume“ entsprechend wahrnehmen und achten können.

Möglich ist nun auch, an einzelnen **Stellplätzen einer Mehrfachanlage Sondereigentum** zu begründen. 23

Hierzu ist eine Raumeigenschaft nötig. Das neue WEG hilft hier, indem die erforderliche **Raumeigenschaft fingiert** wird.

Die **technischen Anlagen**, die **mehreren Stellplätzen dienen**, wie z.B. eine **Hebevorrichtung**, bleiben nach §5 Abs.2 WEG jedoch zwingend **Gemeinschaftseigentum**.[23]

Bei der Teilung und bei der Fertigung des Aufteilungsplans, sollte der Blick darauf fallen, ob der **Zugang und die Zufahrt zum „Stellplatzraum“** dem Eigentümer auch tatsächlich ermöglicht ist.

Es besteht sonst die Gefahr, dass ein Sondereigentum begründet wird, das jedoch an einer **„gefangenen Einheit“** entstünde.[24]

X. Sondernutzungsrechte

Möglich ist weiterhin auch **Sondernutzungsrechte** zu begründen. 24

Der Aufteilende kann die neuen Möglichkeiten des Sondereigentums nutzen oder sie nicht wahrnehmen. Die Vereinbarung von Sondereigentumsrechten dürfte in vielen Fällen vorzugswürdig sein, weil das Eigentum später flexibler übertragen werden kann. Sie kann sich aber auch als nachteilig erweisen, wenn Personen Eigentümer werden, die nicht Wohnungseigentümer sind und ein Parken mit Fahrzeugen dadurch zu sehr verknappt würde.

22 BT-Drucks 19/18791, 39.

23 *Wicke*, in: Grüneberg, BGB, § 3 WEG Rn 9; *Elsing*, notarbüro 2020, 122.

24 *Armbrüster*, in: Bärmann, WEG, § 3 Rn 64; OLG München, Beschl. v. 2.6.2008 – 32 Wx 044/08.

XI. Lageplan

25 Aus dem Aufteilungsplan der Baubehörde, unterschrieben und gesiegelt/gestempelt, muss die „Grundstücksaufteilung“ (§ 7 Abs. 4 S. 1 Nr. 1 WEG) ersichtlich sein. Zwingend hierzu ist ein Lageplan des Grundstücks im **Maßstab 1:100**, der beizufügen ist. Dies gilt auch, soweit kein „Freiflächen- oder Stellplatz-Sondereigentum“ begründet wird.

26 Soll für einen Stellplatz ein eigenständiges Teileigentum gebildet werden, erhält er eine eigene Nummer zur Bezeichnung. Soll kein eigenständiges Teileigentum an einem Stellplatz, sondern nur ein mit der Wohnung verbundenes begründet werden, erhält der Stellplatz dieselbe Nummer wie die Wohnung und wird im Wohnungsgrundbuch mitvermerkt. Der Maßstab kann derzeit noch je nach landesrechtlichen Verwaltungsvorschriften abweichen. Die Verwaltungsvorschriften müssen noch vereinheitlicht angepasst werden.

27 In der **Abgeschlossenheitsbescheinigung** kann nun mit Blick auf die Maßangaben (§ 7 Abs. 4 S. 1 Nr. 2 WEG) wie folgt formuliert werden:[25]

▼

Muster 12.1: Abgeschlossenheitsvereinbarung

12.1 Die im beigefügten Aufteilungsplan

mit Nr. bis) bezeichneten Wohnungen sowie die mit Nr. bis Nr. bezeichneten, nicht zu Wohnzwecken dienenden Räume *)

in dem bestehenden/zu errichtenden *) Gebäude auf dem Grundstück in (*Ort*) (*Straße, Nr.*) (*katastermäßige Bezeichnung*) Grundbuch von Band Blatt sind/gelten als *) in sich abgeschlossen.

Soweit mit den vorstehenden Nummern Stellplätze oder außerhalb des Gebäudes liegende Teile des Grundstücks bezeichnet sind, sind sie durch Maßangaben im Aufteilungsplan bestimmt.

Sie entsprechen daher dem Erfordernis des § 3 Abs. 2, 3/§ 32 Abs. 1 *) des Wohnungseigentumsgesetzes.

[**) Nichtzutreffendes streichen*].

▲

XII. Sondereigentum an anderen Flächen

28 Auch an Teilen der Grundstücksfläche, die **außerhalb des Gebäudes** liegen, kann Sondereigentum begründet werden (§ 3 Abs. 2 WEG).

25 *Lehmann-Richter/Wobst*, WEG-Reform 2020, Rn 1721; *Elsing*, notarbüro 2020, 120, 123.

Hier kommt es nun entscheidend darauf an, dass **maßstabsgerechte Angaben** im Aufteilungsplan vorhanden sind. Bezugspunkt ist eine katastermäßig bestimmte Grundstücksgrenze.[26]

An **Terrassen- oder Gartenflächen** können damit nicht mehr nur Sondernutzungsrechte bestellt werden, sondern auch **Sondereigentum**.

Die Fläche wird dabei als „Raum“ fingiert.

Dabei ist jedoch im Blick zu halten, ob die „Garten-Raumfläche“ **nicht zur Hauptsache** wird, denn das darf sie nicht.

Das Sondereigentum an einer Gartenfläche muss die Nebensache bleiben.

Die Hauptsache muss die Wohnung oder das Teileigentum bleiben, dem die „Gartenfläche“ dient. Dies wird vom Grundbuchamt im Grundsatz vermutet.

Soweit dennoch der Nachweis, dass die Wohnung die wirtschaftliche Hauptsache ist, geführt werden muss, hat dies in der Form des § 29 GBO zu geschehen.[27]

Soweit das Freiflächensondereigentum in das Grundbuch miteingetragen wurde, obwohl die Wohnung nicht die Hauptsache bleibt, **entsteht** trotz der Eintragung **kein Sondereigentum an der Freifläche**.

Die Freifläche bleibt vielmehr Gemeinschaftseigentum. Es ist dann eine Umdeutung nach § 140 BGB in ein Sondernutzungsrecht vorzunehmen.[28]

Im Zweifel wird man nämlich annehmen dürfen, dass die Aufteilung auch mit der Begründung der Freifläche als Sondernutzungsrecht vorgenommen worden wäre. Somit führt § 139 BGB nicht zur Unwirksamkeit der gesamten Aufteilung.[29]

In der Teilungserklärung kann wie folgt formuliert werden (Gartenfläche dabei als 29
Nebensache der Wohnung zugeordnet):[30]

Formulierungsbeispiel

10/100stel Miteigentumsanteil, verbunden mit dem Sondereigentum an der Wohnung im 1. Obergeschoss links, nebst der Gartenfläche, im Aufteilungsplan jeweils bezeichnet mit Nr. 1.

Auch hier gilt, wie bei Stellplatzflächen, dass der Zugang zur Gartenfläche dem Eigentümer möglich sein muss, da andernfalls ein Sondereigentum an einer gefangenen Einheit entstünde.[31]

26 BT-Drucks 19/18791, 39.
27 BayObLG, Beschl. v. 14.2.1991 – Breg. 2 Z 158/90, MittBayNot 1992, 45, 47.
28 *Lehmann-Richter/Wobst*, WEG-Reform 2020, Rn 1700.
29 *Lehmann-Richter/Wobst*, WEG-Reform 2020, Rn 1700 m.w.N.
30 Vgl. *Elsing*, notarbüro 2020, 120, 124.
31 Bärmann/*Armbrüster*, WEG, § 3 Rn 64; OLG München, Beschl. v. 2.6.2008 – 32 Wx 044/08.

XIII. Störung bei Vollzug der Teilung

30 Ist eine Aufteilungserklärung vor dem 1.12.2020 bereits beurkundet und noch nicht grundbuchlich vollzogen, so ist ein **geänderter Aufteilungsplan mit Maßangaben** anzufertigen, der die Terrassen, Stellplatz- und Gartenflächen beschreibt.

Bei der **Auslegung** einer vor dem 1.12.2020 beurkundeten Gemeinschaftsordnung gilt gem. § 47 S. 1 WEG (n.F.): Im Zweifelsfalle **setzt sich die neue gültige gesetzliche Vorschrift** gegen die ältere Vereinbarung in der Gemeinschaftsordnung **durch**, da der Wille nicht bestand, dass die alte Gemeinschaftsordnung vorrangig gelten soll.

Der **Beweis des Gegenteils** müsste sich daher **konkret aus der Vereinbarung ergeben** (§ 47 S. 1 WEG).

Für vor dem 1.12.2020 beurkundete Teilungen sollte die Teilungserklärung/Gemeinschaftsordnung mit dem neuen Recht abgeglichen werden.[32]

XIV. Vollumfängliche Rechtsfähigkeit der Gemeinschaft der Wohnungseigentümer

31 Seit Inkrafttreten des WEMoG (1.12.2020) sind die Wohnungseigentümergemeinschaften vollumfänglich **rechtsfähig** geworden, § 9a Abs. 1 WEG.

XV. Vertretung der WEG

32 **Unbeschränkt** gerichtlich wie außergerichtlich und **unbeschränkbar** ist der **Verwalter** der Vertreter der Wohnungseigentümergemeinschaft.

Von der Vertretungsbefugnis ausgenommen sind lediglich Grundstückskauf- und Darlehensvereinbarungen, § 9b Abs. 1 WEG.

XVI. Verwaltung des Gemeinschaftseigentums

33 Die **Verwaltung** des Gemeinschaftseigentums ist die **Aufgabe der Gemeinschaft der Wohnungseigentümer** (§ 18 Abs. 1 WEG). Sie obliegt nicht mehr den Wohnungseigentümern.

Der Verwalter ist damit nicht mehr den Wohnungseigentümern gegenüber verpflichtet, sondern nur gegenüber der Gemeinschaft der Wohnungseigentümer.

XVII. Entstehung der Wohnungseigentümergemeinschaft

34 Ganz gleich, ob die Aufteilung nach § 3 WEG oder nach § 8 WEG vorgenommen wird; mit der Anlegung der Wohnungs- und Teileigentumsgrundbücher entsteht die

32 *Elsing*, notarbüro 2020, 120, 124.

WEG nun bereits (§ 9 Abs. 1 S. 2 WEG), sodass die Vorschriften des WEG dann anwendbar sind.

Damit ist eine Gemeinschaft der Wohnungseigentümer, die nur aus einem einzigen Eigentümer besteht, ermöglicht.

Sobald eine weitere Person gegen den **teilenden Eigentümer** einen **Anspruch auf** 35
Übertragung eines Wohnungs- oder Teileigentumsrechts hat (§ 8 Abs. 3 WEG), gilt diese Person anstelle des teilenden Eigentümers im Innenverhältnis der WEG als zugehörig, obwohl sie zu diesem Zeitpunkt noch nicht in dem Wohnungsgrundbuch als Eigentümer eingetragen ist.

Regelmäßig wird sich der Anspruch aus einem Bauträger- oder Kaufvertrag ergeben. Er kann sich aber auch aus einer Abtretung des Rechts ergeben, aus einer Schenkungsvereinbarung oder aus einem Vermächtnis.[33]

> *Hinweis*
>
> Der jeweilige Erwerber gilt dann im Wege der Fiktion des § 8 Abs. 3 WEG als Wohnungseigentümer im Innenverhältnis. Sein Anspruch muss durch eine Vormerkung im Grundbuch gesichert sein (§ 883 BGB).

Die vormerkungsgesicherte weitere Person kann ihre Stellung als **fiktiven Woh-** 36
nungseigentümer später verlieren, entweder weil sie tatsächlich rechtliche Eigentümerin durch Eintragung des Eigentumswechsels im Grundbuch wird oder weil sie ihren Anspruch auf Übereignung des Wohnungseigentums verliert, z.B. durch Abtretung der Rechte an jemand anderen oder durch Rückabwicklung des Erwerbs.

Wurden bereits Beschlüsse gefasst, werden diese dadurch aber **nicht nachträglich anfechtbar**.[34]

XVIII. Vorschriften für Baumaßnahmen

Angemessene **bauliche Maßnahmen** kann nach § 20 Abs. 2 WEG nun **jeder Woh-** 37
nungseigentümer verlangen. Dies gilt im Wesentlichen, soweit die baulichen Maßnahmen der Förderung der Elektromobilität dienen.[35]

Die nötigen Maßnahmen, die es ermöglichen oder erleichtern, die Batterie eines Fahrzeugs, eines elektrischen Zweirades oder eines E-Mobils für Gehbehinderte aufzuladen, sind erfasst (Wallbox, Verlegung von Leitungen, Eingriffe in die Stromversorgung).

33 *Wicke*, in: Grüneberg, BGB, § 8 WEG Rn 8.

34 *Lehmann-Richter/Wobst*, WEG-Reform, Rn 307.

35 Vgl. BT-Drucks 19/18791, 34.

38 Das Schaffen einer **Barrierefreiheit** oder die Maßnahmen, Barrieren zu reduzieren sind ebenfalls in § 20 Abs. 2 WEG als **privilegierte Maßnahmen** aufgeführt.

Diese Maßnahmen werden Menschen mit Behinderung in Anspruch nehmen, aber auch Personen, die dies vorausschauend für später umsetzen wollen.

Solche baulichen Veränderungen können sich im Sondereigentum der Wohnung befinden und sie können sogar tragende Wände betreffen.

Sie können sich aber auch auf das Gemeinschaftseigentum, insbesondere den Eingangsbereich und das Treppenhaus beziehen, z.B. Anbringen von Handläufen, Treppenliften, Rampen, Ein- oder Anbau von Aufzügen, Türverbreiterungen, Beseitigen von Schwellen.

39 Auch ein Anschluss an ein **Glasfasernetz** (Telekommunikationsnetz mit sehr hoher Kapazität) kann nach § 20 Abs. 2 S. 1 Nr. 4 WEG verlangt werden, dies bezogen auf das Sondereigentum.

Maßnahmen des **Einbruchschutzes** können ebenfalls verlangt werden.

Zudem dürfen die anderen Wohnungseigentümer nicht beeinträchtigt werden oder sie müssen der Maßnahme zugestimmt haben.

40 Erforderlich **für jede bauliche Maßnahme ist ein Beschluss**. Dieser bedarf einer einfachen Mehrheit, ohne dass es auf die Zustimmung aller von einer Maßnahme beeinträchtigten Eigentümer ankommt. Prinzipiell haben dabei diejenigen Eigentümer die Kosten zu tragen, die der Maßnahme zugestimmt haben.[36] Jedoch haben alle Eigentümer die Kosten (auch die Folgekosten) entsprechend ihrem Miteigentumsanteil zu tragen, wenn die Maßnahme mit mehr als zwei Dritteln der abgegebenen Stimmen und mehr als der Hälfte der Miteigentumsanteile beschlossen worden ist (§ 21 Abs. 2 Nr. 1 WEG).

41 In der Aufteilungserklärung kann ggf. von vornherein vorgesehen werden, dass bei **Umnutzungen** und baulichen Änderungen keine Grundbucheintragung der Vereinbarung nötig ist. Die Einholung des Zustimmungsbeschlusses genügt dann und eine Grundbuchvollzugsvoraussetzung liegt nicht vor.

XIX. Eintragung von Beschlüssen

42 Vereinbarungen der Wohnungseigentümer, die ihr Verhältnis untereinander in Abweichung oder Ergänzung der Vorschriften des WEG regeln, ebenso die Änderung oder Aufhebung solcher Vereinbarungen sowie auch **Beschlüsse, die aufgrund einer Vereinbarung gefasst werden**, wirken gegen den Sonderrechtsnachfolger eines Wohnungseigentümers nur, wenn sie als Inhalt des Sondereigentums **im Grundbuch eingetragen** sind.

36 BR-Drucks 168/20, 76.

Beschlüsse aufgrund gesetzlicher Beschlusskompetenz wirken nach § 10 Abs. 3 S. 2 WEG dagegen auch ohne Grundbucheintragung gegen Sondernachfolger. Eine Eintragungsfähigkeit ist nicht gegeben, wenn sich die Beschlusskompetenz sowohl aus dem WEG als auch aus einer Bestimmung der Gemeinschaftsordnung ergibt.[37] **43**

Die Eintragung eines Beschlusses erfolgt auf Antrag der Gemeinschaft der Wohnungseigentümer, vertreten durch den Verwalter.

Die Vorlage der **Niederschrift des Beschlusses** mit den Unterschriften der in § 24 Abs. 6 WEG bezeichneten Personen, also Vorsitzender der Versammlung, ein Eigentümer und wenn vorhanden, der Vorsitzende des Verwaltungsbeirats oder seines Stellvertreters, öffentlich beglaubigt, genügt.

XX. Umwandlung von Wohnungseigentum in Teileigentum oder umgekehrt

Die Vereinbarung der Umwandlung von Wohnungs- in Teileigentum sowie umgekehrt ist eine Vereinbarung i.S.v. § 15 WEG. **44**

Die **Aufteilungserklärung** kann eine generelle Zustimmung zur Umnutzung oder die Möglichkeit eines Beschlusses, der die Vereinbarung ersetzt vorsehen (Öffnungsklausel).

Besonderer Unterlagen für die Umwandlung von Wohnungseigentum in Teileigentum bedarf es nicht.

Bei der Umwandlung eines Teileigentums in ein Wohnungseigentum sind die Anforderungen jedoch höher und durch eine **neue Abgeschlossenheitsbescheinigung** nachzuweisen. Hierzu muss nicht zwingend ein neuer Aufteilungsplan vorliegen, wenn eine reine Umnutzung an der äußeren Umfassung der Einheit vorliegt und sich damit an der Abgrenzung zum Gemeinschaftseigentum sowie zu anderen Sondereigentumsrechten nichts verändert.

Muss jedoch für das Vorliegen einer Wohnung erst ein nicht vorhandenes WC oder eine Küche geschaffen werden, wird ein Aufteilungsplan nötig.

Die Zustimmung Dritter (§ 5 Abs. 4 WEG) ist **nicht** erforderlich. Grundpfandrechtsgläubiger oder Reallastgläubiger brauchen nicht zuzustimmen, weil keine neuen Sondernutzungsrechte gefertigt werden. **45**

Die Zustimmung anderer dinglich Berechtigter kann nötig sein, wenn sie rechtlich betroffen sind, z.B. bei der Umwandlung von Wohnungs- in Teileigentum, da sich die Einheit nicht mehr zum Wohnen nutzen lässt.

37 BT-Drucks 19/18791, 41.

Die Teilungserklärung ist dann anzupassen, auch im Hinblick auf die Ausgestaltung der Kostentragung, die zu vereinbaren ist. Hierzu bedarf es dann der Mitwirkung aller Eigentümer.

XXI. Zertifizierter Verwalter

46 Die Bestellung – wie auch die Abberufung – des Verwalters obliegt nach § 26 Abs. 1 WEG der Beschlussfassung der Gemeinschaft der Wohnungseigentümer.

Die Bestellung kann auf höchstens fünf Jahre erfolgen. Im Falle der ersten Bestellung nach Begründung von Wohnungseigentum aber maximal auf drei Jahre (§ 26 Abs. 1 S. 2 WEG).

47 Die **Veräußerungsbeschränkung** des § 12 WEG ist nun zwingend in das Bestandsverzeichnis einzutragen. Dies bestimmt nun § 7 Abs. 3 S. 2 WEG. Wer die Gemeinschaftsordnung durchgesehen hatte, braucht dies künftig nicht mehr zu tun, da man sich auf die Grundbucheintragung oder Nichteintragung verlassen kann.

48 Nach § 26a WEG gibt es auch den zertifizierten Verwalter. So darf sich ein Verwalter bezeichnen, der vor einer **IHK** eine **Prüfung** bestanden und so nachgewiesen hat, dass er über die für die Verwaltertätigkeit notwendigen **kaufmännischen** und auch **technischen Kenntnisse** verfügt.

Aber auch andere Personen, die aufgrund anderweitiger Qualifikationen von der Prüfung befreit sein können (z.B. Personen mit Befähigung zum Richteramt, Personen mit Hochschulabschluss mit immobilienwirtschaftlichem Schwerpunkt oder einem vergleichbaren Berufsabschluss) dürfen sich gem. §§ 7, 8 der Verordnung über die Prüfung zum zertifizierten Verwalter nach dem Wohnungseigentumsgesetz (Zertifizierter-Verwalter-Prüfungsverordnung als zertifizierter Verwalter bezeichnen. Nach § 8 dieser Verordnung dürfen sich juristische Personen und Personengesellschaften dann als zertifizierte Verwalter bezeichnen, wenn die bei ihnen Beschäftigten, die **unmittelbar** mit Aufgaben der WEG-Verwaltung betraut sind, die Prüfung zum zertifizierten Verwalter bestanden haben.

49 Eine im Gesellschaftsregister eingetragene eGbR hat **Registerpublizität** und kann als rechtsfähige Gesellschaft bürgerlichen Rechts eigenes Vermögen tragen und Verbindlichkeiten haben. Damit kann – anders als noch vor der Reform des Personengesellschaftsrechts (MoPeG) – nun auch eine eGbR als **Verwalterin** in Betracht kommen.

Auch eine OHG kann bekanntlich WEG-Verwalterin sein. Die Rechtsprechung des BGH zur Verwaltereigenschaft der GbR ist damit überholt.[38] Zur Bestellung des Verwalters siehe auch § 1 Rdn 129 ff.

38 BGH, Beschl. v. 18.5.1989 – V ZB 4/89 = NJW 1989, 2059.

XXII. Verwaltungsbeirat

Ein Verwaltungsbeirat ist künftig das **Kontrollorgan** der Gemeinschaft der Wohnungseigentümer – § 29 Abs. 2 WEG. Er unterstützt und überwacht den Verwalter bei der Durchführung seiner Aufgaben. Der Verwaltungsbeirat haftet, wenn er unentgeltlich tätig ist, nur für Vorsatz und grobe Fahrlässigkeit. Ein Aufwendungsersatz ist kein Entgelt und steht der Haftungsprivilegierung nicht im Weg.[39] **50**

Der Verwaltungsbeirat kontrolliert den Verwalter hinsichtlich der Prüfung der Jahresabrechnung und des Wirtschaftsplans, § 29 Abs. 2 S. 2 WEG. Ist ein Verwalter untätig, so ist der Verwaltungsbeirat durch seinen Vorsitzenden oder dessen Vertreter verpflichtet, die WEG-Versammlung einzuberufen, § 24 Abs. 3 WEG.

Die Zahl der Beiratsmitglieder ist nicht mehr gesetzlich festgelegt. Ein Verwaltungsbeirat kann also aus einer Person oder aus mehreren Personen bestehen, § 29 Abs. 1 WEG. **51**

Bei Verträgen zwischen der **Gemeinschaft der Wohnungseigentümer** und dem **Verwalter** vertritt die Gemeinschaft der Wohnungseigentümer allerdings nicht der Verwalter, sondern der Vorsitzende des Beirats (§ 9b Abs. 2 WEG). **52**

Zum Mitglied des Verwaltungsbeirats können nach § 29 Abs. 1 WEG nur Wohnungseigentümer bestellt werden. Ein abweichender Beschluss wäre nichtig.[40]

B. Muster: Aufteilungserklärung mit Gemeinschaftsordnung

Bei dem nachstehenden Muster habe ich mich **teilweise** an einem Muster orientiert, das noch zum alten WEG-Recht erschien.[41] **53**

▼ **54**

Muster 12.2: Aufteilungserklärung mit Gemeinschaftsordnung

I. Teilungserklärung 12.2

§ 1 Begriffe

1. Das Grundstück

Das Grundstück ist das im Bestandsverzeichnis des Grundbuchs ___ von ___ Blatt ___ (Amtsgericht ___) verzeichnete ___ qm große Flurstück ___ der Flur ___ der Gemarkung ___.

39 *Lehmann-Richter/Wobst*, WEG-Reform 2020, Rn 596.

40 LG Dortmund, Urt. v. 19.11.2013 – 1 S. 296/12, ZMR 2014, 387.

41 *Langhein/Naumann*, Notarformulare Wohnungseigentumsrecht, 2. Aufl. 2018, § 3 Rn 1.

2. Sondereigentum

Am Grundstück kann es zwei Typen von Sondereigentum geben:

Selbstständiges Sondereigentum

Das selbstständige Sondereigentum kann als eigene Sondereigentumseinheit bestehen, dies z.B. an einem Stellplatz, der als Raum i.S.d. § 3 Abs. 1 S. 1 WEG gilt und in einem eigenen Grundbuchblatt verzeichnet wird.

Unselbstständiges Sondereigentum

Terrassen- oder Gartenflächen auf dem Grundstück sind nicht alleiniger Gegenstand des Sondereigentums. Für diese Flächen, wie auch für Stellplatzflächen möglich, kann Sondereigentum so begründet werden, dass die Flächen ein wesentlicher Bestandteil von wirtschaftlich übergeordneten Räumen sind, als unselbstständiges Sondereigentum einem Wohnungs- oder Teileigentum zugehörig. Das unselbstständige Sondereigentum wird mit in dem Grundbuch für das Sondereigentum auch der übergeordneten Räume verzeichnet.

Wohnungseigentum

Wohnungseigentum ist das Sondereigentum an zu Wohnzwecken dienenden Räumen eines Gebäudes, die in sich abgeschlossenen sind und, soweit das Wohnungseigentum die Hauptsache bleibt, auch auf erstreckte, dem Wohnungseigentum untergeordneten Teile des Grundstücks, die sich außerhalb des Gebäudes befinden.

Teileigentum

Teileigentum ist das Sondereigentum an nicht zu Wohnzwecken dienenden Räumen eines Gebäudes, die in sich abgeschlossen sind und soweit das Teileigentum die Hauptsache bleibt, auch auf erstreckte, dem Teileigentum untergeordneten Teile des Grundstücks, die sich außerhalb des Gebäudes befinden.

Aufteilungsplan

Aufteilungsplan ist der gesiegelte/gestempelte und unterschriebene Aufteilungsplan der vom mit dem Geschäftszeichen (§ 7 Abs. 4 Nr. 1 WEG),

Abgeschlossenheitsbescheinigung

Die erforderliche Abgeschlossenheit von Wohnräumen oder nicht zu Wohnzwecken dienenden Räumlichkeiten ergibt sich aus der behördlichen Abgeschlossenheitsbescheinigung. Diese ist als Bestandteil diesem Protokoll als Anlage beigefügt.

§2 Erklärung der Teilung

1. Das Grundstück ist/wird mit einem Gebäude entsprechend dem Aufteilungsplan bebaut.

2. Der Eigentümer teilt sein Grundstück hierdurch in Miteigentumsanteile (MEA) auf, sodass mit dem MEA das Sondereigentum an dem Wohnungs- oder Teileigentum verbunden wird. Nach der Abgeschlossenheitsbescheinigung und den Aufteilungsplänen haben die Wohnungen/die Teileigentume dieselbe Nummer wie die zu ihnen gehörenden, in sich abgeschlossenen Räume und die untergeordneten Flächen, und zwar nach Maßgabe folgender Aufstellung:

Wohnung	**Lage**	**MEA in 1.000stel**	**Sondereigentum an allen**
Nr.			
Nr.			
Nr.			

§3 Gegenstand des Sondereigentums

1. Gegenstand wie Inhalt des Sondereigentums und dessen rechtliche Beschaffenheit entsprechen §§5 und 6 WEG. Gegenstand des Sondereigentums sind die in §2 beschriebenen Räume, die verändert, beseitigt oder eingefügt werden können, ohne dass dadurch das gemeinschaftliche Eigentum oder ein auf Sondereigentum beruhendes Recht über das bei einem geordneten Zusammenleben unvermeidliche Maß hinaus beeinträchtigt oder die äußere Gestaltung des Gebäudes verändert wird. Soweit sich das Sondereigentum auf außerhalb des Gebäudes liegende Teile des Grundstücks erstreckt, gilt §94 BGB entsprechend.

2. Gegenstand des Sondereigentums sind insbesondere:

- der Fußbodenbelag (ohne Unterboden),
- der Deckenputz (ohne die Deckenkonstruktion),
- die nicht tragenden Wände, soweit diese nicht Gemeinschaftseigentum von Sondereigentum trennen,
- der Wandputz und die Wandverkleidung (Tapeten, Fliesen usw.),
- die Innentüren des Sondereigentums,
- die festen Einbauten und Ausstattungen des Sondereigentums (Waschbecken, Duschwannen, Badewannen, WC, Wasserhähne, Lichtschalter, Steckdosen, Kabelanschlussdosen usw.),
- Wasserleitungen, ab dem Anschluss an die Steigleitung, die zum Gemeinschaftseigentum gehören,
- Versorgungsleitungen für Strom und Gas sowie der Sicherungskasten mit den Sicherungen ab Zähler und solche Versorgungsleitungen für Strom, die ggf. dem Aufladen für E-Mobilität dienen, soweit sie nicht zwingend, wie Außenanlagen, zum Gemeinschaftseigentum gehören,

- Leitungen für Abwasser bis zur Stelle des Anschlusses an die gemeinsame Fallleitung,
- Heizkörper mit Ventilen und Vor- und Rücklaufleitungen ab und bis zur gemeinsamen Steig- und Fallleitung,
- bei Räumen i.S.d. WEG, wie Balkone, Loggien, Terrassen, der Raum, der Bodenbelag (ohne Unterbau), bei Räumen außerhalb des Gebäudes die Fläche nach Aufteilungsplan mit dem Bodenbelag,
- bei ebenerdigen Kfz-Stellplätzen außerhalb des Gebäudes der Bodenbelag bzw. die dazugehörige Carportfläche.

§ 4 Gegenstand des Gemeinschaftseigentum

1. Für den Bestand und die Sicherheit des Gebäudes notwendige Teile und Anlagen sowie Einrichtungen, die dem gemeinsamen Gebrauch der Wohnungseigentümer dienen gehören nicht zum Sondereigentum, auch dann nicht, wenn sie sich im Bereich eines Sondereigentums befinden. Sie sind Gemeinschaftseigentum.

2. Gemeinschaftliches Eigentum sind insbesondere:

- Flächen und Räume, die als im Gemeinschaftseigentum gekennzeichnet sind,
- Haustür zum Treppenhaus, Eingangstüren zum Sondereigentum oder zum Teileigentum, Fenster, Terrassentüren, Balkontüren inklusive der Rahmen und der Verglasung und inklusive der Tür bzw. Fensterrahmen,
- Zentrale Heizungsanlage,
- Aufzug/Fahrstuhl,
- die Leitungen und Einrichtungen für Versorgung und Entsorgung, soweit sie nicht Sondereigentum sind,
- der Grund und Boden und die Zäune, soweit diese nicht zum Sondereigentum gehören, weil sie das Gemeinschaftseigentum vom Sondereigentum trennen.

II. Die Gemeinschaftsordnung

§ 5 Verhältnis der Wohnungseigentümer untereinander

1. Das Verhältnis der Wohnungseigentümer (und Teileigentümer) untereinander sowie der Verwaltung des Wohnungs- bzw. Teileigentums bestimmt sich nach den §§ 9a bis 29 WEG, soweit sich nicht wegen eingeräumter Sondernutzungsrechte oder aus nachstehenden Bestimmungen anderes ergibt.

2. Das Abstellen von Fahrzeugen und Gegenständen vor den Kfz-Stellplätzen und den Flächen, die der Ver- und Entsorgung dienen ist verboten. Die Flächen sind in der als Anlage diesem Protokoll beigefügten Einzeichnung gelb unterlegt. Ihr Zugang/ihre Zufahrt ist stets freizuhalten.

§ 6 Nutzung

1. Jeder Wohnungs- und/oder Teileigentümer darf sein Sondereigentum unbeschränkt nutzen und vermieten. Hierbei sind jedoch die gesetzlichen Vorgaben,

Beschränkungen und Pflichten einzuhalten. Ein Mieter ist zur Einhaltung der Hausordnung zu verpflichten.

2. Die Ausübung eines Gewerbes oder Berufes in der Eigentumswohnung bedarf der schriftlichen Zustimmung des Verwalters, der auch Auflagen erteilen darf.

3. Bei häufigem Mieterwechsel und einer damit verbundenen nicht zumutbaren Verschmutzung des Gemeinschaftseigentums ist der Verwalter berechtigt, auf Kosten des Eigentümers die notwendigen Reinigungsarbeiten zu beauftragen.

Die Wohnungseigentümergemeinschaft hat die Kosten zu verauslagen und der Verwalter hat sie vom schuldenden Eigentümer einzufordern, ggf. über ein höheres Wohngeld.

4. Im Falle einer nicht zumutbaren Abnutzung des Gemeinschaftseigentums kann der Verwalter seine Zustimmung zu der Vermietung auch widerrufen. Dann ist ein Beschluss der Wohnungseigentümer über eine Nichtkorrektur oder Korrektur des Widerrufs herbeizuführen.

§7 Instandhaltung

1. Jeder Wohnungs- und/oder Teileigentümer hat die Gebäude- und Grundstücksteile, die seinem Sondereigentum (ggf. auch Sondernutzungsrecht) unterliegen pfleglich zu behandeln und in gutem Zustand auf seine eigenen Kosten zu erhalten.

2. Für die in der Anlage ______ diesem Protokoll beigefügten, eingezeichneten gelb unterlegten Flächen der gemeinschaftlichen Zuwegung und der Ver- und Entsorgung gilt §741 BGB sinngemäß.

3. Zum gemeinschaftlichen Eigentum gehören sämtliche Außenfenster und Hauseingangstüren. Die Instandhaltung und Instandsetzung obliegt der Wohnungseigentümergemeinschaft. Jeder Eigentümer ist berechtigt, die Fenster und Hauseingangstüren, die seine Eigentumswohnung oder Teileigentumseinheit abschließen auch dann auszutauschen, wenn die Elemente intakt sind, soweit die neuen Fensterelemente oder die Hauseingangstür aus Gründen des Einbruchschutzes erneuert werden. Dann trägt der veranlassende Eigentümer die Kosten selbst. Beschließen die Eigentümer später den Austausch aller Fester und Türen, hat der betroffene Eigentümer auch den Anspruch darauf, dass seine ggf. intakten Türen und Fenster mitausgetauscht werden, soweit sich dadurch für ihn eine Verbesserung ergibt.

§8 Kosten und Lasten

1. Jeder Wohnungs- und/oder Teileigentümer trägt sämtliche Kosten und Lasten, die sein Sondereigentum (oder seinem Sondernutzungsrecht) unterliegenden Gebäudeteile und Flächen betrifft allein, insbesondere diejenigen für Energie und Wasser, die durch Zähler/Messinstrumente gesondert erfasst werden können.

2. Sind solche Kosten/Lasten nicht zurechenbar, tragen sie die Wohnungs- und/oder Teileigentümer nach dem Verhältnis ihrer Miteigentumsanteile.

§ 9 Versicherungen und Verkehrssicherungspflichten

1. Das Sondereigentum und das Gemeinschaftseigentum sind zum gleitenden Neuwert bis zur Höhe der Wiederherstellungskosten zu versichern, gegen Feuer, Sturm- und Wasserleitungsschäden. Zudem ist eine Haftpflichtversicherung in genügender Höhe abzuschließen und aufrecht zu erhalten.

2. Ist eine getrennte Versicherung nötig, wählt der jeweilige Wohnungs- und Teileigentümer die Versicherung.

§ 10 Bauliche Veränderungen, Wandlung in Wohnungseigentumsrechte

1. Verlangt auch nur ein Wohnungseigentümer aus gesundheitlichen Gründen die Anschaffung eines Treppenlifts, so hat er grundsätzlich den Anspruch auf eine Anschaffung. In jedem Fall ist eine Beschlussfassung der Wohnungseigentümer herbeizuführen. Die Eigentümer entscheiden dann darüber, ob

a) der betroffene Eigentümer auf seine Kosten und Folgekosten einen Treppenlift installieren bzw. einbauen darf, den er dann allein benutzen darf,
b) anstelle der ausschließlichen Nutzung durch einen Eigentümer ein Treppenlift auf Kosten der Wohnungseigentümergemeinschaft angeschafft wird, den jeder, der gesundheitlich darauf angewiesen ist, mit nutzen darf. In diesem Fall sind die Anschaffungskosten, die Einbaukosten und die Instandhaltungskosten von der Gemeinschaft der Wohnungseigentümer zu tragen.

2. Entscheiden die Wohnungseigentümer i.S.d. vorstehenden Abs. 1a), so ist der anschaffende Eigentümer dann verpflichtet, die Mitnutzung des Treppenlifts durch einen anderen Wohnungseigentümer, der gesundheitlich auch auf die Nutzung (später) angewiesen ist, zu ermöglichen. Ab diesem Zeitpunkt teilen sich dann die betroffenen Wohnungseigentümer die Kosten der Unterhaltung und ggf. der Instandsetzung untereinander. Auch hierfür ist ein Beschluss der Wohnungseigentümer herbeizuführen.

3. Verlangt ein Eigentümer oder ein Mieter eines Eigentümers auf seine Kosten den Einbau einer E-Ladesäule für Pkw, E-Bike oder Ähnliches, so hat er darauf einen Anspruch. Es bedarf einer Beschlussfassung, in der die Planung und Bauausführung fachgerecht darzulegen ist.

§ 11 Bestellung des ersten Verwalters

Der erste Verwalter wird auf die Dauer von drei Jahren, gerechnet ab dem bestellt. Ab der zweiten Bestellung eines Verwalters, der jederzeit abberufen werden kann, ist die Bestellung für höchstens fünf Jahre vorzunehmen, es sei denn, der erste Verwalter wird vor Ablauf der 3-Jahresfrist abberufen. Dann ist der zweite Verwalter für die restliche Amtszeit des ausgeschiedenen Verwalters vorzunehmen. Die wiederholte Bestellung eines Verwalters kann frühestens ein Jahr vor Ablauf der vorherigen Bestellungszeit beschlossen werden.

Für die Verwaltung, Abberufung und Beendigung des Verwaltervertrags gelten die Bestimmungen des Wohnungseigentumsgesetzes in der Fassung nach September 2020. Die Rechte und Pflichten des Verwalters (§ 27 Abs. 1 WEG) können durch Beschluss der Wohnungseigentümer nicht eingeschränkt und nicht erweitert werden (§ 27 Abs. 2 WEG). Der Verwalter führt eine Beschluss-Sammlung. Fehlt ein Verwalter, so ist der Wohnungseigentümer, der die Versammlung führt, verpflichtet, die Beschluss-Sammlung zu führen, wenn die Wohnungseigentümer keinen anderen für diese Aufgabe bestellt haben.

Zum ersten Verwalter oder ersten zertifizierten Verwalter (§ 26a WEG) wird hiermit bestellt: .

§ 12 Zustimmung zur Veräußerung

(*Erste Alternative*):

Die Veräußerung des Wohnungseigentums bedarf keiner Zustimmung des Verwalters. Im Falle der Veräußerung sollen Veräußerer und Erwerber den Verwalter über die Veräußerung informieren und mitteilen, wie der Name, Vorname, die Anschrift des künftigen Eigentümers ist (und wenn dieser eine Gesellschaft ist, Firma, Sitz, Registernummer).

Dem Verwalter ist mitzuteilen, wie viele Personen als Eigentümer oder Mieter in die Wohnung einziehen und zu welchem Zeitpunkt.

(*Zweite Alternative*):

Die Veräußerung bedarf der Zustimmung des Verwalters. Der Verwalter hat keinen Anspruch auf Übermittlung des Veräußerungsvertrags. Mitzuteilen sind ihm:

- das Objekt,
- die Wohnungsnummer,
- der Name und Vorname sowie die Anschrift des Eigentümers,
- der Name und Vorname sowie die Anschrift des Erwerbers,
- der Tag des wirtschaftlichen Übergangs,
- das Datum und die Urkundenverzeichnis-Nummer des Erwerbsvertrags.

Der Verwalter ist verpflichtet, den Entwurf der Veräußerungszustimmung zu verwenden, den er von dem Notar erhält, der den Erwerbsvertrag beurkundet hat.

Nach einer Verwalterbestellung soll eine Niederschrift über das Protokoll mit der Beschlussfassung unverzüglich aufgenommen werden. Das Protokoll ist vom Vorsitzenden und einem Wohnungseigentümer zu unterzeichnen. Hat die Gemeinschaft einen Verwaltungsbeirat, so unterzeichnet das alleinige Verwaltungsratsmitglied oder, wenn der Verwaltungsbeirat aus mehr als nur einer Person besteht, durch seinen Vorsitzenden. War der Vorsitzende bei der Beschlussfassung nicht anwesend, unterzeichnet sein Stellvertreter das Protokoll. Im Anschluss an die Unterschriftenleistungen sind unverzüglich die Unterschriften notariell bzw. öffentlich zu beglaubigen, wenn die Veräußerung eines Wohnungseigentums der Zustimmung durch den Verwalter bedarf.

§ 13 Verwaltungsbeirat

Die Gemeinschaft der Wohnungseigentümer kann einen Beirat haben, der aus einem oder aus mehreren Mitgliedern bestehen kann. Über die Wahl eines Mitglieds eines Verwaltungsbeirats fassen die Wohnungseigentümer einen Beschluss. Hat der Verwaltungsrat mehr als ein Mitglied, ist ein Vorsitzender und ein Stellvertreter zu bestimmen. Sitzungen des Beirats werden durch den Vorsitzenden des Verwaltungsbeirats nach Bedarf einberufen.

Der Verwaltungsbeirat unterstützt und überwacht den Verwalter bei der Durchführung seiner Aufgaben. Er soll den Wirtschaftsplan und die Jahresabrechnung, bevor die Beschlüsse nach § 28 Abs. 1 S. 1 und Abs. 2 S. 1 WEG gefasst werden, geprüft und mit seiner Stellungnahme versehen haben.

Soweit die Mitglieder des Verwaltungsbeirats unentgeltlich tätig sind, haben sie nur Vorsatz und grobe Fahrlässigkeit zu vertreten (§ 29 Abs. 3 WEG).

Über ein etwaiges Entgelt der Verwaltungsratsmitglieder fassen die Wohnungseigentümer Beschluss.

§ 14 Eigentümerversammlung, Einberufung Vorsitz und Niederschrift

1. Die Versammlung der Wohnungseigentümer ist mindestens einmal jährlich einzuberufen. Dies muss der Verwalter in den durch Vereinbarung der Wohnungseigentümer bestimmten Fällen, im Übrigen dann einberufen, wenn dies in Textform unter Angabe des Zwecks und der Gründe von mehr als einem Viertel der Wohnungseigentümer verlangt wird.

2. Fehlt ein Verwalter oder weigert dieser sich pflichtwidrig, die Versammlung einzuberufen, so kann der Vorsitzende des Verwaltungsbeirats, dessen Stellvertreter oder ein durch Beschluss ermächtigter Wohnungseigentümer die Versammlung einberufen.

3. Der Verwalter führt den Vorsitz in der Versammlung der Wohnungseigentümer, es sei denn, diese beschließen anderes.

4. Über die Beschlüsse ist eine Niederschrift aufzunehmen. Es gilt § 12 letzter Absatz dieser Urkunde.

§ 15 Beschlüsse der Wohnungseigentümer, Vollmachten

1. Die Mehrheit der abgegebenen Stimmen entscheidet bei der Beschlussfassung. Jeder Wohnungseigentümer hat eine Stimme. Steht das Wohnungseigentum mehreren zu, können diese nur einheitlich ihr Stimmrecht ausüben.

2. Soweit die Beschlussfassung die Vornahme eines auf die Verwaltung des gemeinschaftlichen Eigentums bezüglichen Rechtsgeschäfts mit einem Wohnungseigentümer, oder die Einleitung/Erledigung eines Rechtsstreits gegen ihn betrifft oder wenn der Wohnungseigentümer nach § 17 WEG rechtskräftig verurteilt ist, steht dem betroffenen Wohnungseigentümer das Stimmrecht nicht zu (§ 25 Abs. 4 WEG).

3. Vollmachten zur Ausübung des Stimmrechts bedürfen zu ihrer Gültigkeit der Textform (§ 25 Abs. 3 WEG).

§ 16 Ergänzende Regelungen

Ergänzend und auch im Zweifelsfall gelten die Bestimmungen des Wohnungseigentumsgesetzes in der Fassung nach September 2020.

III. Vollmachten

Hiermit wird der beurkundende Notar bevollmächtigt, die vorstehende Teilungserklärung/Gemeinschaftsordnung zu ändern.

Die Notariatsangestellten werden einzeln – unabhängig von der Wirksamkeit der Urkunde – unwiderruflich bevollmächtigt, unter Befreiung vom Verbot des Mehrfachvertretens (§ 181 Alt. 2 BGB), alle zur Änderung dieser Urkunde erforderlichen/dienlichen Erklärungen abzugeben und entgegenzunehmen. Sie dürfen Grundbuchanträge jeder Art stellen und zurücknehmen. Die Vollmacht erlischt drei Jahre nach grundbuchlicher Eintragung der Teilungserklärung.

IV. Grundbuchanträge

Der Eigentümer bewilligt und beantragt

- die Aufteilung des Grundeigentums in Wohnungseigentum gem. § 2 der Teilungserklärung,
- die Bestimmungen der §§ 3–16 der Teilungserklärung als Gegenstand und Inhalt des Sondereigentums

in das Grundbuch einzutragen.

Die Eintragungsmitteilungen sollen dem beurkundenden Notar übermittelt werden.

V. Hinweise und Verwalterbestellung

Der aufteilende Eigentümer ist vom beurkundenden Notar darauf hingewiesen worden, dass grundsätzlich erst mit Anlegung aller Wohnungsgrundbücher die Gemeinschaft der Wohnungseigentümer rechtssicher Beschlüsse fassen kann.

Der Notar hat über die Gefahren einer etwa unwirksamen Vorabbestellung des Verwalters aufgeklärt. Gleichwohl bestand der Erschienene auf sofortige Beurkundung und fasste folgenden Beschluss:

Zum ersten Verwalter wird für drei Jahre bestellt: Herr/Frau/Firma .

Der Erschienene erklärt, unverzüglich nach Anlegung der Wohnungsgrundbücher einen Beschluss über die Bestätigung des bestellten Verwalters zu veranlassen.

(*Alternativ*):

Der erste Verwalter wird auf drei Jahre bestellt, nachdem sämtliche Wohnungs- und Teileigentumsgrundbücher angelegt sind. Die Bestellung erfolgt dann durch einen Beschluss der Wohnungseigentümer.

VI. Kosten

Der Geschäftswert wird durch §§ 42 Abs. 1, 46, 97 Abs. 1 GNotKG bestimmt.

Der Grundstückswert wird mit EUR angegeben.

Der Wert der Bebauung wird mit EUR angegeben.

Die Notargebühren des Beurkundungsverfahrens (Nr. 21200 GNotKG), für die Auslagen und XML-Datenerzeugung trägt der aufteilende Eigentümer allein. Ist eine Vollzugsgebühr zu berechnen, trägt diese ebenfalls der Eigentümer allein.

Die Gerichtskosten trägt ebenso der aufteilende Eigentümer.

Das vorstehende Protokoll wurde den Erschienenen vom Notar vorgelesen, von ihnen genehmigt und eigenhändig wie folgt unterschrieben:

▲

C. Verwalterzustimmung: Kein Anspruch des Verwalters auf Kaufvertragsablichtung

55 Im Zuge der Abwicklung eines Wohnungseigentumskaufvertrags wird der zuständige Verwalter der Wohnungseigentumsanlage angeschrieben. Unter Übersendung eines Entwurfs der Verwaltergenehmigung wird um die Übermittlung seiner Zustimmung zur Veräußerung (§ 12 WEG) gebeten.

Aus Gründen des Datenschutzes wird dem Verwalter **keine Ablichtung des Kaufvertrags** übersandt.

56 Immer noch gibt es Verwalter, die dies nicht akzeptieren wollen. Der Verwalter ruft im Notariat an und verlangt eine Ablichtung des Kaufvertrags. Er meint, dass er der Veräußerung nicht zustimmen könne, weil er den Vertrag nicht kenne, verlangt daher die Ablichtung des Kaufvertrags.

Der Mitarbeiter des Notars erläutert, dass aus Gründen des Datenschutzes keine Ablichtung des Kaufvertrags herausgegeben werden darf.

In einer Entscheidung des BGH vom 25.9.2020[42] ging es im Kern darum, dass eine **Nichtvorlage des Mietvertrags** an den Verwalter kein wichtiger Grund sei, die erforderliche **Zustimmung zur Vermietung (und zur Veräußerung)** einer Eigentumswohnung zu verweigern. In der Gemeinschaftsordnung war verankert, dass die Zustimmung zur Vermietung nur aus wichtigem Grund verweigert werden darf. Der Verwalter darf nur Informationen verlangen, die bei objektiver Betrachtung für die Prüfung erforderlich sind, ob der geplanten Vermietung (oder Veräußerung) wichtige Gründe entgegenstehen. Hierzu gehören zwar Angaben zu Namen, Beruf, Familienstand, Wohnanschrift und die Zahl der Personen, die mit einziehen sollen, nicht aber der Mietvertrag. Der BGH bringt zum Ausdruck, dass die **Nichtvorlage des Erwerbsvertrags kein wichtiger Grund** ist, die Zustimmung nach § 12 WEG zu versagen. Bei der erforderlichen Zustimmungsprüfung des Verwalters geht es darum, sich gegen das Eindringen unerwünschter Personen in die Gemeinschaft und gegen unerwünschte Veränderungen im Personenkreis der Teilhaber zu schützen.[43] Daraus folgt, dass ein wichtiger Grund zur Versagung der Zustimmung zu einer Veräußerung von Wohnungseigentum vorliegt, falls der vorgesehene Erwerber voraussichtlich keine Gewähr dafür bietet, sich persönlich in die Gemeinschaft einzuordnen, wenn zu befürchten ist, dass er nicht die zu verteilenden gemeinschaftlichen Lasten tragen kann. 57

Auf das BGH-Urteil vom 25.9.2020 kann ein Verwalter nun vom Notar oder dem Mitarbeiter in einem entsprechend geführten Telefonat hingewiesen werden. Dies sollte zu einer schnellen Überzeugung führen, dass keine Ablichtung des Kaufvertrags für die Verwalterzustimmung herausgegeben werden darf. Das Objekt, die Wohnungsnummer sowie die Namen, Vornamen und Anschriften der Beteiligten sollten dem Verwalter genügen.

D. Muster: Kaufvertrag über Wohnungseigentum mit Kaufpreisverwahrung

▼ 58

Muster 12.3: Kaufvertrag über ein Wohnungseigentum mit Kaufpreisverwahrung 12.3

UVZ-Nr.

Verhandelt heute, ,

42 BGH, Urt. v. 25.9.2020 – V ZR 300/18.

43 BT-Drucks 16/887, 21 für die Zustimmung zur Veräußerung; BGH, 15.6.1962 – V ZB 2/62, BGHZ 37, 203, 208.

den

in den notariellen Amtsräumen in .

Zu dem vor mir, Notar , anberaumten Termin, der um Uhr begann, waren anwesend:

1. Herr ,
   geboren am in ,
   wohnhaft: ,
   ausgewiesen durch gültigen Bundespersonalausweis Nr. , ausgestellt durch ,
2. Frau
   geboren am in ,
   geborene ,
   wohnhaft: ,
   ausgewiesen durch gültigen Bundespersonalausweis Nr. , ausgestellt durch
3. Herr ,
   geboren am in ,
   wohnhaft: Anschrift: ,
   ausgewiesen durch gültigen Bundespersonalausweis Nr.
4. Frau ,
   geboren am in ,
   geborene ,
   wohnhaft: ,
   von Person bekannt und aufgrund eines Wohnungswechsels erneut legitimiert durch gültigen Bundespersonalausweis Nr. , ausgestellt durch .

Die **Verkäufer** und sowie die **Käufer** und verhandelten den nachstehenden schuldrechtlichen **Wohnungseigentumskaufvertrag** sowie die **Auflassung**.

Zu diesem Protokoll wird festgestellt, dass außerhalb meines Amtes weder ich, der Notar, in einer Angelegenheit tätig war, die Gegenstand der heutigen Beurkundung ist, noch eine mit mir beruflich verbundene Person.

Übereinstimmend erklärten die zu 1. bis 4. Genannten:

I. Verkaufsvereinbarung

§ 1 Verbraucher oder Unternehmer, Verbrauchervertrag, Auftraggeber, Makler

1. Verkäufer

Wir handeln jeweils in unserem Namen auf eigene Rechnung als Unternehmer in gewerblicher Tätigkeit. Wir handeln nicht als Verbraucher. Niemand von uns ist eine politisch exponierte Person.

2. Käufer

Wir handeln jeweils in unserem Namen auf eigene Rechnung als Verbraucher. Wir handeln nicht als Selbstständige und auch nicht in gewerblicher Tätigkeit. Niemand von uns oder in unserer Familie ist eine politisch exponierte Person und war dies auch nicht in den letzten zwölf Monaten.

3. Verbrauchervertrag, Entwurfsverfahren

Bei diesem Vertrag handeln Unternehmer und Verbraucher, sodass ein Verbrauchervertrag vorliegt. Vor der Beurkundung ist daher ein zweiwöchiges Abwarten seit Erhalt und Wahrnehmung der vom Notar übermittelten Entwürfe vorgeschrieben.

Jeder von uns hatte genügend Zeit, sich mit dem Entwurf der Kaufvertrags- und Auflassungsvereinbarung auseinanderzusetzen. So konnte die Kaufpreisfinanzierung geklärt werden und es bestand die Möglichkeit, die Auswirkung der Ablösung der Grundpfandrechte zu untersuchen. Jeder hatte die Möglichkeit, die steuerlichen und wirtschaftlichen Aspekte von dritter Seite überprüfen zu lassen und auch die Auswirkungen einer Maklertätigkeit, falls eine solche von einem Beteiligten beauftragt wurde.

Mit der Einspeicherung unserer Daten sowie dem Versenden der Entwürfe, Urkunden und Mitteilungen durch unverschlüsselte E-Mails, waren und sind wir einverstanden. Wenn einer von uns diesen Weg in der Zukunft nicht mehr wünscht, ist eine einfache schriftliche Mitteilung an den Notar nötig.

4. Auftrag, Entwurfserhalt, Wahrnehmung

Den Auftrag zur Vorbereitung der Beurkundung den Kaufvertrags- und Auflassungsentwurfs zu fertigen und an die Beteiligten zu übermitteln erteilte der Käufer dem Notar am .

Nachdem das Einverständnis aller Beteiligten zur Übermittlung des Kaufvertrags- und Auflassungsentwurfs auf dem unverschlüsselten Wege per E-Mail dem Notar vorlag, ist der Entwurf vom Notar gefertigt worden. Wir, Käufer und Verkäufer, haben jeder den Entwurf vom Notar erhalten und wahrgenommen. Wir, die Käufer, bestätigen als Verbraucher, den Entwurf am wahrgenommen zu haben. Jedem von uns liegt anlässlich der Beurkundung ein Leseexemplar vor, sodass wir zusätzlich den zu verhandelnden Text mitlesen können.

5. Makler und Hinweise des Notars

Der Notar erläuterte uns, dass ein Überwälzen einer Maklerprovision beurkundungsbedürftig sein könne; dies, wenn der Verkäufer einem Makler eine Provision schuldet und die Beteiligten sich darauf verständigen, dass der Käufer in Anrechnung auf den Kaufpreis die Provision für den Verkäufer auszugleichen hat.

Wir erklären, dass keine Provision als Gegenleistung in Anrechnung auf den Kaufpreis abzuwälzen ist.

Wir sind von dem Notar darüber informiert worden, dass regelmäßig die Aufnahme einer nicht beurkundungspflichtigen Maklervereinbarung unterbleiben sollte. Eine notariell protokollierte Vereinbarung kann schädlich wirken, wenn ein Makler nicht über das gesetzlich bestehende Widerrufsrecht belehrt haben sollte. Bei Fehlen der Widerrufsbelehrung ist nach der Rechtsprechung weder eine Provision noch ein Wertersatz geschuldet. Eine unnötige Aufnahme einer Maklerregelung in die notarielle Urkunde führt dann dennoch dazu, dass keine Widerrufsrechte mehr bestehen, sodass sich eine Zahlungspflicht der Provision ergibt. Zudem gibt es Rechtsprechung, nach der es geboten sein kann, nicht einmal ein deklaratorisches Schuldanerkenntnis zugunsten eines Maklers zu protokollieren, weil auch hiermit eine unnötige Zahlungspflicht herbeigeführt werden kann.

§ 2 Güterrechtliche Verhältnisse

1. Verkäufer

Wir, und , sind miteinander verheiratet ohne Ehevertrag. Wir leben im gesetzlichen Güterstand der Zugewinngemeinschaft.

2. Käufer

Wir, und , sind miteinander verheiratet mit Ehevertrag, in dem wir Gütertrennung vereinbart haben.

§ 3 Grundbuchinhalt und Einsicht

Der Notar hat sich über den Grundbuchinhalt unterrichtet und die Markentabelle sowie das Wohnungsgrundbuch der vertragsgegenständlichen Immobilie heute, am , eingesehen. Unerledigte Anträge waren nicht ersichtlich und das Wohnungsgrundbuch hatte zum Inhalt:

Wohnungsgrundbuch (Amtsgericht) von Blatt

lfd. Nr. 1 des Bestandsverzeichnisses

/10.000stel Miteigentumsanteil an dem Flurstück Nr. , Gemarkung , groß , verbunden mit dem Sondereigentum an der im Aufteilungsplan mit Nr. bezeichneten Wohnung nebst Kellerraum .

Ausweislich der Eintragung im Bestandsverzeichnis des Grundbuchs bedarf die Veräußerung des Wohnungseigentums der Zustimmung des WEG-Verwalters.

Abteilung I:

Als alleinige Miteigentümer je zur Hälfte sind Herr und Frau eingetragen.

Abteilung II:

lfd. Nr. 1: Grunddienstbarkeit (Wegerecht) für den jeweiligen Eigentümer des Grundstücks .

Abteilung III:

lfd. Nr. 1: Grundschuld mit Brief über EUR für

lfd. Nr. 2: Grundschuld ohne Brief über EUR für .

§ 4 Kaufgegenstand

Als Verkäufer verpflichten wir uns, den Käufern das Eigentum an dem Kaufgegenstand, d.h.an dem in § 3 beschriebenen Wohnungseigentum mit den Rechten und Zubehör – § 97 BGB – zu verschaffen und zu übergeben.

Bewegliche Gegenstände des Verkäufers, insbesondere seine Möbel, Elektrogeräte und Bilder, sind nicht mitverkauft. Der Verkäufer wird diese Gegenstände bis zum Übergabetag aus der Eigentumswohnung und dem Keller entfernt haben.

Der Verkäufer erklärt:

- Das Gebäude der Wohnungseigentumsanlage ist baugenehmigt im Jahre errichtet. Meine Kenntnis zur Baugenehmigung und zum Baujahr stammt aus der Erklärung, die unser Verkäufer uns seinerzeit in der Ankaufsverhandlung gegeben hatte.
- Eine Kopie des Energieausweises haben wir dem Käufer anlässlich der heutigen Beurkundung ausgehändigt. Die darin enthaltenen Angaben des Ausstellers des Energieausweises dienen dem Käufer nur zur Information; sie sind von uns nicht garantiert und stellen keine vereinbarte Beschaffenheit dar.

Der Notar hat uns darauf hingewiesen, dass die Angaben im Energieausweis zum Verbrauch häufig erheblich von den realen Werten abweichen.

Als Beschaffenheit des Kaufgegenstandes ist der Zustand geschuldet, wie er heute zum Zeitpunkt der Beurkundung ist. Hierzu erklärt der Verkäufer, dass dieser Zustand noch immer dem Zustand entspricht, wie er war, als der Käufer ihn am _____ besichtigt hatte. Seitdem sind keine Verschlechterungen eingetreten.

§ 5 Kaufpreis, Unterwerfung

1. Als Gegenleistung für den Kaufgegenstand verpflichtet sich der Käufer einen Kaufpreis i.H.v. _____ EUR (in Worten _____ EUR) zu zahlen unter Einhaltung des vom Notar erläuterten Barzahlungsverbots, § 16a GwG. Der Käufer verpflichtet sich, dem Notar einen Kontoauszug über die Kaufpreiszahlung und der Verkäufer einen Kontoauszug über den Erhalt der Überweisungen zuzusenden. Geschieht dies nicht unverzüglich, kann sich die Abwicklung des Vertrags verzögern.
2. Der Käufer zahlt den Kaufpreis bis zum _____ (Fälligkeit) eingehend zu treuen Händen auf das Notaranderkonto des beurkundenden Notars
   bei der _____
   IBAN _____
   BIC _____
   mit der einseitig nicht widerruflichen Anweisung beider Vertragsparteien, diesen Betrag auszuzahlen, wenn folgende Voraussetzungen sämtlich erfüllt sind:
   a) Die Eintragung der Vormerkung zur Sicherung des Anspruchs auf Eigentumsverschaffung im Range nur nach den vorstehend aufgeführten Belastungen in Abteilung II lfd. Nr. 1 und III lfd. Nrn. 1 und 2 des Wohnungsgrundbuchs und nach etwaigen Finanzierungsgrundpfandrechten des Käufers ist erfolgt.
   b) Dem Notar liegen mit Ausnahme der steuerlichen Unbedenklichkeitsbescheinigung alle Unterlagen vor, die zur vertragsgemäßen Eigentumsumschreibung erforderlich sind, also die Verwaltergenehmigung gem. § 12 WEG in grundbuchmäßiger Form, wobei der Nachweis über die Bestellung des Verwalters in grundbuchmäßiger Form dem Notar oder Grundbuchamt vorliegen muss, die Löschungsunterlagen für das Grundpfandrecht Abt. III Nr. 1 (inkl. Grundpfandrechtsbrief) und Abt. III Nr. 2.
   c) Die erfolgte Übergabe des Kaufgegenstandes wurde dem Notar durch die Vorlage eines schriftlichen Übergabeprotokolls von Verkäufer und Käufer bestätigt.

   Der Notar soll aus dem Kaufpreis alle vom Käufer nicht übernommenen Grundbuchbelastungen nach Maßgabe der Auflagen des jeweiligen Gläubigers ablösen und einen dann noch verbleibenden Restbetrag an den Verkäufer überweisen. Der Notar soll sich die Ablösebeträge von der Gläubigerin aufgeben lassen, wobei er die Gläubigermitteilung nicht auf sachliche Richtigkeit zu überprüfen hat. In Höhe der Ablösebeträge ist die Abtretung des Kaufpreises ausgeschlossen.

[Ggf.: Sollte der Kaufpreis zur Ablösung der eingetragenen Belastung Abt. III Nr. nicht ausreichen, verpflichtet sich der Verkäufer, den Fehlbetrag unverzüglich auf das vorbezeichnete Notaranderkonto zu zahlen.]
Auszahlungen des Notars an den Verkäufer sollen auf folgendes Konto erfolgen:
Kontoinhaber:
bei der
IBAN
BIC
Sollten wider Erwarten dem Notaranderkonto Zinsen gutgebracht werden, so stehen diese dem Verkäufer zu.
Der Käufer gerät ohne Mahnung in Verzug, wenn Zahlungen auf den Kaufpreis bei Fälligkeit nicht erbracht werden oder die Auflagen der Darlehensgeber einer Auszahlung entgegenstehen. Die Vertragsparteien werden etwaige Verzugszinsen direkt abrechnen.

3. Der Käufer wird dafür sorgen, dass der Kaufpreis und etwa benötigte Finanzierungsmittel rechtzeitig zur Verfügung stehen.
(*Alt. 1*): Der Käufer erklärt, dass Kaufpreis und Erwerbsnebenkosten nicht durch Darlehen finanziert werden.
(*Alt. 2*): Zur Ermöglichung oder Erleichterung der Kaufpreisfinanzierung gestattet der Verkäufer die Beleihung des Kaufgegenstandes vor Eigentumsumschreibung, wenn die nachfolgenden Sicherungsabreden eingehalten sind und er von allen Kosten der Grundpfandrechtsbestellung freigehalten wird. Der Verkäufer bevollmächtigt hierzu unter Befreiung von den Beschränkungen des § 181 BGB und mit dem Recht zur Erteilung von Untervollmachten den Käufer, vor dem beurkundenden Notar oder seinem amtlich bestellten Vertreter den Kaufgegenstand mit Grundpfandrechten zu belasten, bis zur Höhe von EUR zuzüglich % Zinsen p.a. und bis zu % einmaliger Nebenleistung, und alle hierfür erforderlichen Erklärungen abzugeben und entgegenzunehmen. Dazu gehören insbesondere Zweckerklärungen, Bewilligungen und Anträge sowie die Erklärungen, mit denen der Kaufgegenstand der sofortigen Zwangsvollstreckung gegen den jeweiligen Eigentümer unterworfen wird.
Zur Sicherung des Verkäufers sind folgende Einschränkungen in die Grundpfandrechtsbestellungsurkunde (sinngemäß) aufzunehmen:
Die Darlehensgeber werden hiermit unwiderruflich angewiesen, die so besicherten Kreditmittel bis zur vollständigen Kaufpreiszahlung nur nach Maßgabe dieses Kaufvertrags zu verwenden. Der Verkäufer übernimmt keine persönlichen Zahlungspflichten gegenüber den Darlehensgebern. Diese dürfen die Grundpfandrechte nur insoweit als Sicherheit verwenden, als sie tatsächlich Zahlungen mit Tilgungswirkung auf die Kaufpreisschuld erbracht haben. Kommt es nicht zur Eigentumsumschreibung, darf die Löschung der Grund-

pfandrechte nur von der Rückgewähr des an den Verkäufer oder dessen Gläubiger ausgezahlten Betrages abhängig sein. Alle weiteren Zweckbestimmungen gelten erst nach vollständiger Kaufpreiszahlung, spätestens jedoch ab Eigentumsumschreibung.

4. Wir, die Käufer, unterwerfen uns gegenüber dem Verkäufer als Gesamtschuldner wegen der Kaufpreiszahlung ohne weiteres der sofortigen Zwangsvollstreckung aus dieser Urkunde in unser gesamtes Vermögen. Ohne dass der Notar die Tatsachen zu überprüfen hat, ist er auf erste Anforderung durch den Verkäufer berechtigt, die vollstreckbare Ausfertigung dem Verkäufer auszuhändigen, nicht jedoch, bevor die Wirksamkeit dieses Vertrags eingetreten ist und nicht bevor die Fälligkeit des Kaufpreises eingetreten und sodann zwei Wochen verstrichen sind.

§ 6 Vormerkung

Der Verkäufer bewilligt und der Käufer beantragt die Eintragung einer den Eigentumsverschaffungsanspruch des Käufers sichernden Vormerkung im angegebenen Rangverhältnis. Diese Vormerkung ist auflösend bedingt.

Die Bedingung tritt ein,

- wenn der amtierende Notar, sein Vertreter oder Nachfolger im Amt durch notarielle Eigenurkunde beim Grundbuchamt die Löschung der Vormerkung beantragt oder
- die Zahlung des Kaufpreises bei Fälligkeit nicht vertragsgerecht auf das Notaranderkonto geleistet wurde und trotz einer Nachfristsetzung des Käufers von drei Wochen noch immer nicht und der Verkäufer dem Notar erklärt hat, dass er vom Kaufvertrag zurückgetreten ist,
- wenn der Notar dem Käufer an dessen im Urkundeneingang aufgeführte Anschrift per Einwurf-Einschreiben – unter Übersendung einer Kopie der vorgenannten Verkäufererklärung zum Rücktritt mit dem Hinweis auf die nachstehend genannten Widerspruchsmöglichkeiten des Käufers – mitgeteilt hat, dass er nach Ablauf einer Frist von sechs Wochen ab dem Datum der hier genannten Mitteilung gegenüber dem Grundbuchamt den Löschungsantrag stellen werde, und
- der Käufer binnen sechs Wochen nach Absendung der vorgenannten Mitteilung des Notars dem Notar keine Gründe dargelegt hat, wonach der Kaufpreis nicht fällig ist oder ein Zurückbehaltungsrecht besteht.

Der Notar erläuterte, dass er ggf. nicht nachprüfen könne, ob der Rücktritt des Verkäufers berechtigt erfolgt. Der Notar wies den Käufer auf die mit einer Löschung der Eigentumsvormerkung verbundenen Gefahren hin und verdeutlichte dem Käufer, dass dieser **im eigenen Interesse jeden Wechsel seiner Anschrift** dem Notar unverzüglich mitzuteilen hat, da dem Notar insoweit keine Nachforschungspflichten unterliegen.

Die Abtretung des Anspruchs auf Übereignung wird ausgeschlossen.

§7 Belastungen

1. Der Verkäufer hat den Kaufgegenstand lastenfrei in Abt. II und III des Grundbuches zu liefern, mit Ausnahme der Rechte Abt. II Nr. 1. sowie der ggf. zur Finanzierung des Kaufpreises einzutragenden Rechte, die der Käufer übernimmt.
2. Sämtliche Eigentümerrechte an Grundbuchbelastungen werden mit Eigentumsumschreibung an den Käufer abgetreten, der dies annimmt.

§8 Übergabe

1. Der Kaufgegenstand ist nicht vermietet. Die Übergabe des geräumten und von Miet-, Pacht- und sonstigen Nutzungsverhältnissen freien Kaufgegenstandes erfolgt am   , jedoch nicht, bevor der Kaufpreis vollständig auf Notaranderkonto gezahlt ist (Übergabetag). Der Verkäufer kann bis dahin die Übergabe verweigern.
2. Bis zum Übergabetag hat der Verkäufer den Kaufgegenstand ordnungsgemäß zu verwalten und instand zu halten.

§9 Verrechnungstag und Risikoübergang, Eintritt in die Eigentümergemeinschaft

1. Verrechnungstag ist der Übergabetag, mit dem alle Nutzungen und Lasten des Kaufgegenstandes auf den Käufer übergehen; die zeitanteilige Verrechnung wird von den Vertragsparteien direkt vorgenommen. Etwaige sich auf den Zeitraum vor dem Verrechnungstag beziehende Nachzahlungsverpflichtungen hat der Verkäufer zu erfüllen.
   Erschließungs- und Anliegerbeiträge, die für den heutigen Ausbauzustand angefallen sind oder die noch anfallen werden, tragen im Verhältnis der Vertragsparteien untereinander der Verkäufer, und zwar auch, soweit derartige Beiträge erst künftig festgesetzt oder erhoben werden. Soweit Maßnahmen ab heute bautechnisch begonnen werden, trägt die Kosten dafür der Käufer. Der Verkäufer erklärt, dass nach seiner Kenntnis alle bisherigen Arbeiten abgerechnet und alle Beiträge gezahlt sind und dass ihm keine anstehenden bautechnischen Maßnahmen bekannt sind.
2. Die Gefahr des zufälligen Untergangs oder der zufälligen Verschlechterung geht mit der Übergabe auf den Käufer über, der sodann auch die Verkehrssicherungspflicht und das Haftpflichtrisiko trägt. Mit Wirkung auf die Übergabe tritt der Verkäufer sämtliche Ansprüche auf Versicherungsleistungen aus den bestehenden Sachversicherungen an den Käufer ab, was dieser hiermit annimmt. Der Verkäufer haftet nicht dafür, dass der Wert des Kaufgegenstandes durch die Sachversicherungen in voller Höhe gedeckt ist.
3. Aus der Aufteilungserklärung in Wohnungseigentum samt Nachträgen ergeben sich der Umfang des Gemeinschaftseigentums, des Sondereigentums, der rechtlichen Verhältnisse der Miteigentümer. Der Käufer ist auf die Möglichkeit

hingewiesen worden, vor der Beurkundung die Beschlusssammlung des WEG-Verwalters auf diese Unterlagen und auch bindende Beschlüsse, Vereinbarungen und ggf. auf Darlehensvereinbarungen der WEG einzusehen. Der Verkäufer erklärt, dass er keinerlei Kenntnis davon habe, dass eine Sonderumlage beschlossen wurde oder eine solche Maßnahme konkret zur Beschlussfassung anstehe.

Sollte einer der am Vertrag Beteiligten für Schulden der Eigentümergemeinschaft gegenüber Dritten gem. § 10 Abs. 8 WEG einstehen müssen, so hat im Innenverhältnis zwischen Verkäufer und Käufer der Verkäufer die Verbindlichkeiten zu tragen, die vor dem Übergabetag fällig wurden und der Käufer die Verbindlichkeiten nach dem Übergabetag.

§ 10 Verkäuferhaftung

1. Als Ergebnis der Vertrags- und Kaufpreisverhandlungen besteht Einigkeit darüber, dass Rechte des Käufers wegen etwaiger Sach- und Rechtsmängel des Kaufgegenstandes und etwaiger mitverkaufter beweglicher Sachen ausgeschlossen sind. Der Haftungsausschluss gilt nicht für Mängel, die vorsätzlich oder arglistig verschwiegen wurden. Der Verkäufer erklärt, dass ihm versteckte Mängel nicht bekannt sind, insbesondere hinsichtlich Hausbocks und Hausschwamm sowie schädlichen Veränderungen an Grund- und Boden sowie für Altlasten. Garantien in Bezug auf den Kaufgegenstand hat der Verkäufer auch außerhalb dieses Vertrags nicht gegeben.

   (*Alternative 1 für Bestandsobjekt/Verbrauchervertrag [Verkäufer als Unternehmer]; nur § 309 Nr. 7 BGB*):

   Alle Rechte des Käufers wegen eines Sachmangels an Grund und Boden, Gebäude oder an den etwa mitverkauften beweglichen Sachen sind ausgeschlossen, allerdings mit Ausnahme

   a) vorsätzlicher oder arglistig verschwiegener Mängel. Der Verkäufer erklärt, dass ihm versteckte Mängel nicht bekannt sind, was insbesondere für Hausbock und Hausschwamm sowie schädlichen Veränderungen an Grund und Boden sowie für Altlasten gilt.
   b) solcher Schäden, die auf einer grob fahrlässigen Pflichtverletzung des Verkäufers, seines gesetzlichen Vertreters oder Erfüllungsgehilfen beruhen.
   c) der Schäden aus einer Verletzung des Lebens, des Körpers oder der Gesundheit, die auf einer auch leicht fahrlässigen Pflichtverletzung des Verkäufers, seines gesetzlichen Vertreters oder Erfüllungsgehilfen beruhen.

   (*Alternative 2 für „Neubau"/Verbraucher- oder Individualvertrag [= Leerstand bis zu 5 Jahren ab Abnahme, sonst 18 Monate]*):

   Rechte des Käufers wegen Sachmängeln jeder Art am Grundstück werden ausgeschlossen, mit Ausnahme des Rechts, sich wegen zu vertretender Pflichtverletzungen vom Vertrag zu lösen sowie des Rechts, wegen grob fahrlässiger Pflichtverletzungen oder wegen leicht fahrlässig verursachter Schäden an Leben, Körper oder Gesundheit Schadensersatz zu verlangen. Hinsichtlich des vom Verkäufer neu errichteten Bauwerks gilt das Kaufvertragsrecht des BGB.

Von den vorstehenden Rechtsbeschränkungen ausgenommen ist die Haftung für Vorsatz und Arglist. Der Verkäufer erklärt, dass ihm versteckte Mängel nicht bekannt sind, was insbesondere für Hausbock und Hausschwamm sowie schädliche Veränderungen an Grund und Boden sowie für Altlasten gilt. Garantien in Bezug auf den Kaufgegenstand hat der Verkäufer auch außerhalb dieses Vertrags nicht gegeben.

2. Der Verkäufer erklärt, dass ihm außer den allgemeinen öffentlich-rechtlichen Abgaben und Lasten keine weiteren, aus dem Grundbuch nicht ersichtliche Lasten und Beschränkungen bekannt sind. Insbesondere hat er keine Kenntnis von altrechtlichen Dienstbarkeiten, Baulasten, ungenehmigten Baulichkeiten, naturschutzrechtlich geschützten Bereichen oder Bindungen aufgrund sozialer Wohnraumförderung.

§ 11 Vorkaufsrecht

Für den Fall der Ausübung eines gesetzlichen Vorkaufsrechts tritt der Verkäufer zur Absicherung seine Ansprüche aus dem Vertrag mit dem Berechtigten insoweit an den Käufer ab, als dieser bereits Zahlungen an den Verkäufer geleistet hat. Ferner ist jede Partei durch schriftliche Erklärung gegenüber dem Notar zum Rücktritt von diesem Vertrag berechtigt. Weitere Rechte zwischen den Parteien sind ausgeschlossen.

§ 12 Kosten und Abgaben

Wir vereinbaren unberührt von der gesetzlichen gesamtschuldnerischen Haftung, dass von den gesetzlich vorgeschriebenen Kosten und Abgaben dieser Urkunde und ihrer Durchführung der Käufer übernimmt:

1. die Notargebühren
   - des Beurkundungsverfahrens,
   - der Betreuungstätigkeit für Fälligkeit- und Umschreibungsüberwachung,
   - des elektronischen Grundbuchverkehrs (XML-Daten-Gebühr),
   - des Vollzuges dieser Urkunde in voller Höhe/i.H.v. 50 %/in Höhe nur der anteiligen Gebühr für die Einholung des gemeindlichen Vorkaufsrechts,
   - der Auslagen und Entgelte für Post- und Telekommunikation sowie Dokumentenpauschale,
2. von den anfallenden Gerichtsgebühren die Gebühren für die Eintragung und Löschung der Eigentumsvormerkung und des Eigentumswechsels,
3. die Grunderwerbsteuer.

Der Verkäufer übernimmt:

1. die Treuhandgebühren des Notars, die berechnet werden müssen, wenn Gläubiger dem Notar Löschungsunterlagen mit Treuhandauflagen übermitteln,
2. die Notargebühren des Vollzuges dieser Urkunde in voller Höhe/i.H.v. 50 %/in voller Höhe abzüglich der anteiligen Gebühr für die Einholung des gemeindlichen Vorkaufsrechts,
3. die Gerichtsgebühren und die Bank- und Beglaubigungsgebühren für die Löschung von Belastungen zur Lastenfreistellung.

§ 13 Teilunwirksamkeit

Sollten einzelne Bestimmungen dieses Vertrags unwirksam sein oder werden, so soll die Wirksamkeit der übrigen Bestimmungen davon unberührt bleiben. Die Parteien verpflichten sich, für die unwirksamen Bestimmungen wirksame Vereinbarungen zu treffen, die dem angestrebten wirtschaftlichen Ergebnis so nah wie möglich kommen.

II. Hinweise des Notars

Den Beteiligten ist bekannt, dass

- der Käufer rechtlich erst mit der Eintragung in Abt. I des Grundbuchs des Kaufgegenstandes Eigentümer wird;
- die Eigentumseintragung im Grundbuch erst vorgenommen wird, wenn die Unbedenklichkeitsbescheinigung für die Grunderwerbsteuer vorliegt und ggf. erst nachdem die Gerichtskosten bezahlt sind;
- sie für Grunderwerbsteuer, Notar- und Gerichtskosten kraft Gesetzes als Gesamtschuldner haften;
- der Notar das Baulastenverzeichnis nicht eingesehen hat;
- der Notar keine steuerliche Beratung vornimmt und für steuerliche Auswirkungen dieses Vertrags nicht haftet;
- alle Vertragsvereinbarungen beurkundungspflichtig sind und Nebenabreden außerhalb dieser Urkunde zur Nichtigkeit des gesamten Vertrags führen können.

III. Vollmacht

1. Der Notar wird hiermit beauftragt und bevollmächtigt, diesen Vertrag in jeder Hinsicht durchzuführen und alle hierfür erforderlichen Unterlagen zu beschaffen und entgegenzunehmen. Sämtliche Unterlagen, Bescheide, Genehmigungen und die Unbedenklichkeitsbescheinigung sollen dem Notar übersandt werden; mit dem Eingang bei dem Notar gelten sie allen Beteiligten gegenüber als zugegangen. Der Notar ist berechtigt, die Parteien im Grundbuchverfahren uneingeschränkt zu vertreten, auch mittels notarieller Eigenurkunde. Er ist insbesondere berechtigt, Anträge aus dieser Urkunde getrennt und eingeschränkt zu

stellen und zurückzunehmen sowie einzelne seiner Mitarbeiter für die nachstehende Vollmacht zu benennen.

2. Die Parteien bevollmächtigen hiermit die jeweiligen Mitarbeiter des Notars, einzeln, befreit vom Verbot der Mehrvertretung und unabhängig von der Wirksamkeit dieses Vertrags, für sie alle Erklärungen abzugeben und entgegenzunehmen, die zur Durchführung und/oder Änderung dieser Urkunde erforderlich sind, insbesondere Grundbucherklärungen und -anträge jeder Art, Identitätserklärungen oder Rangänderungen.
3. Mehrere Personen auf der Käuferseite schulden als Gesamtschuldner und erteilen sich wechselseitig je einzeln und befreit von den Beschränkungen des § 181 BGB Vollmacht, füreinander sämtliche Erklärungen im Zusammenhang mit diesem Vertrag, seiner Abwicklung, Änderung und ggf. Rückabwicklung abzugeben und entgegenzunehmen. Dies gilt auch für die in diesem Vertrag erteilte Finanzierungsvollmacht einschließlich der Abgabe abstrakter Schuldanerkenntnisse, der dinglichen Zwangsvollstreckungsunterwerfung sowie der persönlichen Zwangsvollstreckungsunterwerfung in das gesamte Vermögen.
4. Mehrere Personen auf der Verkäuferseite schulden als Gesamtschuldner. Sie erteilen sich wechselseitig je einzeln und befreit von den Beschränkungen des § 181 BGB Vollmacht, füreinander sämtliche Erklärungen im Zusammenhang mit diesem Vertrag, seiner Abwicklung, Änderung und ggf. Rückabwicklung abzugeben und entgegenzunehmen.

IV. Auflassung und Löschungsanträge

1. Die Parteien sind sich darüber einig, dass das Eigentum an dem Kaufgegenstand auf den Käufer als Miteigentümer je zur Hälfte übergeht (**Auflassung**) und bewilligen und beantragen die Eintragung der Eigentumsänderung im Grundbuch.

   Der Notar soll eine mit der Auflassungserklärung versehene Ausfertigung beim Grundbuchamt erst einreichen, wenn die für die vertragsgemäße Eigentumsumschreibung erforderlichen Unterlagen vorliegen und der gesamte Kaufpreis nachweislich gezahlt ist; etwaige Zinsansprüche berühren die Durchführung des Vertrags nicht. Zuvor sind auszuhändigende Ausfertigungen und beglaubigte Abschriften ohne Auflassung zu erteilen.
2. Die Löschung der Rechte Abt. III lfd. Nr. 1 und lfd. Nr. 2 wird hiermit bewilligt und beantragt.

Vorstehendes Protokoll wurde den Erschienenen vorgelesen, von ihnen genehmigt und eigenhändig, wie folgt, unterschrieben:

▲

E. Muster: Kaufvertrag über Wohnungseigentum (Direktzahlung)

59 ▼

Muster 12.4: Kaufvertrag über ein Wohnungseigentum, Direktzahlung

12.4 UVZ-Nr.

Verhandelt

in

am

Vor mir, Notarin

mit dem Amtssitz in

erschienen heute in den Amtsräumen in :

1. Herr
   geboren am
   Anschrift:
   ausgewiesen durch

– nachfolgend „Verkäufer" genannt –

2. Herr
   geboren am
   Anschrift:
   ausgewiesen durch -
3. Frau
   geboren am
   Anschrift:
   ausgewiesen durch

– zu 2. und 3. nachfolgend „Käufer" genannt –.

Die Erschienenen erklärten zu meinem Protokoll folgenden

Kaufvertrag

I. Vorbemerkung

1. Der Verkäufer gab an, verheiratet zu sein, ohne Ehevertrag, im gesetzlichen Güterstand der Zugewinngemeinschaft und durch diesen Vertrag nicht über seine wesentlichen Vermögenswerte zu verfügen. Er erklärte:
   (*Alt. 1*): Mir verbleiben mind. 30 % andere Vermögenswerte, sodass es nicht der Zustimmung des Ehegatten nach § 1365 BGB bedürfe.
   (*Alt. 2*): Mir verbleiben mind. 15 % andere Vermögenswerte meines kleineren Vermögens. In jüngerer Vergangenheit habe ich nicht über nennenswerte Ver-

mögenswerte verfügt und die heutige Verfügung steht nicht im Zusammenhang mit künftigen weiteren Vermögensverfügungen, sodass dieser Kaufvertrag daher nicht der Zustimmung des Ehegatten nach § 1365 BGB bedürfe.
(*Alt. 3*): Mir verbleiben mindestens 10 % andere Vermögenswerte meines größeren Vermögens, zu dem noch weitere Immobilien gehören. In jüngerer Vergangenheit habe ich nicht über nennenswerte Vermögenswerte verfügt und die heutige Übertragung steht in keinem Zusammenhang mit künftigen weiteren Vermögensverfügungen. Die Notarin wies darauf hin, dass dieser Kaufvertrag daher nicht der Zustimmung des Ehegatten nach § 1365 BGB bedürfe.

2. Die Käufer erklärten miteinander verheiratet zu sein, durch Ehevertrag Gütertrennung vereinbart zu haben und **keine Kenntnisse** über die Vermögens- und güterrechtliche Situation des Verkäufers zu haben.[44]

(*Falls der Verkäufer noch nicht Eigentümer des Kaufgegenstandes ist*):

3. Der Verkäufer erklärte, dass er das nachfolgend beschriebene Wohnungseigentumsrecht von dem derzeit noch im Grundbuch eingetragenen Eigentümer erworben habe und die Eigentumsumschreibung nur noch davon abhängt, dass der beim Grundbuchamt gestellte Antrag auf Eigentumsumschreibung vollzogen wird. Mit der Eigentumsumschreibung wird der Verkäufer Eigentümer folgenden Wohnungseigentums:

(*Alternativ*):

Der Verkäufer ist Eigentümer folgenden Wohnungseigentums. Ausweislich der heute erfolgten elektronischen Grundbucheinsicht ist der Grundbuchstand wie folgt:

Bestandsverzeichnis:

Wohnungseigentumsrecht,
MEA am
Flurstück
Flur
Gemarkung
Größe qm
gebucht unter lfd. Nr. des Bestandsverzeichnisses im Wohnungsrundbuch des Amtsgerichts von Blatt Nr. .

44 Hierdurch wird klar, dass der Käufer keine Kenntnisse über die Güterrechts- und Vermögensverhältnisse des Verkäufers hat. Falls sich herausstellen sollte, dass trotz der Aussagen des Verkäufers eine Zustimmung nach § 1365 BGB nötig ist, bleibt ein gutgläubiger Erwerb durch den Käufer möglich.

Mit dem Wohnungseigentumsrecht ist verbunden das Sondereigentum an der Wohnung und den Räumen, im Aufteilungsplan mir Nr. bezeichnet. Das Wohnungseigentumsrecht mit all seinem Zubehör und Bestandteilen wird nachfolgend auch „**Kaufgegenstand**“ genannt.

Die Eigentumswohnung (Baujahr) hat eine Wohnfläche von ca. qm.

4. In Abt. II und III des Grundbuchs sind folgende Belastungen eingetragen, ausweislich der heute/am erfolgten elektronischen Grundbucheinsicht:

Abt. II Nr. 1	Grunddienstbarkeit (Wegerecht) zugunsten
Abt. III Nr. 1	Keine/Brief-Grundschuld über EUR zugunsten der Bank.

Vor Kaufpreiszahlung bzw. Fälligstellung wird die Notarin das Grundbuch erneut prüfen.

(*Ggf.*): Der Verkäufer erklärt, dass mit der Eigentumsumschreibung auf ihn die Grunddienstbarkeit (Wegerecht) Abt. II Nr. 1 bestehen bleibt, die Grundschuld Abt. IIII Nr. 1 gelöscht wird und ein neues Grundpfandrecht Abt. III Nr. 2 i.H.v. EUR zugunsten der Bank zur Eintragung gelangt.

5. (*Ggf.*): Der Verkäufer erklärte alleiniger Eigentümer folgender Gegenstände zu sein und diese zusammen mit dem „Kaufgegenstand“ dem Käufer zu verkaufen:

Einbauküche, Marke , bestehend aus ,
Neupreis im Anschaffungsjahr EUR,
Zeitwert heute ca. EUR.

6. Verkäufer und der Käufer erklärten jeweils für eigene Rechnung zu handeln und weiter:

Wir sind Verbraucher (§ 13 BGB), weil wir diesen Vertrag zu einem Zweck abschließen, der weder unserer gewerblichen noch selbstständigen beruflichen Tätigkeit zugerechnet werden kann.

7. Der Verkäufer und der Käufer sind von der Notarin über das Mietervorkaufsrecht nach § 577 BGB und über den Kündigungsschutz nach § 577a BGB belehrt worden.

Hierzu erklärte der Verkäufer, dass der Kaufgegenstand nicht vermietet sei und ein Mietervorkaufsrecht daher nicht in Frage komme.

(*Alt. 1*): Hierzu erklärte der Verkäufer, dass ein früherer Mieter bereits auf die Ausübung des Mietervorkaufsrechtes verzichtet habe, sodass kein Mietervorkaufsrecht bestehe.

(*Alt. 2*): Hierzu erklärte der Verkäufer, dass der Mieter kein Vorkaufsrecht nach § 577 BGB habe, weil das Mietverhältnis begründet wurde, nachdem das Wohnungseigentum bereits existierte.

(*Alt. 3*): Der Verkäufer erklärte, dass der Kaufgegenstand an , Anschrift: vermietet sei und dass nach Begründung des Mietverhältnisses am eine Aufteilung des Grundstücks in Wohnungseigentum erfolgte, sodass ein Mietervorkaufsrecht bestehe.

(*Hinweis: Bei Alt. 3 sollte der Kaufpreis erst eine Woche nach Vorliegen der Mietervorkaufsrechtsverzichtserklärung oder nach Fristablauf fällig werden*).

II. Kaufvertrag

Dies vorausgeschickt schließen wir folgenden Kaufvertrag:

§ 1 Verkauf

Der Verkäufer verkauft den Kaufgegenstand mit allen gesetzlichen Bestandteilen und sämtlichem Zubehör an den Käufer, je zur ideellen Hälfte.

§ 2 Kaufpreis

Der Kaufpreis beträgt EUR (in Worten: EUR). Auf den Kaufgegenstand entfallen EUR und auf die mitverkauften Gegenstände EUR gem. I Ziffer 5. Der Kaufpreis i.H.v. EUR ist wie folgt zu begleichen:

Der Kaufpreis ist innerhalb von acht Werktagen nach Erhalt der Mitteilung der Notarin gutzuschreiben, dass folgende Voraussetzungen alle erfüllt sind:

1. Eintragung einer Vormerkung zur Sicherung des Anspruchs auf Übertragung des Eigentums für den Käufer im Grundbuch, nur im Range nach dem Recht Abt. II Nr. 1 und Abt. III Nr. 1/Abt. III Nr. 2,
2. Vorliegen aller Löschungsunterlagen zur Löschung der in Abt. III eingetragenen Grundpfandrechte sowie der weiteren zur Rechtswirksamkeit und zur vertragsgemäßen Eigentumsumschreibung erforderlichen Unterlagen in grundbuchgerechter Form bei dem Notar – mit Ausnahme der Unbedenklichkeitsbescheinigung des Finanzamts,

(*Ggf.*):

3. Vorliegen der Verzichtserklärung des Mieters auf die Ausübung des Mietervorkaufsrechts oder soweit dieser den Verzicht nicht ausdrücklich erklärt, die zweimonatige Frist zur Ausübung abgelaufen ist.

Auf das Barzahlungsverbot des § 16a GwG hat die Notarin hingewiesen. Verkäufer und Käufer werden unverzüglich die Kontoauszüge über die Kaufpreiszahlung und den Erhalt des überwiesenen Kaufpreises zwecks Schlüssigkeitsprüfung an die Notarin senden, damit die Eigentumsumschreibung zügig veranlasst werden kann. Die Notarin wird die Kaufpreisfälligkeitsmitteilung mit einfachem Brief an den Käufer versenden. Unabhängig von dieser Mitteilung der Notarin muss eine Gutschrift des Kaufpreises nicht vor dem erfolgen.

Der Käufer hat den Kaufpreis unmittelbar an den Verkäufer auf das Konto

bei der
IBAN-Nr.
BIC
Kontoinhaber:

zu zahlen.

Der Verkäufer verpflichtet sich, der Notarin den Eingang des Kaufpreises unverzüglich schriftlich mitzuteilen.

Der Käufer kommt ohne Mahnung in Verzug, wenn Zahlungen auf den Kaufpreis bei Fälligkeit nicht erbracht werden oder die Auflagen der Darlehensgeber einer Auszahlung entgegenstehen. Die Vertragsparteien werden etwaige Verzugszinsen direkt und unabhängig von der weiteren Vertragsabwicklung abrechnen.

Der Käufer erklärt, dass er den Kaufpreis nicht finanzieren werde, sondern ihn aus Eigenmitteln an den Verkäufer zahlen wird.

(*Alternativ*): Der Käufer erklärt, dass er einen Teil des Kaufpreises i.H.v. EUR durch ein Kreditinstitut finanzieren lassen müsse.

Um dem Käufer die Finanzierung des Kaufpreises zu ermöglichen/erleichtern, verpflichtet sich der Verkäufer, bei der Bestellung von Grundpfandrechten, ggf. vollstreckbar gem. § 800 ZPO, bis zur Höhe von EUR nebst % p.a. Zinsen und einer einmaligen Nebenleistung i.H.v. % der Grundschuldsumme mitzuwirken. Voraussetzung hierfür ist, dass in der Grundschuldurkunde folgende bereits heute vereinbarten Regelungen wiedergegeben werden:

Der Gläubiger darf die Grundschuld nur insoweit als Sicherheit verwenden oder behalten, als er tatsächlich Zahlungen mit Tilgungswirkung auf die Kaufpreisschuld des Käufers geleistet hat. Sollte die Grundschuld zurückzugewähren sein, so kann nur ihre Löschung verlangt werden. Alle weiteren Zweckbestimmungserklärungen, Sicherungs- und Verwertungsvereinbarungen gelten erst nach vollständiger Kaufpreiszahlung und Eigentumsumschreibung auf den Käufer. Ab diesem Zeitpunkt gelten sie für und gegen den Käufer als neuen Sicherungsgeber.

Persönliche Zahlungsverpflichtungen übernimmt der Käufer im Zusammenhang mit der Grundschuldbestellung keine. Der Käufer ist verpflichtet, den Verkäufer von allen Kosten aus der Grundschuldbestellung freizustellen. Die von Verkäufer und Käufer bestellte Grundschuld übernimmt der Käufer ab Eigentumsumschreibung zur weiteren dinglichen Haftung. Sämtliche Eigentümerrechte werden mit Wirkung ab vollständiger Kaufpreiszahlung, spätestens jedoch mit Eigentumsumschreibung auf den Käufer auf diesen übertragen und die Eintragung der Übertragung im Grundbuch wird bewilligt jedoch nicht beantragt.

Zur Bestellung des vorgenannten Kaufpreisfinanzierungsgrundpfandrechts erteilt der Verkäufer dem Käufer unter Befreiung von den Beschränkungen des § 181 BGB Vollmacht, ihn zu vertreten, und zwar in dem Umfang, soweit eine gesetzliche Vertretung zulässig ist. Insbesondere darf der Bevollmächtigte den Kaufgegenstand der dinglichen Zwangsvollstreckung unterwerfen. Über die Bedeutung der Grundschuld und Zwangsvollstreckungsunterwerfung hat die Notarin belehrt.

Der Bevollmächtigte ist nicht befugt, Untervollmachten zu erteilen.

(*Ggf.*): Wir, die Käufer, unterwerfen uns gegenüber dem Verkäufer als Gesamtschuldner wegen der Kaufpreiszahlung ohne weiteres der sofortigen Zwangsvollstreckung aus dieser Urkunde in unser gesamtes Vermögen. Ohne dass der Notar die Tatsachen zu überprüfen hat, ist er auf erste Anforderung durch den Verkäufer berechtigt, die vollstreckbare Ausfertigung dem Verkäufer auszuhändigen, nicht jedoch, bevor die Wirksamkeit dieses Vertrags eingetreten ist und nicht bevor die Fälligkeit des Kaufpreises eingetreten ist und sodann zwei Wochen verstrichen sind.

§ 3 Übergabe

Die Übergabe des Kaufgegenstandes erfolgt am   , jedoch nicht bevor der Kaufpreis vollständig gezahlt ist (Übergabetag). Der Verkäufer wird bis dahin die Übergabe verweigern.

Der Kaufgegenstand ist vermietet an   .

Der Verkäufer wird nach Vorliegen der Wirksamkeit (Verwalterzustimmung) unverzüglich den Mieter über den Verkauf informieren.

Der Käufer übernimmt das Mietverhältnis. Der Verkäufer hat dem Käufer eine Kopie der schriftlichen Mietvereinbarungen übergeben. Der Verkäufer garantiert, dass

1. außerhalb dieser Mietvereinbarungen keine für den Vermieter nachteiligen Vereinbarungen getroffen sind,
2. bei Abschluss dieses Vertrags keine Mietrückstände und keine gerichtlichen oder außergerichtlichen Mietstreitigkeiten bestehen sowie der Mieter keine Mietminderung und keinen Einbehalt von Miete geltend gemacht hat,
3. er keine Vorausverfügungen über die Miete getroffen hat.

Die Miete für die Zeit ab Besitzübergang gebührt dem Käufer. Mit Wirkung ab Gutschrift des Kaufpreises wird hiermit der Anspruch auf die Miete an den Käufer abgetreten und der Käufer bevollmächtigt, alle Rechte im Zusammenhang mit dem Mietverhältnis auszuüben. Eine vom Mieter geleistete Kaution samt etwaigen Erträgen daraus wird der Verkäufer dann auf den Käufer übertragen.

Die Notarin hat die Beteiligten insbesondere über Folgendes belehrt:

a) Der Verkäufer muss nach dem Gesetz weiterhin wie ein Bürge für die Erfüllung der Vermieterpflichten einstehen. Er kann diese Haftung nur beenden, indem er dem Mieter nach Umschreibung des Eigentums im Grundbuch den Eigentumswechsel mitteilt.
b) Falls der Mieter bei Beendigung des Mietverhältnisses die Kaution vom Käufer nicht erlangen kann, ist der Verkäufer dem Mieter gegenüber weiterhin zu deren Rückgewähr verpflichtet. Der Verkäufer kann diese Haftung nur beenden, indem er mit dem Mieter ausdrücklich und nachweisbar vereinbart, dass seine Haftung für die Rückgewähr der Kaution erlischt.
c) Die im vorstehenden Abs. 2 dem Käufer erteilte Vollmacht berechtigt nach herrschender Meinung nicht zu einer Eigenbedarfskündigung, bevor das Eigentum auf den Käufer umgeschrieben ist.
d) Wenn aus den vermieteten Wohnräumen Eigentumswohnungen gebildet werden sollen, dann kann dem Mieter bereits zu diesem Kaufvertrag ein Vorkaufsrecht zustehen.

Verkäufer und Käufer haben keine Urkunden errichtet, um vermietete Wohnräume in Eigentumswohnungen aufzuteilen. Eine Vorkaufsrechtsanfrage beim Mieter soll daher unterbleiben.

Der Verkäufer wird im eigenen Interesse dem Mieter den im Grundbuch eingetragenen Eigentumswechsel mitteilen und sich um eine Vereinbarung mit dem Mieter bemühen, wonach die Haftung des Verkäufers für die Rückgewähr der Kaution erlischt.

§ 4 Verrechnungstag

Mit dem Übergabetag (Verrechnungstag) gehen die Nutzungen und Lasten des Vertragsgegenstandes auf den Käufer über und werden bis zu diesem Zeitpunkt nach Verhältnis der Zeit verrechnet; insbesondere übernimmt der Käufer mit diesem Zeitpunkt die Bezahlung des monatlichen Wohngeldes an den Verwalter. Etwaige sich auf den Zeitraum vor dem Verrechnungstag beziehende Nachzahlungsverpflichtungen hat der Verkäufer zu erfüllen.

Ebenso gehen die umlagefähigen Betriebskosten mit diesem Tag auf den Käufer über. Die Betriebskostenabrechnung des letzten Jahres und die von dem Mieter geforderten Betriebskostenvorauszahlungen sind dem Käufer bekannt.

Der Verkäufer verpflichtet sich, ab sofort keine Vereinbarungen bezüglich des Vertragsgegenstandes ohne Zustimmung des Käufers zu treffen.

§ 5 Risikoübergang

Die Gefahr des zufälligen Unterganges und der zufälligen Verschlechterung des Vertragsgegenstandes sowie das Haftpflichtrisiko und die Verkehrssicherungspflicht gehen mit dem Übergabetag auf den Käufer über. Mit Wirkung auf die Übergabe tritt der Verkäufer sämtliche Ansprüche auf Versicherungsleistungen aus den bestehenden Sachversicherungen an den Käufer ab, was dieser hiermit annimmt.

Der Verkäufer übernimmt keine Gewähr dafür, dass der Gebäudewert durch die Feuerversicherung voll gedeckt ist.

Der Vertragsgegenstand wird mit Ausnahme des übernommenen Rechts Abt. II Nr. 1 frei von Belastungen in Abt. II und III des Grundbuches geliefert.

Der Käufer übernimmt alle etwa vorhandenen, aus dem Grundbuch nicht ersichtlichen Beschränkungen und Lasten des Vertragsgegenstandes, insbesondere die öffentlich-rechtlichen, wie Baulasten, behördliche Auflagen oder widerrufliche Genehmigungen. Der Verkäufer erklärt, dass ihm solche Beschränkungen und Lasten nicht bekannt sind. Er garantiert, dass weder Beschränkungen aufgrund sozialer Wohnraumförderung noch sonstige Wohnungsbindungen bestehen.

Alle für den jetzigen Ausbauzustand der öffentlichen Anlagen wie z.B. Straßen, Wege, Ver- und Entsorgungsleitungen entstandenen bzw. noch entstehenden Anliegerbeiträge bzw. Erschließungskosten trägt der Verkäufer. Alle für die Veränderung des jetzigen Ausbauzustandes noch entstehenden Verpflichtungen dieser Art trägt der Käufer. Der Verkäufer erklärt, dass nach seiner Kenntnis alle bisherigen Arbeiten abgerechnet und alle Beiträge und Kosten vollständig gezahlt sind.

§ 6 Sachmängel

Als Ergebnis der Kaufpreisfindung besteht Einigkeit darüber, dass Rechte des Käufers wegen etwaiger Sach- und Rechtsmängel des Kaufgegenstandes und mitverkaufter beweglicher Gegenstände ausgeschlossen sind. Der Haftungsausschluss gilt nicht für vorsätzlich zu vertretende oder arglistig verschwiegene Mängel. Der Verkäufer erklärt, dass ihm versteckte Mängel nicht bekannt sind, insbesondere kein Hausbock und Hausschwamm und keine schädlichen Bodenveränderungen und Altlasten. Garantien in Bezug auf den Kaufgegenstand hat der Verkäufer auch außerhalb dieses Vertrags nicht gegeben.

Der Käufer kauft den Kaufgegenstand in seinem gegenwärtigen, altersbedingten Zustand, der als vertragsgemäß vereinbart wird. Ansprüche und Rechte des Käufers wegen offener oder versteckter Sachmängel werden ausgeschlossen. Dieser Haftungsausschluss gilt nicht bei schuldhafter Verletzung von Leben, Körper oder Gesundheit und bei einem groben Verschulden, Vorsatz oder Arglist des Verkäufers, seines Vertreters oder Erfüllungsgehilfen.

Der Notar hat über Umfang und Bedeutung des Haftungsausschlusses belehrt, insbesondere darüber, dass eine Haftung des Verkäufers für bei Vertragsschluss vorhandene Mängel mit den vorstehenden Einschränkungen nicht besteht und der Käufer solche Mängel somit auf eigene Kosten beseitigen muss.

Der Verkäufer ist verpflichtet, den Vertragsgegenstand bis zur Übergabe ordnungsgemäß zu verwalten und instand zu halten.

§ 7 Wohnungseigentümergemeinschaft

Der Käufer tritt mit dem Verrechnungstag in die mit dem Wohnungseigentum verbundenen Rechte und Pflichten ein. Dem Käufer ist bekannt, dass somit alle Bestimmungen der Teilungserklärung und Gemeinschaftsordnung sowie der Hausordnung in ihrer derzeit gültigen Fassung und alle bisher von der Gemeinschaft wirksam gefassten Beschlüsse und Vereinbarungen auch für und gegen ihn Gültigkeit haben, und dass er demgemäß als zukünftiger Wohnungseigentümer verpflichtet ist, in alle Rechte und Pflichten aus dem von der Wohnungseigentümergemeinschaft mit dem Verwalter geschlossenen Verwaltervertrag einzutreten. Der Käufer hat diese von ihm übernommenen Verpflichtungen seinem Rechtsnachfolger aufzuerlegen und diesen entsprechend zu verpflichten.

Der Käufer wird bevollmächtigt, die ihm übertragenen Rechte ab dem Verrechnungstag wie ein Eigentümer auszuüben, insbesondere das Stimmrecht in Eigentümerversammlungen.

Der Verkäufer erklärt, dass keine unerledigten Sonderumlagen bestehen und ihm auch nicht bekannt ist, dass Sonderumlagen anstehen und dass keine rückständigen Lasten und Kosten bestehen.

Verwalter der Wohnungseigentumsanlage ist nach Erklärung des Verkäufers .

Dieser Vertrag bedarf der Zustimmung des Verwalters. Der Notar wird gebeten, die Zustimmung des Verwalters einzuholen, ohne dem Verwalter eine Ablichtung des Vertrags zu übersenden.

§ 8 Kosten, Abgaben

Wir vereinbaren unberührt von der gesetzlichen gesamtschuldnerischen Haftung, dass von den gesetzlich vorgeschriebenen Kosten und Abgaben dieser Urkunde und ihrer Durchführung der Käufer übernimmt:

1. die Notargebühren
   - des Beurkundungsverfahrens,
   - der Betreuungstätigkeit für Fälligkeit- und Umschreibungsüberwachung,
   - des elektronischen Grundbuchverkehrs (XML-Daten-Gebühr),
   - des Vollzuges dieser Urkunde in voller Höhe/i.H.v. 50 %/in Höhe nur der anteiligen Gebühr für die Einholung des gemeindlichen Vorkaufsrechts,
   - der Auslagen und Entgelte für Post- und Telekommunikation sowie Dokumentenpauschale,
2. von den anfallenden Gerichtsgebühren die Gebühren für die Eintragung und Löschung der Eigentumsvormerkung und des Eigentumswechsels,
3. die Grunderwerbsteuer.

Der Verkäufer übernimmt:
1. die Treuhandgebühren des Notars, die berechnet werden müssen, wenn Gläubiger dem Notar Löschungsunterlagen mit Treuhandauflagen übermitteln,
2. die Notargebühren des Vollzuges dieser Urkunde in voller Höhe/i.H.v. 50 %/in voller Höhe abzüglich der anteiligen Gebühr für die Einholung des gemeindlichen Vorkaufsrechts,
3. die Gerichtsgebühren und die Bank- und Beglaubigungsgebühren für die Löschung von Belastungen zur Lastenfreistellung.

§ 9 Verjährung

Der Anspruch des Käufers auf Verschaffung des Eigentums sowie der Kaufpreisanspruch des Verkäufers verjähren jeweils in dreißig Jahren ab dem gesetzlichen Verjährungsbeginn.

III. Grundbuchanträge und Durchführung

§ 1 Vormerkung

Der Verkäufer bewilligt und beantragt, eine Vormerkung zur Sicherung des Anspruches des Käufers auf Übertragung des Kaufgegenstandes in das Grundbuch einzutragen. Der Käufer schließt sich diesem Antrag an. Er bewilligt und beantragt, diese Vormerkung wieder zu löschen, sobald er als Eigentümer eingetragen ist und sofern keine Zwischeneintragungen vorgenommen sind und keine Zwischenanträge vorliegen, die in diesem Vertrag nicht vorgesehen sind.

Der Notar soll den Antrag auf Eintragung der Vormerkung unverzüglich beim Grundbuchamt einreichen. Der Verkäufer ist sich seiner Vorleistung bewusst.

§ 2 Auflassung

Verkäufer und Käufer sind sich darüber einig, dass das Eigentum an dem Kaufgegenstand auf den Käufer, je zur ideellen Hälfte übergeht. Verkäufer und Käufer bewilligen und beantragen, diese Rechtsänderung in Abt. I des Grundbuches einzutragen.

Der Notar soll nur eine Ausfertigung mit der Auflassungserklärung versehen und diese dem Grundbuchamt erst dann vorlegen, wenn alle Eigentumsumschreibungsunterlagen vorliegen

und wenn der Kaufpreis nachweislich gezahlt ist.

Der Übereignungsanspruch und die Vormerkung sind bis zur Eigentumsumschreibung auf den Käufer nur mit Zustimmung des Verkäufers abtretbar.

Wir beauftragen und bevollmächtigen den Notar, diesen Vertrag in jeder Hinsicht durchzuführen, alle hierfür erforderlichen Unterlagen einschließlich der Zustimmung des Verwalters zu beschaffen, etwaige vom Käufer nicht übernommene Belastungen abzulösen, uns im Grundbuchverfahren uneingeschränkt zu vertreten, auch mittels notarieller Eigenurkunden. Der Notar ist insbesondere berechtigt, Anträge aus dieser Urkunde getrennt oder eingeschränkt zu stellen und zurückzunehmen.

Sämtliche Unterlagen, Bescheide, Genehmigungen, die Gerichtskostenrechnung für etwaige vom Verkäufer oder Käufer zu tragenden Kosten, und die Unbedenklichkeitsbescheinigung sollen dem Notar übersandt werden. Alle zur Wirksamkeit oder Durchführung dieser Urkunde erforderlichen Erklärungen gelten mit ihrem Eingang bei dem Notar allen Beteiligten als zugegangen.

IV. Vollmacht

1. Die Beteiligten bevollmächtigen und beauftragen die jeweiligen Notariatsangestellten der beurkundenden Notarin, insbesondere die Notariatsangestellten

   Herrn
   Frau
   beide ,

   und zwar einzeln, unter Befreiung von den Beschränkungen des § 181 Alt. 2 BGB und unabhängig von der Wirksamkeit dieses Vertrags für sie diesen Vertrag zu ergänzen und/oder abzuändern.

   Sofern der Kaufpreis trotz Fälligkeit nicht gezahlt worden ist, sind die vorstehenden Bevollmächtigten und der Notar ermächtigt, die Löschung der in diesem Vertrag enthaltenen Vormerkung zu bewilligen und/oder den Eintragungsantrag zurückzunehmen, und zwar auf erste Anforderung des Verkäufers, nachdem dieser wegen nicht erfolgter Zahlung des Kaufpreises vom Vertrag zurückgetreten ist und wenn der Käufer nicht innerhalb einer Frist von 14 Tagen nach Absendung der Aufforderung an die eingangs genannte Anschrift dem Notar nachgewiesen hat, dass der Kaufpreis rechtzeitig gezahlt wurde oder wenn er schriftlich glaubhaft machen konnte, dass eine Einrede gegen den Kaufpreisanspruch besteht. Die Löschung oder Antragsrücknahme darf nur Zug um Zug gegen Rückzahlung bereits geleisteter Kaufpreisteile erfolgen.

   Von den in diesem Vertrag erteilten Vollmachten darf nur vor dem Notar, seinen Sozien oder den jeweiligen amtlich bestellten Vertretern Gebrauch gemacht werden.

   Die Voraussetzungen zur Ausübung der in diesem Vertrag erteilten Vollmachten sind Dritten, insbesondere dem Grundbuchamt gegenüber, nicht nachzuweisen; sie sind im Außenverhältnis unbeschränkt.
2. Mehrere Personen auf der Käuferseite schulden als Gesamtschuldner. Sie erteilen sich wechselseitig je einzeln und befreit von den Beschränkungen des § 181 BGB Vollmacht, füreinander sämtliche Erklärungen im Zusammenhang mit diesem Vertrag, seiner Abwicklung, Änderung und ggf. Rückabwicklung abzugeben und entgegenzunehmen. Dies gilt auch für die in diesem Vertrag er-

teilte Finanzierungsvollmacht einschließlich der Abgabe abstrakter Schuldanerkenntnisse, der dinglichen Zwangsvollstreckungsunterwerfung sowie der persönlichen Zwangsvollstreckungsunterwerfung in das gesamte Vermögen.

3. Mehrere Personen auf der Verkäuferseite schulden als Gesamtschuldner. Sie erteilen sich wechselseitig je einzeln und befreit von den Beschränkungen des §181 BGB Vollmacht, füreinander sämtliche Erklärungen im Zusammenhang mit diesem Vertrag, seiner Abwicklung, Änderung und ggf. Rückabwicklung abzugeben und entgegenzunehmen.

V. Hinweise

Die Notarin wies uns darauf hin, dass:

- sie keine steuerrechtliche Beratung vorgenommen hat,
- dieser Vertrag zu seiner Wirksamkeit der Zustimmung des Verwalters bedarf,
- der Käufer erst mit erfolgter Eintragung in das Grundbuch Eigentümer wird,
- das Grundbuchamt die Eigentumsumschreibung erst vornimmt, wenn die steuerliche Unbedenklichkeitsbescheinigung vorliegt,
- alle Vereinbarungen in dieser Urkunde richtig und vollständig beurkundet sein müssen, insbesondere der Kaufpreis, da sonst der ganze Vertrag unwirksam sein könnte,
- Verkäufer und Käufer für Notar- und Gerichtskosten sowie Grunderwerbsteuer gesamtschuldnerisch haften,
- der Kaufgegenstand für Rückstände an öffentlichen Lasten und Abgaben, wie z.B. Grundsteuer, Erschließungsbeiträge für die Straße oder Kommunalabgaben für Wasserleitung und Kanalisation haftet,
- die Veräußerung von Grundeigentum insbesondere innerhalb von zehn Jahren nach dem Erwerb für den Verkäufer einkommensteuerliche Folgen haben kann.

Vorgelesen, genehmigt und eigenhändig, wie folgt, unterschrieben.

▲

F. Muster: Kaufvertrag bei Kauf vom Insolvenzverwalter

▼ 60

Muster 12.5: Grundstückskauf vom Insolvenzverwalter

UVZ-Nr. 12.5

Verhandelt zu

, am

Vor mir, dem unterzeichneten Notar

mit dem Amtssitz in

erschienen heute in den Amtsräumen:

1. Herr Rechtsanwalt
   geb. am
   geschäftsansässig
   ausgewiesen durch
   handelnd in seiner Eigenschaft als Insolvenzverwalter über das Vermögen des Insolvenzschuldners Herrn , geb. am , wohnhaft in
   – nachstehend „der Verkäufer" genannt –.
   Eine Ausfertigung der Bestallungsurkunde des Amtsgerichts – Insolvenzgericht – Az. IN / liegt anlässlich der heutigen Beurkundung vor. Eine Ablichtung dieser Ausfertigung, die hiermit beglaubigt wird, ist diesem Protokoll **als Anlage** beigefügt.
2. Herr ,
   geb. am ,
   wohnhaft: ,
   nach seiner Angabe ledig,
   ausgewiesen durch
   – nachstehend „der Käufer" genannt –.

Nach glaubhaften Erklärungen handelt der Verkäufer als Unternehmer (§ 14 Abs. 1 BGB) und der Käufer als Verbraucher (§ 13 BGB).

Der Käufer bestätigt, den Kaufvertragsentwurf vom beurkundenden Notar am per E-Mail erhalten zu haben. Die Einhaltung der Wartefrist von zwei Wochen gem. § 17 Abs. 2a S. 2 Nr. 2 BeurkG ist erfüllt, sodass heute beurkundet werden darf.

Die Erschienenen erklärten sodann zu Protokoll:

Kaufvertrag

§ 1 Vorbemerkung

Im Grundbuch des Amtsgerichts von Blatt ist folgendes Grundeigentum gebucht:

Lfd. Nr. des Bestandsverzeichnisses:

Flurstück
Flur
Gemarkung
Größe
Gebäude- und Freifläche .

In Abt. I dieses Grundbuchs ist als Eigentümer eingetragen:

Herr
geb. am

In Abt. II ist unter lfd. Nr. eingetragen:

Über das Vermögen des Eigentümers ist das Insolvenzverfahren eröffnet worden.

In Abt. III sind folgende Belastungen eingetragen:

Nr. 1: Buchgrundschuld über EUR
Nr. 2: Buchgrundschuld über EUR
Nr. 3: Buchgrundschuld über EUR

jeweils für die in .

§2 Verkauf, Vormerkung, Auflassung, Löschungsanträge

1. Verkauf

Der Verkäufer verkauft das in §1 beschriebene Grundstück mit allen Rechen und dem Zubehör – im Folgenden auch „der Vertragsgegenstand“ genannt – an den Käufer, der alleiniger Eigentümer werden soll.

Das verkaufte Grundstück ist bebaut mit einem Einfamilienhaus, Baujahr . Das Gebäude hat nach Erklärung des Verkäufers eine Wohnfläche von ca. qm. Die Angaben zum Baujahr und zur Wohnfläche stammen von .

2. Vormerkung

Zur Sicherung des Anspruchs auf Übertragung des Eigentums bewilligt der Verkäufer und beantragt der Käufer zugunsten des Käufers in das Grundbuch des Vertragsgegenstandes eine Vormerkung an nächstoffener Rangstelle einzutragen.

Der Notar wird hierdurch angewiesen, den Antrag auf Eintragung der Vormerkung unverzüglich beim Grundbuchamt einzureichen. Der Verkäufer weiß, dass er vorleistet.

Der Käufer bewilligt und beantragt, diese Vormerkung bei Eintragung des Eigentumswechsels auf ihn zu löschen, sofern nachrangig keine Eintragungen bestehen bleiben, denen er nicht zugestimmt hat.

3. Auflassung

Verkäufer und Käufer sind sich darüber einig, dass das Eigentum an dem Vertragsgegenstand auf den Käufer zu Alleineigentum übergehen soll und bewilligen und beantragen die Eintragung der Rechtsänderung in das Grundbuch.

Der Notar wird angewiesen, Ausfertigungen und beglaubigte Ablichtungen des Vertrags nur ohne die Auflassung herzustellen, bis der Verkäufer den Eingang des Kaufpreises schriftlich bestätigt oder hilfsweise der Käufer die Zahlung des Kaufpreises durch Bankbestätigung nachgewiesen hat. Die Ausfertigung für das Grundbuchamt zur Eigentumsumschreibung darf bereits hergestellt werden, verbleibt allerdings zu treuen Händen beim Notar, bis alle Eigentumsumschreibungsunterlagen vorliegen und der Kaufpreis gezahlt und nachgewiesen wurde.

Soweit der Kaufpreis verzinst wird, regeln die Vertragsparteien die Zinszahlung außerhalb des Kaufvertrags und entbinden den Notar von der Überwachung. Insbesondere soll die Eigentumsumschreibung losgelöst von den Zinszahlungen vollzogen werden.

4. Löschungsanträge

Der Verkäufer bewilligt und beantragt und der Käufer beantragt die Löschung der Rechte Abt. III Nr. 1 bis 3 in das Grundbuch einzutragen.

§ 3 Kaufpreis

1. Der Kaufpreis beträgt EUR – in Worten: EUR –. Das Barzahlungsverbot gem. § 16a GwG hat der Notar erläutert. Verkäufer und Käufer werden dem Notar unverzüglich die Kontoauszüge über die getätigten/erhaltenen Überweisungen des Kaufpreises zusenden, damit die Eigentumsumschreibung ohne Verzögerung stattfinden kann.
2. Der Notar wird dem Käufer den Eintritt der nachstehenden Fälligkeitsvoraussetzungen durch Einwurf-Einschreiben bestätigen. Der Verkäufer wird vom Notar durch einfachen Brief eine Abschrift des Fälligkeitsschreibens zur Information erhalten.

   Der Kaufpreis ist fällig und innerhalb von 14 Tagen zu zahlen, nachdem der Käufer vom Notar das Einwurf-Einschreiben über die Kaufpreisfälligstellung erhalten hat, wonach:

   a) dem Notar die vollständigen Löschungsunterlagen in grundbuchmäßiger Form der Gläubigerin der Grundpfandrechte Abt. III Nr. 1 bis 3 sowie etwaiger weiterer Rechte, denen der Käufer nicht zugestimmt hat, vorliegen und zwar allenfalls mit Auflagen, die aus der Kaufpreiszahlung erfüllt werden können. Der Notar soll die Löschungsunterlagen anfordern,
   b) die Eigentumsvormerkung im Grundbuch eingetragen ist und der Vormerkung nur die vorgenannten Belastungen im Range vorgehen und solche Rechte, an denen der Käufer mitgewirkt hat,
   c) der Insolvenzverwalter hat dem Notar schriftlich nach Eintragung der Vormerkung bestätigt, dass er noch immer als Insolvenzverwalter eingesetzt ist und der Vertragsgegenstand dem Insolvenzbeschlag unterliegt,
   d) dem Notar alle zur Umschreibung erforderlichen Unterlagen vorliegen, ausgenommen die steuerliche Unbedenklichkeitsbescheinigung.

   Soweit der Notar Löschungsunterlagen oder Genehmigungen mit der Auflage erhält, nur über sie verfügen zu dürfen, wenn ein Geldbetrag gezahlt wurde, teilt er die Auflagen den Beteiligten ohne weitere Prüfung mit. Der Kaufpreis darf insoweit bei Fälligkeit nur durch Erfüllung derartiger Auflagen erbracht werden, ist also zweckgebunden, ohne dass der Zahlungsempfänger hieraus eigene Rechte erwirbt. Ein verbleibender Restbetrag nach Berücksichtigung etwaiger solcher Treuhandauflagen ist an den Insolvenzverwalter zu überweisen auf sein Massekonto bei der Bank, IBAN , BIC .

Der Verkäufer überträgt dem Käufer, aufschiebend bedingt ab Zahlung des Kaufpreises und Erbringung der Schuldübernahme der Gläubigerin der Rechte Abt. III Nr. 1 bis 3 alle Eigentümerrechte und Rückübertragungsansprüche in Bezug auf Grundpfandrechte am Vertragsgegenstand und bewilligt deren Umschreibung.

§ 4 Besitzübergabe, Erschließung

Der Besitz am Vertragsgegenstand, Lasten, Gefahr, Haftung und Verkehrssicherungspflichten gehen mit Zahlung des Kaufpreises auf den Käufer über.

Es ist allein die Sache des Käufers, sich um eine ausreichende Gebäude- und Feuerversicherung zu kümmern. Besteht eine solche, geht diese kraft Gesetzes auf den Käufer über. Der Notar hat den Käufer darauf hingewiesen, dass der Käufer die Versicherung innerhalb eines Monats nach erfolgter Eigentumsumschreibung kündigen kann.

Die den Vertragsgegenstand betreffenden Erschließungsbeiträge und Anliegerleistungen für Maßnahmen, für die bis gestern ein Beitragsbescheid zugegangen ist, treffen den Verkäufer. Alle Erschließungsbeiträge und Anliegerleistungen für Maßnahmen, für die vom heutigen Tage an ein Beitragsbescheid zugeht, gehen zu Lasten des Käufers.

Der Notar wies den Verkäufer und den Käufer darauf hin, dass sie bei der Stadt/Gemeinde erfahren können, ob derartige Kosten offen sind. Hierzu erklärte der Verkäufer, dass ihm keine offenen Kosten bekannt sind.

Der Insolvenzverwalter erklärt, dass der Vertragsgegenstand nicht vermietet ist.

§ 5 Rechtsmängel

Der Verkäufer hat dem Käufer den ungehinderten Besitz und das lastenfreie Eigentum von im Grundbuch eingetragenen Rechten dem Käufer zu verschaffen, es sei denn, dieser Vertrag enthält eine abweichende Regelung.

Der Verkäufer haftet jedoch ausdrücklich nicht für die Freiheit des Vertragsgegenstands von rückständigen öffentlichen Lasten.

Die Belastungen in Abt. III Nr. 1 bis 3 sind zu löschen, ebenso das Recht Abt. II Nr. 1.

§ 6 Sachmängel

1. Dem Käufer sind das Baujahr, die bisherige Nutzung sowie der gebrauchte Zustand des Vertragsgegenstandes, den er besichtigt hat, bekannt.

   Der Verkauf des Vertragsgegenstandes erfolgt in dem Zustand, wie er sich heute befindet. Die Ansprüche und Rechte des Käufers wegen Mängeln des Vertragsgegenstandes, insbesondere der Zustand des Gebäudes, die Beschaffenheit des Bodens und die Größe der Wohnfläche sowie des Grundstücks, sind ausgeschlossen. Der Verkäufer versichert, dass ihm keine versteckten Mängel bekannt sind.

   Für etwa entstehende Schäden in der Zeit zwischen Vertragsabschluss und Besitzübergabe haftet der Verkäufer.

   Hinsichtlich der Inanspruchnahme wegen Schadenersatz bleibt die Haftung für vorsätzlich oder grob fahrlässig verursachte Schäden sowie für Schäden aus der Verletzung des Lebens, der Gesundheit oder des Körpers, die auf eine fahrlässige Pflichtverletzung des Verkäufers beruhen, unberührt. Einer vorsätzlichen oder fahrlässigen Pflichtverletzung des anderen Vertragspartners steht diejenige seines gesetzlichen Vertreters oder Erfüllungsgehilfen gleich. Dies gilt auch für sonstige Schäden, die auf einer grob fahrlässigen Pflichtverletzung des Verwenders oder einer vorsätzlichen oder grob fahrlässigen Pflichtverletzung eines gesetzlichen Vertreters oder Erfüllungsgehilfen des Verkäufers beruhen.

2. Der Käufer ist einverstanden, dass der Insolvenzverwalter – ohne ihm gegenüber Haftungen nach §§ 60 und 61 InsO auszulösen – davon absieht, Rückstellungen für eventuelle Verbindlichkeiten aus etwaigen Sachmängelpflichten dieses Vertragsverhältnisses zu bilden. Der Insolvenzverwalter ist berechtigt, das Insolvenzverfahren abzuschließen, auch wenn etwaige Gewährleistungsfristen aus dem heutigen Vertrag noch nicht abgelaufen sind.

   Der Käufer akzeptiert, dass er wegen aller Rechte, die ihm wegen Mängeln zustehen – ausgenommen solche, die auf Arglist, Vorsatz oder Garantie beruhen – nicht besser behandelt wird als jemand, der solche Rechte bereits vor der Eröffnung des Insolvenzverfahrens erworben hat. Die Rechte des Käufers sind anstelle einer privilegierten Masseforderung somit nur eine schlichte Insolvenzforderung im Rang nach allen anderen Forderungen (§ 39 Abs. 2 InsO). Im Bewusstsein, dass auf solche Insolvenzforderungen kaum eine nennenswerte Quote entfallen wird, trifft der Käufer gleichwohl mit dem Insolvenzverwalter diese insolvenzrechtliche Nachrangvereinbarung.

§ 7 Zwangsvollstreckungsunterwerfung

Der Käufer unterwirft sich wegen der in diesem Vertrag eingegangenen Verpflichtung zur Zahlung des Kaufpreises samt gesetzlicher Verzugszinsen hieraus ab dem Datum der Erteilung der vollstreckbaren Ausfertigung der Zwangsvollstreckung aus dieser Urkunde in sein gesamtes Vermögen.

Der Verkäufer unterwirft sich wegen seiner Verpflichtung zur Verschaffung des Besitzes der sofortigen Zwangsvollstreckung aus dieser Urkunde.

Auf Antrag kann nach Fälligkeitsmitteilung und gemäß deren Inhalt ohne weitere Nachweise die vollstreckbare Ausfertigung wegen der Kaufpreiszahlung und Verzugszinsen bzw. die vollstreckbare Ausfertigung wegen der Besitzverschaffung erteilt werden.

Mehrere Beteiligte, die zu derselben Leistung verpflichtet sind, schulden und haften als Gesamtschuldner.

§ 8 Vollzugsauftrag

Verkäufer und Käufer beauftragen und bevollmächtigen den Notar oder seinen amtlichen Vertreter

- sie im Grundbuchverfahren auch durch sog. Notarielle Eigenurkunde uneingeschränkt zu vertreten,
- die zur Wirksamkeit und für den Vollzug erforderlichen Genehmigungen und Erklärungen anzufordern und entgegenzunehmen.

Anfechtbare Bescheide sind jedoch den Beteiligten selbst zuzustellen. Wir bitten, den Notar durch Abschrift der Bescheide unmittelbar zu informieren.

Verkäufer und Käufer bevollmächtigen die jeweiligen Angestellten des Notars – je einzeln und befreit von § 181 Alt. 2 BGB, Erklärungen, Bewilligungen und Anträge zur Ergänzung oder Änderung des Vertrags abzugeben. Den jeweiligen Bevollmächtigten kann der Notar durch eine Eigenurkunde, in der zu beurkundenden oder zu beglaubigenden Ergänzungs- bzw. Änderungserklärung benennen.

§ 9 Vollmachten

Der Verkäufer ist einverstanden, dass der Käufer im Wege der Vorwegbeleihung zur Kaufpreisfinanzierung Grundpfandrechte aufnimmt. Demgemäß gestattet er dem Käufer vor Umschreibung unter Einhaltung nachfolgender Sicherungsabreden, Grundpfandrechte zu bestellen. Der Verkäufer erteilt dem Käufer, befreit von den Beschränkungen des § 181 BGB und mit dem Recht zur Erteilung von Untervollmachten, folgende Vollmacht:

Der Vertragsgegenstand darf insgesamt bis zur Höhe von ______ EUR nebst ______ % jährlichen Zinsen und einmaliger Nebenleistung von bis zu ______ % mit einem oder mehreren Grundpfandrechten belastet werden. Der Verkäufer bewilligt die Eintragung samt dinglicher Zwangsvollstreckungsunterwerfung und stimmt allen zur Rangbeschaffung dienlichen Erklärungen zu.

Der Verkäufer übernimmt keine persönliche Zahlungsverpflichtung. Diese übernimmt der Käufer, der sich der persönlichen Zwangsvollstreckung insoweit unterwerfen darf.

Die Kosten der Grundpfandrechtsbestellungen und rangrichtigen Eintragungen beim Grundbuchamt trägt der Käufer.

Die Sicherungsabrede hat vorzusehen, dass der Gläubiger bis zur vollständigen Kaufpreiszahlung Grundpfandrechte nur in der Höhe verwenden darf, wie der Kredit ausgezahlt wurde, um das Darlehen tilgend auf die Kaufpreisschuld zu begleichen.

Die Finanzierungsgläubiger werden hiermit unwiderruflich angewiesen, die so besicherten Kreditmittel bis zur vollständigen Entrichtung des Kaufpreises nur hierfür zu verwenden.

Beurkundungen aufgrund der vorstehenden Vollmacht können nur vor dem beurkundenden Notar oder seinen amtlich bestellten Vertretern erfolgen.

Mehrere Personen auf Käuferseite schulden als Gesamtschuldner und bestellen sich untereinander je einzeln als Zustellungs- und Erklärungsvertreter zur Abgabe bzw. zum Empfang aller Willens- und Wissenserklärungen, die für diesen Vertrag und seine Durchführung, auch Änderung und ggf. Rückabwicklung von Bedeutung sind. Ein Widerruf dieser Vollmacht ist nur wirksam, wenn er auch dem beurkundenden Notar zugegangen ist.

§ 10 Notarhinweise

Der Notar hat darauf hingewiesen, dass

- das Eigentum nicht heute, sondern erst mit der Umschreibung im Grundbuch auf den Käufer übergeht und zuvor die Grunderwerbsteuer bezahlt oder sichergestellt sein muss,
- zum Eigentumswechsel etwa erforderliche Genehmigungen notwendig sind; das Vorkaufsrecht zugunsten der Stadt/Gemeinde besteht beim Erwerb vom Insolvenzverwalter nicht,
- der jeweilige Eigentümer kraft gesetzlicher Vorschriften für rückständige öffentliche Lasten (Erschließungskosten, Grundsteuern) und Ausgleichsbeträge nach Bundesbodenschutzgesetz haftet,
- losgelöst der internen Vereinbarungen in diesem Vertrag der Verkäufer und der Käufer kraft Gesetzes für die Zahlung der Grunderwerbsteuer sowie die Notar- und Gerichtskosten gesamtschuldnerisch haften,
- alle Vereinbarungen vollständig und richtig beurkundet sein müssen, da andernfalls der ganze Vertrag nichtig sein kann mit negativen wirtschaftlichen Folgen für die Parteien,
- er keine steuerliche Beratung vorgenommen hat, jedoch auf die mögliche Steuerpflicht wegen Spekulation einer Veräußerung nicht selbst genutzter Im-

mobilien vor Ablauf von zehn Jahren sowie bei der Veräußerung von Betriebsvermögen hingewiesen hat.

- die Angaben in dem Energieausweis vom über Energiebedarf/Energieverbrauch in der Realität erheblich negativer ausfällt, als im Energieausweis beschrieben.

§ 11 Kosten, Ausfertigungen und Abschriften

1. Kosten

Die Notargebühren für die Beurkundung, den Vollzug und die Betreuung sowie Abwicklung dieses Vertrags, etwaiger Genehmigungen sowie die Grunderwerbsteuer und die Gerichtsgebühren trägt der Käufer.

Die Kosten der Lastenfreistellung und der Treuhandgebühren für abzulösende Gläubiger trägt der Verkäufer.

2. Ausfertigungen und Abschriften

Von dieser Urkunde soll der Notar erteilen:

- dem Käufer eine Ausfertigung (ohne Auflassung),
- dem Verkäufer eine Ausfertigung (ohne Auflassung),
- dem Grundbuchamt eine Ausfertigung (ohne Auflassung) mit der Vormerkungsbewilligung,
- dem Grundbuchamt eine Ausfertigung mit Auflassung,
- der Bank des Käufers eine beglaubigte Abschrift ohne Auflassung mit Hinweis auf die Sicherungsabreden in § 9 des Kaufvertrags,
- dem Finanzamt – Grunderwerbsteuer – eine Abschrift
- dem Gutachterausschuss für Grundstückswerte – eine Abschrift
- der abzulösenden Gläubigerin eine Abschrift.

Das vorstehende Protokoll wurde den Beteiligten vom Notar vorgelesen, von ihnen genehmigt und eigenhändig, wie folgt, unterschrieben.

▲

G. Verwalterzustimmung bei Wechsel des Verwalters vor Beantragung der Eigentumsumschreibung

Höchstrichterlich wurde entschieden,[45] dass eine nach § 29 GBO erteilte Zustimmung des Verwalters nach § 12 Abs. 1, 3 WEG auch dann wirksam bleibt, wenn vor Beantragung des Eigentumswechsels durch den Notar die Bestellung des Verwalters endete. Das Grundbuchamt hat grundsätzlich nicht zu prüfen, ob der Verwalter, 61

45 BGH, Beschl. v. 11.10.2012 – V ZB 2/12, abrufbar beim DNotI.

dessen Zustimmung zur Veräußerung nach § 12 WEG in der Form des § 29 Abs. 1 GBO dem Grundbuchamt vorliegt, auch noch in dem Zeitpunkt zum Verwalter bestellt war, in dem der Umschreibungsantrag eingereicht worden ist.

62 Ein freier **Widerruf** der Verwaltergenehmigung gem. § 12 WEG nach ihrer Erteilung durch den Verwalter und nach Zugang der Genehmigung beim Notar, der den Kaufvertrag wirksam macht, **scheidet aus**.[46]

Für einen Widerruf der Zustimmung eines Erbbaurechtsausgebers nach § 5 ErbbauRG gilt dasselbe.[47]

Mit Eingang der Verwaltergenehmigung oder der Genehmigung des Erbbaurechtsausgebers beim Notar und mit Wirksamkeit des schuldrechtlichen Kaufvertrags kann man sich deshalb darauf verlassen, dass der Kaufvertrag **wirksam** bleibt.

H. Abgrenzung von Sonder- und Gemeinschaftseigentum

63 Steht die Beurkundung einer Teilungserklärung eines Grundstücks in Wohnungs- und/oder Teileigentum an, hat die Gestaltung, wie das Sonder- vom Gemeinschaftseigentum abgrenzt wird, Bedeutung sowohl im Hinblick auf die Kostentragung als auch für die Ausübungsbefugnisse der betroffenen und künftigen Eigentümer.

Um Sondereigentum an Wohn- oder sonstigen Räumen einzuräumen, muss die Abgeschlossenheit erklärt werden, § 3 Abs. 2 S. 1 WEG. Kam es bisher für Kfz-Stellplätze in einer Tiefgarage darauf an, dass die einzelnen Stellplätze dauerhafte Markierungen aufzuweisen hatten, so kommt es nun entscheidend auf die **maßstabsgerechten Angaben** in der Aufteilungserklärung an. Bezugspunkt ist regelmäßig eine **katastermäßig bestimmte Grundstücksgrenze**.[48]

64 Durch die Begründung von Sondereigentum wird das Gemeinschaftseigentum der Eigentümer eingeschränkt. Für die Aufteilung in Wohnungs- und/oder Teileigentum ist der Aufteilungsplan, der regelmäßig Grundrisse aller Stockwerke, des Kellers und des Dachgeschosses sowie Schnitte und Ansichten des Gebäudes enthält, unerlässlich; er sichert die Einhaltung des sachenrechtlichen Bestimmtheitsgrundsatzes. Aus den Aufteilungsplänen ist die Aufteilung des Gebäudes nach Lage und Größe des Gemeinschafts- und des Sondereigentums sowie deren räumliche Abgrenzung ersichtlich.[49] Auch fingiertes Raumeigentum an Garten- oder Terrassenflächen ist aus dem Aufteilungsplan ersichtlich.

Zum **gemeinschaftlichen Eigentum** gehört zwingend das aufgeteilte **Grundstück**. Im Übrigen ergibt sich aus § 1 Abs. 5 WEG nur, dass das Grundstück und das Ge-

46 BGH, Beschl. v. 6.12.2018 – V ZB 134/17.

47 BGH, Beschl. v. 29.6.2017 – V ZB 144/16; vgl. *Elsing*, notarbüro 2017, 70, 71.

48 BT-Drucks 19/18791, 39.

49 Vgl. *Grziwotz*, NotBZ 2013, 161; BGH, Beschl. v. 18.7.2008 – V ZR 94/07, BGHZ 177, 338.

bäude, soweit sie **nicht im Sondereigentum oder im Eigentum eines Dritten stehen**, zum gemeinschaftlichen Eigentum gehören.

Gebäudeteile, die für den Bestand und die Sicherheit des Gebäudes zwingend sind sowie Anlagen und Einrichtungen, die dem gemeinschaftlichen Gebrauch der Eigentümer dienen, sind zwingend gemeinschaftliches Eigentum (§ 5 Abs. 2 WEG).

Einschränkend gilt nach § 5 Abs. 2 WEG jedoch, dass an der Fläche unmittelbar unter dem Gebäude kein Sondereigentum begründet werden kann, weil das Erdreich für den Bestand des Gebäudes erforderlich ist.[50]

Das **Sondereigentum** an Freiflächen (§ 3 Abs. 2 WEG) kann begründet werden, je- 65
doch nur in der Weise, dass die „Raumfreiflächen" als Anhängsel zum Sondereigentum an Räumen begründet werden.

Nicht möglich ist ausschließlich das Sondereigentum an einer Freifläche mit einem Miteigentumsanteil zu verbinden, wohl auch dann nicht, wenn die Fläche Anhängsel eines „unechten fingierten Stellplatzraumes" ist, jedenfalls dann, wenn das Stellplatz-Sondereigentum damit nicht mehr die wirtschaftliche Hauptsache ist.

Ist nach der Teilungserklärung nicht eindeutig, ob es sich um Sonder- oder Gemein- 66
schaftseigentum handelt, ist im Zweifel von Gemeinschaftseigentum auszugehen, weil Sondereigentum an Räumen nur entsteht, wenn es im Aufteilungsplan erklärt wurde.[51]

I. Muster: Teilungserklärung (Doppelhaus, § 3 WEG)

Kann das Grundstück nicht real geteilt werden, bietet sich die Bildung von Woh- 67
nungseigentumsrechten an. An jeder Wohnung kann Sondereigentum begründet werden. Die Gemeinschaftsordnung kann so gestaltet werden, dass sie einer realen Teilung der Einheiten nah kommt.

Die Aufteilungserklärung nach § 3 WEG bei der Gemeinschaftsordnung kann folgende Formulierung haben:

▼

Muster 12.6: Formulierungsbeispiel Aufteilungserklärung bei Gemeinschaftsordnung 12.6

UVZ-Nr.

Verhandelt

in

am .

50 *Lehmann-Richter/Wobst*, WEG-Reform 2020, Rn 1689.

51 BGH, Beschl. v. 18.7.2008 – V ZR 97/07, NJW 2008, 2982.

Vor mir, dem Notar

in

erschienen heute in den Amtsräumen :

1. Herr/Frau
   geb. am
   wohnhaft
   ausgewiesen durch gültigen Bundespersonalausweis,
2. Herr/Frau
   geb. am
   wohnhaft
   ausgewiesen durch gültigen Bundespersonalausweis.

Die Erschienenen zu 1. und 2. werden nachfolgend auch „Eigentümer" genannt.

Die Erschienenen ersuchten mich um die Beurkundung der nachstehenden

Aufteilungserklärung nach § 3 WEG bei Gemeinschaftsordnung

und erklärten zu meinem Protokoll:

I. Aufteilung

§ 1 Begründung von Wohnungseigentum

1. Wir sind/werden je zu $^{1}/_{2}$ Eigentümer des Grundstücks, gelegen in , gebucht beim Amtsgericht , Grundbuch von , Blatt , lfd. Nr. des Bestandsverzeichnisses, bestehend aus dem Flurstück der Flur der Gemarkung , groß qm.
2. Wir lassen auf dem Grundstück ein Gebäude mit zwei Haushälften sowie zwei ebenerdigen Kfz-Stellplätzen errichten.
3. Der Eigentümer teilt hierdurch das Grundstückseigentum nach § 3 WEG in zwei Wohnungseigentumsrechte auf, sodass mit jedem Miteigentumsanteil von $^{1}/_{2}$ das Sondereigentum an einer bestimmten in sich abgeschlossenen Wohnung einer Haushälfte nebst Kfz-Stellplatz verbunden ist.
4. Wir bilden folgende Wohnungseigentumsrechte:
   a) Der Miteigentumsanteil von $^{1}/_{2}$ des Erschienenen zu 1. wird verbunden mit:
      - dem Sondereigentum an allen Räumen der Haushälfte 1, bezeichnet in dem als Anlage beigefügten Aufteilungsplan mit der Nr. 1, von der Straße aus gesehen links gelegen,
      - dem Sondereigentum an den vor und hinter der Haushälfte 1 gelegenen Terrassen/Gartenflächen, im beigefügten Aufteilungsplan umrandetet dargestellt und mit Nr. 1 bezeichnet,
      - dem Sondereigentum an dem ebenerdigen Stellplatzraum, bezeichnet im beigefügten Aufteilungsplan mit Nr. 1.

b) Der Miteigentumsanteil von 1/2 des Erschienenen zu 2. wird verbunden mit:
   - dem Sondereigentum an allen Räumen der Haushälfte 2, bezeichnet in dem als Anlage beigefügten Aufteilungsplan mit der Nr. 2, von der Straße aus gesehen rechts gelegen,
   - dem Sondereigentum an den vor und hinter der Haushälfte 1 gelegenen Terrassen/Gartenflächen, im beigefügten Aufteilungsplan umrandetet dargestellt und mit Nr. 2 bezeichnet
   - dem Sondereigentum an dem ebenerdigen Stellplatzraum, bezeichnet im beigefügten Aufteilungsplan mit Nr. 2.

Auf die als Anlage in Kopie beigefügte, dieser Aufteilung zugrundeliegende Abgeschlossenheitsbescheinigung der Stadt/Gemeinde vom , Geschäftszeichen nehmen wir Bezug. Der Text der Abgeschlossenheitsbescheinigung wurde uns vom Notar vorgelesen und die Pläne erörtert.

§ 2 Begrifflichkeiten

1. Wohnungseigentum

Unter Wohnungseigentum ist das Sondereigentum an allen in sich abgeschlossenen Räumen eines Gebäudes in Verbindung mit einem Miteigentumsanteil am gemeinschaftlichen Eigentum, zu dem es gehört, zu verstehen sowie an nach Gesetz fingierten Räumen, die sich außerhalb des Gebäudes befinden, soweit die Flächen Anhängsel eines Sondereigentums an Räumen sind.

2. Sondereigentum

Bestehen Zweifel, ob es sich um Sonder- oder Gemeinschaftseigentum handelt, geht der Aufteilungsplan dem Text der Teilungserklärung vor. Im Übrigen gilt § 5 WEG, dessen zwingende Bestimmungen unberührt bleiben.

Unter Sondereigentum ist das alleinige Eigentum des Wohnungseigentümers, verbunden mit seinem Miteigentumsanteil an Räumen des Gebäudes und an nach § 3 Abs. 1 S. 2 WEG fingierten Räumen zu verstehen, mit Ausnahme der konstruktiven Gebäudeteile, wie z.B. das Dach und die tragenden Wände und Zwischenwände.

Ergänzend bestimmen wir, dass zum Sondereigentum gehören:

- **Bodenbelag** mit Ausnahme der im Gemeinschaftseigentum stehenden Schallisolierung, Wärmedämmung, Isolierung gegen Feuchtigkeit und Estrich,
- **Heizungsanlage, Heizkörper, Thermostatventile** der jeweiligen Haushälfte,
- **nichttragende Zwischenwände** innerhalb des Sondereigentums,
- **Ver- und Entsorgungsleitungen** des Wohnungseigentumsrechts mit Ausnahme der gemeinsamen Anschlüsse und gemeinsamen Zuleitung. Sollten Teile der vorgenannten Leitungen nicht sondereigentumsfähig sein, bleiben sie Ge-

meinschaftseigentum. Der jeweilige Sondereigentümer hat aber für alle anfallenden Kosten an diesen Leitungsteilen aufzukommen,
- **Wand- und Deckenputz** der im Sondereigentum stehenden Räume.

3. Gemeinschaftliches Eigentum

Zum Gemeinschaftseigentum gehören:
- **Abwasserhebeanlage** für mehrere Wohnungs- und/oder Teileigentumseinheiten,
- **Abwasserleitung** für benachbarte Wohnungen als gemeinsame Leitung,
- **Alarmanlage** für mehrere Einheiten,
- **Antennenanlagen** für mehrere Einheiten,
- **Außenanstrich**,
- **Außenjalousien**,
- **Außenwände**,
- **Aufzugsanlage**, wobei ein eigener Aufzug für nur einen Eigentümer ggf. sondereigentumsfähig sein kann,
- **Balkone** – die konstruktiven Teile, also z.B. Bodenplatte, Isolierschicht, Balkonbrüstung und Decke,
- **Bodenbelag** – nur die Schallisolierung oder Isolierung gegen Feuchtigkeit und Wärmeverlust sowie der **Estrich**,
- **Dachterrassen** – hier die Abdichtungsanschlüsse zwischen Dachterrasse und Gebäude sowie Isolierschicht,
- **Dielen**,
- **Fenster**,
- **Fundament des Gebäudes**,
- **Geschossdecke**,
- **Grundstück** – auch die ebenerdige Terrassenfläche,
- **Heizungsanlage** für mehrere Einheiten, auch die **Thermostatventile**,
- **Innenhof** – selbst dann, wenn dieser von Mauern umgeben ist,
- **Innenwände** – soweit tragend,
- **Kfz-Stellplätze im Freien**,
- **Markise**,
- **Pflanzen** – auch dann, wenn sie im Sondernutzungsbereich eingepflanzt sind,
- **Rauchmelder**,
- **Regenrinnen und Fallrohre sowie Ableitungen in das Schmutzwassersiel**,
- **Rollladen**,
- **Satellitenanlage** für mehrere Einheiten,
- **Sprechanlage** – jedenfalls wenn sie mehreren Einheiten dient,
- **Treppenhaus**,
- **Türen** – Wohnungsabschlusstüren sowie Terrassentüren,
- **Zähler** für mehrere Einheiten,
- **Zwischendecke**.

II. Gemeinschaftsordnung

§ 1 Gegenstand und Inhalt des Sondereigentums, Eigentümergemeinschaft, Verwaltung

Gegenstand und Inhalt des Sondereigentums, das Verhältnis der Wohnungs- bzw. Teileigentümer zueinander und die Verwaltung bestimmen sich nach den gesetzlichen Vorschriften des Wohnungseigentumsgesetzes (WEG), soweit nachstehend nichts Abweichendes bestimmt ist.

Das Recht zur ausschließlichen Benutzung von Teilen der Anlage wird auch als Sondernutzungsrecht bezeichnet.

§ 2 Sondernutzungsrechte

1. Sind am gemeinschaftlichen Eigentum Sondernutzungsrechte für einen Eigentümer begründet, steht diesem Eigentümer das Recht zu, diese Teile des gemeinschaftlichen Eigentums allein unter Ausschluss der übrigen Wohnungs- bzw. Teileigentümer zu nutzen, wobei der Charakter der benutzten Teile der Anlage nicht verändert werden darf. Im Übrigen hat jeder Miteigentümer das Recht, die Räume, Anlagen und Einrichtungen des Gebäudes und die Grundstücksflächen mitzubenutzen, die zum gemeinschaftlichen Gebrauch bestimmt sind, es sei denn, nachstehend ergibt sich Abweichendes.
2. Der Inhalt des Sondereigentums soll gem. §§ 15 Abs. 1, 10 Abs. 2 WEG bestimmt werden. Es werden folgende Sondernutzungsrechte eingeräumt:
   a) Jeder Wohnungseigentümer hat das alleinige und ausschließliche Recht, die in seinem Doppelhaus befindlichen zum gemeinschaftlichen Eigentum gehörenden Gebäudeteile allein zu nutzen. Soweit die Doppelhäuser aneinandergebaut sind und zwei Trennwände haben, steht die Trennwand, die unmittelbar die Doppelhaushälfte von der des Nachbarn abgrenzt, im Sondernutzungsrecht des jeweiligen Wohnungseigentümers. Werden die Doppelhaushälften nur durch eine einzige Wand getrennt, steht diese Trennwand beiden Wohnungseigentümern als gemeinschaftliches Sondernutzungsrecht zu.
   b) Jeder Wohnungseigentümer hat das alleinige ausschließliche Nutzungsrecht der mit seinem Sondereigentum überbauten und der weiteren nicht überbauten Teile des Grundstücks, die in dem als **Anlage** zu dieser Urkunde beigefügten Lageplan rot umrandet dargestellt sind.
   c) Unterliegt gemeinschaftliches Eigentum dem Sondernutzungsrecht eines Wohnungseigentümers, hat dieser dafür das alleinige ausschließliche Recht zur Verwaltung.
   d) Der gemeinschaftlichen Versorgung der Wohnanlage dienende Anlagen und Einrichtungen (Leitungen, Abwasserkanal, Revisionsschächte und Ähnliches) dürfen auch durch Sondernutzungsbereiche verlaufen. Erforderliche

Wartungen, Reparaturen und Instandsetzungs- oder Erneuerungsarbeiten haben alle Eigentümer zu dulden. Die Kosten der Maßnahmen tragen diejenigen Eigentümer, die durch die Anlagen versorgt werden bzw. die die Anlagen zur Entsorgung nutzen.

e) Die Sondereigentümer dürfen die in ihrem Sondereigentum stehenden Teile des Gebäudes und Grundstücks unter Ausschluss der anderen Eigentümer nutzen, so als seien sie Alleineigentümer, es sei denn, vorstehend ist etwas anderes geregelt. Dasselbe gilt für die Berechtigten von Sondernutzungsrechten.

§ 3 Unterhalts- und Verkehrssicherungspflichten

1. Die Unterhaltung, Instandsetzung und Erneuerung obliegt jedem Miteigentümer auf seine Kosten für diejenigen Gebäude- und Grundstücksteile, die seinem Sondereigentum oder seinem Sondernutzungsrecht unterliegen. Dies gilt auch für die Ver- und Entsorgungsleitungen bis zum Anschluss an eine gemeinsame Hauptleitung.

   Das gemeinschaftlich genutzte Gemeinschaftseigentum ist von allen Wohnungseigentümern gemeinsam zu unterhalten, instand zu halten und instand zu setzen. Die Kosten tragen die Miteigentümer im Verhältnis ihrer Miteigentumsanteile.

   Die Wohnungseigentümer sind verpflichtet, das Betreten der sondergenutzten Grundstücksflächen durch andere Wohnungseigentümer nach Voranmeldung zu dulden, soweit dies zur Durchführung der vorgenannten Maßnahmen erforderlich ist.
2. Die Verkehrssicherungspflichten, insbesondere die Räumungs- und Streupflichten, obliegen jedem Wohnungseigentümer für die seinem Sondernutzungsrecht unterliegenden Teile des Grundstücks sowie für den vor seinem Sondernutzungsrecht liegenden Teil des Gehwegs.

§ 4 Kosten und Lasten

1. Die Kosten und Lasten, die auf seinen Haus- und Grundstücksteil entfallen, einschließlich der Kosten der Verkehrssicherungspflicht, trägt jeder Miteigentümer allein.

   Nur soweit zwingend gemeinschaftliche Kosten anfallen, teilen sich die Miteigentümer diese nach dem Verhältnis ihrer Miteigentumsanteile.
2. Jeder Miteigentümer hat beim Abschluss von Verträgen mit Dritten darauf zu achten, dass als Vertragspartner nur er selbst für sein Sondereigentum und sein Sondernutzungsrecht auftritt und nicht der Verband der Wohnungseigentümer. Dies gilt insbesondere bei Vertragsabschlüssen über Instandhaltung, Instandsetzung oder Erneuerung. Handelt ein Miteigentümer dem zuwider, hat er die anderen Miteigentümer freizustellen oder auf erste Anforderung freizuhalten.

§ 5 Bauliche Veränderungen

Jeder Miteigentümer kann die in seinem Sondereigentum stehenden und von seinem Sondernutzungsrecht betroffenen Gegenstände innerhalb seines Gebäudes in jeder rechtlich zulässigen Weise nutzen, verändern und verbessern. Der Zustimmung der anderen Miteigentümer bedarf es nur in dem Umfang, wie ein Eigentümer nachbarrechtlicher Zustimmung bedarf.

Eine Veränderung der äußeren Gestaltung des Sondereigentums oder der Gebäudeteile, an denen Sondernutzungsrechte bestehen, einschließlich der Montage von Markisen, bedarf der Zustimmung der anderen Miteigentümer. Diese dürfen die Zustimmung nur versagen, wenn die beabsichtigte Maßnahme den äußeren Gesamteindruck der Gebäude wesentlich verändern würde.

Das Sondernutzungsrecht an einem Kfz-Stellplatz berechtigt – im Rahmen des geltenden Baurechts – zur Errichtung eines Carports.

§ 6 Übertragung des Wohnungseigentums

Ein Verwalter wird nicht bestellt. Die Verwaltung üben die Eigentümer grundsätzlich selbst und gemeinschaftlich aus. Unberührt bleibt die Möglichkeit nach den Vorschriften des Wohnungseigentumsgesetzes einen Verwalter zu wählen.

Die Veräußerung des Wohnungseigentums bedarf keiner Zustimmung eines Verwalters und auch keiner Zustimmung durch einen anderen Miteigentümer.

Jeder Wohnungseigentümer ist verpflichtet, die Bestimmungen dieser Teilungserklärung und Gemeinschaftsordnung seinem Rechtsnachfolger im Eigentum aufzuerlegen und diesen bei einer Übertragung des Wohnungseigentums entsprechend zu verpflichten.

§ 7 Versicherungen

Jeder Wohnungseigentümer hat sein Wohnungseigentum getrennt auf eigene Kosten zu versichern.

Wenn die Wohnungseigentümer eine gemeinschaftliche Versicherung wünschen oder eine solche zwingend vorgeschrieben ist (z.B. Grundstückshaftpflicht), werden sie gemeinschaftlich die Versicherung abschließen. Die Kosten werden entsprechend den Miteigentumsanteilen getragen.

§ 8 Eigentümerversammlung

1. Auf die Abhaltung einer jährlichen Eigentümerversammlung wird verzichtet. Beschlüsse sind dann schriftlich zu fassen. Jeder Wohnungseigentümer hat eine Kopie des Protokolls über die Beschlüsse zu erhalten. Das Recht jedes Wohnungseigentümers, jederzeit die Einberufung einer Eigentümerversammlung zu verlangen, bleibt hiervon unberührt.

2. In der Eigentümerversammlung darf sich jeder Eigentümer aufgrund schriftlicher Vollmacht vertreten lassen. Das Stimmrecht richtet sich nach dem Verhältnis der Miteigentumsanteile.
3. Steht das Wohnungseigentum im Eigentum mehrerer Personen, so haben diese auf Verlangen eines Wohnungseigentümers einen Bevollmächtigten zu bestellen, der berechtigt ist, für sie Willenserklärungen und Zustimmungen, die im Zusammenhang mit dem Wohnungseigentum stehen, einheitlich abzugeben und entgegenzunehmen.

§ 9 Zweifelsfragen

Bei jedweder Zweifelsfrage zur Anwendung des Wohnungseigentumsgesetzes oder der vorstehenden Vereinbarungen ist davon auszugehen, dass die Sondereigentümer so zu behandeln sind, als ob sie Alleineigentümer zweier selbstständiger Grundstücke mit einem Doppelhaus wären.[52]

III. Grundbuchanträge

Die Beteiligten sind sich über die vorgenannte Einräumung von Sondereigentum einig. Sie bewilligen und beantragen in das Grundbuch einzutragen, die:

1. Aufteilung des Grundstücks in zwei Wohnungseigentumsrechte gemäß I.,
2. Bestimmungen der Gemeinschaftsordnung gemäß II. als Inhalt des Sondereigentums,
3. die Anlegung je eines Wohnungsgrundbuchblattes mit Vermerk des Miteigentumsanteils, des Sondereigentums und – soweit bestellt – des Sondernutzungsrechts an dem jeweiligen Grundstücksteil und Kfz-Stellplatz,
4. die Aufteilung der eingetragenen Belastungen wie folgt: Soweit ein Miteigentümer Belastungen nur lastend auf seinem Miteigentumsanteil eingetragen hat, so sollen diese Belastungen nach Aufteilung in Wohnungseigentum im selben Rangverhältnis wie bisher nur lastend auf seinem Wohnungseigentum eingetragen werden,
5. die Schließung des bisherigen Grundbuchs des Grundstücks.

IV. Vollmachten, Hinweise, Kosten

1. Hierdurch beauftragen und bevollmächtigen wir den Notar, diese Urkunde in jeder Hinsicht durchzuführen, alle hierzu erforderlichen Unterlagen zu beschaffen und uns im Grundbuchverfahren uneingeschränkt zu vertreten, auch mittels notarieller Eigenurkunden. Der Notar darf Anträge aus dieser Urkunde getrennt oder eingeschränkt stellen und zurückzunehmen. Alle zur Wirksamkeit oder Durchführung erforderlichen Unterlagen gelten mit ihrem Eingang bei dem Notar allen Beteiligten als zugegangen.

52 Vgl. *Stöhr*, in: Kölner Formularbuch Grundstücksrecht, Kap. E Rn 537.

2. Wir bevollmächtigen die jeweiligen Notariatsangestellten des Notars ,
   insbesondere

   Herrn

   Frau

   Anschrift ,

   einzeln unter Befreiung von den Beschränkungen des § 181 Alt. 2 BGB, unabhängig von der Wirksamkeit dieser Urkunde, diese Urkunde einschl. der Teilungserklärung und der Gemeinschaftsordnung zu ergänzen und/oder abzuändern.
3. Wir sind vom Notar darauf hingewiesen, dass die Wohnungseigentumsrechte mit der Eintragung in den Wohnungsgrundbuchblättern entstehen.
4. Der Wert des Grundstücks einschließlich Bebauung wird zur Kostenberechnung mit ca. EUR angegeben.
5. Die Kosten der Beurkundung, des Vollzugs, der Betreuung tragen die zukünftigen Wohnungseigentümer entsprechend ihren Miteigentumsanteilen. Jeder Eigentümer trägt etwaige Bank- und Beglaubigungsgebühren, die seine Kreditinstitute möglicherweise in Rechnung stellen, selbst.

Nebst Anlagen vorgelesen, die Pläne wurden erörtert, genehmigt, unterschrieben.

§ 13 Spekulationssteuer

Über die rechtlichen Folgen des beurkundeten Kaufvertrags hat der Notar die Vertragsbeteiligten zu belehren – § 17 BeurkG. Zur Belehrung gehört jedoch **nicht, über die steuerrechtlichen und die wirtschaftlichen Folgen** zu beraten.[1] Insbesondere trifft den Notar auch **keine Amtspflicht**, den Verkäufer einer Immobilie vor etwaigen Steuerpflichten, insbesondere solcher nach § 23 EStG[2] zu warnen.[3] Zudem muss der Notar die Grundbucheinsicht **nicht** zum Anlass nehmen, um den Sachverhalt für das eventuelle Eingreifen von Steuertatbeständen zu ermitteln.[4] Insbesondere hat ihn der Preis, zu dem der Verkäufer zuvor das Grundstück erworben hatte, durchweg nicht zu interessieren; nur aus einem Vergleich zwischen den früheren Anschaffungskosten und dem jetzt vorgesehenen Verkaufspreis könnte sich aber ein Gewinn errechnen, der möglicherweise zu versteuern wäre.[5] 1

Sollte sich konkret in einem Einzelfall ergeben, dass der Notar befürchten muss, dass einem Beteiligten wegen mangelnder Kenntnis der Rechts- und Sachlage ein steuerlicher Schaden droht und wenn die Beteiligten auf die Klärung dieser steuerlichen Frage erkennbaren Wert legen und den Notar um eine entsprechende Auskunft bitten,[6] hat der Notar über die **drohenden Gefahren zu belehren**. Das gilt, soweit die Risiken dem Notar bekannt sind. Zu einer Auskunft ist der Notar jedoch nicht verpflichtet. Es genügt der notariellen Amtspflicht, wenn der Notar die Beteiligten darauf **hinweist**, dass die Einschaltung eines **steuerlichen Beraters** sinnvoll sei und er als Notar nicht steuerlich beratend tätig ist. Auch ein Hinweis an den Beteiligten, dass dieser sich an die **Finanzverwaltung** zur Auskunft wenden kann, genügt der Amtspflicht.[7] 2

Verkauft ein Eigentümer ein Grundstück, das er zuvor geschenkt erhielt oder geerbt hatte, so kommt es hinsichtlich der Frist, ob **Spekulationssteuer** zu zahlen ist oder nicht, darauf an, wann der frühere Eigentümer das Grundstück erworben hatte. Kauft ein Miterbe den Erbteil eines anderen Miterben, so entstehen ihm insoweit 3

1 BGH NJW 1995, 2794 = DNotZ 1996, 116; *Heinemann*, in: Kölner Formularbuch Grundstücksrecht, Kap. 5 Rn 708 m.w.N.

2 Veräußerungsgeschäfte bei Grundstücken und Rechten, die den Vorschriften des bürgerlichen Rechts über Grundstücke unterliegen, bei denen der Zeitraum zwischen Anschaffung und Veräußerung nicht mehr als zehn Jahre beträgt (Spekulationssteuer).

3 *Winkler*, BeurkG, § 21 Rn 5; *Heinemann*, in: Kölner Formularbuch Grundstücksrecht, Kap. 5 Rn 708.

4 BGH NJW 1985, 1225, 1226.

5 BGH NJW 1995, 2794.

6 BGH NJW 2008, 1085 = DNotZ 2008, 370, 371; NJW-RR 2003, 1498 = DNotZ 2003, 845; NJW 1985, 2794 = DNotZ 1986, 116.

7 BGH NJW 2008, 1085 = DNotZ 2008, 370, 371; NJW-RR 2003, 1498 = DNotZ 2003, 845; vgl. *Heinemann*, in: Kölner Formularbuch Grundstücksrecht, Kap. 5 Rn 709 m.w.N.

Anschaffungskosten. Bei einem Verkauf innerhalb der Spekulationsfrist muss der Gewinn aus der Veräußerung dieses Grundstücks versteuert werden. Ein **Hinweis des Notars** auf die Einschaltung eines **Steuerberaters** kann im Zweifel wertvoll sein, denn eine vermiedene Steuer ist im Vergleich zu einem angemessenen Steuerberaterhonorar ein großer Vorteil für den Verkäufer.

4 Freigestellt von der Spekulationssteuer ist die im Zeitraum zwischen der Anschaffung/Fertigstellung und Veräußerung **ausschließlich zu eigenen Wohnzwecken** oder im Jahr der Veräußerung und in den beiden vorangegangenen Jahren zu eigenen Wohnzwecken genutzte Immobilie, § 23 Abs. 1 S. 1 Nr. 1 S. 3 EStG.

5 Eine Beratung des Notars insbesondere zu tiefergreifenden Fragen einer möglichen Spekulationssteuer sollte der Notar **nicht vornehmen**, sondern diese einem Steuerberater überlassen. Wenn der Notar dennoch eine Beratung diesbezüglich leisten will, so muss er ggf. für eine unrichtige Beratung auch einstehen.[8] Außerdem müsste der Notar, der steuerberatend tätig wird, auch **die geldwäscherechtlichen Pflichten des Steuerberaters** beachten, die nach § 2 Abs. 1 Nr. 12 GwG auch zu den Verpflichteten des Geldwäschegesetzes gehören.

8 *Ganter*, DNotZ 1998, 851; BGH, DNotZ 2008, 370 Rn 16 m.w.N.

§ 14 Insolvenz des Verkäufers

A. Immobilienkaufvertrag und Eintreten einer Verkäuferinsolvenz

Zweifellos werden regelmäßig die vom Notar beurkundeten Immobilienkaufverträge auch erfolgreich vollzogen. Befindet sich, insbesondere der Verkäufer, allerdings in wirtschaftlichen Schwierigkeiten, kann die Abwicklung des Kaufvertrags auch scheitern. Wird z.B. vor Beantragung der Eigentumsumschreibung über das Vermögen des Verkäufers die Insolvenz eröffnet, kann es entscheidend darauf ankommen, in welchem Stadium der Abwicklung die Kaufvertragsvereinbarung sich befindet. Hat der Verkäufer vollständig seine Haupt- und Nebenleistungspflichten erfüllt, fällt der Anspruch auf Erhalt des Kaufpreises bzw. der Gegenleistung, die der Käufer noch zu erbringen hat, in die **Insolvenzmasse**. Daneben ist entscheidend, ob vor der Insolvenzeröffnung eine Vormerkung zur Sicherung der Eigentumsübertragung im Grundbuch eingetragen oder wenigstens formgerecht beantragt ist. 1

B. Eröffnung der Verkäuferinsolvenz zwischen Kaufvertragsbeurkundung und Beantragung der Eigentumsumschreibung

Sollte der Käufer den Kaufpreis oder einen Teil des Kaufpreises vorgeleistet haben, fällt der gezahlte vorgeleistete Betrag in die **Insolvenzmasse**. Dies erfreut in der Regel den Insolvenzverwalter, weil diese Situation günstig für die Insolvenzmasse ist, sodass er von seinem Erfüllungswahlrecht (§ 103 InsO) regelmäßig keinen Gebrauch machen dürfte.[1] 2

Erfolgte bereits die Besitzübergabe an den Käufer, wurde die Auflassung beurkundet und die Grunderwerbsteuer bereits bezahlt, kann der Insolvenzverwalter sein Wahlrecht nicht mehr ausüben, weil § 103 InsO nicht mehr anwendbar ist. Dennoch: Der Eigentumsübereignungsanspruch des Käufers in dieser Situation ist lediglich ein einfacher Insolvenzforderungsanspruch, besteht also nur in einem Anspruch des Käufers, der in eine **Geldforderung** – § 45 InsO – umgerechnet wird. Diese Geldforderung wird lediglich mit der **Insolvenzquote** befriedigt.[2] 3

Stand dem Insolvenzverwalter jedoch sein Wahlrecht nach § 103 InsO zu und verlangte er vom Käufer **die Erfüllung**, verhält es sich anders. Dann ist der Immobilienkaufvertrag – wie üblich – zu erfüllen. Soweit der Käufer den oder einen Teil 4

1 *Reul*, in: Reul/Heckschen/Wienberg, K. Rn 2.

2 *Reul*, in: Reul/Heckschen/Wienberg, K. Rn 3.

des Kaufpreises schon geleistet haben sollte, besteht für ihn **nicht** das Risiko, die bereits gezahlten Beträge noch einmal, also doppelt aufbringen zu müssen.[3]

C. Eröffnung der Verkäuferinsolvenz nach beurkundeter Auflassung und beantragter Eigentumsumschreibung

5 Ist nach beurkundeter Auflassung der Antrag auf Eigentumsumschreibung formgerecht – auch durch den Käufer – (mit-)beantragt, also bindend, besteht für den Käufer kein Insolvenzrisiko mehr. Die Kaufvertragsvereinbarung ist dann insolvenzfest. Dabei kommt es weder auf eine erfolgte Besitzübergabe an noch auf die Erfüllung des Kaufpreisanspruchs. Das Anwartschaftsrecht kann dem Käufer nicht mehr entzogen werden.[4] Etwas anderes gilt aber, wenn die Eintragung der Auflassung nicht vom Käufer mit beantragt, sondern wenn der Notar, der nach Schlüssigkeitsprüfung gem. § 16a GwG die Umschreibung ausschließlich für den Verkäufer beantragen würde; in diesem Fall ist die Kaufvertragsvereinbarung nicht insolvenzfest. Der Insolvenzverwalter könnte den Antrag zurücknehmen.

D. Verkäuferinsolvenzeröffnung bei eingetragener Vormerkung und noch nicht beurkundeter Auflassung

6 Ist im Grundbuch zur Sicherung des Käufers auf Übereignung eine Vormerkung eingetragen, ist der Käufer geschützt. Nach § 106 Abs. 1 InsO kann der Käufer dann die Befriedigung seiner Ansprüche aus der Insolvenzmasse verlangen. Dies gilt auch dann, wenn der Verkäufer noch weitere Verpflichtungen wie die Erklärung der Auflassung übernommen, aber noch nicht erledigt hat. Ist die Vormerkung zwar noch nicht im Grundbuch eingetragen, aber formgerecht, bindend – auch durch den Käufer – (mit-)beantragt, gilt die vorstehende Ausführung sinngemäß. Der Käufer wird durch § 91 Abs. 2 InsO und § 878 BGB geschützt. Etwas anderes gilt aber, wenn die Eintragung der Vormerkung nicht vom Käufer mit beantragt, sondern ausschließlich nur vom Verkäufer beantragt wurde. In diesem Fall ist die Kaufvertragsvereinbarung nicht insolvenzfest. Der Insolvenzverwalter könnte den Antrag zurücknehmen. Ein Notarantrag gem. § 15 GBO genügt möglicherweise nicht.[5]

3 Bei Bauträgerverträgen bestehen dagegen teilbare Leistungen i.S.v. § 105 InsO, sodass bei Bauträgerverträgen das Risiko, doppelt zu zahlen, bestehen kann.

4 § 91 InsO lässt § 878 BGB unberührt, sodass die Erklärungen der Berechtigten durch die nachträglich eingetretene Verfügungsbeschränkung nicht unwirksam werden.

5 *Reul*, in: Reul/Heckschen/Wienberg, K. Rn 7 m.w.N.

E. Mitwirkung des Insolvenzverwalters

- Ist die Auflassung beurkundet und wurde der Antrag auf Eigentumsumschreibung bindend gestellt, bedarf es für den Grundbuchvollzug keiner weiteren Mitwirkung des Insolvenzverwalters mehr. Andernfalls bedarf es einer neuen Auflassung durch den Insolvenzverwalter und falls zunächst (nur) ein vorläufiger Insolvenzverwalter bestellt wurde, der Auflassung durch diesen. 7
- Zur Mitwirkung bei einer eingetragenen Auflassungsvormerkung oder einer bindend auch durch den Käufer (mit-)beantragten Vormerkung ist der Insolvenzverwalter (ggf. auch der vorläufige Insolvenzverwalter) verpflichtet – §§ 103, 106 InsO bzw. § 878 BGB. Kommt er dieser Pflicht nicht nach, kann er sich schadenersatzpflichtig machen.

F. Finanzierungsvollmachten werden unwirksam

Gemäß § 117 InsO werden mit der Eröffnung des Insolvenzverfahrens über das Vermögen des Verkäufers die vom Verkäufer zuvor erteilten Finanzierungsvollmachten unwirksam. 8

Kann der Käufer berechtigt vom Insolvenzverwalter die Erfüllung des Vertrags verlangen, und ist der Vollzug nur noch abhängig von der Kaufpreisfinanzierungsgrundschuld, ist der Insolvenzverwalter nach hier vertretener Ansicht zur Mitwirkung bei der Grundschuldbestellung verpflichtet. Würde er nicht bei der nur zum Vollzug des Kaufvertrags noch notwendigen Grundschuldbestellung mitwirken, würde das seiner Mitwirkungspflicht und den gesetzlichen Vorgaben in §§ 103, 106 InsO zuwiderlaufen. Eine Vergütung für die Mitwirkung darf der Insolvenzverwalter daher nicht verlangen. Eine entsprechende Vereinbarung des Käufers, dessen druckvolle Lage ausgenutzt würde, verstieße gegen die guten Sitten und wäre unwirksam – § 138 BGB.

G. Kaufpreis auf Notaranderkonto

Das notarielle Verwahrungsverfahren ist hoheitlicher Natur und keine Geschäftsbesorgung i.S.v. §§ 115, 116 InsO. Mit der Eröffnung der Insolvenz eines Beteiligten **besteht das Verwahrungsverhältnis** deshalb **fort**. Die Forderung des Guthabens gegen die kontoführende Bank gehört nicht zur Insolvenzmasse. Der Notar wird grundsätzlich ungeachtet der Insolvenz das Verwahrungsverfahren durchführen, allerdings mit der Maßgabe, Auszahlungen an den Insolvenzverwalter und nicht mehr an den Insolventen vorzunehmen.[6] 9

6 *Sandkühler*, in: Arndt/Lerch/Sandkühler, BeurkG § 23 Rn 188; *Elsing*, in: Kilian/Sandkühler/vom Stein, § 15 Rn 50.

H. Löschung eines Insolvenzvermerks im Grundbuch

10 Ergibt sich aus einer Grundbucheintragung, dass ein Insolvenzvermerk gelöscht ist, kann nach einer neueren Entscheidung des BGH daraus der Schluss gezogen werden, dass das Grundstück nicht mehr dem Insolvenzbeschlag unterliegt.[7] Eine Bestätigung des Insolvenzgerichts über die Beendigung muss dann dem Grundbuchamt nicht beigebracht werden. Gleichwohl sollte der Notar einen auch gelöschten Insolvenzvermerk zum Anlass nehmen, den Kaufvertrag besonders vorsichtig und rechtssicher zu gestalten. Ungesicherte Vorleistungen an den Verkäufer gilt es in diesen Fällen zu vermeiden. Die BGH-Entscheidung ist zu begrüßen, sie bringt die notwendige Klarheit.

I. Anfechtungen durch den Insolvenzverwalter

11 Bestimmte Rechtshandlungen des Schuldners vor der Insolvenzeröffnung können die Gläubiger des insolventen Schuldners benachteiligen, sodass der Insolvenzverwalter die Möglichkeit gem. § 129 Abs. 1 InsO hat, nach Maßgabe der §§ 130–146 InsO anzufechten. Veräußertes Vermögen des Schuldners muss ggf. in die Insolvenzmasse überführt werden (§ 143 Abs. 2 S. 1 InsO).[8]

7 BGH, Beschl. v. 30.8.2017 – VII ZB 23/14, NZI 2017, 910.

8 Checkliste der Anfechtungstatbestände siehe bei *Heckschen/Weitbrecht* in: Beck'sches Notarhandbuch, § 22 Rn 675.

§ 15 Grunderwerbsteuer

A. Erhöhungen bzw. Herabsenkungen der Grunderwerbsteuer

Anstelle eines notwendigen Herabsenkens oder einer Abschaffung der Grunderwerbsteuer, wenigstens für Eigennutzer, kam es in den vergangenen Jahren meistens zu Erhöhungen von Grunderwerbsteuersätzen. 1

Thüringen hat den Grunderwerbsteuersatz tatsächlich von 6,5 % auf 5,0 % herabgesenkt. Derzeit erheben noch **vier Bundesländer 6,5 %** auf die Gegenleistung (Kaufpreis etc.), die ein Käufer an seinen Verkäufer zahlen muss.

Die **Erhebungssätze** liegen aktuell zwischen 3,5 % und 6,5 %, je nachdem, in welchem Bundesland die vom Verkauf betroffene Immobilie liegt. Nachdem auch in Sachsen der Grunderwerbsteuersatz von 3,5 % auf 5,0 % angehoben wurde, erhebt lediglich Bayern noch einen Grunderwerbsteuersatz von 3,5 % und somit den niedrigsten Satz. In den Städten von Bayern, insbesondere München, sind allerdings die Immobilienpreise auch besonders hoch.

B. Übersicht der Grunderwerbsteuersätze per 1.7.2024

2

Baden-Württemberg	5,0 %
Bayern	3,5 %
Berlin	6,0 %
Brandenburg	6,5 %
Bremen	5,0 %
Hamburg	5,5 %
Hessen	6,0 %
Mecklenburg-Vorpommern	6,0 %
Niedersachsen	5,0 %
Nordrhein-Westfalen	6,5 %
Rheinland-Pfalz	5,0 %
Saarland	6,5 %
Sachsen	5,5 %
Sachsen-Anhalt	5,0 %
Schleswig-Holstein	6,5 %
Thüringen	5,0 %

C. Einnahmen aus der Grunderwerbsteuer

3 Wurden 2010 noch 5,29 Milliarden EUR Grunderwerbsteuer vereinnahmt, betrugen die Einnahmen 2015 bereits mehr als doppelt so viel, nämlich 11,25 Milliarden EUR.

Im Jahr 2019 wurden bereits 15,79 Milliarden EUR vereinnahmt. Die Einnahmen sind inzwischen **rückläufig**. Im ersten Halbjahr 2023 ist die Grunderwerbsteuer um rund ein Drittel eingebrochen und betrug nur noch 6,3 Milliarden EUR.

Mit jeder Grunderwerbsteuererhöhung steigt die Gefahr, dass Beteiligte außerhalb der notariellen Urkunden versuchen, über gefährliche Nebenabreden die Grunderwerbsteuer zu drücken. Jeder Kaufvertrag sollte deshalb einen **Warnhinweis des Notars** enthalten, wonach Nebenabreden zum Kaufvertrag zur Nichtigkeit desselben führen können.

4 Die Grunderwerbsteuer und auch die weiteren Steuern und Abgaben haben ein hohes Maß angenommen. Die Immobiliengeschäfte könnten daher noch weiter abgeschwächt werden, wodurch Grunderwerbsteuereinnahmen weiter sinken und Bautätigkeiten einbrechen. Eine vorrübergehende Abschaffung der Grunderwerbsteuer oder z.B. eine Halbierung der Sätze in jedem Bundesland wäre ein Tritt auf die Bremse, setzt aber ein kluges Handeln aller Bundesländer voraus. Auch die Schaffung eines Grunderwerbsteuerbefreiungstatbestandes in § 3 des Grunderwerbsteuergesetzes wäre sinnvoll für Eigennutzer von Immobilien, insbesondere für junge Familien. Diskutiert wurde das bereits.[1]

D. Besteuerungstatbestände, Anzeige- und Mitteilungspflichten des Notars

5 Der Grunderwerbsteuer unterliegen Vorgänge, die drei Voraussetzungen erfüllen müssen:

1. Vertragsgegenstand des Erwerbs muss eine im **Inland gelegene Immobilie** sein, § 2 GrEStG.
2. Durch den Rechtsvorgang muss der **Eigentümer der Immobilie wechseln**.
3. Es muss ein Erwerbsvorgang vorliegen.

6 Der Grunderwerbsteuer unterliegen insbesondere Kaufverträge, aber auch andere Rechtsgeschäfte, die den Anspruch auf Übereignung begründen, § 1 Abs. 1 Nr. 1 GrEStG.

Wenn nur das dingliche Erfüllungsgeschäft, die **Auflassung**, beurkundet wurde, ohne dass zuvor der schuldrechtliche Anspruch auf Übereignung beurkundet wurde, unterliegt die **Auflassung der Grunderwerbsteuer**, § 1 Abs. 1 Nr. 2 GrEStG.

1 BT-Drucks 19/19995, S. 1–3.

Grundbuchberichtigungsanträge, die der Notar beurkundet oder entworfen und die Unterschriften beglaubigt hat, unterliegen der Grunderwerbsteuer, wenn der Erwerbsvorgang zum Wechsel des Eigentümers führt (§ 18 Abs. 1 S. 1 Nr. 2 GrEStG) oder falls eine Änderung im Bestand der Gesellschafter eingetragen werden soll (§ 18 Abs. 2 GrEStG).

Kauft ein Erwerber ein Grundstück an und wird in diesem Zusammenhang verpflichtet, das **Grundstück durch einen bestimmten Bauträger** bebauen zu lassen, stehen und fallen beide Vorgänge (Kauf und Bebauung) i.S.v. § 139 BGB miteinander. Es handelt sich rechtlich somit um ein einheitliches Vertragswerk, das dann die Grunderwerbsteuer auf den Kaufpreis für das Grundstück und auf den Wert der Bebauung auslöst.[2]

Der Veräußerer schuldet in den Fällen eines einheitlichen Erwerbsvorgangs die Grunderwerbsteuer in voller Höhe auch dann, wenn er nicht selbst, sondern ein Dritter zivilrechtlich zur Gebäudeerrichtung verpflichtet ist. Verkauft also jemand mit notariellem Kaufvertrag z.B. eine Teilfläche aus einem ihm gehörenden Grundstück an einen Käufer prüft das Finanzamt, ob die Käufer bereits vor dem Kaufvertrag einen Bauvertrag über die Errichtung eines Wohnhauses abgeschlossen haben oder eine entsprechende Bindung vorlag. Die Bauleistung wird dann ebenfalls der Grunderwerbsteuer unterzogen.[3] 7

Der Notar hat die Pflicht, dem zuständigen Finanzamt – Grunderwerbsteuer – den Kaufvertrag anzuzeigen. Zuständig ist das Finanzamt, in dessen Bezirk die Immobilie liegt. Liegen mehrere Immobilien in den Bezirken von Finanzämtern verschiedener Länder, ist jedem zuständigen Finanzamt eine Anzeige zu erstatten. 8

Der Inhalt der Anzeige muss die in der Veräußerungsanzeige aufgeführten Angaben enthalten (§ 20 Abs. 1 GrEStG), somit: 9

- Vorname, Zuname, Anschrift und steuerliche Identifikationsnummer i.S.v. § 139b AO des Verkäufers und des Käufers, ggf. auch, ob und um welche begünstigte Person i.S.v. § 3 Nr. 3 bis 7 GrEStG es sich bei dem Käufer handelt;
- die Bezeichnung des Grundstücks nach Grundbuch, Kataster, Straße und Hausnummer und die Größe;
- die Grundstücksart (z.B. unbebaut, bebaut);
- die Bezeichnung des anzeigepflichtigen Vorgangs, den Tag der Beurkundung und, falls eine Genehmigung zur Rechtswirksamkeit aussteht, die Angabe der Person, die ggf. genehmigt;
- den Kaufpreis und die sonstigen Gegenleistungen – § 9 GrEStG (z.B. Schuldübernahmen, Nießbrauchrechte, Wohnrechte, Erbbauzinsen);
- Angabe, welcher Kaufpreis ggf. auf mitverkauftes Inventar und Betriebsvorrichtungen entfällt;

2 BFH BStBl II 1990, 181.
3 BGH, Urt. v. 30.8.2017 – II R 48/15.

- den Namen des beurkundenden Notars;
- bezieht sich die Anzeige auf Anteile an einer Gesellschaft, müssen außerdem gem. § 20 Abs. 2 GrEStG die Firma und der Ort der Geschäftsleitung der Gesellschaft, die Bezeichnung des Gesellschaftsanteils bzw. der Gesellschaftsanteile angegeben werden.

Der Anzeige ist eine Abschrift der Urkunde über den Rechtsvorgang beizufügen.

10 Die Veräußerungsanzeigen für Grundstücksübertragungen wurden etwas vereinheitlicht, sodass seit dem 1.1.2018 neue Vordrucke vorhanden sind. Die erste Seite ist in den Bundesländern gleich; die übrigen Seiten können unterschiedlich sein.

11 Der Notar darf den Beteiligten die Urkunden, beglaubigte Abschriften oder Ausfertigungen des Rechtsvorgangs erst aushändigen, wenn er seine Anzeigepflicht erledigt hat, also die Absendung an das Finanzamt geschehen ist, § 21 GrEStG. **Eine nicht ordnungsgemäß erfolgte Anzeige kann dazu führen, dass bei einer späteren Rückgängigmachung oder Teilrückgängigmachung** die Grunderwerbsteuer nicht aufgehoben oder vermindert wird. Die Mitteilungspflicht muss auch deshalb stets sorgfältig und unverzüglich erledigt werden. Neben der Grunderwerbsteuer-Anzeigepflicht kann auch eine Anzeige nach § 34 ErbStG vom Notar zu erledigen sein, z.B. wenn der Vertrag durch miteinander verwandte Personen geschlossen wird oder der Vertrag eine Schenkung beinhaltet.

E. Grunderwerbsteuerfreie Tatbestände

12 Von der Besteuerung der Grunderwerbsteuer gibt es zahlreiche Ausnahmen. **Frei von der Grunderwerbsteuer sind** z.B.:

§ 3 Nr. 1 GrEStG:	Wenn die **Gegenleistung** für den Erwerb der Immobilie **nicht mehr als 2.500 EUR** beträgt.
§ 3 Nr. 2 GrEStG:	Der Grundstückserwerb von Todes wegen und **Grundstücksschenkungen** unter Lebenden i.S.d. Erbschaftssteuer- und Schenkungsteuergesetzes; Schenkungen unter Auflage unterliegen der Besteuerung jedoch hinsichtlich des Werts solcher Auflagen, die bei der Schenkungsteuer abziehbar sind.
§ 3 Nr. 3 GrEStG:	Der Erwerb eines zum Nachlass gehörenden Grundstücks durch Miterben **zur Teilung des Nachlasses**. Den Miterben steht der überlebende Ehegatte oder Lebenspartner gleich, wenn er mit den Erben des verstorbenen Ehegatten oder Lebenspartners gütergemeinschaftliches Vermögen zu teilen hat oder wenn ihm in Anrechnung auf eine Ausgleichsforderung am Zugewinn des verstorbenen Ehegatten oder Lebenspartners ein zum Nachlass gehöriges

	Grundstück übertragen wird. Den Miterben stehen außerdem ihre Ehegatten oder ihre Lebenspartner gleich.
§ 3 Nr. 4 GrEStG:	Der Grundstückserwerb durch den **Ehegatten oder Lebenspartner** des Veräußerers.
§ 3 Nr. 5 GrEStG:	Der Grundstückserwerb durch den **früheren Ehegatten** des Veräußerers im Rahmen der Vermögensauseinandersetzung nach der Scheidung.
§ 3 Nr. 5a GrEStG:	Der Grundstückserwerb durch den **früheren Lebenspartner** des Veräußerers im Rahmen der Vermögensauseinandersetzung nach Aufhebung der Lebenspartnerschaft.
§ 3 Nr. 6 GrEStG:	Der Erwerb eines Grundstücks durch Personen, **die mit dem Veräußerer in gerader Linie verwandt sind** oder deren Verwandtschaft durch die Annahme als Kind bürgerlich-rechtlich erloschen ist. Den Abkömmlingen stehen die Stiefkinder gleich. Den in den Sätzen 1 und 2 genannten Personen stehen deren Ehegatten oder deren Lebenspartner gleich.
§ 3 Nr. 7 GrEStG:	Der Erwerb eines zum Gesamtgut gehörigen Grundstücks durch Teilnehmer an einer fortgesetzten Gütergemeinschaft zur Teilung des Gesamtguts. Den Teilnehmern an der fortgesetzten Gütergemeinschaft stehen ihre Ehegatten oder ihre Lebenspartner gleich.
§ 3 Nr. 8 GrEStG:	Der **Rückerwerb eines Grundstücks durch den Treugeber bei Auflösung des Treuhandverhältnisses**. Voraussetzung ist, dass für den Rechtsvorgang, durch den der Treuhänder den Anspruch auf Übereignung des Grundstücks oder das Eigentum an dem Grundstück erlangt hatte, die Steuer entrichtet worden ist. Die Anwendung der Vorschrift des § 16 Abs. 2 GrEStG bleibt unberührt.

Weitere Grunderwerbsteuerbefreiungen (Sonderfälle) regelt § 4 GrEStG; diese wer- 13
den auf dem öffentlich-rechtlichen Gebiet verwirklicht.[4]

Scheitert ein Kaufvertrag und wird der Erwerbsvorgang rückgängig gemacht noch 14
bevor das Eigentum auf den Käufer übergegangen ist, wird auf Antrag die Grunderwerbsteuer **nicht erhoben**. Wurde die Grunderwerbsteuer bereits gezahlt, wird sie auf Antrag **erstattet**. Das ergibt sich aus § 16 GrEStG. Dem Finanzamt sollte die Bankverbindung bei Antragstellung mit aufgegeben werden, damit sich die Erstattung nicht unnötig verzögert.

4 Vgl. *Nacke*, in: Lemke, Immobilienrecht, Besteuerung von Immobilien, Rn 342 ff.

Hinweis

Damit die Steuererstattung auch funktioniert und nicht abgelehnt wird, ist es **wichtig**, bereits bei der **Veräußerungsanzeige** die **Steuer-ID-Nummern der Verkäufer und Käufer** dem Finanzamt mitzuteilen. Andernfalls sieht das Finanzamt die ursprüngliche Anzeige ggf. als nicht vollständig an, sodass keine Steuererstattung stattfindet.

§ 16 Bauträgervertrag

A. Begriff, Bedeutung für den Erwerber

Ein Vertrag, in dem ein Bauträger sich verpflichtet, a) ein Haus oder ein vergleichbares Bauwerk herzustellen/umzubauen und b) das Eigentum an dem Baugrundstück dem Besteller (Käufer) zu übertragen (zu verkaufen), ist ein **Bauträgervertrag**, § 650u Abs. 1 BGB. Für den (einheitlichen) Bauträgervertrag gelten werkvertragliche und kaufrechtliche Bestimmungen. 1

Das **Beurkundungsverfahren** „Bauträgervertrag" ist für den Besteller (Käufer) von besonderer wirtschaftlicher Bedeutung. Ein Nichtgelingen des Projekts könnte verheerende Wirkungen haben, z.B. eine sich verwirklichende Insolvenz des Bauträgers und/oder ein gefuschtes Bauwerk oder eines, das nicht fertiggestellt ist. 2

B. Nicht anzuwendende werkvertragliche Bestimmungen

Bestimmte werkvertragliche Bestimmungen werden nach **§ 650u Abs. 2 BGB nicht angewendet**. Es gelten z.B. nicht: 3

- die freie Kündigung des Werkvertrags, auch nicht eine aus wichtigem Grund (§§ 648, 648a BGB),
- das Recht eine Änderung des Werkerfolgs anzuordnen (§ 650b BGB),
- die Vergütungsanpassung bei Anordnung zur Änderung des Werkerfolgs (§ 650c BGB),
- der Erlass über eine Einstweilige Verfügung bei Anordnung, Änderung, Werkerfolg oder Vergütungsanpassung (§ 650d BGB),
- die Vorschriften über die Bauhandwerkersicherungshypotheken (§ 650e BGB).

Die **Begrenzungen der Abschlagszahlungen** nach § 650m BGB greifen **nicht**. Die zulässigen Abschlagszahlungen, die geregelt werden dürfen, ergeben sich aus **§ 3 Abs. 2 MaBV**. Die MaBV ist eine Regelung des Gewerberechts.[1]

C. Baubeschreibung

Die **Baubeschreibung** ist ein Dokument mit besonderer Bedeutung für den Käufer. Sie liefert die Erkenntnis über diejenigen Arbeiten am Bau, die ggf. bereits ausgeführt wurden und über solche, die erst noch zu erbringen sind.[2] 4

Jeder Käufer sollte sich vor der Beurkundung unverzüglich mit dem Inhalt der Baubeschreibung auseinanderzusetzen. Die Zuhilfenahme eines Fachmanns zwecks 5

1 BGH, Beschl. v. 21.1.2016 – III ZR 159/15, BGHZ 298, 302.

2 BGH, Beschl. v. 8.3.2007 – VII ZR 130/05, BGHZ 162, 157.

Überprüfung und Beratung kann sinnvoll sein, da Fehler, die im Nachhinein korrigiert werden müssen, kostspielig sein können.

Nicht ohne Grund unterliegt die bedeutsame Baubeschreibung dem **Formerfordernis** des § 311b Abs. 1 BGB. Sie bedarf anlässlich des Vertragsabschlusses der **Mitbeurkundung**. Das Mitbeurkunden kann ggf. auch in einer **Verweisungsurkunde** geschehen, auf die bei Beurkundung des Bauträgervertrags nach § 13a BeurkG Bezug zu nehmen ist.

Demnächst erfolgt die Verweisung nicht mehr nach § 13a BeurkG, sondern nach § 13c BeurkG-E). Siehe hierzu ausführlich § 8 Rdn 17 ff.

6 Vorvertraglich ist die Baubeschreibung **mind. zwei Wochen vor Beurkundung** dem Käufer zur Verfügung zu stellen.

Das befreit den Notar aber keinesfalls davon, den Käufer nach § 17 BeurkG über die Inhalte zu belehren. In welchem Umfang der Notar dies leistet, liegt in seiner **amtlichen Verantwortung**.[3] Der Notar wird auf **präzise Formulierungen** hinwirken, sodass die Baubeschreibung **transparent** ist. Der Käufer darf dennoch nicht erwarten, dass der Notar über Kenntnisse eines Architekten oder Bauingenieurs verfügt. Insoweit sind der Belehrung **Grenzen** gesetzt.

D. Zweiwochenfrist

7 Die zweiwöchige Frist des Abwartens **vor der Beurkundung**, die nach § 17a Abs. 2 BeurkG geboten ist, genügt dem **Verbraucherschutz**.

Dem Verbraucher steht **kein Widerrufsrecht** – wie sonst im Verbrauchervertrag üblich – zu. Dennoch kann eine **längere Frist** geboten sein, z.B. wenn der Erwerber die Prüfung der Baubeschreibung noch nicht abschließen konnte, weil ein eingeschalteter Gutachter Zeit zur Überprüfung veranschlagt. In diesem Fall wird der Notar abwarten, bis die Prüfung erledigt und der Käufer sich im Anschluss auf einen Termin zur Beurkundung einlassen will.

E. Transparenz

8 **Klare und verständliche** Formulierungen der Vereinbarung, Baubeschreibung und Bezugsurkunde sind **erforderlich**, auch um dem Transparenzgebot des § 307 Abs. 1 S. 2 BGB zu genügen, sodass der **notarielle Bauträgervertrag** einer **Inhaltskontrolle** standhalten kann; dafür muss der Notar im ureigensten Interesse sorgen; andernfalls kann er haftbar sein.

3 *Limmer*, in: Würzburger Notarhandbuch, Teil 1 Kap. 2 Rn 98.

Hinweis 9

Die Mandatierung eines Bauträgers kann für einen Notar ein bedeutendes wirtschaftlich Mandatsverhält bedeuten. Wegen dieses wirtschaftlichen Interesses muss der Notar deshalb unbedingt **jeden Anschein einer Abhängigkeit oder Parteilichkeit meiden**, § 14 Abs. 3 BNotO.[4]

Sammelbeurkundungen mehrerer Bauträgerverträge mit mehreren Käufern über mehrere Objekte gleichzeitig in einem Termin sind **nicht zeitgemäß**. 10

Wenn einzelne Beteiligte unterschiedliche Sonderwünsche äußern, könnte eine Sammelbeurkundung ein schwieriges Unterfangen sein. Die Sammelbeurkundung gehört in den „Giftschrank". Sie gilt als problematisch.[5] Denn im Einzelfall könnten Erwerber von einer Vollendung der Beurkundung absehen oder sich auch mitreißen lassen und eine Beurkundung halbherzig vollenden.

Der Käuferinteressent, der einen hohen Kaufpreis leisten will, kann erwarten, dass der Bauträger den Vertrag mit sofortiger Bindungswirkung abschließt und bei der Beurkundung zugegen ist, sodass auch in der Beurkundung selbst Fragen gestellt und beantwortet werden können. Eine **vollmachtlose Vertretung** des Bauträgers durch den Käufer ist kritisch, insbesondere wenn eine solche Gestaltung systematisch vorkommt. Diese Gestaltung ist AGB-rechtlich bedenklich, auch wegen einer Umgehung der Bindungswirkung des Verbrauchers, die nicht unangemessen lang sein darf und nicht erschwert werden soll. 11

F. Bürgschaft nach § 7 MaBV

Ohne Vorliegen einer mindestens **schriftlichen Bürgschaft** nach § 7 MaBV darf der Bauträger Zahlungen vom Erwerber erst dann fordern und entgegennehmen, wenn die **Voraussetzungen der Kaufpreisfälligkeit** nach § 3 Abs. 1 MaBV vorliegen. Somit muss zuvor 12

- der **Bauträgervertrag** rechtswirksam sein,
- die **Eigentumsvormerkung** für den Erwerber rangrichtig eingetragen sein (bei Wohnungseigentum im angelegten Wohnungsgrundbuch – Verdinglichung der Aufteilungserklärung),
- die **Lastenfreistellung** von allen Grundpfandrechten, die der Vormerkung im Range vorgehen, gesichert sein, auch bei Nichtvollendung des Bauvorhabens,
- die **Baugenehmigung** erteilt sein oder die zuständige Behörde bestätigt haben, dass die Baugenehmigung als erteilt gilt oder nach baurechtlichen Vorschriften

4 BGH, Beschl. v. 28.8.2019 – NotSt(Brfg) 1/18, BGHZ 223, 335; vgl. *Basty*, Der Bauträgervertrag, Kap. 1 Rn 143.

5 BGH, Beschl. v. 16.3.2000 – V ZR 168/99, DNotZ 2000, 512; *Forschner*, in: Grziwotz/Koeble, Bauträger, Kap. 5 Rn 49; *Wöstmann*, ZNotP 2002, 246, 256; *Basty*, Der Bauträgervertrag, Kap. 1 Rn 146.

mit dem Bauvorhaben begonnen werden darf und nach Eingang dieser Bestätigung beim Bauträger mind. ein Monat verstrichen ist.

13 Ein **Austausch** der gesetzlich bestimmten Sicherungen (§§ 2–6 MaBV) ist dem Bauträger möglich, wenn er die Ausnahmevorschrift des § 7 MaBV nutzt und eine den Anforderungen des § 7 Abs. 1 MaBV genügenden schriftlichen **Bürgschaft** dem Erwerber übergeben hat.

14 Die Bürgschaft sichert insbesondere den **Anspruch des Erwerbers auf Rückgewähr** der von ihm ordnungsgemäß unter Beachtung des Barzahlungsverbots (§ 16a GwG) geleisteten **Beträge auf die Kaufpreisschuld**. Die Bürgschaft ist nach § 7 Abs. 1 MaBV solange aufrechtzuerhalten, bis

- die vorgenannten Bedingungen des § 3 Abs. 1 MaBV erfüllt sind und
- zudem das Vertragsobjekt vollständig fertiggestellt ist.

15 Genügt eine gestellte Bürgschaft nicht den Anforderungen des § 7 MaBV, darf der Bauträger Zahlungen nicht entgegennehmen.[6] Hat er Zahlungen widrig entgegengenommen, ist der Anspruch auf **Rückzahlung** der Beträge eröffnet und dem Erwerber kann Schadenersatz gegen den Bauträger zustehen.

16 Der Bauträger, der die Bürgschaft bei einem geeigneten Bürgen beschafft, sollte also den Inhalt auf Tauglichkeit nach § 7 MaBV prüfen, bevor er die Bürgschaft an den Erwerber **aushändigt**.

17 Geht die Bürgschaftsurkunde „über den Tisch“ des Notars, der die Fälligkeit des Kaufpreises und das Vorliegen der Bürgschaft vertraglich dem Erwerber bestätigt, wird der Notar die Bürgschaft zuvor auf Tauglichkeit nach § 7 MaBV prüfen. Das dürfte ein Erwerber vom Notar erwarten. Geht die Bürgschaft aber nicht über den Tisch des Notars und verwahrt dieser die Bürgschaft auch nicht für den Erwerber, ist der Notar nicht verpflichtet, den Bürgschaftsinhalt zu überprüfen und Nachforschungen anzustellen. Aus der MaBV ergibt sich eine solche Prüfungspflicht des Notars nicht.[7]

> *Hinweis*
>
> Prüft der Notar die Bürgschaft nach § 7 MaBV **nicht**, ist ein deutlicher **Hinweis an die Vertragsparteien** geboten.[8]

18 Soweit der Notar eine Bürgschaft für den Erwerber verwahrt, muss die Bürgschaft auf einseitige Weisung des Erwerbers diesem ausgehändigt werden, und zwar **un-**

6 BGH, 5.12.2008 – V ZR 144/07, ZfIR 2009, 199 m. Anm. *Hirsch*, siehe dazu *Basty*, Der Bauträgervertrag, Kap. 6 Rn 8 betr. die Folgen, insbesondere eines sofortigen Rückzahlungsanspruchs bei ungenügender Bürgschaft und bereits geleisteten Zahlungen.

7 *Basty*, Der Bauträgervertrag, Kap. 6 Rn 9.

8 *Schulz*, Notarformulare Bauträgerrecht, § 6 Rn 226; *Riemenschneider*, in: Grziwotz/Koeble, Handbuch Bauträgerrecht, Teil 3 Rn 648; *Basty*, Der Bauträgervertrag, Kap. 6 Rn 9.

verzüglich, damit rechtlich die Art der Verwahrung genügen kann – sie muss jederzeit dem Erwerber den Zugriff ermöglichen.[9]

Die Bürgschaft darf die Bedingung enthalten, dass der Erwerber auf ein bestimmtes **Bausonderkonto** leisten muss.[10] **Abschmelzungsklauseln**, wonach nach Erreichen eines bestimmten Bautenstands die Bürgschaft erlischt oder reduziert ist, sind unzulässig.[11]

> *Wichtig!*
>
> Die Bürgschaft bedarf der **Schriftform** (Papierform); ein Fax oder die elektronische Form reichen nicht.[12]

Taugliche Bürgen nach § 7 MABV sind **Kreditinstitute**, die im Inland oder der EU zum Geschäftsbetrieb befugt sind sowie **Versicherungsunternehmen** mit der Befugnis der Bürgschaftssicherung im Inland. Die Bürgschaft musss **selbstschuldnerisch** sein, den Verzicht auf die Einrede der Vorausklage enthalten.[13] 19

G. Muster: Bauträgerkaufvertrag einer Eigentumswohnung

▼ 20

Muster 16.1: Bauträgervertrag einer Eigentumswohnung

UVZ-Nr. / 16.1

Verhandelt in

Am erschienen vor mir, Notar , Amtssitz , in den notariellen Amtsräumen:

[1] Herr , geb. am , wohnhaft: , mir, dem Notar, persönlich bekannt, handelnd nicht im eigenen Namen, sondern als einzelvertretungsberechtigter Geschäftsführer, befreit vom Verbot des Mehrfachvertretens und Selbstkontrahierens (§ 181 BGB) für die Gesellschaft in Firma Bauträgergesellschaft mbH, Sitz: , eingetragen im Handelsregister des Amtsgerichts , HRB . Der Geschäftsführer gab an,

a) im Namen und auf Rechnung der von ihm vertretenen Gesellschaft zu handeln und nicht treuhänderisch für Dritte,

9 BGH, Urt. v. 11.1.2007 – VII ZR 229/05, DNotZ 2007, 376; vgl. *Hertel*, in: Würzburger Notarhandbuch, Teil 2 Kap. 3 Rn 245: Der Bauträger darf kein Zurückbehaltungsrecht haben, ebenso nicht der Notar.

10 *Hertel*, in: Würzburger Notarhandbuch, Teil 2 Kap. 3 Rn 262.

11 BGH, 5.12.2008 – V ZR 144/07, ZfIR 2009, 199 m. Anm. *Hirsch*.

12 *Basty*, Der Bauträgervertrag Kap. 6 Rn 46.

13 Siehe *Hertel*, in: Würzburger Notarhandbuch, Teil 2 Kap. 3 Rn 256 mit weiteren Hinweisen.

b) dass weder er noch ein Mitglied seiner Familie eine politisch exponierte Person sei und dies auch nicht in den letzten zwölf Monaten.

[2] Frau , geb. am , wohnhaft: , ausgewiesen durch gültigen Personalausweis.

[3] Herr , geb. am , wohnhaft: , ausgewiesen durch gültigen Personalausweis.

Die Erschienenen zu [2] und [3] gaben an:

a) auf eigene Rechnung und nicht für Dritte zu handeln,

b) miteinander verheiratet zu sein, im gesetzlichen Güterstand der Zugewinngemeinschaft,

c) keiner von uns und auch niemand aus unserer Familie ist eine politisch exponierte Person und dies auch nicht in den letzten zwölf Monaten.

Die Frage des Notars, ob er, ein Sozius oder eine Person, mit der er zur gemeinsamen Berufsausübung verbunden oder mit der er gemeinsame Geschäftsräume hat, in derselben Angelegenheit außerhalt der Amtstätigkeit bereits tätig war oder ist, wurde von jedem Erschienenen verneint; es liegt keine Vorbefassung vor.

Das Transparenzregister der zu [1] Vertretenen ist heute von mir, dem Notar, eingesehen worden; es besteht kein Beurkundungsverbot i.S.d. Geldwäschegesetzes.

Auf Ersuchen erklärten die Erschienenen zu [1] bis [3] folgenden **Bauträgervertrag** zu notariellem Protokoll:

I. Vorbemerkung

1. Bezeichnung der Vertragsparteien

Die Bauträgergesellschaft mbH, , verpflichtet sich im nachstehenden zur Errichtung eines Mehrfamilienhauses mit Wohnungen und Carports und zum Verkauf/zur Übereignung eines Miteigentumsanteils am Baugrundstück und wird nachstehend Verkäuferin genannt.

Herr und Frau kaufen die Bauleistung und das Sondereigentum/den Miteigentumsanteil je zur ideellen Hälfte, gemäß nachstehendem Vertrag und werden „der Käufer“ genannt.

2. Grundstück

Das Grundstück ist durch Teilungserklärung vom (UVZ-Nr. / Notar) aufgeteilt, die Wohnungsgrundbücher für je eine Wohnung samt einem Carport sind bereits alle angelegt. Die Baubeschreibung vom ist auch Inhalt der Teilungserklärung, wurde vorvertraglich dem Käufer mit der Teilungserklärung rechtzeitig am durch den Notar zur Verfügung gestellt worden.

3. Belehrung nach § 13a BeurkG (noch geltende Rechtslage)

(*Hinweis*: Mit dem Entwurf eines Gesetzes zur Einführung einer elektronischen Präsenzbeurkundung (BT-Drucks 20/11849) wird § 13a BeurkG nach § 13c BeurkG verortet und leicht geändert).

Der Notar hat uns über die Bedeutung des Verweisens nach § 13a BeurkG informiert. Anlässlich der heutigen Beurkundung liegt eine beglaubigte Abschrift der Teilungserklärung vom … (UVZ-Nr. … / …, Notar …) vor, auf die hiermit Bezug genommen wird. Ihr Inhalt samt Anlagen ist den Erschienenen bekannt. Sie verzichten auf Vorlesen und Beifügen der Teilungserklärung als Anlage zu dieser Niederschrift.

(*Künftig*): **Belehrung nach § 13c BeurkG-E**

Der Notar hat uns über die Bedeutung des Verweisens nach § 13c BeurkG informiert. Anlässlich der heutigen Beurkundung ist für die Erschienenen die Urschrift/Ausfertigung/beglaubigte Abschrift der Teilungserklärung vom … (UVZ-Nr. … / …, Notar …) einsehbar, einschließlich der ihr beigefügten Pläne, die vorgelegt und genehmigt wurden. Der Inhalt dieser Verweisungsurkunde, auf die Bezug genommen wird, ist den Erschienenen bekannt, die hiermit auf die Verlesung und Beifügung der Verweisungsurkunde als Anlage zu dieser Niederschrift verzichten.

4. Inhalt des Wohnungsgrundbuchs

Inhalt des Wohnungsgrundbuchs von … Blatt …, festgestellt durch elektronische Einsichtnahme des Notars am …:

Bestandsverzeichnis … Miteigentumsanteil am Grundstück …, Flurstück …, Flur …, Gemarkung …, Gebäude- und Freifläche …, groß …, verbunden mit dem Sondereigentum an der Wohnung … und Carport ….

- Eigentümerin ist die Verkäuferin (gebucht in der Ersten Abteilung unter lfd. Nr. 1.)
- Zweite Abteilung: Die Zweite Abteilung ist frei von Eintragungen/weist folgende Eintragung aus:
  - Lfd. Nr. 1 ….
- Dritte Abteilung: Lfd. Nr. 1: Buchgrundschuld … EUR (… EUR) für die ….
- Markentabelle: Aus der Markentabelle des Wohnungsgrundbuchs waren keine Eintragungen für unerledigte Anträge ersichtlich.

5. Baugenehmigung

Die Baugenehmigung vom ______ liegt nach Versicherung der Verkäuferin vor.

(*Alternativ*): Die Baugenehmigung gilt nach Versicherung der Verkäuferin als erteilt; eine schriftliche Bestätigung der zuständigen Baubehörde vom ______ liegt insoweit vor.

II. Verkauf/Kauf

Die Verkäuferin verpflichtet sich und verkauft:

- den in I. Ziffer 4) beschriebenen Grundbesitz (Sondereigentum an der Wohnung ______ und dem Carport ______) mit allen Rechten, Pflichten, Bestandteilen und Zubehör,
- die Bauleistungen, noch zu erbringen auf Gefahr der Verkäuferin, gem. nachfolgend IV. dieser Urkunde.

III. Vormerkung zur Sicherung des Anspruchs auf Übertragung des Eigentums

Verkäuferin und Käufer bewilligen und beantragen die Eintragung einer Vormerkung zur Sicherung des Anspruchs auf Übertragung des Eigentums am Grundbesitz (I. Ziff. 4) zugunsten des Käufers, im angegebenen Erwerbsverhältnis/Alt. je zur Hälfte) unmittelbar im Range lediglich nach den Belastungen, die in I. Ziff. 4 aufgeführt sind.

Der Käufer bewilligt und beantragt die Löschung dieser Vormerkung Zug um Zug mit der Auflassung in das Wohnungsgrundbuch einzutragen, wenn keine Zwischeneintragungen vorliegen, denen er nicht zugestimmt hat.

IV. Verpflichtung zur Herstellung der Bauwerke und Wohnungseigentumsanlage

Die Verkäuferin verpflichtet sich zur Errichtung/Herstellung der Wohnungseigentumsanlage und der Baulichkeiten. Dies schuldet diese so, dass sich die vertragsgegenständliche Wohnung wie gewöhnlich zu Wohnzwecken eignet und eine Beschaffenheit aufweist, die bei Werken gleicher Art erwartet werden kann. Bei Widersprüchen zwischen Baugenehmigung und Planungsunterlagen gilt ausschließlich die Baubeschreibung, die den Umfang und den Inhalt der Herstellungspflicht bestimmt und der Teilungserklärung vom ______ (UVZ-Nr. ______/______, Notar ______) beigefügt sind.

Die Verkäuferin ist verpflichtet, ihre Leistungen nach den Regeln der Baukunst, technisch einwandfrei unter Beachtung der einschlägigen DIN-Vorschriften unter Verwendung normgerechter Baustoffe zu erbringen. Für die anzuwendenden technischen Vorschriften ist auf den Zeitpunkt der vorliegenden Baugenehmigung abzustellen (*alternativ*: auf den Zeitpunkt der vollständigen Einreichung des Antrags zur Baugenehmigung beim zuständigen Bauamt abzustellen mit dem die Baugenehmigung als erteilt gilt). Es wird ausdrücklich nicht auf den heutigen Beurkundungszeitpunkt oder die künftige Abnahme abgestellt.

Über die Bedeutung der Baubeschreibung, die präzise die Leistungen und Materialien beschreiben sollte, hat der Notar die Vertragsparteien belehrt mit Hinweis, dass er technische Detailsund Vollständigkeit der Baubeschreibung nicht überprüfen könne.

Die Verkäuferin behält sich vor, von der vertragsgegenständlichen Baubeschreibung abzuweichen, wenn die Abweichungen durch behördliche Auflage zwingend sind oder sich als technisch notwendig erweisen und dies sich erst nach heutiger Beurkundung zeigt, wobei die Abweichungen dem Käufer zumutbar sein müssen (Güte, Wert, Gebrauchsfähigkeit dürfen nicht negativ beeinträchtigt sein). Die Verkäuferin verpflichtet sich, den Käufer unverzüglich von einer erforderlichen Abweichung schriftlich zu unterrichten. Für Abweichungswünsche infolge von Sonderwünschen anderer Eigentümer besteht kein Anspruch. Dem Käufer steht es frei, dann zuzustimmen, Zumutbarkeit wie vorstehend beschrieben vorausgesetzt.

Die Verkäuferin wird vom Käufer unter Befreiung von den Beschränkungen des Verbots des Mehrfachvertretens und Selbstkontrahierens unwiderruflich bevollmächtigt, mit dem Recht, Untervollmacht zu erteilen, die Teilungserklärung mit Gemeinschaftsordnung abzuändern und alle hierzu erforderlichen oder zweckmäßigen Erklärungen abzugeben und entgegenzunehmen, insbesondere auch Auflassungen vorzunehmen und Erklärungen zur Grundbucheintragung abzugeben. Dies beinhaltet auch die Befugnis, Miteigentumsanteile zu ändern oder Gemeinschaftseigentum in Sondereigentum zu überführen oder umgekehrt. Die Vollmacht ist im Außenverhältnis unbeschränkt erteilt, im Innenverhältnis – und damit vom Grundbuchamt nicht zu prüfen –, wird jedoch vereinbart, dass

a) für die Änderung ein von der Verkäuferin dem Notar darzulegender triftiger Grund vorliegt, und
b) das Sondereigentum und evtl. Sondernutzungsrechte des Käufers nicht beeinträchtigt werden dürfen, und
c) das sonstige Gemeinschaftseigentum bei wirtschaftlicher Betrachtungsweise (insbesondere hinsichtlich Verkehrs- oder sonstiger Gemeinschaftsflächen) nicht wesentlich verändert oder verlegt werden, und
d) der Käufer keine zusätzlichen Verpflichtungen übernimmt (vorbehaltlich einer evtl. höheren Kostenbeteiligung hinsichtlich der Instandhaltung aufgrund Änderungen des Gemeinschaftseigentums).

Die Kosten der Änderungen trägt die Verkäuferin. Die Vollmacht berechtigt auch zur Bestellung von Dienstbarkeiten betreffend Ver- und Entsorgung sowie von Geh- und Fahrrechten einschließlich der Regelung von Unterhaltungs- und Verkehrssicherungspflichten sowie zur Bestellung von Baulasten. Die Vollmacht und evtl. Untervollmachten dürfen nur vor dem heute amtierenden Notar, seinem jeweiligen Vertreter oder Nachfolger im Amt ausgeübt werden.

Darüber hinaus erhält der Bauträger vom Käufer unwiderruflich Vollmacht namens der Eigentümergemeinschaft, Verträge abzuschließen, die zur Verwaltung und zur Nutzung des Grundstücks und Gebäudes erforderlich sind bzw. zur Gewährleistung der Infrastruktur und des Betriebs des Gebäudes. Davon umfasst sind insbesondere Hausmeisterverträge, Verträge für die Versorgung mit Strom, Gas, Wärme, Medien aller Art und zur Entsorgung von Abwasser sowie zum Abschluss von Wartungsverträgen für die Gebäudetechnik wie Heizungs- und Aufzugsanlage sowie Versicherungsverträge.

Der Käufer hat dafür Sorge zu tragen, dass ein etwaiger Rechtsnachfolger diese Vollmachten ebenfalls erteilt.

Die Vollmachten gelten jedoch nur solange die Verkäuferin noch Eigentümer zumindest eines Wohnungseigentums ist. Die Vollmachten erlöschen spätestens am ____.

Die Größe der Wohnung hat mind. ____ qm aufzuweisen, (Beschaffenheit), wird diese Größe voraussichtlich jedoch um 1 % überschreiten. Der Verkäufer haftet für die Einhaltung der Mindestgröße, es sei denn, durch Sonderwünsche des Käufers in Abstimmung mit der Verkäuferin, ergibt sich eine geringere Größe. Ein Anspruch auf Sonderwünsche hat der Käufer nicht.

Die Verkäuferin verpflichtet sich zur bezugsfertigen Herstellung bis spätestens zum ____ sowie zur endgültigen Fertigstellung aller Gesamtleistungen bis spätestens zum ____ (Beschaffenheit). Eine frühere Fertigstellung ist unschädlich dem Käufer jedoch drei Wochen vorher anzukündigen.

Soweit Leistungen aus Gründen, die der Bauträger nicht zu vertreten hat, nicht innerhalb der Fristen ausgeführt werden, haftet der Bauträger dafür nicht, z.B. für Bauzeitverzögerungen aufgrund staatlich angeordneter Maßnahmen (Lockdown), aufgrund Streiks, höhere Gewalt, Schlechtwettertage (bestätigt vom Deutschen Wetterdienst).

Der Käufer darf die Baustelle auf eigene Gefahr mit Schutzhelm betreten und hat dies mit der Verkäuferin abzusprechen und den Anweisungen der Bauleitung Folge zu leisten. Das Hausrecht steht bis zur Übergabe der Verkäuferin zu.

V. Kaufpreis, Kaufpreisfälligkeit, Raten, Konto

1. Der Kaufpreis ist ein Festpreis der EUR ____ (in Worten: ____ EUR) beträgt und ausschließlich durch Überweisungen zu tilgen ist (das Barzahlungsverbot des § 16a GwG ist einzuhalten.
2. Der Kaufpreis ist in Raten zu zahlen.

3. Grundvoraussetzung für die Zahlung und Entgegennahme von Kaufpreisraten sind:
   a) Der Vertrag ist rechtlich wirksam (dem Notar liegen alle ggf. dazu erforderlichen Unterlagen/Genehmigungen vor),
   b) Die Vormerkung zur Sicherung des Anspruchs auf Eigentumsverschaffung für den Käufer ist ranggerecht eingetragen (nur die in I. 4 aufgeführten Belastungen dürfen vorgehen und Rechte, die der Käufer mit bestellt hat),
   c) Die Lastenfreistellung ist gesichert (die Freistellungsverpflichtung der Gläubigerin, wonach nicht zu übernehmende Grundpfandrechte gelöscht werden, wenn das Bauvorhaben vollendet wird) liegt vor, unverzüglich nach Zahlung der geschuldeten Vertragssumme, andernfalls unverzüglich nach Zahlung des dem Bautenstand entsprechenden Teils der geschuldeten Vertragssumme durch den Käufer. Für den Fall, dass das Bauvorhaben nicht vollendet wird, kann sich der Globalgläubiger vorbehalten, anstelle der Freistellung alle vom Erwerber vertragsgemäß geleisteten Zahlungen bis zum anteiligen Wert des Vertragsobjekts zurückzuzahlen; die Erklärung muss dem Käufer ausgehändigt sein.
4. **Raten**: Liegen die vorstehend in Ziff. 1 genannten Grundvoraussetzungen vor, so sind entsprechend § 650v BGB und der Hausbauverordnung in Verbindung mit der MaBV unter Berücksichtigung des tatsächlichen Bauablaufs die einzelnen Raten zu folgenden Zeitpunkten fällig:
   a) 30 %: nach Beginn der Erdarbeiten,
   b) 28 %: nach Rohbaufertigstellung einschließlich Zimmererarbeiten,
   c) 5,6 %: für die Herstellung der Dachflächen und Dachrinnen,
   d) 2,1 %: für die Rohinstallation der Heizungsanlagen,
   e) 2,1 %: für die Rohinstallation der Sanitärarbeiten,
   f) 2,1 %: für die Rohinstallation der Elektroanlagen,
   g) 7,0 %: für den Fenstereinbau, einschließlich der Verglasung,
   h) 4,2 %: für den Innenputz, ausgenommen Beiputzarbeiten,
   i) 2,1 %: für den Estrich;
   j) 2,8 %: für die Fliesenarbeiten im Sanitärbereich,
   k) 8,4 %: nach Bezugsfertigkeit und Zug um Zug gegen Besitzübergabe,
   l) 2,1 %: für die Fassadenarbeiten,
   m) 3,5 %: nach vollständiger Fertigstellung.

   Der Bauträger darf jedoch insgesamt nur sieben Raten anfordern. Die Zusammenlegung der Raten auf insgesamt sieben Raten liegt im Ermessen des Bauträgers.

   (*Alternative bei sofortiger Verteilung auf sieben Raten*): Liegen die vorstehend in Ziff. 1 genannten Grundvoraussetzungen vor, so sind entsprechend der

MaBV unter Berücksichtigung des tatsächlichen Bauablaufs die einzelnen Raten in sieben Raten zu folgenden Zeitpunkten fällig:

a) 30 %: nach Beginn der Erdarbeiten,
b) 28 %: nach Rohbaufertigstellung einschließlich Zimmererarbeiten,
c) 12,6 %: für die Herstellung der Dachflächen und Dachrinnen, für den Fenstereinbau einschließlich der Verglasung,
d) 12,6 %: für die Rohinstallation der Heizungs-, Sanitär- und Elektroanlagen, für den Innenputz, ausgenommen Beiputzarbeiten sowie für den Estrich,
e) 11,2 %: für die Fliesenarbeiten im Sanitärbereich und Zug um Zug gegen Besitzübergabe,
f) 2,1 %: für die Fassadenarbeiten,
g) 3,5 %: nach vollständiger Fertigstellung.

Die Verkäuferin darf insoweit die Zahlungen auf diese Teilbeträge nur als Abschlagszahlungen verlangen. Ist der jeweilige anteilige Wert der Leistungen, die dem jeweiligen Teilbetrag zugrunde liegen, geringer als die jeweilige Prozentzahl, die dem Teilbetrag entspricht, dann darf der Veräußerer höchstens den jeweiligen anteiligen Wert der diesem Teilbetrag zugrunde liegenden Leistungen anfordern.

Die Verkäuferin wird dem Käufer den Eintritt der jeweiligen Fälligkeitstermine schriftlich mitteilen unter Beifügung einer Bestätigung des Bauleiters/bauleitenden Architekten über den Bautenstand (der Bauleiter muss lesbar angegeben sein und unterschreiben); dies ist weitere Fälligkeitsvoraussetzung. Die entsprechende Rate ist innerhalb von vierzehn Bankarbeitstagen nach Erhalt dieser Mitteilung zu bezahlen, vorausgesetzt dass die entsprechenden Arbeiten durchgeführt sind. Während dieser Frist hat der Käufer Gelegenheit sich vom Baufortschritt überzeugen zu können.

5. Sicherheit § 650m Abs. 2 BGB
   a) Stellen der Sicherheit

   Bei Anforderung der ersten Rate hat die Verkäuferin dem Käufer gem. § 650m Abs. 2 BGB eine Sicherheit i.H.v. 5 % der vereinbarten Vertragssumme für die rechtzeitige Fertigstellung des Werkes ohne wesentliche Mängel zu erbringen. Die Sicherheit kann durch eine Garantie oder ein sonstiges Zahlungsversprechen eines zum Geschäftsbetrieb in der Bundesrepublik Deutschland befugten Kreditinstituts oder Kreditversicherers geleistet werden. Die Kosten des Stellens der Sicherheit trägt die Verkäuferin. Der Käufer hat die Sicherheit zurückzugeben, wenn der Sicherungsfall nicht mehr eintreten kann. Auf Verlangen des Bauträgers ist die Sicherheitsleistung durch Einbehalt dergestalt zu erbringen, dass der Käufer bei der ersten Abschlagszahlung die Abschlagszahlungen bis zu dem Gesamtbetrag der geschuldeten Sicherheit (5 % der Gesamtsumme) zurückhält.

b) Verwahrung der Bürgschaft durch den Notar:

Wählt der Bauträger anstelle des Einbehalts die Stellung der Sicherheit nach § 650m BGB durch Stellen einer Bürgschaft, Garantie oder sonstigen Zahlungsversprechens i.H.v. % der Vertragssumme, verwahrt diese der amtierende Notar auftragsgemäß für den Käufer, treuhänderisch. Der Käufer bevollmächtigt den Notar zur Entgegennahme der Erklärung über die Stellung der Sicherheit. Nach Eingang der Sicherheit wird der Notar das Vorliegen dem Erwerber mitteilen. Auf jederzeit mögliche einseitige Anweisung des Käufers, die schriftlich vorzunehmen ist und keine Einschränkung der Herausgabe enthält, ist die Sicherheit an den Bürgen zurückzugeben, wenn der Sicherungsfall nicht mehr eintreten kann.

Teilt die Verkäuferin mit, dass sie die Rückgabe der Bürgschaft an den Bürgen wünscht, so teilt dies der Notar dem Käufer das an seine zuletzt mitgeteilte Anschrift mit. Widerspricht der Käufer nicht binnen vier Wochen der Rückgabe, hat der Notar die Sicherheit dem Bürgen zurückzugeben. Im Fall des Widerspruchs verwahrt der Notar weiter die Sicherheit, bis der Käufer schriftlich die Herausgabe an ihn oder Rückgabe an den Bürgen verlangt.

6. Jede Zahlung hat durch Überweisung auf das Konto der Verkäuferin bei der , IBAN , BIC zu erfolgen.

VI. Abnahme, Besitzübergabe

1. Verkäuferin und Käufer verpflichten sich wechselseitig, die Abnahme des Sondereigentums nach bezugsfertiger Herstellung vorzunehmen und auch die zu diesem Zeitpunkt funktionsfähig hergestellten Arbeiten hinsichtlich des Gemeinschaftseigentums abzunehmen. Spätere erst durchgeführte Maßnahmen sind nach ihrer Fertigstellung abzunehmen.
2. Abnahme findet eine gemeinsame Besichtigung des Objekts statt, bei der ein Abnahmeprotokoll zu fertigen ist, in dem fehlende Leistungen und Mängel zu listen sind, auch wenn Streit darüber bestehen sollte. Durch diese Regelung sind andere Abnahmemöglichkeiten nicht ausgeschlossen.
3. Der Besitz und die Nutzungen gehen von dem Zeitpunkt an auf en Käufer über, ab dem dieser das Objekt aufgrund erfolgter Übergabe durch die Verkäuferin nutzen darf. Die Übergabe mit der Abnahme des Sondereigentums samt Gemeinschaftseigentum wie vorstehend beschreiben hat zu erfolgen, sofern der Käufer alle zu diesem Zeitpunkt geschuldeten Zahlungen mit ordnungsgemäßen Überweisungen geleistet hat.
4. Mit dem Übergabetag oder dem Tag einer vorzeitigen Nutzung gegen alle Lasten, Steuern öffentlichen Abgaben, die Gefahr einer zufälligen Verschlechterung oder eines Untergangs sowie die Verkehrssicherungspflicht auf den Käufer über.

VII. Erschließungskosten

Die Verkäuferin hat die Erschließungskosten im Sinne des Baugesetzbuchs für Erschließungsanlagen die bis zur Übergabe des Vertragsobjekts hergestellt sind oder für die die Stadt/Gemeinde bei Durchführung des Bauvorhabens Vorausleistung oder Sicherheitsleistung verlangt oder über die ein Erschließungsvertrag mit der Stadt/Gemeinde geschlossen wurde, sowie alle Kosten für naturschutzrechtliche Ausgleichsmaßnahmen und auch alle Anschlusskosten, Herstellungsbeiträge und Kommunalabgabe nach dem Kommunalabgabengesetz für die erstmalige vollständige Erschließung und die der inneren Erschließung zu tragen. Etwaige Rückerstattungen für geleistete Vorauszahlungen der Verkäuferin stehen ihr selbst zu.

VIII. Haftung

Für Mängel am Bauwerk gilt das BGB – die Bestimmungen über den Werkvertrag, sodass die Frist für Sachmängel am Bauwerk fünf Jahre beträgt ab wirksamer Abnahme, § 634 ff. BGB.

Die sämtlichen Rechte und Ansprüche des Käufers wegen eines Sachmangels des Grundstücks werden ausgeschlossen. Die Verkäuferin haftet nicht für eine bestimmte Flächengröße des Grundstücks. Der Verkäufer haftet jedoch dafür, dass Sachmängel am Bauwerk dazu führen, dass das Gebäude nicht auf dem Grundstück errichtet werden darf oder nur eingeschränkt nutzbar ist. Die Verkäuferin erklärt, von Altlasten und nicht erkennbaren Mängeln keinerlei Kenntnis zu haben.

IX. Eintritt in die WEG

1. Übernahme der Lasten und Übergang der Nutzungen

   Der Erwerber tritt mit der Besitzübergabe in alle Rechte und Pflichten ein, die das Verhältnis der Wohnungseigentümer untereinander betreffen, insbesondere in die Gemeinschafts- und Hausordnung, in evtl. Beschlüsse der Eigentümerversammlung und in den Verwaltervertrag. Mit der Besitzübergabe übernimmt der Erwerber die an die Gemeinschaft zu leistenden Zahlungen (Hausgelder).

2. Abrechnung der Bewirtschaftungskosten

   Auf den Übergabetag erfolgt eine Abrechnung der Bewirtschaftungs- und Verwaltungskosten unter den Vertragsparteien. Verbrauchskosten fallen bis zum Stichtag der Verkäuferin, danach dem Käufer zur Last. Andere Kosten sind zeitanteilig zu verteilen.

3. Belehrung

   Über die Haftung für rückständige Hausgeldzahlungen und Möglichkeiten zur Vermeidung eines Risikos, z.B. durch Stellung einer Sicherheit hat der Notar belehrt. Diese Vertragsparteien wünschen keine Absicherung.

4. Erwerb der Mitgliedschaft

   Der Käufer ist ab der Besitzübergabe und Eintragung der Erwerbsvormerkung ein Mitglied der Eigentümergemeinschaft und als Mitglied stimmberechtigt und übt das Antragsrecht nach § 43 WEG aus. Bis zur Besitzübergabe darf der Bauträger das Stimmrecht nur in Absprache mit dem Käufer ausüben.

X. Auflassung

Verkäuferin und Käufer sind sich einig, dass das Eigentum an dem Vertragsobjekt von der Verkäuferin auf den Käufer im Verhältnis wie in I. 2 angegeben übergehen soll und bewilligen und beantragen die Eintragung der Eigentumsveränderung.

Allein der Vollzugsnotar ist berechtigt, die Grundbuchanträge nach Prüfung der Belege über die gelisteten Kaufpreiszahlungen zu stellen.

Der Käufer verpflichtet sich die Überweisungen dem Notar mit Kopien der Kontoauszüge die Kaufpreistilgungen nachzuweisen.

XI. Abwicklung und Vollmachten und Kaufpreisfinanzierung

Verkäuferin und Käufer beauftragen den Notar mit dem Vollzug des Vertrags. Er darf Anträge getrennt stellen, eingeschränkt stellen und auch zurücknehmen und mittels Eigenurkunde den Vertrag ändern. Der Notar darf für uns Anträge stellen und Bescheide und Genehmigungen für uns entgegennehmen. Genehmigungen werden mit auflagenfreiem Eingang beim Notar für uns wirksam.

Verkäuferin und Käufer bevollmächtigten hiermit die Notariatsangestellten a) und b) – einzeln, befreit von den Beschränkungen des § 181 Alt. 2 BGB (befreit vom Verbot des Mehrfachvertretens) – für uns den Vertrag zu ergänzen oder zu ändern und Rechtshandlungen zum Vollzug vorzunehmen, Löschungsanträge zu stellen, die Auflassung neu zu erklären. Die Vollmacht darf nur vor dem Notar oder seinem amtlich bestellten Vertreter ausgeübt werden. Die Vollmacht ist unabhängig von der Wirksamkeit dieses Vertrags erteilt. Sie berechtigt auch, die Teilungserklärung zu ändern und Löschungen von Belastungen zu bewilligen und zu beantragen. Die Vollmacht erlischt drei Monate nach Eigentumsumschreibung auf den Käufer.

Die Finanzierung des Kaufpreises ist Sache des Käufers. Die Verkäuferin ist jedoch insoweit zur Mitwirkung verpflichtet, als sie in eine Beleihung des Vertragsobjektes vor der Eigentumsänderung einwilligt, aber nur in der Weise, dass die Sicherungsabrede eingeschränkt wird, sodass der Gläubiger das Grundpfandrecht bis zur vollständigen Zahlung des Kaufpreises nur als Sicherheit verwenden darf in der Höhe, in der die Darlehensauszahlungen die Verpflichtungen zur Zahlung des Kaufpreises gegenüber der Verkäuferin getilgt haben. Die Finanzierungsgläubiger werden hiermit unwiderruflich angewiesen, die durch die Grundpfandrechte gesicherten Darlehensmittel bis zur vollständigen Zahlung des Erwerbspreises nur zu diesen Zwecken zu verwenden.

Die Verkäuferin erteilt dem Käufer (bei mehreren je einzeln) und mehrere Käufer auch sich gegenseitig unter Befreiung von den Beschränkungen des Mehrfachvertretens und Selbstkontrahierens (§ 181 BGB) folgende Vollmacht (die im Außenverhältnis unbeschränkt erteilt ist): Der Käufer darf den Vertragsgegenstand mit Grundpfandrechten samt Zinsen und Nebenleistungen bis zu EUR belasten. Die Eintragung samt dinglicher Vollstreckungsunterwerfung wird bereits heute bewilligt. Die Grundpfandrechte dürfen mit beliebigem Inhalt und mit beliebigen Zinsen, Nebenleistungen und Zahlungsbestimmungen zur Eintragung bewilligt und beantragt werden, auch in vollstreckbarer Form gem. § 800 ZPO. Die Bevollmächtigten dürfen mit der Vormerkung des Erwerbers im Rang zurücktreten und auch für diesen persönliche Schuldanerkenntnisse in demselben Umfang mit persönlicher Vollstreckungsunterwerfung, Zweckerklärung und Zahlungsanweisung abgeben. Die Kosten der Grundpfandrechtsbestellung mit Eintragung trägt der Käufer.

Über die weitrechende Vollmacht und ihren Vertrauenscharakter hat wurde notariell belehrt. Die Vollmacht kann zu Beurkundungen nur vor dem Notar oder seinem amtlich bestellten Vertreter ausgeübt werden.

XII. Notarielle Hinweise, Belehrungen

Die Beteiligten wurden notariell über die wesentlichen Bestimmungen der MaBV und den Vorschriften des BGB über Allgemeine Geschäftsbedingungen belehrt und zudem:

- Auch der Käufer kann für nicht bezahlte Erschließungskosten und Hausanschlüsse haften; es können Sicherstellungen für das Risiko der Inanspruchnahme des Käufers vereinbart werden;
- Grunderwerbsteuer fällt an und erst nach Begleichung erhält der Notar die steuerliche Unbedenklichkeitsbescheinigung, die zur Eigentumsumschreibung nötig ist.
- gesamtschuldnerische Haftung besteht gesetzlich für die Kosten und Steuern, die aus diesem Vertrag entstehen,
- zur Rechtswirksamkeit des Vertrags und aus steuerlichen Gründen müssen die Beteiligten sämtliche Vereinbarungen richtig und vollständig beurkunden, da ansonsten das Risiko der Gesamtnichtigkeit des Vertrags besteht; die Beurkundungspflicht umfasst auch etwa bereits geleistete Zahlungen, z.B. Reservierungsgebühren; hierzu erklären die Beteiligten, dass solche Zahlungen nicht geleistet wurden.
- Der Bauträger ist zur Erstellung und Herausgabe der Planungsunterlagen an den Erwerber verpflichtet.
- Über steuerliche Folge hat der Notar nicht beraten.

XIII. Abschriften/Ausfertigungen

Folgende Ausfertigungen/Beglaubigte Ablichtungen/Einfache Ablichten sollen erteilt werden:

- Verkäuferin:
- Käufer:
- Globalgläubigerin:
- Gutachterausschuss für Grundstückswerte:
- Finanzamt für Grunderwerbsteuer mit Veräußerungsanzeige:
- Grundbuchamt:

(*Vorgelesen, Pläne zur Durchsicht vorgelegt und erörtert, genehmigt und wie folgt unterschrieben und besiegelt*).[14]

▲

H. Abnahme, § 640 BGB

Die **Pflicht des Bestellers**, das vertragsgemäß hergestellte Werk **abzunehmen** – abnahmereif und nach vollständiger Fertigstellung –, bestimmt § 640 Abs. 1 BGB. 21

Erwirbt der Besteller ein Wohnungs- und/oder Teileigentum, muss das Sondereigentum und zudem das Gemeinschaftseigentum abnahmereif und vollständig hergestellt sein; andernfalls kann die Abnahme **verweigert** werden.

Kleinere, wenig bedeutende Mängel können den Besteller zur Verweigerung der Abnahme berechtigen, jedoch nicht dann, wenn ein Mangel so **unbedeutend** ist, dass ein Interesse des Bestellers an der Beseitigung vor der Abnahme **nicht schützenswert** ist.[15]

Ist die Abnahme vor **Abnahmereife** durchgeführt worden, ist sie wirksam und kann nicht wegen eines Irrtums über den erreichten Bautenstand angefochten werden.[16] Liegen **unwesentliche Mängel** vor, sodass der Käufer die Abnahme nach § 640 Abs. 1 BGB durchführen muss, ist er nach § 641 Abs. 3 BGB berechtigt, den **zweifachen Betrag** der **voraussichtlichen Mängelbeseitigungskosten** zurückzubehalten. Dieses Recht kann ihm nicht durch vertragliche Vereinbarung genommen und auch nicht eingeschränkt werden, § 309 Nr. 2 BGB.

Die **getrennte Abnahme** des Sondereigentums und die des Gemeinschaftseigentums ist zulässig.[17] 22

14 Das Muster ist angelehnt an das von *Schulz*, Notarformulare Bauträgerrecht, § 7 Rn 2.

15 BGH v. 25.1.1996 – V II ZR 26/95, NJW 1996, 280.

16 OLG München, 13.12.2011 – 9 U 2533/11, NJW 2012, 397; *Basty*, Der Bauträgervertrag, Kap. 12 Rn 9.

17 BGH v. 3.12.1987 – V II ZR 363/86, NJW 1988, 1259.

23 *Praxistipp*

Sinnvoll ist, die **förmliche Abnahme** bei gemeinsamer Besichtigung durch die Vertragsparteien zu vereinbaren, sodass die Übergabe des Besitzes **Zug um Zug** gegen Abnahme erfolgt.[18]

24 Nach § 640 Abs. 2 BGB ist bestimmt, das ein Werk als abgenommen gilt, wenn der Bauträger dem Besteller nach Fertigstellung des Objekts eine angemessene Frist zur Abnahme gesetzt und der Besteller nicht innerhalb der gesetzten Frist die Abnahme verweigert hat. Da der Besteller meistens ein Verbraucher ist, gilt die **Abnahmefiktion** nur, wenn bei der Aufforderung zur Abnahme der Besteller auf die Folgen hinweist, dass Voraussetzung lediglich die Fertigstellung des Objekts ist und der Besteller auf die Aufforderung reagieren muss, soweit er die die Abnahmefiktion verhindern will.[19]

I. Insolvenz des Bauträgers

25 Mit der Eröffnung der Insolvenz über das Vermögen des Bauträgers verliert ein zuvor beurkundeter Bauträgervertrag **nicht die Wirksamkeit** und steht diese noch aus, kann ihr Eintritt noch stattfinden und der Notar dann verpflichtet sein, den **Rechtswirksamkeitseintritt** noch zu bestätigen.[20]

Das Durchsetzen der wechselseitigen Ansprüche der Vertragsparteien kann allerdings verloren gehen.[21] Eine eingetragene Eigentumsvormerkung kann zwar **insolvenzfest** sein, sichert jedoch lediglich den **Eigentumsverschaffungsanspruch** des Käufers. Unberührt davon ist der **Anspruch auf Herstellung des Bauwerks** hingegen nicht durch die Vormerkung gesichert. Das **Fertigstellungsrisiko** liegt beim Erwerber.

26 Nach § 103 InsO hat der Insolvenzverwalter die **Wahl**, den nicht oder unvollständig erfüllten Bauträgervertrag abzulehnen oder die Erfüllung noch zu verlangen.

Bis zu seiner Entscheidung verbleibt der Schwebezustand. Will der Käufer eine schnelle Entscheidung des Insolvenzverwalters, kann er ihn zur **Mitteilung** seiner Entscheidung **auffordern**. Der Insolvenzverwalter muss dann **unverzüglich** seine Entscheidung dem Erwerber mitteilen. Unterlässt der Insolvenzverwalter die gebotene unverzügliche Mitteilung, kann er nach § 103 Abs. 2 InsO nicht mehr bestehen auf Erfüllung des Bauträgervertrags.

In der Praxis sind lange Zeit dauernde Reaktionen vielbeschäftigter Insolvenzverwalter oft zu beobachten. Selten jedoch besteht ein Insolvenzverwalter tatsächlich

18 *Hertel*, Würzburger Notarhandbuch, Teil 2 Kap. 3 Rn 296, 297.

19 Zur Abnahme siehe bei *Basty*, Der Bauträgervertrag, Kap. 12 Rn 1–98.

20 *Reul*, in: Reul/Heckschen/Wienberg, Insolvenzrecht, § 3 Rn 255.

21 BGH v. 25.4.2002 – IX ZR 311/99, BGHZ 150, 353.

auf einer Vertragserfüllung; möglicherweise, weil andernfalls die Insolvenzmasse für Mängel bereits erbrachter Bauleistungen haftet.[22]

Mit der **Ablehnung der Vertragserfüllung** (oder auch mit einer trotz Aufforderung nicht verlangten Vertragserfüllung) bleiben die Vertragsansprüche des Erwerbers nicht mehr durchsetzbar. Der vormerkungsgesicherte Anspruch auf das Eigentum am Grundstück (mit dem unfertigen ggf. mangelhaften Bauwerk) fällt auseinander bzw. löst sich von dem Anspruch auf Fertigstellung.[23] Der Erfüllungsanspruch wandelt sich in einen Anspruch auf **Schadenersatz wegen Nichterfüllung**.[24] **27**

Den Teil, den der Erwerber auf die erbrachten Bauleistungen noch zu zahlen hat, hat er gegen **Übereignung** des Grundstücks zu zahlen. Meistens ist der Erwerber auf die anwaltliche Unterstützung angewiesen. Oftmals sind schwierige Fragen, wie z.B. zur Vollendung eines Bauwerks, das ein Mehrfamilienhaus werden soll, zu klären. **28**

Die Gemeinschaft der Wohnungseigentümer kann verpflichtet sein, den Bau – insbesondere das Gemeinschaftseigentum[25] – zu vollenden; diese gilt jedenfalls dann, wenn der erreichte Bautenstand **wertmäßig** die Hälfte des Werts des Bauwerks erreicht hat,[26] möglicherweise auch, wenn dies nicht der Fall ist, aber die Aufbringung der Fertigstellung den Erwerbern **zumutbar** ist.[27]

Die Erwerber können lange Zeit mit schwierigen Problemlösungen behaftet sein. Sprichwörtlich heißt es, dass derjenige, der baut, Sorgen hat. Dies ist aber nicht vergleichbar mit der Situation, was folgt, wenn der Bau „stecken bleibt“ und der Bauträger insolvent ist oder die Eröffnung der Insolvenz mangels Masse abgelehnt wurde. Dem Erwerber kann auch die zusätzliche Beratung durch einen Rechtsanwalt für Insolvenzrecht nahegelegt werden, auch um nötige Fristen einzuhalten und rechtzeitig Forderungen anzumelden. **29**

22 OLG Stuttgart, v. 5.4.2017 – 9 U 2/17: Die Nichtzulassungsbeschwerdewies der BGH mit Beschl. v. 21.8.2019 – VII ZR 104/17 zurück, IBR 2019, 617; vgl. *Basty*, Der Bauträgervertrag, Kap. 4 Rn 49.

23 *Reul*, in: Reul/Heckschen/Wienberg, Insolvenzrecht, § 3 Rn 208; BGH, Urt. v. 20.11.1985 – VII ZR 366/83, BGHZ 96, 275, 281.

24 BGH, Urt. v. 27.2.1997 – IX ZR 5/96, BGHZ 135, 25; *Kreft*, ZIP 1997, 865.

25 BGH, Urt. v. 27.2.1997 – IX ZR 5/96, BGHZ 135, 25; *Kreft*, ZIP 1997, 865.

26 *Dötsch*, in: Bärmann, WEG, § 22 Rn 45.

27 Siehe dazu *Basty*, Der Bauträgervertrag, Kap. 4 Rn 45.

Stichwortverzeichnis

fette Zahlen = Paragrafen, magere Zahlen = Randnummern

Benutzungshinweise für den Download

Den Download-Link (URL) finden Sie auf der Seite 4 (IV) dieses Buches (Impressum).

Über diesen Link stellen wir Ihnen sämtliche im Buch enthaltenen Muster zur Verfügung. Zur Nutzung der Muster gehen Sie auf den Download-Link und laden die dort abgelegte zip-Datei auf Ihr Laufwerk herunter. Um den Ordner zu entpacken, klicken Sie mit der rechten Maustaste auf die Datei, wählen „**Alle extrahieren**" und folgen dann den Anweisungen. Die Nutzung der Muster ist unabhängig vom Betriebssystem Ihres Rechners.

Durch das Extrahieren werden ein **PDF-Musterverzeichnis** sowie die **Worddateien** der jeweiligen Muster auf dem von Ihnen gewählten Laufwerk Ihres Rechners abgelegt.

Zur Nutzung des PDF-Musterverzeichnisses benötigen Sie einen kostenlosen PDF-Reader. Das Musterverzeichnis gibt Ihnen einen Überblick über die enthaltenen Muster und erleichtert Ihnen den Zugang zu den Mustertexten. Beim Anklicken des gewünschten Musters in dem PDF-Musterverzeichnis öffnet sich der Mustertext direkt in Microsoft Word oder in dem bei Ihnen eingesetzten Textverarbeitungsprogramm. Dann können Sie die Word-Datei direkt bearbeiten und unter einem neuen Dateinamen abspeichern. Bei Nutzern von Word können Sicherheitshinweise auf dem Bildschirm erscheinen. Dort müssten Sie die Nutzung ggf. zulassen. Dies wird in den verschiedenen Wordversionen und Textverarbeitungsprogrammen unterschiedlich gehandhabt. In den einzelnen Word-Dateien sind keine Makros o.ä. eingebunden. Damit die Navigation über das PDF-Musterverzeichnis funktioniert dürfen der Ordner „Muster-Doks" und die ursprünglich gelieferten Dateien nicht umbenannt werden. Speichern Sie die bearbeiteten Worddateien daher stets unter einem neuen Dateinamen ab.

Die in einigen Word-Mustertexten vorhandenen **Formularfelder** können Sie markieren und überschreiben. Sie können sich die Bearbeitung erleichtern, indem Sie diese Formularfelder mit dem Default-Tastaturkürzel Ihres Textbearbeitungsprogrammes ansteuern. Für Microsoft Word ist dies i.d.R. das Tastaturkürzel F11, um zum nächsten Feld zu springen und „UMSCHALT+F11", um zum vorherigen zu springen. Diese Tastaturkürzel werden von der Arbeitsumgebung Ihres Textverarbeitungsprogramms und nicht durch die bereitgestellten Word-Muster-Dateien definiert. Daher können die Tastaturkürzel in alternativen Betriebssystemen und/oder Textbearbeitungsprogrammen (z.B. LibreOffice Writer) abweichen.

Bearbeiten der Formulare mit einer anderen Textverarbeitung und/oder einem anderen Betriebssystem

Wenn Sie kein Microsoft Word, sondern ein anderes Textverarbeitungsprogramm auf Ihrem Rechner installiert haben, können Sie die Dateien trotzdem aufrufen und bearbeiten. Gehen Sie dazu direkt auf das gewünschte Muster in dem abgelegten Ordner „Muster-Doks“. Über diesen Weg können Sie auch auf die Word-Dateien zugreifen, wenn Sie nicht über das mitgelieferte PDF-Musterverzeichnis navigieren möchten. Jedem Mustertext ist eine Nummer zugewiesen, die in dem Download-Symbol neben dem jeweiligen Formular/Mustertext im Buch abgedruckt ist. Über den Dateinamen (p = Paragraf und m = Muster) lässt sich die gewünschte Mustertext-Datei auffinden.